核心素养导向的课堂教学重构丛书

丛书主编　汪明义
　　　　　李松林

核心素养导向的

高中语文

课堂教学重构

刘敏　段增勇　主编

高等教育出版社·北京

内容提要

　　本套丛书聚焦"新课标、新教材、新教学、新高考",力求重构核心素养导向的高中课堂教学。

　　本书依据《普通高中语文课程标准（2017年版2020年修订）》,阐述新时代背景下高中语文课堂教学重构思路。绪言从整体上介绍了学科核心素养导向的课堂教学改革。第一章阐述了课程标准的新变化;第二章阐述了核心素养导向的教学目标设计;第三章和第四章结合具体案例,对高中语文学习任务群的教、学、评一体化建设提供了操作性策略;第五章和第六章从教学方式创新、语文教学实践的层面,帮助教师解决课堂教学的难点问题。本书有助于教师发展专业素养,从而促进学生语文学科核心素养在课堂教学中得以发展。本书可作为中学语文教师的培训教材和教学研修资源,也可作为高等院校相关专业师范生的教材,还可供中学语文教学研究者参考使用。

图书在版编目（ＣＩＰ）数据

　　核心素养导向的高中语文课堂教学重构 / 刘敏,段增勇主编. -- 北京:高等教育出版社,2023.7
　　ISBN 978-7-04-058303-8

　　Ⅰ.①核⋯　Ⅱ.①刘⋯　②段⋯　Ⅲ.①中学语文课－课堂教学－教学研究－高中　Ⅳ.①G633.302

　　中国版本图书馆 CIP 数据核字（2022）第 035256 号

Hexin Suyang Daoxiang de Gaozhong Yuwen Ketang Jiaoxue Chonggou

| 策划编辑 | 栾少宁 | 责任编辑 | 傅雪林 | 特约编辑 | 栾少宁 | 封面设计 | 赵　阳 |
| 版式设计 | 杨　树 | 责任校对 | 吕红颖 | 责任印制 | 高　峰 | | |

出版发行	高等教育出版社	网　　址	http://www.hep.edu.cn
社　　址	北京市西城区德外大街4号		http://www.hep.com.cn
邮政编码	100120	网上订购	http://www.hepmall.com.cn
印　　刷	廊坊十环印刷有限公司		http://www.hepmall.com
开　　本	787mm×1092mm　1/16		http://www.hepmall.cn
印　　张	19.25		
字　　数	360千字	版　　次	2023年7月第1版
购书热线	010-58581118	印　　次	2023年7月第1次印刷
咨询电话	400-810-0598	定　　价	45.00元

本书如有缺页、倒页、脱页等质量问题,请到所购图书销售部门联系调换
版权所有　侵权必究
物 料 号　58303-00

丛书编委会

汪明义　四川师范大学校长

李松林　四川师范大学教育科学学院院长

侯邦平　四川师范大学教务处处长

刘　敏　四川师范大学文学院院长

莫智文　四川师范大学数学科学学院院长

曹曦颖　四川师范大学外国语学院院长

汪洪亮　四川师范大学历史文化与旅游学院院长

李志全　四川师范大学教师培训学院院长

靳　彤　四川师范大学基础教育研究院院长

田　间　成都四中校长

易国栋　成都七中校长

陈东永　成都市天府中学校长

胡　霞　成都九中校长

本书编委会

主　编　刘　敏　段增勇

副主编　张　伟

编　委（以姓氏音序排列）

陈　岚　程一凡　何　静　黄明勇　李　奇　罗晓晖

易　晓　游俊松　袁学民　赵清芳

目　录

绪　言　　学科核心素养导向的课堂教学改革

继"三维目标"之后，学科核心素养成为高中课堂教学改革向纵深推进的新导向。作为知识与技能、过程与方法、情感态度与价值观三维教学目标的进一步整合和凝练，学科核心素养是正确价值观、必备品格和关键能力的有机融合体，是学生个体自身发展和社会发展所需要的广泛适应力，并集中表现为学生个体面临特定问题情境时各种具体素养成分的综合性运用。作为高中课堂教学改革的新导向，学科核心素养蕴含着哪些新的教学理念？在教学实践中，什么样态的课堂更利于培育学生的学科核心素养？

一、学科核心素养的课堂改革新导向

纵观中国基础教育课堂教学70余年的发展演变历程，改革是贯穿其中的一个主旋律。只是在不同时代、不同阶段，基础教育课堂教学改革的内涵和要求各不相同。仅就课堂教学目标而言，我国基础教育课堂教学大致经历了从"双基"到"三维目标"再到"核心素养"三个大的发展阶段。

（一）核心素养导向的课堂教学改革新阶段

从新中国成立一直到20世纪末，基础教育课堂教学强调"双基"，20世纪80年代初期开始注意到需要、动机、兴趣、情感、态度等非智力因素的重要性，20世纪90年代开始关注学生的主体性发展，但是从总体上看，一线教师的课堂教学实践主要还是在"双基"框架下进行。应该说，"双基"教学在很大程度上确保了课堂教学的规范性和实效性。

进入21世纪，我国启动了第八次基础教育课程改革，从课堂教学的目标追求来看，在"双基"的基础上，增加了"过程与方法"和"情感、态度与价值观"两个方面，形成"三维目标"体系，反映了对人的认识的升华。教育面对的是完整的人，强调"三维目标"教学，其实强调的是课堂的多方面育人，强调的是学生作为人的多方面发展。

2014年，教育部《关于全面深化课程改革落实立德树人根本任务的意见》提出"落实立德树人工程"的十大关键领域，在国家课程改革的文件中明确使用"核心素养"一词，确定了以学生核心素养发展为导向的课程改革思路，标志着中国基础教育进入核心素养教育的新时代。素养本身蕴含着人的本质规定性和全面完整性，核心素养又反映着学生适应自身终身发展和现实社会发展必需的正确价值观、必备品格和关键能力。正因如此，核心素养教育成为全面落实立德树人根本任务的根本途径。为了适应核心素养教育的时代要求，高中课堂必须聚焦学生的学科核心素养发展。

（二）学科核心素养的课堂教学改革新路向

学科核心素养究竟蕴含着高中课堂教学改革的哪些新路向？基于国内教育界的已有探索，我们分别从学科核心素养的情境性、高阶性、整体性与实践性四个方面，来揭示学科核心素养的课堂改革新路向。

1. 问题情境教学

作为一种具有广泛适应力和实践性的素养，学科核心素养生根发芽的地方究竟在哪里？学科核心素养的用武之地又在哪里？答案指向一个关键：问题情境。一方面，学生学科核心素养中的关键能力、必备品格和价值观最终都是在具体的问题情境中，并通过实际问题的解决才能加以确证；另一方面，学生的学科核心素养又主要是在具体的问题情境中，通过问题解决进行学习，才能更加有效地发展起来。因此，从根本上讲，问题情境本身所具有的两个方面决定了它是学科核心素养发展的最佳场域。凭借问题情境的这两个方面，能够有效地沟通知识与事物的联系、知识与行动的联系、行动与思维的联系以及事物与自我的联系，同时能够促进学生发展知识建构能力、问题解决能力，形成正确价值观、必备品格和关键能力。

根据学科核心素养的情境性，学科课堂应当大量采取问题解决教学，引导学生在问题解决中学习。落实到具体的学科课堂教学中，其前提则是将书本知识设计成等待学生去分析和解决的学科问题。

2. 高阶思维教学

问题情境是学科核心素养发展的场域。离开了问题情境，学科核心素养将失去它的生根发芽之地。以此为基础，学生学科核心素养的发展还需要两个基本条件：一是学习的过程质量；二是学习的结果质量。在结果质量方面，深度理解和实践创新无疑是决定学科核心素养发展的两个基本指标，深度理解指向学生对事物本质内涵和深层意义的理解，实践创新指向学生对知识的综合灵活运用。由此产生的问题便是：如何引导学生达成对事物本质和意义的深度理解？如何引导学生达成对知识的综合理解与整体把握？如何引导学生达成对知识的实践性运用和创造性运用？显然，单纯通过"传递—接受"的教学方式，单纯凭借知识记忆和机械训练，难以促进学生达成对知识的深度理解和实践创新。那么，促进学生深度理解和实践创新的学习过程究竟具有什么样的特质？无论是深度理解，还是实践创新，都取决于学习的过程质量。高质量的学习过程需要高阶思维的参与。

根据学科核心素养的高阶思维特性，学科课堂教学应当大量运用高阶思维。从分析的意义上讲，高阶思维可以用三个字加以理解：一是"深"，即更具深刻性的思维，包括反思思维与批判思维；二是"合"，即更具整合性的思维，包括整体思维与辩证思维；三是"活"，即更具灵活性的思维，包括实践思维与创新思维。

3. 核心统整教学

学科核心素养中的"核心"含有凝聚、整合和统摄的作用机制。作为学科素养中的核心，学科核心素养对具体学科素养成分（知识、技能、品格、经验等）发挥着凝聚、整合和统摄的作用。同时，学科核心素养也是各种具体学科素养交互整合作用的结果。如果说具体的学科知识和学科技能都可以一个一个地通过记忆、训练而获得，那么，学科核心素养则只能在各种知识、技能、品格、经验等学科素养的整体把握和综合运用中才能建构和发展起来。就其存在方式而言，学科核心素养存在于各种具体学科素养的交融之处；就其发展方式而言，学科核心素养是在各种具体学科素养交互整合的过程中建构和发展起来的；就其表现方式而言，学科核心素养是各种具体学科素养的整合性运用。一言以蔽之，整体生成是学科核心素养发展的基本样态。

根据学科核心素养的整体性，学科课堂应当尽量采取整合性教学。"核心"本身就意味着"整合"，"整合"必然依靠"核心"。落实到具体的学科课堂教学之中，教师需要紧紧抓住核心目标、核心知识和核心问题，实施基于大概念、大主题、大任务的整合性教学。

4. 实践参与教学

如果说问题情境是学科核心素养发展的场域，高阶思维是学科核心素养发展的机制，整体生成是学科核心素养发展的样态，那么，实践参与则是学科核心素养发展的根本途径。形象地说，实践活动是学科核心素养发展的"熔炉"。我们知道，"熔炉"常常比喻能锻炼人各方面素质的场合或岗位，是最有利于锤炼人的能力和品格的地方。在学科课堂条件下，这里的"熔炉"指的是联系现实的实践活动，设计出更具挑战性的复杂问题，也就是结构不良问题和劣构问题。为什么课堂会缺失思维的碰撞、智慧的启迪？为什么课堂中的学生始终难以发展出强的知识建构能力、问题解决能力？其中一个重要的原因便是学生碰到的问题大多是结构良好的习题式问题。而在结构不良的复杂问题情境中，学生才有可能沟通知识与知识之间的内在联系，探究具有开放性的实践问题，进而获得充分的实践创新空间。

根据学科核心素养的实践性，学科课堂需要采取实践参与教学。实践参与教学的实质是为学生设计出更具综合性、实践性与开放性的复杂问题。而在范围上，基于课时的实践参与、基于单元的实践参与及跨单元的实践参与则是实践参与教学的三种操作方式。

二、学科核心素养导向的新课堂教学观

从深层次理解，学科核心素养不仅描述和刻画着学生新的发展样态和发展质量，而且还蕴含着以整合为核心的知识观，包括知识与事物的整合、知识与知识的整合、知识与行动的整合以及知识与自我的整合，由此生长出新的课堂教学观。

（一）情境性：把知识放回问题情境之中

核心素养的生成与发展都高度依赖问题情境。反过来，某种核心素养是

否形成，它又必须回到具体的问题情境，并通过实际的问题解决加以确证。作为一种广泛适应力，核心素养是个体在应对现实问题情境所表现出来的综合性力量，它既不是一个空洞的抽象物，又不是一个独立的存在物。核心素养从孕育、生成到表现，都天然地蕴含于问题情境之中。从这个意义上讲，问题情境乃是核心素养生成与外显的基本场域。正如有学者指出：核心素养始于生活情境，用于生活情境，永远活于生活情境中。所有核心素养不是终点或产品，而是一个过程，在过程中不断生成，因其发挥的特定时空脉络而实质化。

核心素养与问题情境的这种内在关联性意味着：学校知识教学需要凸显知识的情境性，让学生在书本知识与实际事物的整合中学习。实际上，不仅核心素养蕴含于情境之中，任何知识都是存在于一定的时间、空间、理论范式、价值体系、语言符号等情境因素之中。任何知识的意义都不仅是由其本身的陈述形式来给定的，更是由其所位于的整个意义系统来赋予的；离开了这种特定的境域或意义系统，既不存在任何的知识，也不存在任何的认识者和认识行为。[①] 诚然，知识具有一定的普遍性。倘若不能得到某种意义上的"普遍的可证实性"以及建立于其上的"普遍的可接纳性"，这种知识的合理性和稳定性也会遭到质疑。问题在于，学校知识教学如果过度信奉和追求这种"非人格性"和"公共可传递性"的普遍性知识，将知识从特定的社会和文化情境中强制性地剥离出来，就会导致知识的形式化学习和抽象化学习。知识的形式化学习和抽象化学习斩断了知识与事物的现实联系，破坏了知识与情境的血肉关联，由此破坏了知识向核心素养转化生成的场域和通道。在知识的形式化与抽象化学习中，学生直接与知识的外壳和形式发生关系，获得的是大量缺乏实际内容与活性力量的惰性知识。这样的知识向内难以化为学生的内在修养，向外则难以化为学生的外发力量，从而成为核心素养生成和发展的否定性力量。

根据核心素养对知识的情境性要求，学校知识教学需要在沟通知识与事物联系的基础上，将知识放回到"需要类似思维"的真实（准真实）问题情境之中。正是问题情境，能够有效地沟通知识与事物的联系、知识与知识的联系、知识与行动的联系、行动与思维的联系以及事物与自我的联系，从而成为核心素养生成与发展的最佳场域。将知识放回问题情境之中的关键，是将尚缺乏内涵、活性和力量的书本知识改造设计成鲜活、灵活且具有一定挑战性的真实（准真实）问题，其实质是让学生在问题解决中学习。

根据中小学教师的实践经验，高质量的问题设计有两种操作模式：一是课题化问题，即重在引导学生去发现和研究的问题。例如，《秋天的怀念》

---

① 石中英.知识性质的转变与教育改革［J］.清华大学教育研究，2001（2）：29-36.

一课中"作者心中念念不忘的秋天究竟是什么样的秋天"，"角平分线的逆
定理"一节中"角的平分线和角的另外两边之间究竟有什么样的数量关系"。
二是项目式问题，即重在引导学生去探究和创作的问题，例如，《昆虫记》
一课中"如何站在法布尔的角度，设计出一个昆虫博物馆方案"；《一滴水》
一课中"如何运用实验数据，创编一个更具震撼力的节约用水广告"。唯有
在问题情境之中，并通过问题解决学习，学生才能更好地同时生长发展出三
个更具核心素养品质的广泛适应力：一是学会知识建构，包括知识的发现、
探究与整合；二是学会问题解决，包括解决问题的实践能力与创新能力；三
是学会身份建构，主要是特定角色身份所具有的情感、态度与价值观。

> **课题化问题设计实例**
>
> 　　案例：在学生学习完"曲线运动和万有引力"相关知识后，教师布置
> 学习任务，让学生去收集资料，探究嫦娥一号是如何发射升空和变轨的。
>
> **项目式问题设计实例**
>
> 　　案例：在"圆周运动的实例分析"一课中，由于新建铁路时，铁道工
> 程师发现了一棵千年稀有古树，为了保护该古树，需要重新设计该处的火
> 车轨道方案，以绕开该古树。那么，如何设计这个转弯轨道，才能使火车
> 在转弯时能够安全地行驶？

（二）整体性：基于大概念的整合性教学

　　作为一个整体性和有机性概念，核心素养描述和刻画的是个体人格的整
体生成状况。如果说包括知识与技能、过程与方法、情感态度与价值观在内
的各种具体素养成分都以相对分离、零散的状态存在于个体身上，那么，核
心素养则是各种具体素养成分的协同联动与交互整合。尽管我们可以从分析
的意义上将核心素养人为地拆分为若干部分，但个体身上的核心素养恰恰又
是正确价值观、必备品格和关键能力的有机集合。如果说知识、技能，甚至
是能力和品格等各种具体素养还可以一个一个地分别加以获得，那么，核心
素养则是包括知识、技能、能力和品格在内的各种具体素养成分深度融合的
产物。当个体面对实际的问题情境时，核心素养又表现为各种具体素养成分的
整合性运用。从知识论的视域来看，各种知识都同时对核心素养的生成与发展
发挥着作用，但核心素养又不是各种知识简单累积的结果。只有当各种知识交
互整合，汇聚为一个强有力的有机整体时，核心素养才得以"炼制"出来。

　　遵循核心素养的这种整体生成与发展逻辑，学校知识教学需要凸显知识
的整体性，让学生在知识与知识的整合中学习。实际上，无论是单个的知识
还是人类知识的总体，都是一个富有组织结构的整体性存在。离开知识的整
体结构，任何知识都会失去它的完整意义和深层力量。对此，狄尔泰把作为
人类生命表达的知识体系分为概念、判断、思想体系，关涉目的的行为和行

为与精神性的关系三个层次。① 也就是说，人类创造的任何知识都包含三层意蕴：一是用文字、数字、图形等呈现的显性知识符号；二是知识得以创生所运用的方法、思想与思维；三是驱动人进行知识创生的价值旨趣。② 核心素养则是不同层面、不同类型和不同水平的知识之间深度融合的结果。然而，现实中常见的知识点教学往往割裂了知识与知识的内在联系，导致学生较少在一个连续的整体中去建构知识，难以沟通知识与知识之间的纵横联系，由此获得了太多庞杂、零散且低位、浅层的知识。这种知识学习状况在很大程度上制约着学生的整体认知与深度理解，难以使知识转化为一种能够适应更大范围和更高层次问题情境的广泛迁移力，与核心素养的整体生成逻辑背道而驰。

根据核心素养对知识的整体性要求，学校知识教学要采取一种更具整合性的实践途径，实践中的核心问题教学、单元整体教学、群文联读、整本书阅读、项目式学习、STEAM 课程、全科整合等都是在这个方面所做出的积极努力，而大概念则为这种整合性的知识教学提供了一种新的理念与方法。与更零散、更低位和更浅层的小概念相比，大概念处于更高层次、居于中心地位和藏于更深层次，兼具认识论、方法论和价值论三重意义，因而它是更能广泛迁移的活性观念。大概念能够"向上"整合下位概念，"向中"整合外围概念，"向下"整合表层概念，"向外"整合实践经验，从而实现知识与知识的有效整合。不仅如此，在书本知识与核心素养之间的交互关系中，大概念还发挥着中介连接和双向转化的作用：一方面，大概念将书本知识与核心素养两个本来不同的范畴连接起来，从而成为书本知识与核心素养之间的重要桥梁；另一方面，大概念既把外部活动经验向内转化为兼具认识论、方法论和价值论三重意义的认知结构，又把内部认知结构向外转化为具有广泛迁移作用的问题解决能力。因此，以大概念为核心展开知识的整合性教学是培育核心素养的重要途径，确定大概念（选择与论证大概念）—外显大概念（表征与描述大概念）—活化大概念（设计问题情境）—建构大概念（设计学习活动）—评价大概念（设计评价框架与细则），则是以大概念为核心展开整合性教学的一种设计模式。

学科大概念实例

案例 1：在"能量守恒与转化定律"一课中，"能量守恒与转化定律"这一大概念把机械能、内能、电磁能、核能和化学能等各种具体形式的能量统整起来，以建立完整的知识结构，并形成保护和节约能量的正确价值观。

---

① 威廉·狄尔泰.历史中的意义［M］.艾彦，逸飞，译.北京：中国城市出版社，2002：74–75.
② 李润洲.知识三重观视域的核心素养［J］.教育发展研究，2016，36（24）：37–44.

案例2：在"万有引力"一课中，"万有引力定律"这一大概念能把相互分散的牛顿三定律与开普勒三定律等核心内容整合起来，且能解释"苹果落地""地球围绕太阳转"等现象，从而实现知识与知识、知识与行动的整合。

（三）实践性：让学生在实践参与中学习

如果说问题情境是核心素养生成的基本场域，那么，实践参与则是核心素养生成的根本机制。说到底，任何核心素养都是在具体的实践活动中生成与发展起来的，而且它本身就是必备品格和关键能力在成功解决问题过程中的实践性运用。正是在实践活动中，个体不仅认识和改造着世界，同时认识和改造着自我；个体不仅成就着世界，同时成就着自我。唯有在成就世界的过程中，外部事物才能成为个体认识与改造的对象，事物的本质属性和价值意义才得以向个体敞开；唯有在成就自我的过程中，个体才能以自身潜能的发展和自我的实现为形式，既增进和助长自己的本质力量和生命智慧，又追寻、领悟和获得自我的生命意义。换句话说，实践活动不仅是核心素养的现实来源，而且是核心素养的生成与建构过程。因此，在核心素养的生成与发展逻辑中，学习不是简单的获得知识，而是学习者参与真实情境中的实践，与他人及环境相互作用的过程[①]；学习不是理论向实践的转化，而是理论与实践的平等共生，甚至是实践优先于理论。在这里，知识的意义、价值连同个体的核心素养都是学习者通过实践参与，在与环境以及其他个体互动的过程中生成的。

核心素养的这种实践意蕴要求学校知识教学突显知识的实践性，让学生在实践中理解知识的内涵和意义。作为应对复杂情境的一种广泛适应力，核心素养的生成与发展恰恰根植于知识的实践脉络之中。同时，知识不仅来源于实践，而且本身就蕴含着丰富的实践意义。任何知识都不是与我们的生存实践毫无关联地独立存在，它本身就是我们生存实践的一种方式。正如海德格尔所说：知识具有生存论层面的深刻根源，所有的知识都与我们的生存实践存在着种种不同的因缘与意蕴关系。[②]如果学校知识教学割裂知识与实践的这种因缘与意蕴关系，将知识从实践脉络中抽离出来，作为一种抽象的表象或符号加以传递，那么知识就不可能与学生的生活世界真正相遇。在这里，学生获得的只能是形式上的表层化理解，所获得的知识自然难以成为学生建构知识、解决问题和自我创造的资源和工具，因而也难以生成发展出学生的核心素养。面对核心素养教育的时代诉求，传统知识观的根本问题就在

---

① 姚梅林.从认知到情境：学习范式的变革［J］.教育研究，2003（2）：60-64.

② 海德格尔.存在与时间［M］.陈嘉映，王庆节，译.北京：生活·读书·新知三联书店，2006：97.

于将知识视作表象或符号，忽视了知识与实践的内在联系。[①]回归知识的实践特性，重建知识的实践意蕴，学校知识教学才能真正成为学生核心素养生成与发展的肯定性力量。

　　根据核心素养对知识的实践性要求，学校知识教学需要将知识与行动整合起来，让学生在实践参与中学习。在西方，杜威甚至将行动置于认识的中心地位，主张确立一种参与者的知识观，代之以旁观者的知识观。在杜威看来，知识不仅是我们现在意识到的东西，而且包含我们有意识地运用知识去了解现在所发生的事情的心理倾向。通过行动，有意识调动知识去解决困惑的问题，进而考量我们自身和我们所在生活的世界之间的关联。[②]当面对充满不确定性的复杂情境和实践活动时，我们需要的是真正具有行动力的知识，而不是形式化的惰性观念。对此，苏联教育家阿莫纳什维利指出，儿童单靠动脑，只能理解和领会知识；如果加上动手，他就会明白知识的实际意义；如果再加上心灵的力量，那么认识的大门都将在他面前敞开，知识将成为他改造事物和进行创造的工具。[③]在中国，先哲们早就提出"学以致用""知行合一""教学做合一"等思想主张。遗憾的是，我们在认识上秉持着理论先于实践、理论优于实践的思想观念，在实践中则普遍坚持着"先学后用"的教学范式，割裂了理论与实践、知识与行动之间的内在联系。核心素养的生成与培育，则需要我们确立理论与实践共生，甚至是实践先于理论的思想认识，采用"知行合一""学用合一""实践中学"的教学范式。

学科实践活动设计实例

　　案例1：在高一物理"圆周运动的实例分析"一课中，教师设计了一项实践任务：为了绕开一棵新发现的千年稀有古树，需要重新设计该处的火车轨道方案。以此，让学生站在铁道工程师的立场，设计古树旁轨道的转弯方案，使火车能够安全地行驶。

　　案例2：在高二语文"戏剧鉴赏"一课中，为礼赞在新冠肺炎疫情期间用生命坚守一线的英雄医务人员，我们可以围绕"如何通过话剧表现抗击疫情英雄的人物形象"这一核心问题，引导学生集体创作一个微型话剧本。

（四）个人性：从自我体验到深度理解

　　尽管我们可以从一般意义上对核心素养的共同构成进行界定，但在个体身上，核心素养的生成路径、存在样态和表现方式又具有高度的个性化特

①　苏鸿.课程知识的实践意蕴与核心素养教育［J］.课程·教材·教法，2017，37（5）：52-58.

②　DEWEY J. Democracy and education：an introduction to the philosophy of education［M］. New York：The Free Press，1916：344.

③　阿莫纳什维利.孩子们，你们生活得怎样？［M］.朱佩荣，高文，译.北京：教育科学出版社，2002：59.

征。从具体的生成逻辑上看，核心素养终究是个体自我建构的产物，而且个体的核心素养也始终处在不断的自我建构之中。从知识观的视域来看，知识只有进入个体的自我世界，真正成为个体身心的有机组成部分，才能向内汇聚和积淀为个体的内在修养，向外发展和表现为个体的实际能力。唯有与个人信念、经验深度融合，知识才有可能具备迁移、行动的力量，成为核心素养生成的知识基础。① 更为明确地讲，在知识与核心素养的互动关系中，个人知识是核心素养生成与发展的基础，核心素养则是个人对知识的理解、创造与运用。有学者指出：学生的个人知识是其素养的基础、前提和载体。没有个人知识，断无素养形成。学生的学科素养建基于其学科思想。学生的跨学科素养建基于其生活理解与体验。因此，尊重学生的个人知识是发展学生素养的关键。②

核心素养与个人知识的高度关联决定了学校知识教学需要凸显知识的个人性，强调学生对知识的自我理解。其实，任何知识都具有个人性，都是个人理解与生成的产物。波兰尼指出，人类有两种知识。通常所说的知识是用书面文字或地图、数学公式来表述的，这只是知识的一种形式。还有一种知识是不能系统表述的，例如我们有关自己行为的某种知识。③ 其中，能够通过言语、文字或符号加以表达的知识常常是具有"可陈述性"和"可传递性"的公共知识，不能通过言语、文字或符号加以表达的知识则常常是"只可意会，不可言传"的个人知识。在这里，个人知识并非一种独立存在的知识形态，而是强调知识过程中的个体参与。任何知识的生成与运用都来源于个人的理解和创造，都依赖于个人的经验和认知，都渗透着个人的情感和旨趣。也就是说，任何知识都是个体参与的知识。正是知识的这种个体参与性，决定了知识的个人性。如何凸显知识的个人性，促进知识的自我理解，进而实现知识的个人价值？这是核心素养生成与发展的重要前提。

根据核心素养对知识的个人性要求，学校知识教学需要沟通知识与自我的联系，让学生在知识与自我的整合中学习，基于体验的深度理解则是其基本路径。首先，任何理解都必须以前理解作为基础，前理解是理解的逻辑起点和现实源头。简单来说，前理解主要包括三个方面的心理因素：一是个体先行具有的心理结构；二是个体先行领会的心理内容；三是个体先行确立的思维方式。所有这些心理因素，都会对学生的知识理解产生制约作用。其次，任何理解都必须经由多重对话与视域融合才能最终实现。由于前理解的影响，个体在实际的理解过程中容易局限于自己的视域，于是会产生"理解的偏离"这一风险。教师需要引导学生与文本、他人以及自身展开对话交

① 张良.核心素养的生成：以知识观重建为路径［J］.教育研究，2019，40（9）：65-70.
② 张华.论核心素养的内涵［J］.全球教育展望，2016，45（4）：10-24.
③ 郁振华.人类知识的默会维度［M］.北京：北京大学出版社，2012：17.

流，融合他人的视域和理解，不断地修正、拓展和超越自己对知识的理解。最后，任何理解都必须以自我的生命体验为前提。任何人都不能代替别人去理解，"一切理解都是自我理解"[①]。作为一种高度个性化的过程和结果，理解只能是理解人所体验到的东西。反之，唯有自我体验过的东西才能最终被自我理解。这意味着，体验在知识的理解中发挥着不可替代的作用。不仅如此，作为一种与自身生活、生命高度关联的整体建构活动，体验又为学生的自我反思提供了契机。正是通过反思，学生的体验和理解才得以升华，学生的知识结构、思维模式和经验体系才得以优化，并逐渐生成发展出具有广泛适应力的核心素养。

> **知识的深度理解实例**
>
> 案例 1：在《过秦论》一课中，通过探究"贾谊政治主张实现的现实条件"这个问题，让学生感知贾谊政治主张的实质及历史关联性，并在深度理解"论从史出"和"史论结合"两个核心概念的基础上，建构起"唯物史观"和"文史互证"两个大概念。
>
> 案例 2：某学生看见机场关于"严禁携带额定能量超过 160 W·h 的充电宝搭乘飞机"的规定，但自己的充电宝上写的是 10 000 mA·h，这两个单位究竟是什么含义？它们存在什么关系？这个充电宝是否可以带上飞机呢？

三、学科核心素养导向的课堂新样态

新版课程标准在课程目标、课程内容、质量标准和课程实施等方面都出现了新的变化，所有这些变化都必然引起课堂样态的实质性改变。如果说近年来的教学改革实践为课堂样态的实质性改变创造了很多可能，那么，聚焦学科核心素养的实践导向又使课堂样态的实质性改变变得尤其必要。如果要将学科核心素养的培育落到实处，学科课堂便需要经历一次样态的重构。

（一）动机样态：激活深层动机

作为内在修养与外发力量的有机融合体，学科核心素养的培育首先在于育"心"。正如农民为了把农作物养育好，必须把肥料浇灌到农作物的根部。同样的道理，教师为了把学生培育好，把学生的学科核心素养培育好，也必须抓住学生学习与发展的根本部分，即学生的心灵。落实到课堂中，教师做的一件重要事情便是触发和激活学生内心的深层动机，其关键就是找准学生的兴奋点和困惑处，进而设计出尽量精妙的学科问题，以触发和激活学生深层的兴趣、情感与思维。如果不能触动和激活学生的深层动机，就无论如何

---

① 加达默尔.哲学解释学［M］.夏镇平，宋建平，译.上海：上海译文出版社，2004：46.

都不可能培育好学生的学科核心素养。如果不能触动和引发学生的兴趣、情感与思维，课堂便会失去情感的体验、思维的碰撞和智慧的刺激，就会失去生命的活力和意义。

（二）知识样态：深入学科内核

在知识与素养的视域中，学科核心素养的发展取决于学生建构和获得的知识本身的质量。换句话说，学科核心素养的发展需要引导学生由表及里，深入学科内核学习。用一线教师的话说，就是要引导学生学到学科本质。相对于表层的教材知识，更高质量和更有营养的学科内核和学科本质到底又是什么样态的知识？针对目前教师在知识教学方面普遍存在的问题，学科内核（学科本质）需要着重从五个方面来加以把握：

（1）知识的产生与来源，即引导学生理解知识的来龙去脉。

（2）事物的本质与规律，即引导学生透过现象把握事物的本质特征与普遍规律。

（3）学科的方法与思想，即引导学生领悟学科专家发现知识和解决问题的学科思想方法。

（4）知识的关系与结构，即引导学生把握知识的三重关系：前后知识之间的顺序关系；左右知识之间的并列关系；上下知识之间的层次关系。

（5）知识的作用与价值，即引导学生理解知识的功能、作用以及知识背后所蕴含的情感、态度与价值观。

（三）学习样态：在问题解决中学习

什么样态的学习才更有利于学生的学科核心素养发展？我们的答案是：问题解决学习。问题解决学习是促进学生学科核心素养发展的基本学习模式。我们认为，今天的教师站在讲台面前应该记住一句非常重要的话：让学生在问题解决中学习！正因为如此，本次高中课程标准修订才格外强调学生的实践参与。强调学生的实践参与，并不是要让学生下地、进工厂，其实质是引导学生展开对问题的分析、探究与解决。在实践中，习题解答式、课题研究式与项目创作式是问题解决学习的三种基本方式。从学习方式上看，习题解答式强调学生的探究与解答，课题研究式强调学生的探究与发现，项目创作式强调学生的探究与创作。从学习成果上看，习题解答式强调答案的获得，课题研究式强调结论的发现，项目创作式强调作品的形成。我们的观点是：以课题研究式为主，以习题解答式为辅，鼓励采用项目创作式。

（四）发展质量：让学生达到"四个学会"

说到底，强调学科核心素养是要改变学生的发展样态，优化学生的发展质量。从这个意义上讲，学科核心素养背后蕴含着新的发展观：

（1）从被动发展到自主发展。一方面，学科核心素养说到底都是学生自己的素养；另一方面，学生建构着属于他自己的学科核心素养。无论是学生的关键能力还是必备品格，无论是学生的内在修养还是发展出来的能力，最终都是学生自主建构起来的。

（2）从眼前发展到持续发展。不管是"双基"教学还是"三维目标"教学，都容易让教师将目光集中于学生当前的课堂学习。而基于学科核心素养发展的教学，则要克服学科教学的发展局限，将学科教学的发展价值提升到学生的持续发展上来。

（3）从局部发展到整体发展。如果说知识可以一点一点地教，技能可以一个一个地练，但学科核心素养则是一个有机的整体，它的形成与发展取决于知识、技能、经验和品格等各种具体学科素养的交互整合状况。

在新发展观的导向下，强调学科核心素养乃是要着力帮助学生达到"四个学会"：一是学会知识建构，指向学生的终身学习与持续发展；二是学会问题解决，指向学生的实践能力与创新能力；三是学会身份建构，指向学生的情感、态度与价值观；四是学会高阶思维，具体包括更为深刻的反思思维与批判思维、更为综合的整体思维与辩证思维、更为灵活的实践思维与创新思维等。

第一章　　　核心素养导向的课程标准新变化

核心素养导向的教学变化源于课程标准的新变化。《普通高中语文课程标准（2017 年版 2020 年修订）》[①]在课程目标、课程结构和课程实施三个方面都有了较大变化，这些变化体现了新的教育思想和高中语文课程设计与实施的新理念、新做法，只有把握这些变化，理解新版语文课程标准对核心素养的本质追求，才能在课程标准的引领下创造性地开展语文教育活动，提高语文课堂教学效益。

---

① 在本书中，《普通高中语文课程标准（2017 年版 2020 年修订）》简称为新版课程标准，因 2017 年版与 2020 年修订版差别较小，此简称同样适用。

一、课程目标的新变化

新版课程标准在目标上的新变化，集中体现了新时代对人才培养的新要求。语文是与时代、生活联结得最为紧密的学科，每一轮语文课程标准的修订，都反映了时代、生活的某种变化和新的时代对语文课程的某种新期待。

（一）核心素养的提出

随着科技发展和社会产业结构的调整，新时代的社会形态和产业样态发生了极其深刻的变化，这些变化对人才的基础素质提出了新的要求，集中体现在五个方面：第一是具有明确而坚定的信仰，即具备积极向上、忠于国家、服务社会、追求卓越的价值取向和核心观念；第二是具有正直善良、朴实诚信、博爱奉献的人文品格，具备浓郁的人文情怀和向善向美的美好人性；第三是具有较高的综合素养，既能融通与灵活运用某一学科的知识解决具体问题，又能综合运用多种知识特别是跨学科知识解决较为复杂的现实问题；第四是具有创新意识与能力，能够根据工作环境和要求的变化不断推陈出新，具备适应新变化、迎接新挑战的能力；第五是具有持续发展的意识与能力，能够不断学习和发展，具备持续发展的潜能和后劲。

语文课程建设要适应新时代对人才培养的这些要求，就要重视语文教学向语文教育的转变。语文教学多是对语文知识与能力的丰富和发展而言的，注重学科自身素养的提升；语文教育则是对人的整体发展而言的，通过语文学科的学习活动实现育人目标。语文教育通过语言文字、语言文章、语言文学和语言文化等载体，培养具有社会适应力、引领力和创造力的学生。学生的社会适应力、引领力和创造力的发展程度，是衡量语文教育是否成功的重要尺度。

语文教育目标要与新时代的人才质量标准高度契合，就要在核心素养的培育上狠下功夫。因为新时代对人才基础素质的上述要求，集中体现在正确价值观、必备品格和关键能力三个方面，而这三个方面是构成学生核心素养的基本内容。其中，"明确而坚定的信仰"属于正确价值观，"人文品格"和"美好人性"属于必备品格，"综合素养""创新意识和能力""持续发展意识与能力"属于关键能力，它们共同构成新时代人才应该具备的核心素养。语文课程目标的制定，必须以语文课程内容为依托，紧扣这三个方面不断细化，才能把语文教育和在语文课堂上培育具有适应、引领和创造社会能力的人有机结合起来。为了促进语文教育目标和新时代人才质量标准的对接，新版语文课程标准把语文课程目标直接定位在语文学科核心素养的培育上，并首先对学科核心素养进行了界定："学科核心素养是学科育人价值的集中体现，是学生通过学科学习而逐步形成的正确价值观、必备品格和关键能力。"①这一界定回答了核心素养培育的如下三个问题。

第一，培育学科核心素养的基本目的是什么？是提升学科的育人价值。所以"学科核心素养是学科育人价值的集中体现"。换言之，每一门学科的育人价值，都是通过核心素养的培育来实现的。这就要求所有从事学科教学的教师，必须从学科的具体知识与能力中走出来，分析这些知识与能力对学生生命成长的意义，特别是在学生学会适应、引领和创造社会等方面所具有的独特意义，然后在目标确定和教学实施中重点发掘和实现这些意义。在制定培育学科核心素养的基本目标时，要充分考虑该门学科核心素养的不同方面是从哪些角度育人的；这些角度在育人阶梯上可以划分为几个阶段；在不同阶段和具体的学习内容中，应确定怎样的教与学目标；这些目标是否恰当可行；等等。只有不断追问和解决这些问题，以此确立的教学目标才能把学科教学与学生培养结合起来，真正提升学科教学的育人价值。

第二，基于学科核心素养的课程目标主要包括哪些内容？主要包括正确价值观、必备品格和关键能力三个方面的内容，这与新时代对人才的基础性素质要求一致。正确价值观，是人们在判断事物好坏时所持的基本观点和坚守的基本准则，它主要解决"如何以学科视角正确看待这个世界"的问题，大致属于第八次课程改革提出的"情感、态度和价值观"维度；必备品格，是学生发展自我、适应社会所必需的品性和基本素质，是学生在不同处境中表现出来的较为稳定的道德品行与心智模式，它主要解决"在学科学习中学会用什么姿态与社会相处"的问题；关键能力，是指体现本学科性质的，对学生运用本学科知识解决问题具有决定性影响作用的基本能力，主要解决"如何借助学科知识与社会好好相处"的问题，属于第八次课程改革中"知识与技能""过程与方法"维度的内容。

第三，学生如何才能达成课程目标？新版课程标准告诉我们：学科核心素养必须在学科学习的过程中形成，它要依托具体的学科知识与能力，在具体学科知识的把握与学科能力的养成中不断提升。要在学科学习的过程中培育学科核心素养，必须把学生的学放在首位，教师从"教会学科"转向"辅助学生学习学科"，在教学设计和实施过程中，重点思考学生的学习活动如何变得更加有效。同时，学科核心素养的形成是一个渐进的螺旋上升的过程，难以一次到位，在教学目标的确定上要考虑发展的梯度。学科、学习、梯度，是学生达成基于核心素养的课程目标的关键词。

（二）语文学科核心素养

新版课程标准在对学科核心素养的定义中回答的这三个问题，要求语文学科在培育学生语文核心素养的过程中，也要回答与之相应的三个问题：在

① 中华人民共和国教育部.普通高中语文课程标准：2017年版2020年修订［M］.北京：人民教育出版社，2020：4.

语文学科核心素养的培育中如何彰显语文的育人价值？语文课程如何细化与落实正确价值观、必备品格和关键能力三个方面的内容，形成具有语文学科特色的课程目标？如何抓住学科、学习和梯度三个关键词设计和实施语文学习活动？

为了回答这三个问题，新版课程标准对语文学科核心素养进一步作了界定："语文学科核心素养是学生在积极的语言实践活动中积累与构建起来，并在真实的语言运用情境中表现出来的语言能力及其品质；是学生在语文学习中获得的语言知识与语言能力，思维方法与思维品质，情感、态度与价值观的综合体现。主要包括'语言建构与运用''思维发展与提升''审美鉴赏与创造''文化传承与理解'四个方面。"①

第一，语文学科核心素养培育的主要目的，是彰显"四维一体"的育人价值观，实现语文课程的育人目标。语文活动的根基在语言，语文能力发展的关键是思维，语文素养的高级表现是审美，语文活动和语文素养的终极归宿是文化。语言、思维、审美、文化相互交织，构成了语文学科的主体内容，以这些主体内容为依托形成的正确价值观、必备品格和关键能力，统称为语文学科核心素养。因此，语文学科的育人价值，就是依托语言这一载体，在语言运用与建构中训练思维、传承文化、提高审美能力，实现语言能力、思维能力、审美能力和文化传承能力的"四维一体"的发展。换句话说，好的语文课程，是通过对语文学科主体内容的研习，提高学生在社会生活中的语言运用能力，在语言运用中提高思维水平，在语言能力和思维水平的发展中提高语言审美能力和文化理解与传承能力。虽然在具体教学中确立的教学目标各有侧重，但"四维一体"地推进学生在语文课堂上的不断发展，却是每节课都应坚守的基本原则。只有坚持"四维一体"的育人价值观，才能避免把语言、思维、文化、审美分割开来的教学弊端。

第二，语文课程目标也可以分为正确价值观、必备品格和关键能力三个方面，但每一个方面都必须体现语文学科的独特要求。在正确价值观方面，新版课程标准有如下表述：

坚定文化自信，自觉弘扬社会主义核心价值观，树立积极向上的人生理想；

增进对祖国语言文字的美感体验。感受祖国语言文字独特的美，增强热爱祖国语言文字的感情；

能欣赏、鉴别和评价不同时代、不同风格的作品，具有正确的价值观、高尚的审美情趣和审美品位；

传承中华文化。通过学习运用祖国语言文字，体会中华文化的博大精深、源远流长，体会中华文化的核心思想理念和人文精神，增强文化自

---

① 中华人民共和国教育部.普通高中语文课程标准：2017年版2020年修订［M］.北京：人民教育出版社，2020：4.

信，理解、认同、热爱中华文化，继承、弘扬中华优秀传统文化和革命文化；

理解多样文化。通过学习语言文字作品，懂得尊重和包容，初步理解和借鉴不同民族、不同区域、不同国家的优秀文化，吸收人类文化的精华；

关注、参与当代文化。关注并积极参与当代文化传播与交流，在运用祖国语言文字的过程中，坚持文化自信，提高社会责任感，增强为中华民族伟大复兴而奋斗的使命感。

在这些表述中，新版课程标准从学生对待传统文化、当代社会和自我发展应该具备的正确态度和价值观入手，明确了价值观的培育内容。一是树立"文化自信"的价值观，集中体现在三个方面：首先是对汉字的自信，树立热爱汉字的价值观；其次是对中华文化核心思想理念和人文精神的自信，树立热爱、传播、弘扬、发展传统文化核心理念和人文精神的价值观；最后是对人类优秀文化充满自信，树立尊重、包容和吸取人类优秀文化为我所用的价值观。二是树立"积极参与"当代社会的价值观，主要体现在三个方面：首先是理解和认同社会主义核心价值观，树立弘扬和践行社会主义核心价值观的价值观；其次是关注并参与当代文化的传播与建设，树立在积极的文化传播与建设中提高参与社会能力的价值观；最后是整合优秀传统文化与当代社会建设，树立为民族复兴而努力学习与发展的价值观。三是树立"积极向上"的自我发展观，主要是为追求人生理想而不断奋斗。文化自信、积极参与、积极向上的价值观，要渗透到语文课程的方方面面，让学生在不同的语文学习活动中挺直民族文化的脊梁，提高社会参与的能力和自我向上的发展品质，实现语文课程的育人价值。

在必备品格方面，新版课程标准在语言、思维、审美和文化四个方面提出了发展要求。在语言建构与运用方面，强调了"理解、掌握祖国语言文字运用的基本规律"和"在语言实践中自觉地运用"语言规律的两个方面，自觉发现和运用汉语规律，是在语言积累与建构方面应该形成的必备品格；在思维发展与提升方面，新版课程标准提出了深刻性、敏捷性、灵活性、批判性和独创性的要求，这五个方面的要求是学生在思维发展与提升过程中应该形成的必备品格；在审美鉴赏与创造方面，要求学生能以正确的价值观、高尚的审美情趣和审美品位欣赏、鉴别、评价、表达和创造美的语言、形象与事物等，这是学生在审美鉴赏与创造方面应该形成的必备品格；在文化传承与理解方面，文化自信、尊重包容、社会责任感和民族使命感，是学生应该形成的必备品格。不同方面的不同品格相互呼应，共同构成了学生在语文学科学习中培育必备品格的基本内容。这是新时代人才质量标准在语文学科中的具体体现，是语文课程在确立必备品格的培育目标时应该重点关注的内容。

在关键能力方面，新版课程标准也提出了较为明确的要求。学科核心素养中的语言建构与运用需要培育四大关键能力：建立不同语言材料之间的联系并从中发现语言规律的能力；在特定的交际情境或历史文化情境中解读语言文字作品的能力；文明得体地表达与交流的能力；将言语活动经验转化为学习方法与策略的能力。这四大关键能力可以简称为发现语言规律能力、情境解读能力、得体表达能力和语文学习能力。在这四大能力中，发现语言规律能力是基础性能力；情境解读能力是对语言规律的运用，是在具体情境中运用语言规律解读文本的能力；得体表达能力是对发现语言规律能力和情境解读能力的综合运用，是在特定情境下运用语言规律有效表达的能力；语文学习能力，是持续提高语言积累与建构素养的保障性能力。学科核心素养中的思维发展与提升主要有两大关键能力：一是形象思维能力，主要包括直觉体验能力和联想、想象能力；二是逻辑思维能力，主要包括判断语言运用正误的能力，对语言现象或文学现象的辨识、分析、比较、归纳的能力，有理有据地表述观点的能力，准确、生动和富有逻辑地表达的能力，用批判性思维审视语言文字作品的能力等。学科核心素养中的审美鉴赏与创造需要发展五大关键能力：感受和体验美的能力，欣赏美的能力，鉴别和评价美的能力，表达和表现美的能力，创造美的能力。学科核心素养中的文化传承与理解需要培养三大关键能力：体会和理解中华传统文化的能力，理解和利用世界优秀文化的能力，当代文化的传播与现实社会的参与能力。这些关键能力是学生运用语文学科知识参与社会生活的重要能力，体现了新时代人才质量标准对语文教育的要求。

新一轮语文课程改革要落实新版课程标准的新要求，应首先把握新时代人才质量标准对语文课程目标的新要求，在正确价值观、必备品格和关键能力三个方面，调整语文课程目标和教学目标，才能真正提升语文学科的育人价值。

第三，把参与活动、积累活动经验作为课程目标。新版课程标准对语文活动提出了明确要求，并把学生参与活动、从活动中积累经验作为基本的课程目标。其主要表述有：在积极的语言实践活动中，积累言语活动经验，将言语活动经验逐渐转化为具体的学习方法和策略，并能在具体的语言实践中自觉地运用；在阅读与鉴赏、表达与交流、梳理与探究活动中运用联想和想象，自觉分析和反思自己的语言实践活动经验。[①]这些表述从三个层面对学生参与语文学习活动提出了目标要求。

第一个层面是活动环境，即把积极的语言实践作为语文学习活动的基本环境。积极的语言实践，是指能够调动学生参与的具有现实意义的语言运用场景与过程，它有三方面的要求：要具有一定的挑战性，有挑战性才有吸引力；与现实高度仿真，现实相似度越高的场景，越具有语言运用的意义；具有实际运用的可能性，能够在场景中进行较为充分的语言运用活动。积极的

---

① 中华人民共和国教育部.普通高中语文课程标准：2017年版2020年修订［M］.北京：人民教育出版社，2020：5-7.

语言实践场景，可以由教师营造，但更重要的是让学生设计语言运用场景，教师要根据上述三方面的要求，对学生设置语言活动场景的能力进行评价，因为这是学生参与语文实践活动要达到的课程目标之一。

第二个层面是积累和转化言语活动经验。参与积极的语言实践活动不是最终目的，参与活动的真正目的是积累和转化言语经验，因此新版课程标准把提高学生积累和转化言语经验的能力作为课程目标。新版课程标准把学习语文的基本渠道定位于语文活动，认为学习语文的过程就是在语文活动中不断积累经验的过程，语文核心素养的发展过程就是在语文活动中不断浸润、积累和转化的过程。因此，设计和实施高质量的语文学习活动，是新一轮语文课程改革对语文教学的基本要求。高质量的语文学习活动有五个基本标志：具有明确的语言运用任务和完成任务的真实过程；在具体语言任务的背后隐含着某一类型的语言规律及其运用策略；具有发现语言规律及其运用策略的过程与方法指导；在不同层次的交流中丰富和提升了对语言规律及其运用策略的认识；具有迁移运用或创造性运用的经历与体验。只有同时满足了这五项要求的语文学习活动，才具有引导学生积累和转化言语活动经验的可能性。言语活动经验，是学生自己在具体的言语活动中感受和总结出来的语言运用观念与技巧，这些观念与技巧可能具有普遍性，也可能是在特定场合下得出的具有特殊性的结论，不能广泛运用。教师在语文学习活动中帮助学生积累和转化言语经验，就是要把学生在具体场景中获得的个体化的语言及其运用观念与技巧，上升为具有"类型意义"的语言规律及其运用策略，让学生了解具体语言现象的本质，理解和把握语言运用规律，并在更加丰富和广阔的场景中去运用。除了把个体的言语经验转化为一般性的语言规律和运用策略外，新版课程标准还要求学生把言语活动经验转化为具体的学习方法和策略。这一转化意在提高学生自主参与语文活动并从中获得最大收益的能力。教师要促进学生达成这一转化目标，需要引导学生进一步追问：这种语言规律及其运用策略在何种条件下适用？还可以有哪些变化？这些变化可以运用于哪些新的语言活动情境？运用时需要注意些什么？……让学生在追问中不断总结和运用，才能把类型化的语言规律及其运用策略变为学生的学习行为和运用语言规律的习惯，把这些行为和习惯运用于日常的语文学习活动中，就能变成学生自觉学习语文的行为，实现新版课程标准的有关课程目标。

第三个层面是反思和改善言语活动经验。这一目标属于提高学生自主学习语文能力的范畴，要善于引导学生反思：自己用于积累言语经验的材料是否具有代表性，积累言语经验的过程是否具有科学性，积累的具体言语经验是否具有实践性，能否迁移运用等。然后在言语材料、活动过程与活动结论等方面进行审视，发现其不足并逐步改善，实现言语经验的自我超越，才能不断提高运用言语经验的能力。

只有从上述各方面把握住了课程目标的整体方向，才能在领会和分解课程目标时抓住新版课程标准的关键，在课程实施活动中落实课程目标的新要求。

二、课程结构的新变化

（一）适应国际发展战略

课程目标的新变化，要求课程结构随之调整。除了新时代人才质量标准对语文课程结构提出了新的要求外，国家的国际发展战略也对高中阶段的语文课程结构提出了新要求，只有同时满足这两个方面的要求，才能使语文教育既符合新时代对人才培养的期望，又能提高母语教育对全球发展的贡献力。

语文教育要适应国家的全球发展战略，需要在世界格局中定位语文教育的主体功能，形成语文教育的世界格局。语文教育的世界格局，是指在建设"人类命运共同体"的大视野下，以全球的政治、经济、社会等发展为背景，整体谋划语文教育的定位、理念、目标、内容、活动和评价等，并由此形成的语文教育的大视野和高境界。经过 40 余年的改革开放，我国以积极姿态参与全球化进程，在与世界经济的不断融合中，经济总量已跃升为世界第二，人均 GDP 也进入了世界中等水平。党的十八大以来，中国国际战略的核心是统筹国内国际两个大局，习近平总书记提出"不对抗，不冲突，相互尊重，合作共赢"的新型大国关系建设思路，提出对周边国家"亲诚惠容"的四字箴言；在国际上通过主办一系列峰会，积极推动二十国集团、亚太经合组织、金砖国家、上海合作组织合作，特别是在构建人类命运共同体的倡议和在北京举办的"一带一路"国际高峰论坛、中非合作论坛上，展示了中国高举全球化旗帜、引导多边合作进程的决心与能力，这些举措、决心与能力，使中国日益走近世界舞台中央。

语文教育要与国家的国际发展战略相适应，需要在满足新时代人才质量要求的基础上，扩大自己的视野，拓展自己的功能，使语文教育的主体功能具有世界格局的特征，这种特征集中体现在四个方面。

一是凸显民族文化，具有培厚民族根基的文化功能。具有世界格局的母语教育，首先是具有深厚民族文化根基的教育，只有从汉字汉语和中华文化的核心思想理念中滋养出来的语文课程，才能在世界文化园地里摇曳出独特的姿态。缺失民族文化根基的语文课程，世界格局的追求就只能成为奢望。

二是树立国家意识，具有涵养国家品质的现实功能。语文课程是国家的基础性课程，必须具备国家品质，为国家的发展服务。站在国家发展的高度上建设的语文课程，其课程内容、实施与评价具有关注国家发展、服务国家发展、促进国家发展的特点，并且在较大程度上发挥培育具有为国奉献的意识、情感、价值取向与基础能力的学生的功能。语文课程的国家品质，是语文站在民族文化的高地上走向世界的又一凭借，没有国家品质，语文课程就没有走向世界的力量。从语文课程应具备的文化功能看，深厚的民族文化之根必须生长在社会发展的现实土壤中，才能避免枯竭的危险。在深厚民族文化滋养下的语文课程，必须站在国家发展的现实高度上，对接社会发展中的重大问题，将其变为具有挑战性的语言实践活动素材，引导学生从语文学科的视角，运用语文学科的知识、能力和方法等，从某一个侧面分析和解决这些重大问题，才能充分发挥语文教育的现实介入功能，培育学生关注国家发展的意识，提高学生评价和表达国家事件与国家形象的能力。

三是发展国际意识，具有培育全球格局的战略功能。做强文化之根和培育国家品质，为语文课程走向世界创造了良好条件，但如果就此止步，语文课程的世界格局依然无法形成。因为具有世界格局的语文课程必须放眼全球，具有发展学生国际意识。语文课程要适应国家国际战略和学生全球化发展的需要，培育学生的全球意识和全球格局，首先在目标定位上，要具备全球意识，用全球精粹丰富和发展语文课程。新版课程标准提出的"通过学习语言文字作品，懂得尊重和包容，初步理解和借鉴不同民族、不同区域、不同国家的优秀文化，吸收人类文化的精华"等目标，体现了这一要求。其次是在内容的构成上，要兼顾民族文化、国家建设和全球发展等内容，让学生在语言文字作品的学习中了解世界，在积极的语言实践活动中走向世界，才能逐步形成全球意识和全球格局。最后是在课程模块的安排上，既要突出民族文化和国家建设的重要地位，也要适当增加有关全球发展的内容，还要处理好民族文化、国家建设与全球发展之间的关系，促进三者的融合。

四是涵育创新智慧，具有发展创新素养的导向功能。语文课程是一门具有悠久历史的课程，也是最具创新基础的课程，几千年的积淀成果，孕育着无数的创新生机。语文课程的设计、开发和实施，就是要利用民族文化、国家建设和全球发展的丰富素材，创设语言实践活动的鲜活情境，引导学生在鲜活的语言情境中涵养具有全球视野的创新智慧，提升具有全球格局的创新素养。语文课程只有充分发挥这种导向功能，才能培育出具有创新意识与创新能力的基础性人才，才能形成语文课程的世界格局。因为创新是世界进步的支柱，全球发展日新月异，是不同层次和不同类型的创新综合作用的结果。具有世界格局的语文课程，必须是富有创新力的课程。语文课程的设计与实施，要有意识地引导学生在语言文字的天地里富有创意地介入社会生活，提高适应、引领和创造社会的水平，这是新版课程标准对语文课程功能的又一定位。

（二）课程结构的调整

语文课程要发挥上述四个方面的主体功能，需要对原有的课程结构进行调整。新版课程标准的课程结构以语文学科核心素养的发展为纲，以语文学习任务群为组织方式，重新建立了必修课程、选择性必修课程和选修课程的课程结构。在各类课程的学分设置上，必修课程调整为 8 个学分，选择性必修课程设置了 6 个学分，选修课程设置了 12 个学分。从总体上看，学生在高中阶段的语文必修学分有所增加，但必修课程分为通识性必修和选择性必修，增加了必修课程中的选择空间，更有利于促进学生个性化发展。实验版课程标准设置的不同层次的选修课程共计 14 学分，比新版课程标准设置的学分略高，新版课程标准虽然减少了选修课程的学分，但提高了语文学习的程度要求。

新版课程标准在课程结构及其内容组织上的变化，有利于形成语文课程的世界格局。从凸显民族文化、培厚民族根基的文化功能看，有 13 个学分的语文学习任务群在强化和实现这一功能，它们分别是"文学阅读与写作""思辨性阅读与表达""中华传统文化经典研习""中国革命传统作品研习""中国现当代作家作品研习""汉字汉语专题研讨""中华传统文化专题研讨""中国革命传统作品专题研讨"。这些学习任务群分别从三个层面强化和实现了这一文化功能。"汉字汉语专题研讨"，是从感受、梳理和探究祖国语言文字的美的层面，增强学生的汉语自信，培育对祖国语言的浓厚感情。"文学阅读与写作""思辨性阅读与表达""中国革命传统作品研习""中国现当代作家作品研习""中国革命传统作品专题研讨"等是从语言作品的层面，引导学生在研习语言作品的过程中体悟中华文化的核心思想理念与中华民族生生不息的精神，并将其内化为自我成长的灵魂，从而提高理解、传承、弘扬、创新中华文化思想的能力。"中华传统文化经典研习""中华传统文化专题研讨"等是从文化思想的层面，引导学生在品读文化经典著作的过程中，有深度地理解和把握中华文化思想，成为具有中华文化精神的新时代高中生。语言文字、语言作品、文化思想，三个层面相互渗透、互动发展，有利于提升语文课程培厚民族之根的文化功能。

从树立国家意识、涵养国家品质的现实功能看，新版课程标准设置了 5 个学分的学习任务群来实现这一功能。学习任务群"语言积累、梳理与探究""当代文化参与""跨媒介阅读与交流""实用性阅读与交流""学术论著专题研讨"，都从不同侧面指向了这一功能。"语言积累、梳理和探究"从分析时代的语言变化入手，感受时代跳动的脉搏，在语言变化中认识社会发展的趋向与国家发展的成就，从而树立国家意识和国家自信。"实用性阅读与交流"则以不同的实用性作品为依托，引导学生从这些作品中感受社会建设需要的语言文字能力和社会发展的一道道风景及其背后蕴含的国民精神，从而提高学生对社会和国家的认识水平、亲近感和参与能力。"当代文化参与""跨媒介阅读与交流"则从语言实践与文化建设的角度，指导学生直接参与现实生活，在与社会的亲密接触中提高对社会的洞察力，进而树立正确的国家意识，激发热爱祖国、建设祖国的热情。"学术论著专题研讨"则从学术研究的视角，在引导学生分享学术研究成果的过程中感受国家的发展，提高对国家发展热点难点的研究能力，以较强的学术力作保障，提升服务国家的品质。

从发展国际意识、培育全球格局的战略功能看，新版课程标准设置了 5 个学分的 4 个学习任务群，分别是"整本书阅读与研讨""外国作家作品研习""跨文化专题研讨""科学与文化论著研习"。"整本书阅读与研讨"是以赫钦斯为代表的永恒主义教育的基本教育形式。永恒主义教育流派认为，教育应该使儿童获得具有永恒意义的精神认识，而获得这些精神认识的主要渠道是对名著杰作的阅读与研讨，其代表性人物莫提默·艾德勒和查尔斯·范多伦为此撰写了具有世界影响力的名著《如何阅读一本书》，包含基础阅读、检视阅读、分析阅读和主题阅读等不同层次和形式，为整本书阅读提供了基本范式。因此，整本书阅读是盛行全球的经久不衰的教育与阅读方式，是伴随学生终身成长的阅读品质，在学习这一任务群时，要凸显全球意识和全球格局。"外国作家作品研习"和"跨文化专题研讨"则以外国文学作品和异域文化现象与思想等为载体，引导学生了解、理解、尊重、包容和吸收全球的不同文化，形成利用全球优秀文化发展自我和国家的意识与格局。"科学与文化论著研习"具有培育全球格局的功能，科学与文化论著包含了不同国家和不同时代的科学发展与文化经典，具有全球视域，只要充分利用，就能较好地培养学生的全球意识与格局。

从涵养创新智慧、发展创新素养的导向功能看，新版课程标准设置的所有学习任务群都具有这一功能。这些学习任务群从语言创新、文学创新、文化创新、阅读方式创新、学习方式创新等角度，引导学生提升创新素养。"语言积累、梳理与探究"和"汉字汉语专题研讨"，意在引导学生提高语言创新的意识与能力；各种作品的阅读、表达、研习与专题研讨，意在引导学生分析和理解不同形式的文学创新，并提高创新性表达的意识与能力；有关文化的专题研讨，则重在培养学生文化创新的意识与能力；"整本书阅读与研讨""跨媒介阅读与交流""当代文化参与"和各种专题研讨，则是阅读方式和学习方式的创新。

新版课程标准设置的学习任务群，其功能不是单一的而是综合发展的，任何一个学习任务群都具有多方面的功能。只有在学习任务群的设计与实施过程中，既强化本学习任务群的主体功能，又引导学生兼顾其他功能，才能用好用活新版课程标准设计的课程结构。

三、课程实施的新变化

（一）语文教学困境

要实现语文课程目标的转向，用好用活新的语文课程结构，必须突破语文教学面临的诸多困境，促进语文课程实施的转型。从第八次课程改革的实践情况看，语文教学主要面临着五个方面的困境。

第一，思想性与学科性难以兼容。语文课程要承担育人的使命，需要进一步突出思想性，但过分突出思想性则容易削弱语文学科特性，把语文课上成历史课、政治课与班会课。有人认为，语文课应沉浸在语言中，语言是语文课的一切，其他都是附属品。但是，语言是表达思想的工具，是人类交际的一种方式，如果只有"语言"，没有"思想"，语文课就会成为没有灵魂的空壳。思想性与学科性难以兼容的矛盾，导致语文课程的工具性与人文性难以有机融合。如何在语言文字的运用和语言作品的赏析中实现思想性与学科性的统一，恰到好处地把思想性和学科性融合到具体的语言实践活动中，既体现语文学科的育人价值，又能很好地凸显语文活动自身的特点，在保持"语文味"的前提下提升语文学科的思想性，是不少教师在今天依然没有解决的问题。

第二，经典性与时代性的失衡。语文课程是具有深厚文化积淀的课程，这些文化因子往往流淌在不同类型的经典作品中，引导学生阅读和研习这些经典作品，才能让学生在语言文字的世界里感受文化的魅力，吸收文化的养分，进而成为具有民族文化气质的人，所以经典性是语文课程的必然属性。但是，经典作品产生于特定的时代，经过了长时间的沉淀，和学生的现实生活相距较远，难以唤起学生的相同体验，实现对文学作品的共情和对文化经典的共鸣等阅读目标就变得极难达成。因此有人主张，语文教材要选择贴近学生生活的时文，让学生乐读喜读。但是，未能经过岁月沉淀的时文，其典范性、文化包容力、思想穿透力和精神影响力值得进一步考究。时文过多而经典过少，学生的思想修为和对语言的感受力就会有浅化的危险；时文过少，经典过多，又会给学生带来阅读的障碍，从而降低学生的阅读兴趣。经典与时文的平衡，是摆在不少教师面前的难题，要解决这一难题，需要冲破经典阅读与现实参与的屏障，要么把经典引入现实，用经典的精神审视今天的生活，以经典的表达艺术言说自己心中的现实社会，分析和评价社会热点，为解决社会难点做贡献；要么既阅读经典，也阅读时文。实施这些举措的难点是两者关系容易失衡，难以把学生的学习兴趣与深度学习有机结合起来，这是新一轮课程改革应该尝试解决的问题。

第三，形象性与科学性的冲突。文学作品是依托形象来表达情感和思想的，离开了形象就产生不了文学。语文的半壁江山是靠文学作品支撑的，强化语言学习的形象性是语文学科属性的重要体现。但是，文学形象的模糊性与多义性，特别是仁者见仁、智者见智的解读特征，似乎让语文学习远离了科学性。因此，提高语文学习的科学性，成了近几十年来日益高涨的呼声。科学讲究精准，形象则具有不确定性，把科学性叠加在形象性之上，容易犯机械解读文学形象的错误。然而，如何提高文学形象解读的科学性，的确是一个值得所有语文教师重视的问题。如何处理好文学文本解读中形象性与科学性的关系，化解形象性与科学性的冲突，还有较长的路要走。

第四，全面兼顾与深度学习难以兼容。全面兼顾包括两个层次，第一个层次是学生要学习多个科目，所有科目都必须全面兼顾；第二个层次是学生要学习语文必修课程和选修课程的诸多内容，这些都需要全面兼顾。然而，学生的学习时间非常有限，难度较大的学科会使学生花更多的时间去学习。对学生而言，语文学科是难度最小的一门学科，于是学生会大量压缩语文的学习时间。时间较短的语文学习难以成为深入学习，更谈不上深度学习，全面兼顾所有学科与提高语文学科的学习深度就产生了矛盾。从有限的语文学习时间看，学生要顾及的内容太多，仅是通览就会花费很多时间，甚至没有时间全部通览，集中时间进行深度学习就变得尤为困难。但是，高中阶段的语文学习若要达成课程目标必须具有一定的深度，甚至可以说，高中阶段的语文学习主要就是深度学习。然而，全面兼顾与深度学习的巨大矛盾，严重挤压了深度学习的空间，降低了语文学习的效益。

第五，过程多元与结果趋同的悖论。理想的语文教育，是引导学生创造性地解读文本，鼓励学生获得自己的独特体验与感悟，并有理有据地表达。因此，高质量的语文学习过程往往具有多元思考、多样化结论与多元表达的特征。然而，语文考试特别是具有选拔功能的语文考试，具有结论趋同的特点。高考命题者根据自己对文本的理解拟出的答案，成了评判全国数以百万计考生结论的参考标准，用一个或几个人的解读视角评判众多考生的解读结论，并决定着考生的命运。虽然命题者会在评分标准中加上"若有其他答案，只要言之成理即可酌情给分"等字样，但由于考生众多，阅卷时间太紧，阅卷教师压力大，没有时间分析其他答案的合理性，多数时候还是按照命题者给出的答案要点评分，仅接受相近或相似的表达。这种过程多元与答案趋同的现实，让不少教师牺牲了理想的过程多元的语文教育，学习过程中的解读日益趋同，从而失去了语文学科的特点，削弱了语文课程的育人功能。

（二）课程实施应对新变化

新版课程标准针对上述困境，在课程实施上采用了新的方式。这种新的方式集中体现在语文实践活动、任务群学习和分级评价三个方面，这三个方面的改革都是为有效发展学生的语文学科核心素养服务的。语文学科核心素养的发展具有综合性与整体性特征，要在语文教育中促进学生语文学科核心素养的发展，就要统整语文的思想性与学科性，在语文学科的阵地上培育出具有思想高度的人；就要在语文教育的过程中平衡经典性与时代性，以经典为主干，以时文为枝叶，让学生在经典的滋养下成长为具有时代气息的鲜活的人；就要化解形象性与科学性的冲突，用科学的精神与态度提高形象解读的科学性，培养出人文性与科学性兼具的人；就要适度缩减全面兼顾的内容，在初中学习的基础上选择有价值的点不断深入，提高专题研习与研讨的深度，培育能够利用语言文字进行深度思考和深度表达的人；就要坚守过程多元的理想，在评价中克服结论趋同的消极影响。而这些，都需要利用语文实践活动、任务群学习和分级评价的优势来实现。

新版课程标准要求课程实施"以学生的语文实践为主线"，将语文实践贯穿课程实施的各环节。要求教师"做好学生语文学习活动的设计、引导和组织，注重学习的效果。根据学生的发展需求，围绕学习任务群创设能够引导学生广泛、深度参与的学习情境。可通过多样的语文实践活动，融合听说读写，跨越古今中外，打通语文学科和其他学科、语文学习和学生的生活世界，运用优质的素材和范例，激发学生的学习兴趣和动力，提高语言文字运用能力"。这一要求提示所有的语文教师：要转变语文教学方式，要在提高语文实践活动的质量上着力。

1. 提高语文实践活动情境的质量

新版课程标准对语文实践活动情境进行了分类："语文实践活动情境主要包括个人体验情境、社会生活情境和学科认知情境。个人体验情境指向学生个体独自开展的语文实践活动，如在文学作品阅读过程中体验丰富的情感，尝试不同的阅读方法以及创作文学作品等。社会生活情境指向校内外具体的社会生活，强调学生在具体生活场域中开展的语文实践活动，强调语言交际活动的对象、目的和表述方式等。学科认知情境指向学生探究语文学科本体相关的问题，并在此过程中发展语文学科认知能力。"在设计语言实践活动情境时，要考虑不同类型情境的不同要求，提高不同类型情境的创设质量。新版课程标准认为，高质量的语文活动情境具有五个特征：能引发学生广泛参与的兴趣；能促进学生深度参与实践活动；能融合古今中外与听说读写；能沟通语文的认知世界和学生的生活世界；能打破语文学科和其他学科的界限。在设计语文实践活动情境时，要根据认知或生活的真实场景，有创意地设计兼容古今中外与听说读写等不同领域与不同能力的活动，并有意识地打破语文学科和其他学科、语文认知与现实生活之间的界限，提高活动情境的包容性与综合性，让不同学生从不同视角均有事可做、有话可说，并能在学习深度上进一步突破，为实现思想性与学科性、经典性与时代性、形象性与科学性、全面兼顾与深度学习的整合提升创造良好条件。为了提高语文实践活动情境创设的质量，新版课程标准还特别要求教师们合理利用信息技术，"创设运用语言文字的真实情境，形成有意义的互动学习环境，帮助学生有效投入语文实践""有意义的互动"，就是在语言情境中开展的互动学习能实现思想性与学科性、经典性与时代性、形象性与科学性、全面兼顾与深度学习的整合，从而取得多方面的有深度的收获，这对语文实践活动情境的创设提出了更高的要求。

2. 提高语文实践活动的设计、实施与评价质量

语文实践活动设计的第一个环节是活动情境的设计。有了高质量的活动情境，还需要根据学生对核心素养的发展要求设计活动目标与任务。设计的实践活动目标要兼顾正确价值观、必备品格和关键能力三个要素，这些要素可以体现在不同目标中，也可以融合在某一目标中，只要能够引导学生明确此次实践活动蕴含的价值观、必备品格和关键能力，并在实践活动中努力达成就符合目标设计的要求了。设计的活动任务要紧扣活动目标，任务指向明确，并能有机融入正确价值观、必备品格和关键能力三个方面的内容，努力兼容思想性与学科性、经典性与时代性、形象性与科学性、全面兼顾与深度学习等要求，为突破语文学习困境创造条件。教师在设计了高质量的学习目标和任务后，要留给学生自主活动的空间与时间，然后在学生的合作研讨或成果展示等各环节对学生进行指导，在指导过程中要善于引导学生发现自我学习成果的优势与遗憾，发现他人的优点并不断吸收，然后整合到自己的结论、认知结构、思维方式和学习经验中去；要引导学生把握学习任务的实质，朝着既定的学习目标不断前进，并在思想性与学科性、经典性与时代性、形象性与科学性、全面兼顾与深度学习等方面促进自己的整合发展。新版课程标准指出，在评价学生时，"要充分考虑语文实践活动的特点，注意考查学生在活动中表现出来的参与程度、思维特征，以及沟通合作、解决问题、批判创新等能力""要注意搜集学生在语文实践活动中产生的各类材料""通过这些材料了解学生在任务群学习中表现出的个性品质和精神态度，建立完整的学习档案，全面记录学生核心素养的发展轨迹"。只有这样，才能实现"以语文实践活动为主线"的课程实施转型。

落实"以学生的语文实践为主线"这一学习方式，需要设计和实施高质量的学习任务群。学习任务群，是由不同学习任务组成的能从不同侧面或层次培育学生核心素养的学习内容与形式等的组合体。学习任务群中的不同任务分属不同项目，每一个项目都能从一个侧面或层次发展学生的核心素养，具有独特的核心素养培育功能，多个项目不断整合，才能既形成学习任务群的内在结构，又促进学生语文学科核心素养的不断发展。在设计和实施学习任务群时，要特别注意两个方面的问题。

第一，发挥学习任务群的综合效应。新版课程标准明确要求："学习任务群追求语言、知识、技能和思想情感、文化修养等多方面、多层次目标发展的综合效应，而不是学科知识逐'点'解析、学科技能逐项训练的简单线性排列和连接。"设计和使用学习任务群时，要在学习任务群所涉及的领域内，引导学生梳理和运用相关知识，并在运用知识的过程中形成积极向上的正确价值观，发展与之相关的必备品格和关键能力。要善于引导学生把不同层次和不同侧面的语文知识与能力训练融入学习任务群中，培养综合利用相关语文知识和能力解决情境问题，完成语言实践任务的能力。具备条件的学校和教师，要逐步设置跨学科的语言运用场景，将培育正确价值观、必备品格和关键能力的发展目标融入实践任务，在学生综合利用语文知识解决问题的过程中促进其综合发展。

　　第二，加大学习任务群的整合力度。这一要求主要包含单个学习任务群要素的整合与学习任务群之间的整合两个方面。单个学习任务群要素的整合，是指任务群内部各要素和影响任务群学习的外部各要素的相互协调与彼此促进。在设计和实施学习任务群时，首先要促进任务群内部各要素的整合。学习任务群的第一个要素是学习目标，学习目标要指向正确价值观、必备品格和关键能力三个方面，设计出的学习目标要明确、具体，教师能够落实，学生能够据此判断自己是否达成了这些要求；同时要体现出单个学习任务的目标与学习任务群的目标之间的差异，学习任务群的目标要具有多面性和综合性，要兼顾语文核心素养发展目标的不同侧面和层面，以发挥学习任务群的集合发展功能。学习任务群的第二个要素是学习情境，学习情境可由不同文字材料组成，也可由文字、图画、音像等不同形式的材料组成。在设计学习任务群的情境时，要注意运用多角度的材料和必备的视野宽度，要有一定的相似度与陌生感，要便于聚焦具有价值的学习任务，要给学生创造性地运用情境进行语言实践活动提供足够的空间。学习任务群的第三个要素是实践任务，即需要学生解决的具体问题，这些问题要隐含这一学习情境对学生在价值观、必备品格和关键能力等方面的发展要求，问题的核心指向要集中、明确，要尽量兼顾结构化和非结构化问题，要能促进学生运用语文知识解决问题，发现语言现象与文学现象等规律，要有利于学生把言语活动经验转化为具体的语文学习策略与方法等。学习任务群的第四个要素是学习指导，要根据学生的发展情况和本学习任务群的目标要求，对学生的学习态度、方法等进行指导，要能抓住指导的关键点，提高指导的专业化水平。学习任务群的第五个要素是提炼和表达学习成果，表达学习成果时要紧扣目标，要促进学生学习成果的创意表达。除了提高每一要素的质量外，还要以学习任务群的目标为统领，整合各个要素，形成要素间的合力，才能更好地发挥学习任务群的育人功能。在整合内部要素的基础上，还要关注本学习任务群与社会生活的联系，将学习任务群与学生社会参与能力的培养结合起来，加大学习任务群的内外统整力度。学习任务群之间的整合，是合理定位不同任务群的不同功能，每个学习任务群在实现自己功能的基础上，要为其他学习任务群的功能发挥做好铺垫。同时，要统筹考虑不同学习任务群之间的相通点或相似点，共同进行强化和训练，以打好语文学科的共同基础。

　　新版课程标准还对评价转型提出了明确要求，这些要求集中体现在四个方面。一是在语文实践活动中考查学生的核心素养发展情况，在评价载体上实现转型，有利于打破"唯纸笔是从"的评价载体观。二是必修课程和选修课程分类评价，打破语文评价"一刀切"的现象，有利于发挥不同课程板块的不同育人功能。三是建立分级评价标准，明确了学生语文学科核心素养的发展轨迹，强化了学生的发展过程与过程性评价。四是纸笔测试强化语文实践活动情境的创设，要求在真实、富有意义的语文实践活动情境中，考查学生语文学科核心素养的发展情况。新版课程标准的这些思路与策略，有利于在推进评价转型的过程中促进语文教育的整体转型，为优化语文课程结构、实现语文课程目标提供了更加有力的保障。

思考与讨论：

1. 语文课程目标的新变化对课堂教学提出了哪些新挑战？如何才能有效应对这些挑战？

2. 语文课程结构的新变化与学科核心素养培育的关系是什么？如何才能在语文课堂教学中体现这些新变化？

第二章　　　聚焦核心素养的教学目标设计

　　由于核心素养内容的丰富性与培育过程的复杂性，新版语文课程标准在课程目标上进行了较大幅度的调整。要落实核心素养导向的新课堂教学观，提高基于语文学科核心素养的课堂教学有效性，需要立足语文学科核心素养的构成要素细化课程目标，然后根据语文学习任务群的学习特点，将课程目标转化为教学目标，并落实到不同的学习任务群，才能有效提高语文课程的育人价值和核心素养的培育功能。

一、目标设计的主要原则

聚焦核心素养的教学目标设计需要遵循两条基本原则：一是从中国学生发展核心素养的主要目标出发，分析和建构语文课程的教学目标，这是设计语文教学目标的大背景和大前提；二是从语文学科核心素养的基本构成出发，确立不同学习任务群的具体教学目标，这是语文教学目标设计的抓手与落点。这两条原则密不可分，只有将学生核心素养与学科核心素养有机整合起来，才能以语文学科教学为载体，促进学生素养的全面发展。但是，学生核心素养与语文学科核心素养都是一个庞大的体系，在确定教学目标时，不能面面俱到，而要以核心素养的构成为基础，结合不同任务群的核心功能，有重点地设计和确立教学目标。

（一）正确处理中国学生发展核心素养与语文学科核心素养的关系

中国学生发展核心素养，主要指学生应该具备的，能够适应终身发展和社会发展的必备品格和关键能力。中国学生发展核心素养以培养"全面发展的人"为核心，分为文化基础、自主发展、社会参与三个方面，综合表现为人文底蕴、科学精神、学会学习、健康生活、责任担当、实践创新等六大素养，具体细化为国家认同等 18 个基本要点。各素养之间相互联系、相互补充、相互促进，在不同情境中整体发挥作用。教育部印发的《关于全面深化课程改革落实立德树人根本任务的意见》指出，"中国学生发展核心素养"被置于深化课程改革、落实立德树人目标的基础地位。中国学生发展核心素养，是所有学生应具有的最关键、最必要的基础素养，从宏观上明确了教育的培养方向。语文学科核心素养隶属于中国学生发展核心素养，是从语文学科方面对中国学生发展核心素养的具体化和细化，并从语文学科的角度来探寻提高中国学生发展核心素养的培养方法、途径等。设计教学目标时，要处理好二者的关系。

（二）全面把握学科核心素养的构成要素

正如上文所言，语文学科核心素养主要由正确价值观、必备品格和关键能力"三个维度"和语言建构与运用、思维发展与提升、审美鉴赏与创造、文化传承与理解"四个方面"的内容构成，确立语文课程目标时，就要紧扣这"三个维度"和"四个方面"的内容展开。

语文学科核心素养的"三个维度"，第一是正确价值观，这涉及"培养什么人"的问题。文以载道，语文课程在引导学生树立正确的价值观上，具有不可替代的优势。通过学习语文，学生应该树立这样的价值观：坚定文化自信，弘扬民族精神，践行社会主义核心价值观，形成热爱中华文明、热爱祖国、热爱人民、热爱中国共产党的深厚感情，以及热爱美好生活和奋发向上的人生态度，增强为中华民族伟大复兴而努力的历史使命感和社会责任感。第二是必备品格，学生通过高中语文学习，应形成包括思想人格和语文品质在内的必备品格。语言文字是文明的重要载体，在语文学习中，学生学习并继承中华优秀传统文化，认识并吸收世界各民族文化精华，这会潜移默化地塑造着学生的思想人格，引领学生提高自身的精神境界和人格高度，养成现代社会所需要的思想品质、精神面貌和行为方式。高中语文课程，必须让学生具备较高的语文品质。学生要通过阅读与鉴赏、表达与交流、梳理与探究等语文实践，把握语文运用的规律，有效提高自身语言品质、思维品质、审美水准，促进语文品质的综合发展。第三是关键能力，语文学科的关键能力，要特别强调以下方面：语言能力，主要包括建构语言知识体系，运用语言恰当表达等能力；思维能力，主要包括发展以语言文字为载体的思维能力与提升相应的思维品质；审美能力，主要包括对语言文字之美的鉴赏能力和创造能力；文化建构力，主要是在语言文字的学习中，吸收、继承中华优秀传统文化，理解、借鉴不同民族和地区的文化，不断形成文化自觉意识和文化自信等。这三个维度中，正确价值观是方向性目标，引领着教育的方向；必备品格和关键能力是核心素养的重要目标，前者侧重于学生的思想人格和学科品格，后者侧重于学科的关键能力点。

语文学科核心素养"四个方面"中的语言建构与运用，是语文学科核心素养的基石，主要是指学生在丰富的语言实践中，主动积累、整合和运用语言材料，逐步掌握语言文字特点及其运用规律，形成个体言语经验，发展在具体语言情境中正确有效地运用祖国语言文字进行交流沟通的能力。思维发展与提升，是语文核心素养的核心要素。语言是思维的工具，学生在语文学习过程中，通过语言运用，获得直觉思维、形象思维、逻辑思维、辩证思维和创造思维的发展，促进深刻性、敏捷性、灵活性、批判性和独创性等思维品质的提升。审美鉴赏与创造，是语文核心素养的重要组成部分。新版课程标准指出："审美鉴赏与创造是指学生在语文学习中，通过审美体验、评价等活动形成正确的审美意识、健康向上的审美情趣与鉴赏品位，并在此过程中逐步掌握表现美、创造美的方法。"文化传承与理解，是语文核心素养的文化追求。新版课程标准指出："文化传承与理解是指学生在语文学习中，继承和弘扬中华优秀传统文化、革命文化、社会主义先进文化，理解和借鉴不同民族和地区的文化，拓展文化视野，增强文化自觉，提升中国特色社会主义文化自信，热爱祖国语言文字，热爱中华文化，防止文化上的民族虚无主义。"概括起来就是：语文学科核心素养的四个方面是一个整体。语言建构与运用是语文学科核心素养的基础，在语文课程中，学生的思维发展与提升、审美鉴赏与创造、文化传承与理解，都是以语言的建构与运用为基础，并在学生个体言语经验发展过程中得以实现的。

语文学科核心素养中的"三个维度"和"四个方面"，是从不同角度对语文学科核心素养进行的不同表述，是核心素养的总述与分述。"三个维度"是总，描述了学科核心素养的总目标，"四个方面"是分，陈述了语文学科核心素养四个方面的内容，每个方面对"三个维度"的目标进行了具体的细化，这"四个方面"的培养，都是让学生逐步形成正确价值观、必备品格和关键能力。

（三）语文学科核心素养的分项解析与举例

要在教学目标设计中落实重点突破的要求，需要分项找准语文学科核心素养的目标落点。这就要对语文学科核心素养进行分项解析，是从"三个维度"理解语言建构与运用、思维发展与提升、审美鉴赏与创造和文化传承与理解"四个方面"的内容，明确每一个方面应该发展的正确价值观、必备品格和关键能力，为制定具体的教学目标奠定基础。

1. 语言建构与运用

"语言建构与运用"应该树立的价值观主要有：加深对祖国语言文字的理解，提高对祖国语言文字运用的能力，进而感受祖国语言文字的美，进一步加深对祖国语言文字的热爱；通过语文学习和教育，建立规范使用通用语言文字的意识。2000 年 10 月 31 日，第九届全国人民代表大会常务委员会第十八次会议通过了《中华人民共和国国家通用语言文字法》，其中特别指出："国家通用语言文字的使用应当有利于维护国家主权和民族尊严，有利于国家统一和民族团结，有利于社会主义物质文明建设和精神文明建设。"由此可见，学会规范地使用语言文字，有利于增强中华民族的凝聚力，这是一种爱国行为，也是一个中国人应该具备的基本的道德素养。

在语言建构与运用方面，学生需要培养理解、掌握祖国语言文字运用基本规律的品格。语言建构与运用，是为了满足沟通交流的需要，也有助于个人言语经验的形成。这需要在不断地积累和实践中，逐步建立一些属于自己的言语心理词典、句典和表达风格。具备较好的个人言语经验是一个学习者具备较高语文素养的体现，同时也能帮助学生在走入社会后更好地展现自己的能力和才华。

从关键能力的维度看，语言建构与运用可理解为"出于真诚对话的愿望，准确理解对方的话语形式与话语意图；精确妥帖地运用祖国语言文字表情达意，以进行最有效的交流"[①]。学生学习语文，阅读、表达和交流是基本学习内容，也是主要目的。而阅读、表达和交流要得以顺利进行，准确理解对方（包括作者）的话语和妥帖地表达自己的观点是两个基本前提，也是学生在语言建构和运用中应该发展的关键能力。

此外，学生要培养语言的理解和运用能力，需要不断地阅读和吸收、练习与实践，这就要求学生能够自觉主动地积累，将积累的语言材料有意识地

---

① 王尚文.走进语文教学之门［M］.上海：上海教育出版社，2007：165.

进行梳理和整合，并能在语言实践中自觉地运用。因此，主动积累、梳理和整合语言材料，也是"语言建构与运用"这一核心素养需要具备的又一项关键能力。

在具体教学中，教师应该注重引导学生培养建构和运用语言的必备品格和关键能力，帮助学生树立热爱祖国语言的理想信念。例如，在文言文教学中，一方面，教师需要引导学生阅读大量的古代散文，在阅读的过程中有意识地梳理积累文言词语和文言现象，特别是一些与现代汉语不同的语言现象，从而为准确理解古代文章大意打好基础。另一方面，教学不能只停留在言的层面，言为义服务，言还有它自身的美感，教师还应该引导学生在理解大意的基础上咀嚼揣摩文字背后表达的深意，品味文言文的含蓄美、韵律美。在此基础上，提升学生对中国优秀传统文化的浓厚兴趣，培养学生热爱祖国传统文化，增强学生作为中国人的骄傲感和自信心。

2. 思维发展与提升

"思维发展与提升"应树立的价值观有：发展思辨能力，提升思维品质，培育社会主义核心价值观。语言是思维的载体，语言的发展与思维的发展是相互依存、相辅相成的。思考的目的是探索与发现事物的内部本质联系和规律性。思维的方式其实就是人们看待研究事物的角度、方式和方法，而一个人的品格、个性和他的思维方式是密切相关的，柏拉图曾说过："思维是灵魂的自我对话。"可见，求真、求善是思维发展应走向的最终目标之一，也是我们在培养思维能力和思维品质的过程中应该树立的理念。

"思维发展与提升"应具备的关键品格是提升思维品质。提升思维品质，是指学生能够自觉分析和反思自己的语文实践活动经验，提高语言运用的能力，增强思维的深刻性、敏捷性、灵活性、批判性和独创性。如有教师在教授《孔乙己》时，首先抛出"读完文章你们最'记得'孔乙己的什么？"这一问题，引导学生分析文中孔乙己的形象，让这个在封建科举制度下挣扎的小人物的形象在学生脑海中逐渐清晰。随后，教师又提出"小说中的其他人最能'记住'孔乙己的又是什么？"这一问题，意在引导学生转变阅读视角，从读者对孔乙己的评价转向文章中的人对孔乙己的印象。学生会发现，孔乙己是一个可有可无的人，没人关心他的生死，没人关心他的生命存在与生命状态，这些酒客惦记的是他伤疤里的笑料、被打折的腿里的故事。这样的发现能够刺激学生去打破"批判封建礼教"这一思考局限，从其他角度看到这篇小说的多重主题。最后，教师又问："这些人真的'记住'孔乙己了吗？"这将学生对文章的思考引向了深处，孔乙己不是一个被记住的人，而是一个被忘记的人，是一个被人屈辱地记着，被人残酷地忘记的人。看客的心理，看客的危害，在学生的脑海中逐步清晰，"无数个远方，无数的人们，都跟我们每个人有关"，这样的悲悯情怀在学生的内心扎根。在"记住"和"忘记"之间，这位教师引导学生从多角度深入思考文章，也将学生的思维引向了"求善"这一价值目标。①初中的文本解读尚且如此，高中的文本解读更应该关注学生这一思维品质的发展。

"思维发展与提升"应发展的关键能力，是通过语言的学习与运用，获得直觉思维、形象思维、逻辑思维、辩证思维和创造思维的发展与提升。增强直觉思维、形象思维能力重点在于培养学生的语感和联想、想象能力。提升逻辑思维、辩证思维能力，旨在培养学生借助判断、推理等思维形式和比较、分析、综合、抽象、概括等思维方法，透过文字的外衣，学会分析、综合、评价文章，进一步作用于自己的表达，使自己能够准确清晰地、有逻辑地表达自己的认识和见解。有教师在引导学生学习《我有一个梦想》时，不是简单地让学生去分析这篇演讲的主题和写作手法，而是问学生："马丁·路德·金为什么要在一次二十五万人的集会上讲这些内容？他所说的内容和他要达到的目的之间有怎样的关联？他所采用的语言形式是否有助于演讲目标的实现？"这样的问题，有助于引导学生分析马丁·路德·金在演讲中所采用的语言形式、语言内容和语言目的之间的关联。如演讲中运用大量排比、反复、比喻，并非只是为了语言的优美、感情的充沛，其更重要的作用是服务于演讲内容和演讲目的。透过理性的分析，学生就能切实地体会到如何才能写好一篇演讲词，才能建立起对语言内容、形式和语言目的达成之间关系的理解，才懂得该如何说服听众接受自己的主张。②

3. 审美鉴赏与创造

"审美鉴赏与创造"应树立的价值观有：培养高尚的审美情趣。审美活动是人类超越物质生活的重要活动，审美能力是人类区别于其他物种的重要标志。在文学鉴赏与语言表达中，拥有正确的审美意识、健康的审美情趣与鉴赏品位，不仅可以提升学科素养、文化修养，还能树立向善向美的积极价值取向。不仅如此，在此基础上形成的表现美和创造美的能力，除了能让个体全面发展、自我完善，还能为实现丰富和传承中华文明、建设和谐美好社会的宏伟理想奠定坚实基础。所以，审美鉴赏与创造是语文课程赋予学生的一项重要人格和品质。对美的热爱与追寻、创造与表现意义重大，它"对于个人追求精神的自由、塑造完美的人格、构建健全美好的心灵，有着独特的作用，是任何其他实践活动，特别是物质生活活动所无法达到的"③。通过审美鉴赏与创造，感受汉语汉字独特的美，感受中国文学和文化的独特韵味，培养热爱祖国语言文字和传统文化的感情，明白做人的价值和崇高使命，从而产生追寻理想的激情，这是学生应该树立的价值观。如教授高中《语文》必修一"梳理探究"中"优美的汉字"一课时，教师让学生鉴赏很多汉字在不同时期的字形，了解汉字造字方法和演变规律，学生可

---

① 肖培东.残喘在"忘"与"记"之间的苦人：我教《孔乙己》[J].语文教学通讯，2016（2）：32–35.

② 陈欢.在语文学习中发展逻辑思维能力［J］.中学语文，2014（7）：13–17.

③ 朱立元.美学［M］.上海：华东师范大学出版社，2007：31.

以明白作为表意文字的汉字与其他表音文字的区别，从而感受汉字的字形之美。通过教师的引导，学生树立了热爱祖国语言文字和传统文化的价值取向。

在审美鉴赏与创造中，形成正确的审美意识、健康向上的审美情趣与鉴赏品位是学生应具备的必备品格。正确的审美意识，是指在语文学习活动中，拥有正确的审美取向和价值观，有追求健康向上的审美情趣和审美品位的意愿，能辨别落后、庸俗、腐朽的文化，自觉抵制它们的侵袭。健康向上的审美情趣与审美品位，指的是在文学鉴赏与语言表达中，始终保持审美趣味和鉴赏品位的高尚，以及积极的取向，让自己的审美情趣、鉴赏品位与审美对象的客观特点保持统一，与社会主流审美情趣保持统一，与社会主义核心价值观保持统一，并在此基础上，拥有高于现实的健康良好的审美品位。有教师在教授《滕王阁序》时，通过引导学生鉴赏文中华丽典雅的辞赋语言之美，培养学生感受自然、思索人生的审美情操，从而提升了学生的审美品位。

在审美鉴赏与创造中，逐步掌握表现美和创造美的方法，是学生应发展的关键能力。表现美和创造美的能力是以审美鉴赏能力为依托的，这种鉴赏能力指的是对美的体验、欣赏、评价的能力，是形象思维能力和逻辑思维能力的综合。因为体验、欣赏、评价美首先源于感性体验，但在语文活动中，需要将这种体验和评价梳理清晰、表达清楚，这就需要"理性的分析综合和表达，这就是较强的逻辑思维能力了"①。表现美和创造美的能力，是学生能运用祖国语言文字表达自己的审美体验，表现自己对美好事物的情感、态度和观念，表现和创造自己心中的美好形象，具有创新意识。如有文学创作的兴趣和愿望，愿意用文学的形式表达自己的情感，追求正确的价值观、高尚的审美情趣和审美品位等。有教师在教授《沁园春·长沙》时，首先带领学生通过品味语言体会诗词中壮阔深沉的意境，感受主人公抒发情怀的形象，然后让学生在立足原词的基础上充分调动自己的想象，用整散结合的句子来表现自己家乡的秋景。这种设计，既培养了学生鉴赏诗词的能力，又发展了学生表现美和创造美的能力。

4. 文化传承与理解

文化是人类社会特有的现象，是人类精神的既有、传承、创造、发展的总和。中华优秀传统文化具有博大精深、兼容并包的特点；革命文化、社会主义先进文化是中华民族的魂灵，是民族力量的源泉，对于凝聚民族精神，提升道路自信、理论自信、制度自信、文化自信具有重大意义，对国家和社会的发展和命运有着极为深刻的影响。学生在语文学习中，应在运用祖国语言文字的过程中，提高自己的文化自觉，初步形成对个人与国家、个人与社

---

① 赵静宇.高考语文深化关键能力考查的实践：以2018年高考语文全国卷为例［J］.语文教学通讯，2018（25）：8—11.

会、个人与自然关系的思考和认识，树立积极向上的人生理想，增强为民族振兴而努力的使命感和社会责任感，增强文化自觉，提升中国特色社会主义文化自信，这是应树立的正确价值观。郑桂华老师在教授《说木叶》一课时，通过带领学生感悟"木叶"和"树叶"的区别，探究由"木叶"发展为"落木"的原因，比较"木叶"、"落叶"及"黄叶"，进而把握"木叶"的艺术特征，使学生深刻感受到了中国古典诗歌语言富于暗示性的特质，增强了对古典诗歌和中华优秀传统文化的热爱，提升了文化自信。

在文化传承与理解中，热爱祖国语言文字，热爱中华文化，防止文化上的民族虚无主义，是学生应追求的必备品格。语言文字既是文化的重要载体，又是文化的重要组成部分。学习语言文字的过程，也是文化获得的过程。学生应能借助语言文字，体会中华文化的博大精深、源远流长，理解并认同中华文化，形成热爱中华文化的感情，提高道德修养，增强文化自信，防止出现文化上的虚无主义。有教师在教授《汉书·苏武传》时，在重点分析了苏武的性格特征后，学生已为苏武不卑不亢、忠贞不渝的崇高精神而深深感动，教师总结道："我们的民族自古便有这样'宁为玉碎，不为瓦全'的仁人志士，他们凝聚为一座精神的长城，护卫起我们民族的一片天。"接着又用伯夷采薇、颜回固穷和近现代革命先烈的例子告诉学生民族精神对于国家的意义，在课堂上提升了学生的道德修养，培养了学生的必备品格。

学生在语文学习中，继承和弘扬中华优秀传统文化、革命文化、社会主义先进文化，理解和借鉴不同民族和地区的文化，拓展文化视野，这是学生应发展的关键能力。学生应能借助语言文字的学习，初步理解、包容和借鉴不同民族、不同区域、不同国家的文化，尊重多样文化，吸收人类文化的精华；能关注并积极参与中华优秀传统文化、革命文化、社会主义先进文化的传播与交流。通过语言学习产生深入理解、探究文化问题的浓厚兴趣和意愿，能在阅读和表达交流中探析有关文化现象；具有文化批判和反思的意识，能结合具体作品，从多角度、多层面分析、论述相关的文化现象和观念。有教师在教授钱钟书的《谈中国诗》时，引导学生通过梳理文本，比较中国诗歌和西方诗歌的异同，然后设置了三个具有思维梯度的问题：为什么作者说中国诗歌相对于西方诗歌而言是早熟的？早熟的代价是否就一定是早衰？中国诗歌的早熟和中国文化有什么关系？通过对这些问题的思考、探究和讨论，既拓展了学生的文化视野，也培养了学生从多角度多层面分析、论证文化现象的能力。

二、课程目标对教学目标设计的要求

教学目标设计的基本依据是课程标准，新版课程标准对基于语文学科核心素养的教学目标设计提出了较为详细的要求。

（一）"语言建构与运用"的教学目标设计要求

新版课程标准中，"语言建构与运用"的行为表现和教学目标主要表现在以下几个方面。

一是语言积累与建构。积累较为丰富的语言材料和言语活动经验，形成良好的语感；在已经积累的语言材料间建立起有机联系，在探究中理解、掌握祖国语言文字运用的基本规律。

二是语言表达与交流。能凭借语感和对语言运用规律的把握，根据具体的语言情境和不同的对象，运用口头和书面语言文明得体地进行表达与交流；能将具体的语言文字作品置于特定的交际情境和历史文化情境中理解、分析和评价。

三是语言梳理与整合。通过梳理和整合，将积累的语言材料和学习的语文知识结构化，将言语活动经验逐渐转化为具体的学习方法和策略，并能在语言实践中自觉地运用。

就积累、梳理和整合的过程而言，学生的行为表征首先是有主动积累的意识和习惯，能不断拓展自己的语言文字积累；其次，能运用一些方法对学过的各类语言材料进行归类，自觉整理在学习中获得的语言材料和言语活动经验；再次，在扩展和整理自己语文积累的过程中，能发现其中的联系，并进一步探索规律；最后，能尝试结合具体的语言材料，说明自己对语言运用规则的理解，并将发现的语言运用规律用于自己的语文学习实践。

在理解语言这一层面，学生应该具备如下能力：第一，在理解语言时，能区分主要信息和次要信息，能提取和概括主要信息，能理解并准确概括其内容、观点和情感倾向；第二，能区分事实和观点，分析各部分内容之间的关系，能准确、清楚地分析和阐明观点与材料之间的关系；第三，能注意语境和交流的关系，能根据具体的语言环境理解语言，能借助已有的语言知识和语感，结合具体语境分辨词语词义和情感上的细微差别，能凭借语感推断结构比较复杂的语句的意思，能体味重要语句在语言环境中的意义和作用。

在表达的过程中，学生应该做到：能凭借语感和积累及时调整自己的语言表达，能发现语言运用中存在的比较明显的问题，并运用自己掌握的语言知识予以纠正；同时，能根据具体的语境和表达的目的、要求，运用口头和书面语言，文从字顺、清晰明了地表达自己的真情实感。此外，在表达时，还应该做到讲究逻辑、注重情感，能综合运用多种表达方式，从多个角度、多个方面表达自己的理解和感受，力求做到观点明确、内容丰富、思路清楚、感情真实健康、表达准确生动。

当然，这三个方面的行为表征并非孤立存在。学会积累、有意识扩充自己的言语材料，是增强理解能力和表达能力的前提；能充分理解不同环境言语的显性和隐形含义，明确文章各部分的语义联系，对提升表达能力也具有重要意义，而从中又能培养出对语文学习的自信，发现祖国语言文字的魅力，这些都将促进学生更加自觉主动地去积累。反过来，学生能够凭借积累的言语材料和语感主动修正自己的表达问题，在理解文本和探索语言运用规律的过程中，也会更好地思考和更有章法。

著名特级教师陈日亮在教授《春》这篇文章时，就很好地体现出对"语言建构与运用"这一学科核心素养的培养。以下是该案例的片段：

陈老师将指导朗读作为这篇文章的主要教学内容，引导学生根据其言语形式的特点，研究如何读出文章所追求的儿童味道的"活的口语"和"话语风"。在第一二段，陈老师引导学生抓住"东风来了""一切""欣欣然"这些词句，体会文章那种欢喜雀跃的情感基调。后面几段，陈老师又通过三组文字的对比朗读，让学生切身体会语言是如何为内容情感服务的。

第一组：

1. 园子里和田野里，一大片一大片嫩嫩、绿绿的小草，偷偷地从土里钻了出来。在软绵绵的草地上坐着，躺着，打两个滚，踢几脚球，赛几趟跑，捉几回迷藏。风轻悄悄地吹着。

2. 小草偷偷地从土里钻出来，嫩嫩的，绿绿的。园子里，田野里，瞧去，一大片一大片满是的。坐着，躺着，打两个滚，踢几脚球，赛几趟跑，捉几回迷藏。风轻悄悄的，草软绵绵的。

陈老师的引导："瞧着"在中间，"满是的"单独放在最后，强化了发现的神秘与欢喜：啊，小草可真有本事，这么一大片能一下子从地里全钻出来了呢！

第1句"在软绵绵的草地上"的"软绵绵"，只是对"草地"的一般想象；而第2句"风轻悄悄的，草软绵绵的"落在最后，则是由于人是在草地上坐着、躺着、打滚、踢球等等，才有了对草和对风的新鲜感觉。这一句，既要读出儿童活泼欢快的心情，也要读出他们尽情玩乐的生动的画面感。

第二组：

1. 桃树、杏树、梨树，你争我抢的，都赶忙开满了花。

2. 桃树、杏树、梨树，你不让我，我不让你，都开满了花赶趟儿。

陈老师的引导：成语里有"争奇斗艳"，"争"和"斗"都太抽象，"你争我抢"稍具体一些但都不如"你不让我""我不让你"那么形象生动。"开满了花赶趟儿"不仅是忙着赶忙开花，而且是开满了花赶上个时候，赶上个什么时候？像是赶着赴春天的约会。……"赶趟儿"这个词也增添了新鲜的动感。

第三组：

1. 遍地是散在草丛里的各种各样的野花，有的叫得出名字，有的叫不出名字，像眨巴着眼睛，又像闪耀着的星星。

2. 野花遍地是：杂样儿，有名字的，没名字的，散在草丛里，像眼睛，像星星，还眨呀眨的。

陈老师的引导：第1句，是在告诉我们草丛里的野花是什么样的，我们通常也多是这么"介绍"景物的；可是第2句给人的感觉就大不相同，它写出的也是一种发现的惊喜，如同发现小草一样，仿佛野花也突然从什么地方一下子散布在草丛里，调皮地向你眨着眼睛，在故意逗你注意呢。春天的生机，童心的喜悦，栩栩然跃到了纸上。

最后，陈老师还引导学生根据每一段描写对象的不同，研究全文朗读的抒情节奏。开头两段是感觉到春天刚到，"刚睡醒的样子"，整个调子是柔和甜蜜的欢喜；写小草的一段，因为瞧见的并非是长势旺盛的风草，而仍旧是"嫩嫩的，绿绿的"小草，所以也应该是欢快而轻柔的轻快感；写花的一段，花儿们都争着展现夸耀自己的美丽，于是要读出活泼热闹的动感，好像花儿们都抢着说话似的；写风的一段，因为是醉人的春风，所以要读出温馨陶醉的快感；写雨的一段，春雨丝丝、雨雾薄薄，注意读出恬静安详的静感；写天上的一段，转入写人的活动，写人们出来活动，抖擞精神，注意读出兴奋感和力度。

王宁先生曾就"语言建构与运用"的培养提出这样的主张："每一个知识、每一篇文章都不能当成纯粹的知识点，都不是分解开来的技术训练；而是要通过语言文字的成品和丰富、鲜活的语言文字现象，在学生自主学习的过程中，随时关注汉语的特点，提升他们对汉语特点感受的敏锐性。"[①]而陈日亮老师的设计正体现了这一主张。他并没有像一般的教师那样将一幅幅画面从文中抽象出来赏析，也没有将句子剥离开来分析它们的手法和作用，而是让学生在有感情地朗读中去发现那些字句选择和安排的巧妙，进一步感悟语言和内容之间的有机联系。在这样充满意境的朗读中，学生不仅能够认识到语言的活力，更能深切地、充分地体会到作者的情感，有了真切的感受才可能真正透过阅读丰富自己对生活的体验，将心比心，才有可能写出类似充满生命力的文章。

（二）"思维发展与提升"的教学目标设计要求

新版课程标准中，"思维发展与提升"的行为表现和课程目标主要表现在以下几个方面。

一是增强形象思维能力。获得对语言和文学形象的直觉体验；在阅读与鉴赏、表达与交流、梳理与探究活动中运用联想和想象，丰富自己对现实生活和文学形象的感受与理解，丰富自己的经验与语言表达。

二是发展逻辑思维。能够辨识、分析、比较、归纳和概括基本的语言现象和文学现象，并能有理有据地表达自己的观点和阐述自己的发现；运用基本的语言规律和逻辑规律，判别语言运用的正误，准确、生动、有逻辑地表达自己的认识；运用批判性思维审视语言文字作品，研究和发现语言现象和文学形象，形成自己对语言和文学的认识。

三是提升思维品质。自觉分析和反思自己的语文实践活动经验，提高语

---

① 王宁.谈谈语言建构与运用［J］.语文学习，2018，（1）：9–12.

言运用的能力，增强思维的深刻性、系统性、灵活性、批判性和独创性。

在语文教学中，培养"思维发展与提升"的核心素养，不能像教授具体的知识点那样由教师一个个讲解。思维是抽象的，思维的发展和提升更需要在教学过程中实现。教师可以通过问题、活动来启发、引导学生思考，在问题情境中借助解决问题的实践活动来培育。因此，培育思维能力，教师应该思考如何才能创造"引发思考的情境"。唯有开始思考，思维活动开始产生，学生才能拥有真正的思维体验；唯有通过主动学习而不是被动接受，学生对学科知识内容的掌握及其思考力，以及产生思考力的正确态度，才能一体化地培育起来。郑桂华教授的"开启联想之门"一课，就很好地体现了"思维发展与提升"这一核心素养的培养目标与要求。以下是部分教学过程：

第一步，郑老师先给学生画了两个图形，一个方形和几个交叉的椭圆形，然后让学生根据其中一幅图展开联想，以三分钟为限，将想到的东西写下来。就方形这一图形，学生想到了门、箱子、桌子、砖头、中国的汉字等。第二步，郑老师顺势问学生为什么能够想到这些东西，由此得出"相似联想"这一概念，又进一步明确门和方块字都是相似联想，前者只是形似，而后者是神似。然后郑老师又通过举例子让学生了解到联想的另外两种途径——相关联想、相对联想。第三步，郑老师以"针"为起点，让学生用上面介绍到的三种途径展开联想，帮助学生进一步理解和夯实这三种途径。学生由"针"想到"游子身上衣"，再想到远方、海外、祖国、家、回归、母爱等。第四步，郑老师再一次增加练习的难度，要求学生以"红"为起点，以"太空"为终点，通过联想在这之间搭建桥梁。在发言的过程中，郑老师还注意引导学生去思考自己搭建的桥梁是不是可以体现出某个主题。这就在训练联想思维的基础上，又训练了逻辑思维。最后，郑老师总结，社会上的很多重大发现和创举都离不开联想，爱因斯坦将时间和空间联想在一起，创立了相对论，邓小平将社会主义和资本主义联系在一起，提出"一国两制"。这就让学生认识到训练联想思维的重要性，也让课堂和生活真正联系在一起。[①]

郑老师的这堂课，不仅以生动的例证让学生了解到何为联想及如何展开联想，更是用层层深入的训练，让学生真正能够在课堂上充分展开联想，使得联想思维在课堂上得以生根发芽。

（三）"审美鉴赏与创造"的教学目标设计要求

新版课程标准中，"审美鉴赏与创造"的行为表现和课程目标主要表现在以下几个方面。

一是增进对祖国语言文字的美感体验。感受祖国语言文字独特的美，增

---

① 郑桂华.听郑桂华老师讲课［M］.上海：华东师范大学出版社，2007：252-262.

强热爱祖国语言文字的感情。

二是鉴赏文学作品。感受和体验文学作品的语言、形象和情感之美，能欣赏、鉴别和评价不同时代、不同风格的作品，具有正确的价值观、高尚的审美情趣和审美品位。

三是美的表达与创造。能运用祖国语言文字表达自己的审美体验，表达自己的情感、态度和观念，表现和创造自己心中的美好形象；讲究语言文字表达的效果及美感，具有创新意识。

"审美鉴赏与创造"包含着三个方面的要求：体验与感悟、鉴赏与评价、表现与创造。这三个方面并不是孤立的，而是互相依存、和谐统一的。对美的鉴赏与评价，需要有体验和感悟美的能力；表现与创造美，需要依托审美鉴赏与评价能力；鉴赏与评价美的能力的提高，会让对美的体验与感悟更加深入，表现与创造美也能够提升鉴赏与评价美的能力。教师在培养这三个方面时，要循序渐进，逐层深入，不能各自为政，完全割裂。教师需要先培养学生欣赏文学作品的兴趣，培养学生能整体感受作品中的形象、把握作品的思想观点和情感倾向的能力，培养学生能运用语言传达自己对作品的感受和理解的能力；然后再培养学生在鉴赏活动中，能结合作品的具体内容，阐释作品的情感、形象、主题和思想内涵、对作品的表现手法作出自己的评论的能力，培养学生能比较两个以上的文学作品在主题、表现形式、作品风格上的异同，以及能对同一个文学作品的不同阐释提出自己的看法或质疑的能力，培养学生能用不同的语言表现形式表达自己的思想和情感，以及进行文学作品创作的能力。

全国著名特级教师黄厚江在《葡萄月令》的教学中，就很好地体现了对"审美鉴赏与创造"这一核心素养的培养。

黄老师首先指明学生诵读课文中的段落，要求读出"汪氏语体"平淡、朴实、自然的特点，其他同学评点。然后要求学生仔细阅读文本，说说朴实、自然又淡而有味的语言特点表现在哪些方面（助词多、短句多、拟人多、比喻多等）。随后要求学生在忠实原文内容的基础上把文章缩写成一段短文，力求最短。在学生交流分享之后，黄老师出示自己缩写的短文（葡萄一月在窖，二月出窖，三月上架，四月浇水，五六月浇水喷药打梢掐须，七月追肥，八月着色，九月喷药，十月自由生长，十一月下架，十二月入窖），并据此将题目改成"葡萄生长周期"，再让学生比较它和本文原题目"葡萄月令"的优劣，让学生明白这样做既改变了文体，由状物抒情散文转变为说明文，又少了一种意境与诗意，少了一种文学美与艺术美。再让学生讨论什么样的人才能写出《葡萄月令》这样的文章，引导学生归纳出诸如有文学才华、有丰富的精神世界、热爱生活、恬淡豁达的作者形象。最后让学生根据课文，用一个比喻来形容汪曾祺与葡萄的关系，并从文中找到具体的依据。点评完学生的答案后，教师总结，葡萄晶莹剔透、作者纯情淡定，文章也是晶莹剔透没有杂念的。品读散文，要从语言入手去品读作者的心。①

可以看出，黄老师的教学设计，既尊重了学情和文本特点，又提升了学生的审美鉴赏与创造核心素养。《葡萄月令》是汪曾祺散文风格的代表作，淡而有味的语言、简单而有变化的结构是其特点。但很多中学生并不喜欢这样的语言风格，难以感受到这种语言的魅力。针对此情况，这节课的前面两个环节重在引导学生体验与感悟汪曾祺语言风格的特点，感受说明文的内容却蕴含着诗一样的意境。第三个环节是以缩写的方式带动学生对文本的鉴赏与评价。第四个环节虽是在品读作者，但也没有离开对文本语言的鉴赏与评价，最后让学生用比喻来形容汪曾祺与葡萄的关系，通过引导学生表现与创造美，把语言和作者融合到一起。整节课环环相扣，自然紧凑，以语言品味带动审美鉴赏与创造，具有良好的示范性。

（四）"文化传承与理解"的教学目标设计要求

新版课程标准中，"文化传承与理解"的行为表现和课程目标主要表现在以下几个方面。

一是传承中华文化。通过学习运用祖国语言文字，体会中华文化的博大精深、源远流长，体会中华文化的核心思想理念和人文精神，增强文化自信，理解、认同、热爱中华文化，继承、弘扬中华优秀传统文化和革命文化。

二是理解多样文化。通过学习语言文字作品，懂得尊重和包容，初步理解和借鉴不同民族、不同区域、不同国家的优秀文化，吸收人类文化的精华。

三是关注、参与当代文化。关注并积极参与当代文化传播与交流，在运用祖国语言文字的过程中，坚持文化自信，提高社会责任感，增强为中华民族伟大复兴而奋斗的使命感。

"文化传承与理解"包含着三个方面的要求：理解与认同、弘扬与传承、参与与建设，这三个方面并不是孤立的，而是和谐统一、环环相扣、逐级提升的。对文化的弘扬与传承需建立在理解与认同的基础之上，对文化的参与与建设，是以对文化的传承和弘扬为依托的。

教师在培养这三个方面时，要循序渐进、逐层深入。教师需要先培养学生通过语文学习理解文化的意愿，培养学生通过阅读文学作品，扩展视野，丰富人生体验，感受和理解不同时代和地区的文化的兴趣，培养学生主动梳理语文课程中涉及的文化现象，了解其中包含的中华传统文化内容，重视中华优秀传统文化的继承。然后引导学生通过语言学习深入理解、探究文化问题，培养学生在阅读和表达交流中探析有关文化现象、文化批判和反思的意识，能结合具体作品，从多角度、多层面分析、论述相关的文化现象和观念

---

① 黄厚江.预约课堂的精彩［M］.桂林：漓江出版社，2015：164.

的能力，培养学生辩证地审视和评论古今中外语言文字作品的内容和思想倾向，对当代文化建设发表自己的见解的能力。教师要让学生自觉认识到中华优秀传统文化是我们最深厚的文化软实力，也是中国特色社会主义文化植根的沃土，认识到自己的使命是在继承优秀文化传统的基础上努力培育民族新文化，展示时代新风貌，在不同文化的交流激荡中，致力于中华文化与世界文化的和谐共生，努力开创未来世界文化的新境界。①

特级教师何泗忠在"毛泽东，一个有人气的英雄——《恰同学少年》整本书导读"一课的教学中，就很好地体现了对"文化传承与理解"核心素养的培养。

在课堂的引入阶段，何泗忠老师以新版课程标准的"18个学习任务群"开始，展示了自己对整本书阅读的研究成果。他将整本书阅读引导分为六个阶段：第一，阅读的奥秘：整本书阅读策略方法；第二，理性的光辉：理解性、接受性阅读；第三，向深处追溯：拓展性、探究性阅读；第四，对话的姿态：参证性、批判性阅读；第五，把珍珠穿起：群文性、类型化阅读；第六，让心灵遇见：消遣性、休闲型阅读。在学生完成了第一个阶段"阅读的奥秘：整本书阅读策略方法"学习的基础上，何老师从"语言、文章、文学、文化"四个方面对文本进行分析解读，进行第二三阶段的探寻。在文化层面，设计了三个教学目标：领会"天行健君子自强不息"的奋斗精神、培育湖湘文化中"经世致用、以天下为己任"的精神、树立"德才兼备"的理想，帮助学生形成德高于才的人生准则。在何老师的引领下，学生经过讨论形成了六个既紧贴文本又具有强烈时代感的研究论题：

（1）湖南一师何以人才辈出——探究湖南一师为什么能培养出毛泽东、蔡和森、萧三、向警予、杨开慧、陶斯咏等一大批共和国的脊梁

（2）毛泽东暑假生活研究

（3）毛泽东的成功密码

（4）《恰同学少年》中的开学第一课

（5）《恰同学少年》中的人才观探究

（6）《恰同学少年》对我们当今培养学生核心素养的启示

在整本书的文本解读中，何老师充分利用了文本生活与学生生活的相似性，引导学生读出自我特点，读出时代特征，进而打通文本与现实，并上升到文化高度进行研究。前四个论题侧重于对革命时代的毛泽东和湖南一师精神文化的理解与认同，第五个论题是以探究文本中的人才观为起点，明白文化传承与弘扬的价值和意义，最后通过对第六个论题的探讨，引导学生参与文化建设，帮助学生形成德高于才的人生准则。各阶段之间梯度设计合理，衔接自然，以文本解读带动文化传承和创造，具有良好的示范性。

---

① 邹文广. 文化传承与文化创新的辩证统一［N］. 光明日报，2017–1–9（15）.

三、语文学习任务群对教学目标设计的要求

聚焦核心素养的目标设计，除了满足课程标准的新要求外，还要遵循语文学科以及语文学习任务群的学习特征，满足语文学习任务群对教学目标设计的要求。

（一）依托语言现象

聚焦核心素养的教学目标设计，首先要符合依托语言现象设计目标的要求。在语文学科的四个核心素养中，语言建构与运用是其他三个素养的基础，吕叔湘先生曾说："学校里的语文教学应该是语言和文字并举，以语言为门径，以文字为重点，达到语言和文字的共同提高的目的。"[1]思维发展与提升、审美鉴赏与创造、文化传承与理解，都是以语言现象为基础，并在学生个体言语经验的建构过程中得以实现的。语文学科的学习对象、研究对象就是丰富的语言现象，因此，发展语文学科核心素养必然依托语言现象，必然以语言现象为课程内容、教学策略等的出发点。在设计语文教学目标时，要深入挖掘文章的语言现象，让学生感受文本语言，提升审美鉴赏和创新能力。例如在《纪念刘和珍君》一课中，描写刘和珍等同学遇害场景时，鲁迅用语细致入微："从背部入，斜穿心肺。""中了四弹，其一是手枪，立仆。""从背部入"表明是偷袭，是屠杀，"其一是手枪"表明有军官参与，是有组织、有预谋的。通过对这个语言现象的挖掘与咀嚼，让学生体会微言大义。

（二）强化语言实践

教学目标设计还要凸显语言实践的要求。从课程性质来说，语文本身就是一门学习语言文字运用的综合性、实践性课程。语文教育的本质就是开展丰富多彩的语言活动，通过学得来促进习得。这些都决定了语言实践是我们语文教育的根本，是贯穿语文教学始终的主线。在好的语文课上，思维训练、审美教育、人文熏陶等必须在语言教学的基础上进行，并通过听说读写的语言实践来完成。通过语言实践来使学生认识语言现象，进行思维锻炼、审美鉴赏与人文升华，或者说，通过语言实践使学生完全地参与学习过程，使学生真正成为语文学习的主角。

在进行语言实践时，教师应切记任务驱动是学生实践活动的支点。组织学生在情境中参与学科课题的探究并完成相应的学习任务，能将课堂教学中的学科实践活动与活动课程中的综合实践活动，以及社会生活中时刻发生着的一般性实践活动区分开来。教师可以根据课堂上的不同环节来组织学生

进行语言实践。如在《雨巷》一课中，仅仅说如何哀怨、如何迷茫是不够的。在课堂上首先应该让学生多读，让学生抓住文中能体现雨巷特点、丁香姑娘特点、"我"的特点的句子，放声读、自由读、带着感情地读、教师和学生一起读等，在读的过程中感受语言的美，提取语言的信息。在带着任务读的实践中，语言的美感与信息自然产生。其次，有针对性地锤炼文字，教师引导学生静下来思考，"能不能把我们的思考推进一步，想一想为什么是这些句子，它在句式上有哪些特征？"学生从词句含义、表达方式、修辞手法、句式特点等方面，自己思考、挖掘出语言的深层内涵。从"颜色""芬芳""忧愁"的词中感受丁香姑娘，从视觉、嗅觉、情绪三个角度感受其立体的清丽、哀婉、忧郁与楚楚动人，从"颓圮""悠长""寂寥""凄清"的词中感受这条衰颓冷清、凄迷、让人失望的雨巷，进而去感受戴望舒那求而不得的落寞心境。

（三）注重日积月累

目标设计要注重持续性，强调语文学习的日积月累。素养不可能突然间从天而降。语文学科核心素养是与人的文化趣味、感性认知、价值判断紧密关联着的，这一切的获得都离不开长期的积累。教师应引导学生注重语文学习中的日积月累，让他们成为一个语文学习的有心人，以敏锐之心发现语言现象，积累语言现象；指导他们利用零碎时间，去思考、去体悟、去建构，注重学习的过程。如在指导学生研读《觅渡》（梁衡）这本书时，教师注意观察学生在这个学习场域中的思维反应和学习态度，并将这个学习过程中任务的阶段性完成情况以表格形式给出，如表2-1所示。

表 2-1 《觅渡》阅读攻略

阶段	时间	场合	阅读与研讨内容	学生任务	教师调控	评价
初读	第一周	课堂，课外	《大情大理》	批注、摘抄、进度单	收书、批阅进度单	
	第二周	课堂，课外	《青史如镜》	批注、摘抄、进度单	收书、批阅进度单	
	第三周	课堂，课外	《山川如我》	批注、摘抄、进度单	收书、批阅进度单	
	第四周	课堂，课外	《理性人生》	批注、摘抄、进度单	收书、批阅进度单	
	第五周	课堂，课外	《域外风景》	批注、摘抄、进度单	收书、批阅进度单	
	第六周	课堂，课外	《为艺为文》	批注、摘抄、进度单	收书、批阅进度单	

续表

阶段	时间	场合	阅读与研讨内容	学生任务	教师调控	评价
研读	第七周	课堂，课外	收获和疑问	交流筛选：收获与疑问	形成收获和疑问	
	第八周	课外	主要收获和疑问	小组合作撰写读书报告	收集演示文稿	
	第九周	课堂	主题探究成果	现场分享批注、报告	组织交流	
文化专题研究	第十周	课外	主题小论文	个人写作	收集小论文	
	第十一周	课外	主题小论文	个人分享、品鉴	组织评奖	
反思	第十二周	午间十分钟	阅读方法及反思	交流阅读方法及反思	总结	

通过对时间和任务的规划，我们让学生阅读的阶段性目标更加明晰，让松散无序的课外阅读变得可控，让课内阅读指导和交流变得扎实而高效，让阅读活动对学生的刺激变得正向而持续，让学习活动更加注重日积月累。

（四）突出整体发展

教学目标设计要有整体感，要在整体考虑不同核心要素的基础上，选择重点突破的目标。语文学科核心素养的四个方面是一个整体，四个方面要并重。此外，语文学科核心素养的培育，需要课程、教材、教学、教师、学生等各教学要素共同努力，形成合力，方能奏效。在语文教学中，应突出整体发展，引导学生发展多方面的素养。正如顾之川先生所言："通过阅读，发现汉语之美、文章之美、人性之美、大自然之美。在语文的天地里，有对秦砖汉瓦的向往，有对唐诗宋词的热爱，有对《红楼梦》的痴情，有对《西游记》的迷恋；有大江东去的气势，有怒发冲冠的豪情，有大漠孤烟的雄浑，有小桥流水的清静。语文是中华民族历史的缩影，是五千年古老文明的积淀，是国人审美情趣的凝聚，是我们赖以生存的精神家园。语文课的任务，就是要引领学生说铿锵有力的中国话，写端正工整的中国字，读文采飞扬的中国书，写挥洒自如的中国文，做顶天立地的中国人。"

（五）促进个性内生

素养具有内生性与个体性，设计目标时要关注如何促进学生内生的问题。顾之川先生说，语文学科核心素养培育"需要侧重于学生在语文学习中的自主探究和自我体验，更多地依靠学生自身在读写实践中的摸索、积累和体悟”，促进学生自我掌控、自我反思、自我调节，有发自内心的主动和自觉，成为学习的主人。语文教学不是驯化，而是以母语中的天地人事育生命自觉。语文教学需要侧重于学生在语文学习中的自主探究和自我体验，更多地依靠学生自身在读写实践中的摸索、积累和体悟，这是一段学生在教师引导下的自我发展、自我超越和自我升华的过程。教学中，教师更要从课内和课外保证学生自主学习的时间，把教学建立在学生自主学习的基础之上，使教学成为推进学生开展和巩固自主学习、深化其自主学习效果的一种学习活动，从而促进学生在多方面的内生。

核心素养导向的教学目标设计，要遵循核心素养的发展规律和学习任务群的要求，体现核心素养的发展特征。

四、教学目标设计的建议与实例

仅仅了解语文学科核心素养的内涵是远远不够的，我们必须找到让语文学科核心素养落地生根、扎实推进的具体的语文教学方略，并据此设计教学目标，才能提高语文教学效益。下面针对分项发展和综合发展给出一些具体的教学目标设计建议，并列举一些实例供教师参考。

（一）分项发展的教学目标设计建议与实例

分项发展的教学目标设计应重点关注聚焦语言解读、聚焦问题探究、聚焦共同价值观、聚焦文化理解等多个方面。

1. 聚焦语言解读

语言是思维的外壳，思维是语言的内核。运用语言将思想外显出来是语文学科的专责，也是语文的特有属性。因此，语言是语文教学的具体对象，任何文本的解读与分析，必须以语言解读为根本出发点设计教学目标。以《再别康桥》的教学为例，该诗学习的着力点可落在诗歌语言上，让学生品析语言，学会品读诗歌。例如分析"软泥上的青荇"一节，关注"招摇"一词，既有水草随波摆动之姿态，更将水草拟人化，似乎在晃动曼妙身姿，挑逗、撩拨着作者，这体现了康桥对徐志摩的情谊；再关注"我甘心做一条水草"一句，即使做那低贱、困守、平凡的水草，作者都情不自禁地喊出自己的心甘情愿，这体现了徐志摩的自我沉醉与迷失。

2. 聚焦问题探究

在以往的大多数语文课堂上，教师虽然以问题来推进教学活动，但问题的设计通常是为教师的课堂教学目标服务的。在语文学科核心素养培养的课堂中，问题探究应该从学生的问题出发，聚焦"学生问题"进行探究，教学目标的设计要有利于引导学生探究问题。以《廉颇蔺相如列传》的教学为例，教学第一步，请学生在阅读整篇文本之后，抛开思想上的束缚，畅所欲言地针对《廉颇蔺相如列传》提出自己的阅读发现，并以问题的形态呈现出来。学生提出原始问题"蔺相如就那么肯定秦王不会杀自己吗？""为什么是廉颇蔺相如列传，写廉颇很少呢？""蔺相如怎么看出秦王不给城池的？""秦王抢了和氏璧，赵国一样没话说呀？"等。教学第二步，教师和学生一起对提出的问题进行语言表述上的修正，培养学生提炼问题、表述问题的能力。例如，将第一个问题表述为"秦王不杀蔺相如的原因是什么？"教学第三步，对修正后的问题，师生基于语文学科特定的视角进行质量评估，筛选出具有研究价值的问题。如第二个问题就没有研究价值，简单讲解即可，但第一个问题和第三个问题却是了解这篇文章人物形象的关键，值得探究。教学第四步，教师再进一步指导学生对筛选后的问题按照一定的标准进行分类，并探索行之有效的研究方法予以解决。至此，学生形成了符合自身思维特点的问题解决路径，同时对感兴趣的问题形成了自己的认识和观点。教学的最后一步，教师要求学生按照论文写作的一般规范将探究过程和结论撰写成文，形成单篇鉴赏的研究成果。

综观这一教学过程，教师跳出"问题设计"的传统模式，通过对学生真实问题的"处置"促进学生思维的发展。于是，"问题"的性质和功能发生了变革：不是来自教师的经验，而是来自学生真实的质疑和发现；不是教师预设的用于推进教学进程的工具，而是学生主动提出的生成性的学习资源；不是师生单向度的问答，而成为师生对话、生生对话以及师生与文本对话的媒介。学生在问题探究的过程中，酝酿了情感、发展了思维、形成了见识，教师在学生思考的时刻所进行的思维提升，才是有的放矢的。

3. 聚焦共同价值观

教师既要尊重学生独特的学习体验，又要注意教学内容的价值取向，引导学生在语文学习中接受优秀文化的熏陶，获得丰富的审美体验，形成良好的人文修养，树立正确的世界观、人生观和价值观，教学目标设计不应忽略这一方面的内容。这就是在鉴赏与创造中进行熏陶感染，潜移默化地进行教育，获得润物细无声的效果。要做到这一点，需要关注两个方面：一方面，要尊重人的感性需求，能够发展人的自然人格；另一方面，要给人提供一个理想境界，使人获得超越性的精神享受。以《奥斯维辛没有什么新闻》的教学为例，这则新闻报道了一群参观者去曾经的杀人工厂奥斯维辛参观。在学习了这则新闻报道写了什么、怎么写的之后，学生进一步探究：在这则新闻报道里，作者传递了什么样的价值观？经过对文本重要信息的筛选整合，学生理解了新闻作者的价值观：作者希望生者相信未来，坚强面对一时的黑暗，永远不要放弃对光明、美好的向往，是要生者学会在废墟上勇敢生存，更是要警醒生者，正义也许会迟到，但永远不会缺席。这聚焦了共同的价值取向。

4. 聚焦文化理解

能通过语言学习深入理解、探究文化问题，在阅读和表达交流中探析有关文化现象，是语文学科核心素养培养背景下的学生文化理解能力的重要一环，也是教学目标设计需要特别关注的内容。以《故都的秋》的教学为例，作者在品鉴故都的秋天时，凸显了北国之秋的"清""静""悲凉"。作者为什么会有这样的审美趣味？作者在环境描写之后，从中西文化的角度阐释了悲秋的原因，得出了"足见有感觉的动物，有情趣的人类，对于秋，总是一样地特别能引起深沉、幽远、严厉、萧索的感触来的"的结论，也可联系郁达夫曾经在日本留学，曾受日本"物哀文化"的影响等背景知识，帮助学生从文化层面进行深入理解。

（二）综合发展的教学目标设计建议与实例

语文学科核心素养的四个方面既各自独立，又相互依存；既各有侧重，又相互融通。必修和选修课程都应该围绕学科核心素养，整合阅读与鉴赏、表达与交流、梳理与探究，引导学生积极参与丰富多彩的语文实践活动，促进学生在语言建构与运用、思维发展与提升、审美鉴赏与创造、文化传承与理解方面的全面发展。因此，设计综合发展语文学科核心素养的教学目标的基本策略是聚焦语文实践活动，在优化活动质量的过程中提高语文学科核心素养。

我国著名的语言学家周有光先生原来是学经济的，后来转学文科且成就斐然，他的老师的教学方法也许对我们有些启发。他的老师带领学生天天去图书馆看报纸，告诉他们，读报时要这样问自己：今天新闻中哪条最重要？为什么这条新闻最重要？这条新闻的历史背景是什么？如果搞不懂，就要去查书。经过日复一日的训练，学生的语言素养就得到了极大的提升。这位教师的教学方法有这样几个特点：（1）以语言能力和素养提高为目标；（2）真实的学习情境，直接把图书馆和最新的报刊作为学习资源；（3）整合式学习任务，让一次学习活动围绕一个核心问题，而不是介绍一些相关性不强的零碎知识；（4）与现实生活关联，学习材料的内容就是眼前的生活内容，而不是远离生活；（5）自主与个性学习，学生的学习兴趣、学习内容、学习收获因人而异；（6）持续的训练，将课程内的学习与其他生活空间的学习方式融为一体，用课堂教学去组织起其他的学习方式，引领其他的学习方式。[①]

当然，也许不是所有教师都可以如此洒脱地将教室搬到图书馆，但是所有教师都应该主动创设综合性学习情境，指导学生开展自主、合作、探究学习。如关注学生学习方式的转变，做好学生语文学习活动的设计、引导和组织，注重学习的效果。根据学生的发展需求，围绕学习任务群创设能够引导学生广泛、深度参与的学习情境。可通过多样的语文实践活动，融合听说读写，跨越古今中外，打通语文学科和其他学科、语文学习和学生的生活世界，运用优质的素材和范例，激发学生的学习兴趣和动力，提高语言文字运

---

① 郑桂华，剑男 . 语文学科核心素养的内涵理解及教学建议：郑桂华访谈录［J］. 语文教学与研究，2018（7）：4–9.

用能力。

　　总的来说，只有聚焦学科核心素养，利用丰富而真实的情境任务，切实帮助、引导学生在语文学习中，使正确价值观、必备品格和关键能力结构化，创造性地解决复杂、不确定情境中的现实问题，才能有效培养学生的语文学科核心素养，实现语文课程目标。

思考与讨论：

　　1. 设计教学目标时，如何才能处理好学生核心素养与学科核心素养的关系？

　　2. 设计教学目标时，如何才能更好地体现语文学习任务群的教学要求？

第三章　　核心素养导向的必修课程教、学、评一体化建设

　　　　为了更好地培育学生的语文学科核心素养，新版课程标准根据新设定的语文课程目标，对课程内容进行了重新设计。只有准确把握新版课程标准在课程内容建构方面的思路，明确新课程内容的特征和各学习任务群的目标、任务与重点，才能提高语文课程的实施效益，实现语文课程的育人目标。

一、核心素养导向的教学内容、方法与评价的建构思路与特征

学习任务群的设计与实施，突出了综合性和实践性，超越了以往单篇教学的思维范式，避开了"一课一篇"的设置模式，它不局限于某一篇或某几篇课文，而是涉及某类或某几类相关内容的探讨，借助不同内容组成不同专题，加上学习任务群之间既有重合的部分，又有延伸和提高的内容，使各学习任务群既有宽度，也有深度。在学习过程中，要将知识与技能、过程与方法、情感态度与价值观进行整合，引导学生在学习语文学科课程后，养成正确价值观、必备品格和关键能力，真正获得学科核心素养的提升。

（一）围绕核心素养设置学习任务群

新版课程标准中的学习任务群是基于学生语文学科核心素养的培养而设置的。课程标准强调，学科核心素养是学科育人价值的集中体现，是学生通过学科学习而逐步形成的正确价值观、必备品格和关键能力，突出表现在"语言建构与运用""思维发展与提升""审美鉴赏与创造""文化传承与理解"四个方面，是在积极的语言实践活动中积累与建构起来的。这就表明：语文学科核心素养的发展需要具体的载体来达成，学习任务群就是很好的语文学科核心素养的发展载体，18个学习任务群是以"素养"为纲来设置的，这是与过去的语文教学大纲和课程标准不同的地方。

"语文学习任务群"以学科核心素养为纲，以学习任务为主要承载形态，以学习项目为载体，整合学习情境、学习内容、学习方法和学习资源，引导学生在运用语言的过程中提升语文素养，从而落实课程目标。学习任务群有其自身的特征，它是立足于多样的语言运用情境开展的言语实践活动。学习任务群有两个关键词语，一个是"任务"，一个是"群"。"任务"体现要求，突出"任务性"，一个任务就是一个项目，这是学习的方向和阅读的牵引力，也是阅读的落脚点。这种任务学习，不是只有一个阅读对象，而是由一个个任务组成和驱动的。这种同一主题、互相联结的多个学习任务有机融合在一起，就形成了任务集群，它们共同承担相关的学习任务，体现"群"的价值，争取效益的最大化。任务群以学生的学习为主线，突出了学生的语言实践，并借助阅读与鉴赏、表达与交流、梳理与探究三种主要的学习方式，培养学生的语文学科核心素养。学习任务群作为新版课程标准的亮点，有其自身的教育特点，主要体现在以下方面：一是与语文素养生成、发展、提升的目的相结合；二是在真实情境下，以任务为目标，将语文实践活动（阅读与鉴赏，表达与交流，梳理与探究）蕴含在具体任务中综合完成；三是学生在教师引导下的自主活动，自己去体验环境，完成任务，发展个性，提高综合理解和具体应用的能力；四是学习任务循序渐进，内容方法相互照应，资源配置合理；五是在学校课程总体设计和实施的前提下，由学校和教师组

织，有计划地引导完成。

学习任务群是基于语文学科核心素养的单元设计的，着眼于培养语言文字运用能力，"充分顾及问题导向、跨文化、自主合作、个性化、创造性等因素，并关注语言文字运用的新现象和跨媒介运用的新特点"[①]，在设计上注重了整体，进行了科学和统筹安排，体现了层次性与差异性，照顾了不同层次学生的特点，更有人文味和理性考虑。18 个学习任务群组成横向联系、纵向递进的关系，为达成学生语文学科核心素养的发展目标创造了条件，新版课程标准设计的高中语文学习任务群如表 3-1 所示。

表 3-1　高中语文课程学习任务群设置

必修（8 学分）	选择性必修（6 学分）	选修（任选）
整本书阅读与研讨（1 学分）	（整本书阅读与研讨、当代文化参与、跨媒介阅读与交流在选择性必修和选修阶段不设学分，穿插在其他学习任务群中）	
当代文化参与（0.5 学分）		
跨媒介阅读与交流（0.5 学分）		
语言积累、梳理与探究（1 学分）	语言积累、梳理与探究（1 学分）	汉字汉语专题研讨（2 学分）
文学阅读与写作（2.5 学分）	中华传统文化经典研习（2 学分）	中华传统文化专题研讨（2 学分）
	中国革命传统作品研习（0.5 学分）	中国革命传统作品专题研讨（2 学分）
思辨性阅读与表达（1.5 学分）	中国现当代作家作品研习（0.5 学分）	中国现当代作家作品专题研讨（2 学分）
	外国作家作品研习（1 学分）	跨文化专题研讨（2 学分）
实用性阅读与交流（1 学分）	科学与文化论著研习（1 学分）	学术论著专题研讨（2 学分）

从上表可以看出，学习任务群的内容涵盖了高中学生在生活、学习和日后工作等方面所需要的听说读写能力和各种语言活动类型。学习任务所涉及的语言学习素材与运用范例、语文实践话题与情境、语体与文体等，都覆盖了以往语文课程通常所包含的口头和书面语篇，以及古今"实用类""文学类""论述类"等基本语篇类型。这些任务追求语言、技能、知识和思想情感、文化修养等多方面、多层次目标发展的综合效应，而不是学科知识

[①]　蔡可 . 基于"学习任务群"的语文教学设计 [J] . 语文学习，2018（1）：17-22.

逐"点"解析、技能训练单一任务的线性连接。这一设计理念，以"活动"形式展开，产生综合效应，通过情境化、结构化的设计，争取教学效益最大化。

学习任务群的实施，关键在于教师教学理念的转变。教师必须对新版课程标准整体的编写理念和课程目标有清晰的了解；必须深入领会学习课程标准中学习任务群设计的意义和教育价值，必须熟知学习任务群的内涵和领悟其课程设计的意义。在具体的教学实施中，要具有任务意识，将抽象的学习内容转化为有真实意义和目标的学习任务，善于将学习内容任务化、聚焦化、情境化、运用化；同时要增强整体意识，突出整体的意义和价值，还要提高统筹能力，明确每一任务群的独特功能，恰当处理不同任务群的关系，把握其应有的共性价值，明确其综合效能。

（二）促进学生"全面而有个性的发展"

教育承担着育人的历史使命，也肩负着促进学生个性发展的责任，语文学科也不例外，新版课程标准很好地体现了这一要求。在学习任务群的设计中，注重从学生的整体成长考虑，突出共同发展基础的学习任务群，主要体现在必修的学习任务群上。这些学习任务群建构起了普通高中语文课程内容的基本框架，这个框架有利于学生达成高中阶段的基本的、共同的核心素养要求，体现出学生共同发展的价值。但是，不同学生有不同特点和爱好，也有不同的潜在需求，这就需要其他学习任务群来满足。为此，课程标准设置了选择性必修和选修的学习任务群，这些学习任务群是必修学习任务群的延伸、拓展、提高和深化，以满足学生对不同发展方向、不同发展水平核心素养的追求。必修课程学习任务群要求学生完整地学习，教师要在学习内容和操作方式上进行具体指导。对于选择性必修课程和选修课程学习任务群，教师要让学生明确这些课程设置的意义和目的，一方面指导学生根据现阶段个人发展的需求和升学考试来选择学习内容，另一方面着眼于未来，引导学生分析自己，思考个人业状况和未来发展的意愿，有目的、有针对性地给予指导，使每位学生明白自己的发展方向和努力方向。在内容选择与学习过程的指导中，教师要充分考虑阅读时间的分配，明确学习任务，使学生在规定的时间里静下心来学习，开展多向交流，教师要适当检查，让学生从中获得最大的效益。

（三）强化五个关键

新版课程标准在立足学科核心素养培育的前提下，着眼于促进学生全面而有个性的发展，注重设计基础性与选择性相结合的课程，体现出了较为鲜明的特点。

1. 以任务为导向

新的高中语文课程的特征之一是"以任务为导向"，将具体课程的目的和要求化为一个个"任务"，在任务驱动下实践、体验、感受和领悟。没有任务，就缺少学习的方向，就难以达成学习目标。那么，怎样才能使"导向""任务"更有价值，更有实效呢？

首先，设计好任务单是落实任务群学习的前提和基础。教师要善于根据任务群的内涵、阅读任务和学习对象来设计任务单，以提高任务落实的针对性。

其次，在任务设置中，要以具体情境为载体，让学生在不同的情境（个人体验、社会生活、学科认知等）中去阅读、体验、感悟和把握，让学生获得的东西更真实，更具体。

最后，任务设置要注重多样、综合、开放和创新，着眼于学生阅读素养的培养，致力于学生思维的提升，立足语文学科核心素养的综合发展。

2. 以项目为载体

学习任务群的学习是一种以项目学习为基础的言语实践活动。每个任务也是一个学习项目，多个学习项目有机融合在一起就构成了学习任务群。学习任务群是由不同的内容组成的，不同的内容又承担着特有的任务和课程要求。要使学习任务群落到实处，达到相应的目的，实施路径之一是将一个任务群分解为多个具体的项目，以学习项目为载体设计学习情境，每个项目设计若干任务驱动的情境，借此完成每一个项目的任务。以项目作为载体，既要涵盖任务群的整体内容，又要符合学生的学习实际，做到合理、恰当，提高任务群的针对性。

3. 以整合为路径

整合是落实学习任务群的又一有效路径。新版课程标准强调以语文学习任务群来发展学生的语文学科核心素养，而语文学科核心素养的四个方面虽各有侧重，但更是一个整体。在实施中，要强化内容和情境等的整合，阅读与鉴赏、表达与交流、梳理与探究等学习方法的整合。如新版课程标准中的"语言积累、梳理与探究"学习任务群，"旨在培养学生丰富语言积累、梳理语言现象的习惯，在观察、探索语言文字现象，发现语言文字运用问题的过程中，自主积累语文知识，探究语言文字运用规律，增强语言文字运用的敏感性，提高探究、发现的能力，感受祖国语言文字的独特魅力，增强热爱祖国语言文字的感情"[①]。从这一段文字表述中可以看出，该任务群以发展学生的"语言建构与运用"素养为主，同时，也重视学生"思维发展与提升（提高探究、发现的能力）""审美鉴赏与创造（感受祖国语言文字的独特魅力）""文化传承与理解（增强热爱祖国语言文字的感情）"素养的发展。在这个过程中，语文知识与技能、语文学习方法与习惯、语文学习体验探究的过程、情感态度价值观等融为一体，很难割裂，体现了整合带来的综

---

① 中华人民共和国教育部.普通高中语文课程标准：2017年版2020年修订［M］.北京：人民教育出版社，2020：15.

合效果。

以往的教学更注重单篇单点的学习，把丰富多彩的语文元素（字词句篇，语修逻文，听说读写）抽取出来，彼此割裂，导致学习碎片化、杂乱化，甚至随意化，缺少一种整合的意识。新版课程标准强调以整合为路径，根据所学内容的需要，调动多种语言元素，达成局部与整体的有机结合。新版课程标准中的每个学习任务群虽然都有各自的学习目标与内容，但彼此之间又都渗透融合，"加强课程实施的整合，通过主题阅读、比较阅读、专题学习、项目学习等方式，实现知识与能力，过程与方法，情感、态度与价值观的整合，整体提升学生的语文素养"，是设计和实施学习任务群的基本思路。

4. 以实践为重点

高中语文课程主要通过实践性的教学过程，来帮助学生实现语文学科核心素养的全面提高。新版课程标准强调："语文课程作为一门实践性课程，应着力在语文实践中培养学生的语言文字运用能力。"[1]落实语文课程，实践很重要。应以实践为路径，强化学生在生活和交流中学语文、用语文的自觉意识。在操作上，教师应降低讲的比重，设置丰富多彩的实践活动，打开语文学科和其他学科、语文学习和学生生活的通道。运用优质的素材和活动，如专题研究、演说、辩论、故事会、比较阅读、访谈、文学社刊、社团组织、网络协同学习等，让学生以发现、梳理、探究、解决问题为主线，在任务的驱动下，在实践体验中感受、领悟和提升。

根据学生学习的需要，提供实践场所，设置具体活动情境；根据交际的需要，选择恰当的时机和场合，提出话题，进行交流、对话和辩论，让学生在学习和运用的过程中提高表达、交流能力。以实践为路径，让学生多经历、多体验，在真体验、真阅读、真思考、真交流中提升学生的语文学科核心素养。

5. 以方法为保障

在课程具体实施中，注重各学习任务群学习目标和教学内容之间的渗透、融合、衔接和延伸，抓好独有的任务和共同的任务要求，是重要方法之一。要明确不同学习任务群的定位和功能，妥善处理各个学习任务群之间的关系。在此基础上，教师要把准学习对象现有的知识基础和阅读经验，并结合自身的专业优势、个性特长和教学特点，有规划、有目的地进行教学设计。同时，必修课程与选修课程的设计要有区分。必修课程的教学应立足于共同基础，认真研读，积极思考，重视日常语文积累，让学生养成有意识地积累的习惯，从而积累丰富的材料。要善于"凭借语感和对语言运用规律的把握，根据具体的语言情境和不同的对象，运用口头和书面语言文明得

---

① 中华人民共和国教育部．普通高中语文课程标准：2017 年版 2020 年修订［M］．北京：人民教育出版社，2020：3.

体地进行表达与交流"①，并在运用中积累言语经验，为学生学习选修课程奠定坚实根基。"选修课程的教学应突出差异性和层次性，鼓励开展个性探究，充分激发学生的学习兴趣和潜能。"②要善于设计具有层次性的语文学习任务，选择性必修任务群应体现学习的广度，在"面"上拓宽视野，而选修任务群应体现学习的深度，在"点"上深入探讨。"深度学习方法旨在培养学生的批判性思维、问题解决、协作和自主学习能力"③，为学生未来的发展打下坚实基础。

不同学习任务群对应不同的核心素养培育目标，只有准确把握不同学习任务群的目标、重点与关键内容，并采取与之匹配的教学方法和评价，才能提高各学习任务群的学习效益。

为了更好地培育学生的语文学科核心素养，新版课程标准以学习任务群为课程的组织方式，以学习项目为载体，整合学习情境、学习内容、学习方法和学习资源，引导学生在运用语言的过程中提升核心素养，实现课程目标。学习任务群立足于多样的语言运用情境开展言语实践活动，突出"任务性"，在同一主题下互相联结，争取学习效益的最大化。高中语文课程共安排了18个学习任务群，分别为必修学习任务群、选择性必修学习任务群和选修学习任务群，彼此之间形成了横向联系、纵向递进的关系，共同承担着培育语文学科核心素养的任务。

必修课程主要设置了"整本书阅读与研讨""当代文化参与""跨媒介阅读与交流""语言积累、梳理与探究""文学阅读与写作""思辨性阅读与表达""实用性阅读与交流"7个学习任务群，不同学习任务群承担着不同的核心素养培育功能，必须把准不同任务群的核心素养培育目标，进行教、学、评一体化建构，才能提高每一学习任务群的教学质量。以下将分别阐释每个学习任务群的教学目标、教学内容、教学方法和评价建议。

二、整本书阅读与研讨

【教学目标与重点解析】

1. 建构属于学生自己的阅读经验与个性化的阅读方法

"整本书阅读与研讨"被列为新版课程标准的第一个学习任务群，贯穿必修、选择性必修和选修三个阶段。新版课程标准的开章明义，要求"引导学生通过阅读整本书，拓展阅读视野，建构阅读整本书的经验，形成适合自

---

① 中华人民共和国教育部.普通高中语文课程标准：2017年版2020年修订［M］.北京：人民教育出版社，2020：6.

② 中华人民共和国教育部.普通高中语文课程标准：2017年版2020年修订［M］.北京：人民教育出版社，2020：43.

③ 白晓晶，张春华，季瑞芳，等.新技术驱动教学创新的趋势、挑战与策略：2017地平线报告（基础教育中文版）［J］.中国现代教育装备，2017（18）：1–20.

己的读书方法，提升阅读鉴赏能力……形成正确的世界观、人生观与价值观”[①]。新版课程标准在"学习目标与内容"中再次强调，学生要探索阅读整本书的门径，形成和积累自己阅读整本书的经验。重视学习前人的阅读经验，根据不同的阅读目的，综合运用精读、略读与浏览的方法阅读整本书，读懂文本。新版课程标准的目的就是要让高中生在阅读整本书的学习活动中积累阅读整本书的经验，并形成适合自己的读书方法，最终提高阅读能力，从而更好地实现语文教育功能。

2. 探究性阅读与批判性思维是整本书阅读的灵魂

新版课程标准在对整本书的文本类别选择上有明确的定位，将"整本书"限定为长篇小说和学术著作，意图弥补此前以单篇阅读为主的语文教学之不足。新版课程标准对学术著作阅读的要求为"反复阅读和思考""把握书中的重要观点和作品的价值取向""了解本书的学术思想及学术价值""探究本书的语言特点和论述逻辑"，又在"必修课程学习要求"中强调学生"有自己的思考与评判""准确把握和评价作者的观点与态度""辨析观点与材料之间的联系"等。新版课程标准对"思考""评判""逻辑""理性"等关键词一再提及，期待学生跨越情感表层体验，进入理性层面，在质疑、回应、反思、评价的阅读过程中抽离出盲目接受既定信息的被动性，而以一种创造、动态、综合的批判性思维主动地与自我认知相契合，养成主动思考、积极建构的思维习惯。

3. 整本书阅读的最终目的是促进学生由浅层阅读走向深层阅读

新版课程标准提出四大语文学科核心素养，"语言建构与运用"居于首位，体现在听读说写四个活动中。而阅读、写作是语言建构与运用中最本质的两点，也是最终落脚点。在整本书的阅读中，学生需要真正走进文本，与文本、作者展开超越时空的对话。之后，新版课程标准要求学生"用自己的语言撰写全书梗概或提要、读书笔记与作品评介"，自主写作，自主表达，培育科学理性精神。在分享交流环节，学生将阅读所得通过"说"的方式表达出来，"读"与"说"相结合；学生最终通过"写"的方式将阅读成果具体呈现出来。整本书阅读追求从阅读向表达写作的有效转化，在这一过程中帮助学生形成丰富的情感体验与深度的理性思考，形成相对稳定的表达系统。

【教学内容解析与建议】

新版课程标准将"整本书阅读与研讨"作为第一个学习任务群，显然寄予深意，"当代文化参与""文学阅读与写作""中华传统文化经典研习""思辨性阅读与表达""实用性阅读与交流""科学与文化论著研习""学术论著专题研讨"等学习任务群，都离不开"整本书阅读与研讨"。

理解"整本书阅读与研讨"学习任务群要关注两个基点，一是"阅

---

①　中华人民共和国教育部.普通高中语文课程标准：2017年版2020年修订［M］.北京：人民教育出版社，2020：11.

读"，二是"研讨"。"阅读"是整本书阅读教学的"输入"，"研讨"则是"输出"。概而言之，"阅读与研讨"即是"读什么""怎么读""读出什么"三方面的内容。学习任务群的最终指向"由读到写""读写融合"，而师生共读贯穿"整本书阅读"始终。

1. 新版课程标准对阅读文本对象的定位

其一，长篇小说。从阅读进程安排看，新版课程标准强调，先要通读全书，整体把握，然后选点突破，反复研读。从阅读教学内容看，新版课程标准选择长篇小说的故事、人物、场景、语言、主旨、艺术价值等作为阅读的切入点，符合长篇小说这类文本的普遍特性，教师还应努力发掘其独特的文本价值。

其二，学术著作。学术著作常常是为了研究或解决一个问题，重在说理，阐明观点。新版课程标准认为第一要务是把学术著作"读懂"。而要"读懂"，首先就应掌握其核心概念与中心论点，并努力养成连接概念与经验的阅读习惯。学生要学会梳理大纲小目及其关联，在逐章阅读的基础上寻求其中次级论点之间的内在逻辑关联，以了解本书的学术思想及学术价值。而阅读与本书相关的资料，有助于学生更加深入地把握文本，真正地读懂文本。

其三，符合新版课程标准指定范围的阅读文本。日常教学可供选择的文本形态是多样的，按新版课程标准的建议，广义地讲，文本应语言典型、内涵丰富、具有较高的思想水平和文化价值。狭义地说，学生至少应该读完课程规定的必读书目。

2. 整本书阅读活动的实施形式与内容

在整本书阅读的推进过程中，如果在具体内容选择上不分详略、不论侧重、不讲节奏、不择粗精、平均用力，阅读的实际效果会大打折扣。而整本书的阅读容量大、篇幅长、时间久，这就要求教师在学生自我阅读的基础上，开展一些关键性的文本对话活动，加强对学生阅读过程的前后勾连与必要指导。

其一，常规阅读教学活动。结合文本展开理解、分析、比较、概括、评价或谈思考、说看法、评点批注等常规任务。学生可以在比较阅读与研讨活动中，探索阅读理解的有效手段。

其二，集体研讨活动。以班级、社团、小组的形式展开研讨或分享交流活动，如朗诵会、辩论会、演讲、故事会、课本剧、角色扮演、读书报告会等。

其三，跨媒介图文综合活动。利用图表形式来分析文本，使阅读研讨活动更为直观形象。例如，用图表梳理小说情节、大纲小目，绘制思维导图、人物关系图表，进行书册封面设计、插页设计，推进阅读计划等，或策划更有创意的新书推介会、图书漂流等活动。

3. 整本书阅读的成果转化

阅读，是读者与作品、作家的一次次对话，是读者踏上并获得成就的一次创造发现之旅。"读"与"写"是阅读的一体两面，要处理好"读出什么"的问题，就要搭建相应的展示平台，寻找合适的表达载体，研究恰当的呈现方式，把阅读成果转换成另一种文本或类文本。

其一，要循序渐进，逐步推进由读到写的四个阶段。在基础准备阶段，学生可以随时在书页上批注，摘抄或写下自己读书所得、所感、所想。在理解接受阶段，要了解本书的主要内容，阅读全书章节和完成内容概要，把握作者的主要观点和基本倾向，并能在阅读过程中提出自己的疑问。在质疑思辨阶段，要对前期阅读作出回顾和梳理，对整本书阅读过程中出现的疑问困惑进行资料搜集、辨析、评估、质疑、整合等，能做到在自己的经验范围内，有意愿对问题和事物进行全方位的考虑，给出自己的评价。在学术写作阶段，以能提出有价值的研究问题为方向，挖掘整本书的文本资源，选取既易于调动语言思维又可以转化成为书面表达的内容来组织材料，形成自己的观点，展示出较高的思维水平与逻辑表达能力。写作学术小论文是整本书阅读任务由读到写的高级目标。

其二，积极促进以"问题解决"为导向的读写融合。在整本书阅读中，学生通过不断熟悉文本，反复阅读思考、多角度质疑思辨，唤醒和激发思想的动能乃至本能。但在初期，学生由于自身知识的局限，可能提炼不出有价值的写作题目，可以以"问题意识"切入整本书阅读，以"问题解决"来引导和推动整本书的理解和思考。针对不同的文本特质，就内容、主旨、写作手法、艺术特色等，确定核心问题，让作品的主旨、内容、结构与表达能够通过这个问题得到合理的解释；同时，这个问题应该具有生长与勾连的空间，由此问题展开，可以发散和触及作品的许多因素。学生的发现，哪怕是粗浅的发现，也可能孕育着思想与学术的种子。教师在整本书阅读教学过程中要善于培育、发展与保护学生的问题意识与质疑精神，使学生的思维得到发展，促使阅读与写作走向融合。

4. 整本书阅读实施的主体与策略

其一，以学生为主体的自主、质疑、探究阅读。新版课程标准倡导自主、质疑、探究的学习方式。整本书阅读的篇幅与作品宏大的主旨，决定了整本书阅读教学的主体形态应是自主、质疑、探究型的，学生采用略读、精读、品读、专题研究等形式，对整本书的显性内容进行归纳总结，对其中的隐含信息进行探寻挖掘，从中培养主动思考、积极建构的思维习惯，丰富言语实践经验，提高对语言、对情感的审美品位，启发自己与其他阅读内容以及生活体验建立联系，完成文化的理解与传承。在这个过程中，要允许并且鼓励学生的自我构建，鉴于学生认知可能存在的不足，更要鼓励学生在积极吸纳借鉴的基础之上进行自我阅读构建，不断完善最适合自己的阅读方案。

其二，建立教师积极引导的阅读支持系统：以设计、参与、对话为特征。新版课程标准规定，阅读整本书，"不以教师的讲解代替或限制学生的阅读与思考。教师的主要任务是提出专题学习目标，组织学习活动，引导学生深入思考、讨论与交流。教师应以自己的阅读经验，平等地参与交流讨论，解答学生疑惑"，在整本书阅读过程中，教师是专题目标的设计者，平等的对话者，活动的组织者、参与者和支持者。新版课程标准建议，"教师应善于发现学生阅读整本书的成功经验，及时组织交流与分享"，不应刻意将教师个人的阅读体验强加于学生，预设阅读路径，破坏学生阅读的真实体验。整本书与单篇相较，学生进入了更持久、更具规模的阅读过程，这也是学生探索自我读书方法的过程。在这个过程中，教师的关键角色是支持者——帮助学生形成自己行之有效、契合自身特点的读书方法。教师还应该是资源整合者，阅读整本书对学生而言负担较大，阅读时间非常有限，在整本书阅读推进过程中，教师应将整本书阅读与课内外学习资源进行适度整合与优化。

其三，师生共读是积极有效的整本书阅读策略。改变观念，调整策略，将"教师如何指导学生阅读"的教学观念，转变为"学生需要教师怎样的阅读指导"，让"师生共读"成为一种积极有效的阅读策略。师生有了共同的话题，因而有了更多的良性互动，也更容易形成良好的阅读氛围。在阅读生态令人担忧的当下，教师的陪伴会给予学生更多坚持的勇气。"师生共读"并不意味着"教师与学生读得一样多"，教师要比学生读得更细，读得更深，不仅要读整本书阅读中的"这一本"，还要读相关书籍，尽可能地拓展延伸。"师生共读"也不意味着"教师与学生用同样的方法读"，教师可以梳理总结学生的阅读情况，将自己的方法与学生分享。

本任务群评价的重点是学生阅读整本书的态度与方法，要打破传统考试的思路，有意识地将评价植入阅读过程中。

【教学建议】

课程标准建议：本任务群为 1 学分，18 课时，设置 3~6 个专题。

专题策划如表 3-2。

表 3-2　整本书阅读与研讨任务群专题

研讨内容	专题示例
整本书阅读策略与方法	专题：阅读何为——以《如何阅读一本书》为例
理解性、接受性阅读	专题：逆袭的快感与梦想的热血——《了不起的盖茨比》快读
	专题：穿过语言的外壳——《牡丹亭》阅读探究
探究性、批判性阅读	专题：渐入美的胜境——凌继尧《美学十五讲》研读
	专题：以现代的视角看历史——《万历十五年》研讨
群文性、类型化阅读	专题：怀疑与信仰——徐贲《怀疑的时代需要怎样的信仰》与富恩特斯《我相信》共读

【案例】

长篇学术类经典名著的阅读教学尝试
——以《万历十五年》为例①

顾乐波老师发表在《语文学习》2016年第4期上的《长篇学术类经典名著的阅读教学尝试——以〈万历十五年〉为例》对我们开展整本书阅读具有一定的示范意义，特介绍如下：

一、问题聚焦

新课标提出高中阶段课外自读总量"不少于150万字"，阅读内容包括"文学名著及其他读物"。事实上，高中三年下来课外阅读量达标者并不多，其中学术类专著的阅读更少。可以说，长篇学术类经典的阅读是目前高中课外阅读的一个盲点，这会导致学生语言建构与运用能力的缺失，也不利于学生理性思维能力的发展与提升。在阅读时间被挤压、阅读目标功利化、阅读内容碎片化的今天，我们更需要整本书阅读、经典阅读和深度阅读。新版课程标准将"整本书阅读研讨""思辨性阅读与表达""学术论著专题研讨"列入了学科课程任务群。

设计解读：顾乐波老师立足于培育、发展学生的问题意识与质疑精神，以使学生思维得到发展的预设展开整本书阅读的教学设计。

二、活动设计

（一）目标设定

1. 把握作者的主要观点和基本倾向，提出自己的疑问。

2. 就阅读中某个感兴趣的话题展开探究，以读书报告会的方式将探究成果与他人分享。

3. 反思阅读感受，形成阅读见解，写成学术小论文。

（二）活动阶段

1. 初读与感悟：走进《万历十五年》

本阶段的主要任务是通读《万历十五年》，了解本书的主要内容，把握作者的主要观点和基本倾向，并能在阅读过程中提出自己的疑问。

全书共七章，要求学生利用课余时间每周读一章，每读完一章写一则三四百字的内容概要。完成全书七个章节的阅读和七份内容概要后，学生需要对前期阅读作一次回顾和梳理，撰写"我的初读感受"与"我的最大疑惑"。学生在初次通读全书的过程中会产生许多疑问，教师指导学生对这些疑问进行筛选，最终形成两三个最大或最迫切需要解答的疑问，用明确的语言表述问题，并写下自己对这个问题的初步看法，为下一阶段的细读做准备。

2. 细读与分享：《万历十五年》读书报告会

本阶段采取小组合作的形式。学生自由组合成阅读小组，先在组内交流

① 顾乐波.长篇学术类经典名著的阅读教学尝试：以《万历十五年》为例［J］.语文学习，2016（4）：30—34.

阅读疑惑，再确定一个本小组探究的主题，合力撰写读书报告初稿。教师批阅读书报告，给出修改建议。各小组制作演示文稿，并派代表在读书报告会上展示。

读书报告会按照本班学生人数自由组合成若干个阅读小组，小组自行确立研讨主题。十个小组的报告主题如下："孤独的将领""救国之策，错在何处""人生，孤独的旅程：谈戚继光""有缘千里来相会：同年那些事""度光海知万历：帝王与文官""万历：从励精图治到消极怠工""积重难返""专制集权下的皇帝与文官""戚继光""是道德还是技术"。报告会后评出一二三等奖若干。同时，教师对上一阶段读书活动作出小结，并从"怎样更好地进行整本书阅读""怎样写好读书报告"等方面对学生进行指导。

3. 研读与表达：《万历十五年》专题写作

本阶段的主要任务是学生反思阅读所得，进一步研读作品，撰写观点鲜明、论证充分、材料翔实、逻辑严谨的议论性文章，可以是对《万历十五年》的评论，也可以是由阅读《万历十五年》引发的思考。

"阅读"和"写作"一体两面。从某种意义上说，阅读一本书其实是读者与作者的一种对话。作者用文字"敞开"他的"心扉"，而读者用阅读"领受"作者的"诚意"。然而，对高中生而言，阅读一本学术类专著还不能算是阅读一本书的结束，因为读者与作者尚未建立起平等的"对话"关系，学生们基于反思和研读的专题写作才是读者与作者"平等对话"的一种方式。

专题写作可以独立完成，也可以合作完成。教师对学生展开一对一的线上或线下指导，并把优秀作品推荐给校内外的文学刊物。

设计解读：顾乐波老师组织学生开展多种形式的阅读分享活动，在活动中展示自己的阅读成果，评价形式多样，并且是动态的、即时的。

（三）课时安排

第一阶段"初读与感悟"历时约四周，利用课外时间完成。第二阶段"细读与分享"历时约三周，课外与课内相结合，读书报告会二课时，阶段性总结与阅读指导一至二课时。第三阶段"研读与表达"历时约三周，选题指导二至三课时，学生利用课外时间写作，教师也利用课内时间指导写作。

设计解读：既有整体规划，又有具体计划。按照内容分解到具体的时间阶段中，教师既可以时时提醒整体进度，又能够督促每个阶段的具体进度。

三、活动设计：让松散无序的阅读变得可控可测

（一）用学习单监控初读的质与量

为了让《万历十五年》的阅读得到有序推进，将整个阅读活动由易到难、由读到说再到写分为三个阶段，并对每个阶段的任务予以分解。

在初读阶段，为了保证学生在相对统一的时间内通读全书，专门制作《万历十五年》阅读学习单。学习单一的主要任务是概括全书各章的内容，包括各章名称和三四百字的内容概要。学生每读完一章写一份概要，全书七章共需七份。学习单二的主要任务是记录"我的初读感受"和"我的最大疑惑"（包括"问题陈述"和"我目前对此问题的思考"）。每份学习单须署上班级、姓名和学号，教师定期检查学习单。学习单的完成质量也是本次阅读活动评价的重要依据。

设计解读：无论是长篇小说还是学术著作，都可以用一些固定格式的表格，来让学生填写自己的阅读所思所想所感，这样也便于教师对阅读过程的监控与督促。

（二）用读书报告会分享细读感悟

读书报告会既是阅读活动的阶段性成果展示，更是表达个性化立场、分享阅读收获的良机。读书报告会以学生为主体，教师为主导，突出分享的特色。教师确定报告会时间和场地，设计好评分表，准备好必要的视听设备。读书报告会演讲主题不限，只要跟所读作品相关，各小组尽可能从不同角度解读；形式不限，鼓励创新；班内初赛每小组时间八分钟，班际决赛每小组时间十分钟；演讲顺序抽签决定。设主持人两名，记分员两名，计时员一名，摄像一名，评委五名左右，以上均由学生担任，可以由学生自愿报名，也可以通过抽签确定。学生评委团设主席一名，负责协调评议分歧，并担任点评嘉宾。教师全程参与，仔细聆听，做好记录，以便有针对性地展开指导。

设计解读：师生共读成为一种积极有效的阅读指导。师生有了共同的话题，因而有了更多的良性互动，也更容易形成良好的阅读氛围。

（三）用学术小论文固化研读成果

与一般的读写结合不同，《万历十五年》阅读活动第三阶段"研读与表达"重在思辨能力的培养，即以批判的态度阅读文本，反思阅读所得，并理性表达自己的见解。

1. 学生在小论文写作中主要存在的问题：

① 只罗列材料，缺少对材料的分析、归纳、提炼。

② 不知如何列分论点，论证的层次比较少。

③ 论证方法较单一，论证缺少力度。

2. 针对以上问题，教师作相应的学术指导和支持：

① 梳理材料，将材料按一定标准进行归类；提炼材料的中心，建立论据与论点之间的逻辑联系。

② 掌握几种基本的论证结构，学会灵活运用；多从不同角度思考问题，拓展论证的广度；多问几个为什么，将论证引向深入。

③ 掌握几种基本的论证方法，尝试综合运用多种论证方法；朗读自己的小论文，看看表意是否明确，文气是否通畅。

设计解读：顾乐波老师的设计循序渐进，做好了由读到写的四个阶段的推进，促进整本书阅读成果的积极转化，让学生得到实实在在的"获得感"。

（四）用量化表激励目标的达成

评价是阅读活动的有机组成部分，然而做好阅读活动的评价并不是件容易的事。我们试图使评价设计既能推动阅读活动的开展，也能激发兴趣、提升能力、促进合作。

设计解读：顾乐波老师的设计彰显了整本书阅读的整体性，突出了过程性，同时注重了个体性。

附录：

完成进度自检表

书目	计划（时间安排表）	进度（时间推进表）	自检	调整	备注

（此表不够用可另行附页）

研读与表达：_____专题写作准备

选题名称	
选题原因	
与同学讨论交流，搜集查找相关资料以及思考的过程描述	
阅读中发现问题及尝试解决的过程描述	
论文大纲	

研读与表达：_____专题写作定稿

选题名称	
摘要	

_____

_____

_____

_____

_____

_____

_____

_____

_____

【评价建议】

1. 学生自我评价表

评价项目	评价标准及对应等级表述	评价等级
基础准备阶段：认知性阅读	A. 我能准确概括整本书的内容，识别并记住重要的、有代表性的概念或常识，厘清重要的结构脉络，把握重要的行文细节，记得重要的语句。 B. 我能扼要概括整本书的内容，识别重要的概念或对象，厘清重要的结构脉络，把握行文细节。 C. 我能初步概括整本书的内容，梳理出主要的线索结构，梳理文本涉及对象、高频语句等有效信息。 D. 我能初步了解整本书的大致内容，梳理基本结构脉络	
理解接受阶段：理解性阅读	A. 我能概括整本书的核心观点或主旨，能概括文本主要内容特点，并提供证据；能了解书中错综复杂的各种关系，能理解关键情节或重要章节的作用；能理解关键情节或观点之间的逻辑结构；能理解重要语句隐含的意义，能概括作者的写作风格，能概括文本的阅读价值。 B. 我能概括整本书的核心观点或主旨，能概括文本主要内容特点，并提供证据，能了解书中错综复杂的各种关系，能理解关键情节或重要章节的作用；能理解关键情节或观点之间的逻辑结构；能概括作者的写作风格。	

续表

评价项目	评价标准及对应等级表述	评价等级
理解接受阶段：理解性阅读	C. 我能概括整本书的观点或主旨，能概括文本主要内容特点，能理解关键情节或重要章节的作用；能理解关键情节或观点之间的逻辑结构，能概括作者的写作风格。 D. 我能说出整本书的观点或主旨，能说出文本内容特点，能理解关键情节或重要章节的作用，能说出作者的写作风格	
质疑思辨阶段：评价性阅读	A. 我能对文本主题、结构等要素作出评判，能对作品价值与风格作出评判，能进行个性化的联想，感受与判断，对文本的内容与形式提出新的问题，对已有的评价提出质疑。 B. 我能对文本主题、结构等要素作出评判，能对作品价值与风格作出评判，对文本的内容与形式提出新的问题，对已有的评价提出质疑。 C. 我能对文本主题、结构等要素作出评判，能对作品价值与风格作出评判，对文本的内容与形式提出新的问题。 D. 我能对文本主题、结构等要素作出评判，能对作品价值与风格作出评判	
学术写作阶段：创造性阅读	A. 我能联结同类或异类书籍进行比较，迁移运用整本书阅读中获得的阅读策略与方法，对整本书阅读的疑难问题提出新的解决思路与方法，诉诸文字，形成观点，运用整本书阅读中获得的相关知识解决实际问题，创造出有一定社会价值的新观点、新知识、新方法。 B. 我能联结同类或异类书籍进行比较，迁移运用整本书阅读中获得的阅读策略与方法，对整本书阅读的疑难问题提出新的解决思路与方法，诉诸文字，形成观点，运用整本书阅读中获得的相关知识解决实际问题。 C. 我能联结同类或异类书籍进行比较，迁移运用整本书阅读中获得的阅读策略与方法，对整本书阅读的疑难问题提出新的解决思路与方法。 D. 我能联结同类或异类书籍进行比较，迁移运用整本书阅读中获得的阅读策略与方法	

2. 教师评价表

评价项目	评价标准及对应等级表述	评价等级
基础准备阶段：认知性阅读	A. 学生能准确概括整本书的内容，识别并记住重要的、有代表性的概念或常识，厘清重要的结构脉络，把握重要的行文细节，记得重要的语句。 B. 学生能扼要概括整本书的内容，识别重要的概念或对象，厘清重要的结构脉络，把握行文细节。 C. 学生能初步概括整本书的内容，梳理出主要的线索结构，梳理文本涉及对象、高频语句等有效信息。 D. 学生能初步了解整本书的大致内容，梳理基本结构脉络	
理解接受阶段：理解性阅读	A. 学生能概括整本书的核心观点或主旨，能概括文本主要内容特点，并提供证据；能了解书中错综复杂的各种关系，能理解关键情节或重要章节的作用；能理解关键情节或观点之间的逻辑结构；能理解重要语句隐含的意义，能概括作者的写作风格，能概括文本的阅读价值。 B. 学生能概括整本书的核心观点或主旨，能概括文本主要内容特点，并提供证据，能了解书中错综复杂的各种关系，能理解关键情节或重要章节的作用；能理解关键情节或观点之间的逻辑结构；能概括作者的写作风格。 C. 学生能概括整本书的观点或主旨，能概括文本主要内容特点，能理解关键情节或重要章节的作用；能理解关键情节或观点之间的逻辑结构，能概括作者的写作风格。 D. 学生能说出整本书的观点或主旨，能说出文本内容特点，能理解关键情节或重要章节的作用，能说出作者的写作风格	
质疑思辨阶段：评价性阅读	A. 学生能对文本主题、结构等要素作出评判，能对作品价值与风格作出评判，能进行个性化的联想、感受与判断，对文本的内容与形式提出新的问题，对已有的评价提出质疑。	

续表

评价项目	评价标准及对应等级表述	评价等级
质疑思辨阶段：评价性阅读	B. 学生能对文本主题、结构等要素作出评判，能对作品价值与风格作出评判，对文本的内容与形式提出新的问题，对已有的评价提出质疑。 C. 学生能对文本主题、结构等要素作出评判，能对作品价值与风格作出评判，对文本的内容与形式提出新的问题。 D. 学生能对文本主题、结构等要素作出评判，能对作品价值与风格作出评判	
学术写作阶段：创造性阅读	A. 学生能联结同类或异类书籍进行比较，迁移运用整本书阅读中获得的阅读策略与方法，对整本书阅读的疑难问题提出新的解决思路与方法，诉诸文字，形成观点，运用整本书阅读中获得的相关知识解决实际问题，创造出有一定社会价值的新观点、新知识、新方法。 B. 学生能联结同类或异类书籍进行比较，迁移运用整本书阅读中获得的阅读策略与方法，对整本书阅读的疑难问题提出新的解决思路与方法，诉诸文字，形成观点，运用整本书阅读中获得的相关知识解决实际问题。 C. 学生能联结同类或异类书籍进行比较，迁移运用整本书阅读中获得的阅读策略与方法，对整本书阅读的疑难问题提出新的解决思路与方法。 D. 学生能联结同类或异类书籍进行比较，迁移运用整本书阅读中获得的阅读策略与方法	

三、当代文化参与

【教学目标与重点解析】

引导学生关注当代文化生活热点，能聚焦文化现象并从中提炼问题，能围绕问题进行调查研究并形成调查报告，在进一步的专题交流研讨中，达到传播中国特色社会主义先进文化的目的。在这个过程中，学生同时具有四重角色：发现者、调查者、研究者、传播者。

参与当代文化生活，学生既要从身边做起，从身边的社区文化、文化遗产等通过实地考察入手，又不局限于现实生活，通过各种传媒，关注当代社会热点和各类文化现象。由身边到社会，由生活到研究，由现实到虚拟，提高对社会文化生活的认识能力和阐释自己见解的能力。

以各类语文学习共同体（如文学社团、新闻社、读书会等）为单位参与当代文化生活，组织各种相关文化活动，丰富语文学习方式，培养多方面语文能力。活动只是一种途径，学习语文才是最终的目的，在活动中深化认识、提高语文素养。学习共同体内部的学生是自立的、亲和的，彼此也是互助的、分享的、包容的。同时要注意，学习共同体本身也是一个学术共同体，需要价值的引领和信仰的共鸣，需要传播社会主义核心价值观、体现中华文化精神。

本任务群强调综合性的学习和注重实践能力培养，以学生组织的自主活动为主，在社会实践中增强学生参与当代文化生活的积极性。教师要积极开拓校外资源，拓展学生的学习空间，教学活动内容要紧扣当代文化，深化学生对文化现象的认识，使他们在交流与研讨中提升表达阐释、思考分析等方面的素养。

【教学内容解析与建议】

中国当代文化包含传统文化、现代文化、西方文化和中国特色社会主义先进文化等。"当代文化参与"在学习形态上应具有体验性、研究性、自觉性和持续性，让学生能参与、可研究，从而形成一种自觉，并把这种参与学习的行为习惯延续下去，受用终身。

因此，教学内容的选择应考虑到学生的兴趣取向，以及是否具有典型性、研究价值和可操作性。例如，选择以下主题：校园文化（班级文化、活动文化、校园环境等）、家庭文化（当代家庭的孝道观念、家庭礼仪等）、社区文化（广场舞、宠物管理等）、影视文化（仙侠剧、真人秀、文化娱乐节目等）、网络文化（网络流行语、网络文学、网络游戏等）、饮食文化（家乡的小吃、西式快餐、就餐礼仪等）、民俗文化（民俗表演、传统节日等）、建筑文化（古建筑的保护、后现代建筑艺术等）、中西文化比较（中西教育差异、中西审美差异等）。

由于本任务群在必修课中安排 0.5 学分，9 课时，在选择性必修、选修中不单设学分。因此在选择性必修和选修阶段的选题方面除了要讲究研究性和操作性外，内容上还要强调与必修阶段的关联性、拓展性。这个阶段的活动可以与课内知识、经典文本或者其他任务群学习结合，让学生以课后作业或社团活动的形式来开展一些选题活动。

另外还需注意，本学习任务群的学习涉及如调查、访谈等活动的相关知识，这些知识是学生在参与活动前需要了解的。

【教学建议】

课程标准建议：本任务群在必修阶段安排 0.5 学分，9 课时。

本任务群以参与性、体验性、探究性的活动为主，强调学生的自主性。教师在选题时要注意引导学生聚焦能激起兴趣又能挖掘价值的文化现象，可以是一个人物、一种语言现象、一种文学现象、一种社会风气等，可以全班共同选题、分工研究，也可以是个性选题、团队研究。确定选题后要让学生自主选择研究领域，通过文本学习和实践学习两种渠道，大量收集整理相关材料，继而进行专题研讨，提炼问题。运用不同的调查方法，如问卷、访谈、网络调查等方法，最终形成调查报告。在此基础上，通过辩论、演讲、专题讨论等形式进行成果交流，从而巩固优化成果。学生要完整地体验活动过程，习得研究方法，既培养自主学习的能力，也增强运用语言文字进行写作、交流、沟通的能力。

课堂上，教师要注意通识规范的讲解，并灵活穿插相关评价，包括调查问卷的设计、访谈提纲的形式、统计分析的方法、调查报告的撰写、人际交往的礼仪、宣讲交流的规范、学习评价的标准、实践参与的安全等。活动中组织学生自主选择，教师负责答疑解惑，规范学生的语言，引导学生在相关社团中交流研讨。评价时也要注意评价内容的丰富性、评价主体的多样性和评价标准的科学性。

具体实践中，活动的开展需要有学校层面的规划，实践地域可以从学校辐射到当地，再到国内甚至到国际。学校及教师要充分利用各类历史博物馆、文化艺术馆、名人故居旧址、名胜古迹以及其他文化遗产等，带领学生实地参观；还要注意丰富活动类型，扩大交流范围，甚至联合其他人文学科共同教学。

【案例】

案例一：实体书店的现状及前景调查

此案例聚焦实体书店目前的生存困境，在当前网络阅读普及的大背景下，关注曾经和人们的生活息息相关，如今却大部分走向没落的实体书店，反思其是否尚有发展空间，从中一窥国人阅读习惯及背后的文化心理。从学生确定选题，到搜集资料，展开调研，形成报告，整个活动非常注重实践性。

在调查的准备阶段，教师先教会学生调查提纲的编制和调查报告的写作，然后进行人员分工，为学生配备好相关设备。

调查并不是一开始就进行实地考察的，而是先从学生身边最容易获取的资料开始，即通过阅读、上网获取相关文字、影像资料。从文字中了解"上海最美书店"钟书阁、"网红书店"方所、"文化景点"诚品书店等在网络阅读时代能"杀出重围"的实体书店长青不败的原因。学生在阅读过程中做好记录，了解实体书店的生存困境及特色书店的制胜法宝。在实地调研之前，学生讨论设计好问卷。由于问题的设定涉及调研的针对性，所以这个环节要充分体现学生的自主性和教师的指导作用。问卷具体涉及以下内容：实体书店的过去与现状；网络书店的过去与现状；民众对网络书店与实体书店的看法；实体书店经营的成功与不足之处。接下来学生发放问卷，专题访谈，实地走访钟书阁、方所、言几又等口碑书店和做批发零售的书市，学生通过体验、观察获得了第一手鲜活的资料。

　　获得资料之后，学生需对其进一步整理、分析、挖掘。学生整理了在书店拍到的照片，并附上推荐词，用自己的语言概括书店的特点；分析了不同走红书店的取名，尝试理解其背后蕴含的文化精神；比较了不同书店的内外环境装饰以及不同的经营之道；对一些图书特卖场的不足提出了整改建议；在路人的问卷答案中思考今日国民阅读心理的改变。在此基础上进一步讨论修改，形成调查报告。

　　此案例以调查活动为主，切合任务群对提高学生社会实践能力的要求，从实践中来，到思考中去，帮助学生培养理论联系实际的学习精神和独立分析问题的能力。

　　案例二：评说三十六张图，透视中西教育差异[①]

　　此案例是围绕学者钱志龙的三十六张图所呈现的中西教育差异的专题学习，旨在对中西教育的比较中，引导学生正确认识中西文化差异，客观评价各自的优势与不足，感受文化多元的价值，树立"各美其美，美人之美，美美与共，天下大同"的文化观。

　　活动分为四个部分。第一个部分是让学生读完三十六幅图，选出一两幅自己心动的图片。如关于对教育终极目标理解图，国内认为是成功，而西方认为是成长；关于对音乐课的认识图，国内教育注重表演、成果，而西方教育更注重欣赏、熏陶。这些图片所展现的差异是比较能触动学生心灵的。第二个部分是围绕所选图片说说对它所折射的中西教育差异的感触，用故事的形式加深对这种差异的理解。这里可以是自己的故事，也可以是身边人的故事，这种真实对促使学生去了解客观差异提供了动力。第三个部分是利用周末时间建立微信群讨论，细化出研讨主题，如"中国教育不重视兴趣爱好吗？""学习的动力在于改变命运吗？"等，并对讨论过程中精彩的跟帖做好整理和记录。第四个部分是引入文字材料与图片进行比较或印证，主要对搜集到的体现中西方教育差异的案例进行分析。通过文字材料的补充，完善思考，得出结论。就选题而言，中西文化比较的涵盖面相当宽泛，而教育生活是学生最熟悉的话题，从此点切入，以小见大，投合学生兴趣，容易唤起学生共鸣，得到的感受与思考都非常真切。就活动设计而言，无论是感性的认识还是理性的分析都围绕图片展开，既突出中心又直观犀利。在第四个部分加入文字材料，有效弥补了图片资料较为片面和极端的不足，把直观形象与理性辩证结合在一起，也有助于学生培养客观、全面地认识分析文化现象的思维习惯。

　　活动结束后，专题学习并没有结束。教育差异只是中西文化差异的一个方面，在学生产生兴趣后，对这种差异的探索可能会继续深入下去，活动中建立的"理解与尊重"的文化观，也会继续影响学生的后续学习，使得学生以更大的热忱投入当代文化参与中。

---

① 徐美珍.文化之旅：当代文化参与［M］.上海：上海教育出版社，2018：94-100.

【评价标准】

思想认识方面，引导学生树立对社会主义先进文化、社会主义核心价值观的认同，并有意识地关注当代文化生活和文化现象。

学习实践方面，引导学生在对具体问题的探究中，锻炼发现问题、设计调查、整理材料、形成结论、撰写报告等方面的能力。

文化参与方面，鼓励学生加入语文学习共同体、参加各类文化活动，在阅读、体验、表达中，积极参与当代文化生活，探析文化现象、拓展文化视野、提高语文能力。

1. 学生自我评价表

评价项目	评价标准及对应等级表述	评价等级
思想认识	A. 学习后，我更加认同社会主义先进文化、社会主义核心价值观，积极参与当代文化生活，密切关注身边的文化现象，并对这些文化现象有了更深入的体察和思考。 B. 学习后，我理解并认同社会主义先进文化、社会主义核心价值观，有意参与当代文化生活，开始关注身边的文化现象，并对这些文化现象有了初步的体察和思考。 C. 学习后，我对社会主义先进文化、社会主义核心价值观的理解和认识仍需深化，开始留意当代文化生活和身边的文化现象，但对这些文化现象缺乏足够的兴趣。 D. 学习后，我对社会主义先进文化、社会主义核心价值观的理解和认识仍有欠缺，仍不关注当代文化生活和身边的文化现象，也不愿关注或了解这些文化现象	
学习实践	A. 学习过程中，我能从文化现象中聚焦热点、提出问题，自主设计完整的调查或研究方案，开展走访调查、研讨探究，并能通过整理、分析收集的材料，得出较完备的探究结论或成果。 B. 学习过程中，我能从文化现象中发现值得探讨的话题，自主设计初步的调查或研究方案，开展走访调查、研讨探究，并能通过整理、分析收集的材料，得出初步的探究结论或成果。 C. 学习过程中，我对文化现象或热点的察觉不太敏锐，但能按照调查或研究方案，参与到走访调查、研讨探究中来，并能整理和呈现所收集的材料，作出一些合理的推论。 D. 学习过程中，我不能察觉到文化现象或热点，也不太愿意参与到调查或研究中来，只能对收集的材料进行简单的罗列	

续表

评价项目	评价标准及对应等级表述	评价等级
文化参与	A. 我已加入至少一个文学社、读书会等语文学习共同体，广泛参加各类文化活动，在阅读、体验、表达中感受当代文化生活的美好。 B. 我有意加入文学社、读书会等语文学习共同体，开始参加一些文化活动，通过阅读、体验、表达，融入当代文化生活。 C. 我不热衷于文学社、读书会等语文学习共同体，但有意参加一些文化活动，通过阅读、表达等方式参与当代文化生活。 D. 我不想加入文学社、读书会等语文学习共同体，也无意参加文化活动、参与当代文化生活	

2. 教师评价表

评价项目	评价标准及对应等级表述	评价等级
思想认识	A. 学生具有正确的情感、态度、价值观导向，在学习活动中流露出了对当代文化生活的密切关注，及对文化现象与热点的深入体察与思考。 B. 学生具有基本正确的情感、态度、价值观导向，在学习活动中流露出了对当代文化生活的关注，及对文化现象与热点的一些体察。 C. 学生的情感、态度、价值观导向需再加以引导，学生对当代文化生活未体现出较大关注，对文化现象或热点也不太敏感。 D. 学生的情感、态度、价值观导向需再加以引导，学生不关注当代文化生活，对文化现象失察	
学习实践	A. 学生能提出针对明确且有现实意义的当代文化相关问题，能设计较为合理的探究方案并积极参与探究，能对收集的材料进行整理、分析，并得出较为深刻的见解或结论。 B. 学生能提出有探究价值的当代文化相关问题，能初步规划探究方案并参与探究，能对收集的材料作初步的整理、分析，并得出初步的见解或结论。 C. 学生对当代文化热点问题察觉不敏锐，能参与探究但积极性不高，能整理并列举收集的部分材料，并能作出一些初步推论。 D. 学生不能察觉到文化现象或热点，探究参与度不高，只能对收集的材料进行简单的罗列	

评价项目	评价标准及对应等级表述	评价等级
文化参与	A. 学生已加入至少一个文学社、读书会等语文学习共同体，广泛参加各类文化活动，并展示出参与当代文化生活的热情。 B. 学生有意加入文学社、读书会等语文学习共同体，开始参加一些文化活动，并表达出融入当代文化生活的意愿。 C. 学生不热衷于文学社、读书会等语文学习共同体，但有意参加一些文化活动，并参与当代文化生活。 D. 学生对文学社、读书会等语文学习共同体情绪不高，也无意参加文化活动、参与当代文化生活	

四、跨媒介阅读与交流

【教学目标与重点解析】

新版课程标准明确规定，跨媒介阅读和交流学习任务群旨在"引导学生学习跨媒介的信息获取、呈现与表达，观察、思考不同媒介语言文字运用的现象，梳理、探究其特点和规律，提高跨媒介分享与交流的能力，提高理解、辨析、评判媒介传播内容的水平，以正确的价值观审视信息的思想内涵，培养求真求实的态度"。

此目标的提出，追根究底是为了适应当今的国际教育形势，为全面提高综合国力，加强人才培养，促进语文学科核心素养的落实。"语言运用"能力是语文学科核心素养的核心，也是语文学科区别于其他学科的最显著的特征。但是，随着科技的发展、信息的爆炸，"信息技术的运用"已经成为全球教育的共同话题之一。二者的碰撞使我们不能再固守传统的纸质媒介，而要把眼光放远，思路放开，帮助学生捕捉和运用不同媒介的语言信息。当然，伴随着当代文化的娱乐化，在资源开放的同时，也要防止信息污染，应以批判的眼光和正确的价值观去粗取精、去伪存真。

首先，要引导学生了解常见媒介与语言辅助工具的特点，学习运用多种媒介进行有效的表达和交流。

其次，引导学生关注当代网络文学和网络文化，坚持正确的价值导向，能运用批判性思维辩证审视、分析网络对语言、文学的影响，提高语言、文学的鉴赏能力，并能运用祖国语言文字准确表达自己的情感、态度、观点和审美体验。

最后，建设跨媒介学习共同体。利用不同的语言媒介，实现不同学科的融合，并将其作为支持语言、文学学习的手段，发展与提升学生的思维，培养学生的审美鉴赏与创造能力。

【教学内容解析与建议】

新版课程标准在"学习目标与内容"中，提到了"关注当代网络文学和网络文化""利用不同媒介"等内容。我们可以把语文学习中的跨媒介大致分为两类。一是针对传统的语文学习媒介和学习方式，突破只是以教科书为核心的纸质媒介的学习方式，打破在固定教室和封闭空间授课听课的学习传统。二是针对语文学科的现状而言，跨媒介就是要打破学科界限，实现多学科的融合、共生。"媒介"作为现代传播学的一个学术概念，在麦克卢汉、施拉姆、波兹曼等学者那里已经建构了相对稳定且被广泛认可的界说。媒介分类也采用了国内外学术界共同规约之下的五大媒介说，即书写媒介、印刷媒介、广播媒介、影视媒介和网络媒介。如何将传播学领域的、具有社会学意义的媒介移植到语文课程的系统里，确定有价值的课程知识，是教师需要考虑的问题，这也正是课程多样性的一种体现。

"跨媒介阅读与交流"的教学内容是广泛的，可选的媒介也是丰富的。文字、音频、图片、动画、视频等可以单独呈现，也可以是集文字、音频、图片、动画、视频等于一体的超文本媒介。总之，"跨媒介阅读与交流"的教学内容，既可以跨媒介，又可以跨学科，但必须要围绕四个语文学科核心素养进行。要以学生为中心，而不是以课程为中心。不管"跨"多远，"跨媒介阅读与交流"还是语文学习活动，要符合语文学科特点。

【教学建议】

基于"跨媒介阅读与交流"的学科特点及学习要求，我们提出以下教学与评价策略建议：

1. 教师可引导学生自主选择有关跨媒介的普及性著作进行研习。通过纸质文本、电子文本的阅读，或实地参观展览等途径，了解新媒介的种类和特点。

2. 教师可在学生感兴趣的媒介应用领域，创设应用场景，引导学生研讨多种媒介信息存储、呈现与传递的特点，理解不同媒介的同题表达，并学会归纳分析，形成相应的学习成果。

3. 通过对具体案例的分析，在实践中了解有关媒介对人们学习、工作、生活等方面的影响，学会辨别媒体立场和态度，分析合理选择、恰当运用不同类型的媒介对表现主题、传递信息、促进交往所产生的影响，并加以总结，形成结论性成果。

4. 教师应主要引导学生学习跨媒介技术传播资讯，理解多种媒介的运用对语言的影响，提高学生综合运用多种媒介有效获取信息、表达交流的能力，培养学生求真求实的态度。

5. 充分运用社交软件和维基平台构建网络学习共同体。教师可对相关主题的知识进行分析和整理并发起群组讨论，同时学生在预习过程中收集的资料和所提的问题，也可以被教师所使用，以提高备课的针对性，提升教学效率。

【案例】

一、案例背景

经典文学作品被改编成影视剧已成为人们熟悉的一种方式。从纸张到影视，文学在被不同的媒介形式演绎着。随着影视剧制作技术的发展和影视剧市场的渐趋完善，现代人对影视剧作品有着越来越高的要求和期待，于是很多经典作品被一代代的导演翻拍。《红楼梦》于1987年最先被改编为36集电视连续剧，从此揭开了我国四大名著影视剧创作的新篇章。2010年《红楼梦》再次以电视剧的形式呈现在广大观众面前，引发一阵热议。结合必修三第一单元《林黛玉进贾府》的相关内容，以原著为基础，引导学生对比两版影视剧在主题侧重、情节安排、导演风格等方面的差异，提升学生评价鉴赏的能力。

二、案例呈现①

教学环节	环节目标及内容	活动形式
前置作业	从自我已知的影视改编文学作品成品中提取共性，思考影视改编文学作品的类型	
引语导入	介绍影视改编作品的相关类型以及利用影视改编促进文学学习的意义	教师展示 教师展示
整体感知 《红楼梦》1987版与2010版影视剧创作背景介绍。 共同商讨两版比较欣赏时的观察记录表角度	对两版影视剧有整体的认知。 形成观看记录表（附①）	教师展示 小组商议 集体研讨
观赏两版《红楼梦》中与教材《林黛玉进贾府》相关的内容	欣赏并做观看记录。 积累感性认知，注重个体体验，为最后理性评价张本	学生欣赏并根据评价角度表格随时记录
根据表格记录内容写成自己的简评文字	理据结合，分析评价两版影视剧改编	学生写作
制定评价学生鉴赏习作的标准表，根据标准小组互评，集体交流	根据习作评价标准表（附②），更有侧重、更清晰地展开互评与互学	小组互评 集体交流

---

① 案例设计：成都树德中学代华老师。

附①：观看记录表

	人物塑造	情节安排	舞美道具	音乐镜头	其他
1987 版					
2010 版					

附②：习作评价标准表

	观点鲜明（25分）	眼光独到（25分）	理据结合（25分）	语言优美（25分）
学生习作				

附③：学生习作

新旧版本不同之处甚多，在我看来最鲜明的有两点：

一是人物角色设定。原著中说林妹妹"娴静时似娇花照水，行动时如弱柳扶风"，老版饰演林黛玉的演员将她娇弱、谨小慎微表现得淋漓尽致，即便不说一语，往那里一站都是一副哀怨模样，楚楚可怜。但新版中的林妹妹全无娇羞之美，却给人一种丰盈富态之味。其在对人物性格的把握上也有一定的缺陷，以和贾母一起用餐的场景为例，黛玉初到贾府，即使许多环节不合家中规矩，也绝不多话，步步留意，事事小心。1987 版中黛玉眼波流转，暗中观察，漱口一细节更是堪称经典，一个眼神便全然让人洞悉她敏感的内心。而新版中黛玉却明目张胆左顾右盼，漱口吐水更是毫无遮掩。新版的演员和导演对红楼梦的理解全然不及老版，不得不承认老一辈的艺术家们功底深厚。

二是有关影视制作技术。两者在这个方面的处理可谓是大相径庭，其中我以为最大的区别便是旁白和转场。新版中的旁白固然有其裨益，能让观众对情节有一个完整的认知。但旁白过于繁杂，让观众在视觉不断冲击之时，还得兼顾听觉内容，时间一长就觉得疲惫且乏味。反观老版全是由人物对话推进故事进程，显得更加自然流畅。值得一提的还有两版中转场的形式，新版中人物进出的镜头有间歇性地加速，观众容易受其影响而出戏。而老版的制作虽没有过多的技巧，但就凭人物的路线和地点的迁移进行镜头转换，倒也简单明了。

——高 2020 级 6 班　王虚怀

【评价建议】

1. 学生自我评价表

优秀	良好	一般	合格
积极主动且带有创造性地完成学习任务，有很大的收获	能按照老师要求，踏实自主完成任务；有较为丰富的收获	能基本完成任务要求，过程中偶有被动；结束后有一定的收获	被老师推动完成相应学习任务；学习结束后收获不大

环节	自我评价点	优秀	良好	一般	合格
前置作业	回顾自己所知的改编作品，并从中提炼总结改编作品的相关类型				
整体感知	认真汲取老师所讲内容，完善或修正自己之前的总结，丰富自己的认知				
鉴赏评价	仔细观看两版《红楼梦》的相关内容，做好记录；能从不同的角度给出自我评鉴				
交流分享	聆听同学发言，吸收可取之处；反观自我作品，做出相应的修改				

2. 教师评价表

等级	优秀	良好	一般	合格
	以学生为中心，"跨媒介阅读"定位清晰；课堂类型特点明确；方法恰当，效果突出	能基本以学生为中心；"跨媒介阅读"定位与目标整体清晰；方法实施与效果达成良好	能较好完成教学任务，"跨媒介阅读"特点体现不够充分明晰。效果达成度一般	能基本完成教学任务，"跨媒介阅读"课堂特点体现不够清晰
教学目标				
教学方法				
学生活动				
教学效果				

五、语言积累、梳理与探究

【教学目标与重点解析】

本任务群旨在培养学生丰富语言积累、梳理语言现象的习惯，在观察、探索语言文字现象，发现语言文字运用问题的过程中，自主积累语文知识，探究语言文字运用规律，增强语言文字运用的敏感性，提高探究、发现的能力，感受祖国语言文字的独特魅力，增强热爱祖国语言文字的感情。

本任务群贯串必修、选择性必修两个阶段。

语言的积累、梳理与探究，作为语文"工具性"的体现，深深扎根于汉语的文化土壤中。同时也要注意不同阶段的课程衔接，以及不同广度、深度与难度。

本任务群的学习分布在众多的语言现象中，比如现代汉语基本的语法逻辑、现代汉语与古代汉语的语法规则变化、口语表达与书面语表达的不同规律、不同语境中词语的不同含义辨析、形近词语与同义词语的含义辨析等，因而需要把这些语言现象以及研讨活动分解、设计成不同的学习专题，让学生通过循序渐进的学习，完成积累、梳理与探究的实践活动，"探究语言文字运用规律"，从而提高对语言现象的理性认识，"增强语言文字运用的敏感性"，最后形成个体的语言经验，提升语言实际运用的核心素养。

本任务群的基本目标有三个：第一，培养在日常生活中积累语言、梳理语言现象的习惯；第二，在发现语言文字运用问题的过程中，探究语言文字运用的规律，增强语言文字运用的敏感性；第三，感受汉语作为母语，作为"活化石"的独特魅力，增强对母语的热爱之情。

通过本任务群的学习，学生应该了解和掌握语言文字法规的基本内容，提高语言文字运用的正确性和有效性，能灵活运用合适的方法解决语言文字运用中的问题。语言的积累、梳理与迁移运用能力是培养的重点。

【教学内容解析与建议】

1. 在全部的语文活动中，积累汉字、汉语的有关现象和理性认识，了解汉字在汉语发展和应用中的重要作用，巩固和加深义务教育阶段所学的汉字知识；体会汉字、汉语与中华传统文化的关系及汉语的民族特性，增强热爱祖国语言文字的感情。这一部分强调汉字、汉语与中华传统文化的关联性和系统性。对于本任务群知识的掌握，应当来自全部的语文活动，时间上贯穿小学、初中、高中的汉语学习，领域上包含中国古代文化和现代汉语的运用，从纵向积累和梳理汉字、汉语的发展、变化与社会文化发展的关系，体会汉字在汉语的发展和中华传统文化的传承中所起的载体作用。

2. 通过在语境中解读词汇、理解语义，树立语言和言语的相关性和差别性的观念。"语境含义"是汉字在生活中实际运用时的重要变化，"语境"的变化，将带来同一词语在语气、含义等方面的不同变化。在实际学习和训练的过程中，要培养学生的"语境"意识、整体阅读意识，并贯穿全部的语文学习活动。

3. 通过文言文阅读，梳理文言词语在不同上下文中的词义和用法，把握古今汉语词义的异同，既能沟通古今词义的发展关系，又要避免用现代意义理解古义，做到对中华优秀传统文化作品的准确理解。文言文是中国古代的一种书面语言，主要包括以先秦时期的口语为基础而形成的书面语。三千多年来，随着社会的发展，汉语有了很大的变化。根据汉语语法、词汇和语音变化的情形，现代汉语与古代汉语的使用规则发生了极大的变化，许多词语在词义使用上"古今异义"，在句子上位置互换。学习文言文，需要体会古代汉语的使用规则和独特的美感，从而更好地理解中华传统经典，传承中华民族文化。

4. 在自主修改病句和分析句子结构的过程中，体会汉语句子的结构特点和虚词的作用，进一步领悟语法规律。在学习文学作品时，观察词语的活用、句子语序的变化等，体会文学语言的灵活性和创造性。

5. 在运用口语和书面语表达的过程中，对比两种语体用词和造句的差别，体会口语与书面语的风格差异。

6. 反思和总结自己写作时遣词造句的经验，建构初步的逻辑和修辞知识，提高语用能力，增强表达的个性化。

4、5、6 三点，都从"阅读"训练转向"表达"训练，既有"口语"表达，也有"书面"文采；既有日常生活使用，也有文学作品创作；故要强调在积累、探究语言规律的同时，实践笃行，设计各种活动，涵盖不同语体、不同场合、不同需求的汉语使用活动。

本任务群的研习和评价，内容众多，是一个语言长期积累和实践的过程，它所包含的语法知识、语用规律、语言现象，与生活情境、学生个体的文字敏感、文化底蕴和语文素养有很大关联。在教学时尤其要注意与其他学习任务群的有机结合，丰富学习方式和夯实学习基础。

【教学建议】

课程标准建议：本任务群贯串整个高中阶段，既有课内活动，也应有课外任务。必修和选择性必修阶段，均安排 1 个学分，选修阶段不安排学分。

积累、梳理要有系统、有计划，要有步骤地、持续地进行。积累既是丰富学生词汇、表达方式等的需要，也是为以后的梳理所做的准备。

在必修和选择性必修阶段，本任务群可以有两种课时分配方式：或集中安排，或穿插在其他学习任务群中。如何分配课时，由教材编者设计或教师根据自己的教学计划安排。

本任务群在必修和选择性必修阶段，应贯串其他所有的学习任务群，与各学习任务群中阅读与鉴赏、表达与交流、梳理与探究的语文活动有机结合在一起。每一个学习任务群，都要为"语言积累、梳理与探究"学习任务群提出问题，提供资料，准备必要的条件；有些学习任务群也可以与本任务群共同完成。例如，在既有书面语读写，又有口语活动的学习任务群中，可将语体风格的探讨加入其中。

积累、整合与探究，都需要边积累，边记录。必修阶段主要写语言札记，随时记录点滴材料。选择性必修阶段可试写短文，整合和解释探究到的与主题有关的现象。

本任务群重在过程的典型性，不论是积累、梳理还是探究，都注重发展语感，增强对语言规律的认识，不追求知识点的全面与系统，切忌违背学生自主学习的精神，生硬灌输一些语言学条文。

在完成任务的过程中，针对学习内容，可通过专门文章的阅读，引导学生深入思考。

根据新版课程标准建议，可以将本任务群的学习设置为 9 个专题，每个专题 2~3 课时，可与其他任务群同时进行（如表 3-2 所示）。

研习和评价的方式主要为：资料查询法、情境模拟法、研究性学习、活动调动法等。专题示例如表 3-3。

表 3-3　语言积累、梳理与探究任务群专题

研习内容	专题示例
语言规律研习	专题一：语法与语用——汉语的使用规律和规范 专题二：语境与语义——构建汉语的"意义关系网"
汉语文化研习	专题一：文言之味——《刺客聂隐娘》的台词与意境 专题二：汉字"变脸"——从繁体字到简体字的演变 专题三：文化解码——从"流行语"看时代变化
语言逻辑研习	专题一：逻辑思辨——每个人都来做"福尔摩斯" 专题二：修辞之美——写一条超级广告语 专题三：舌战群雄——演讲或辩论 专题四：英雄联盟——对联游园会或成语接龙

【案例】

英雄联盟——新春对联游园会

本案例综合了资料查询法、情境模拟法和活动调动法。活动分为三部分进行。

第一，学习知识。各班系统学习对联的相关知识。

第二，创作实践。各班自创自写彰显本班特色的对联，粘贴于教室门口。

第三，游园活动。所有班级参与在学校综合楼中庭举行的新春对联游园会。

第一步：学习知识。

第 1 课时：教师给学生普及对联的相关知识。包含对联的由来，对联的用途，对联的分类。然后让学生分组编队，通过抽签的方式，得到需要查询的资料主题。

第 2 课时：请学生将查询、整合的资料，按照对联的分类顺序进行分享。

对联分类	负责小组	分享时间
合字联、拆字联		
叠字联、回文联		
方位联、顶针联		
镶字联、谜语联（隐字联）		
集句联、同偏旁部首、谐音双关		

第二步：创作实践。

请各班学生合作，自创一幅能够彰显本班特色的对联，再请各班擅长书

法的同学，用大红对联纸写好，粘贴于教室门口。

对联包含上联、下联、横批。内容可融合班级名字、任课教师姓名，要体现班级精神面貌和文化特色。

第三步，游园活动。

游园活动分为前期准备、现场活动、后期制作三大内容，由语文组教师与各班学生分工合作完成。

前期准备：海报宣传（各班）、展板宣传（各班）、对联内容准备（教师）。

现场活动：现场布置（教师和学生）、现场对对联（全体学生）。

后期制作：筛选评奖（教师）、学生优秀对联集锦（教师进行资料整理）。

其中，在"对联内容准备"这一项中，有意识地选择了与本地文化、学校文化、学科内容相关的对联，增强实践训练。除此之外，还独创了"教师联"（用教师的名字作对联）和"猜灯谜"（谜底为教师名字）两个内容，增强了趣味性。以下为局部摘录：

课　文　联

（运用学过的课文或相关知识。上联为教师出题，下联为优秀学生对联）

上联：问苍茫大地，沉浮谁主

下联：数风流人物，古今我评

上联：鹰击长空，鱼翔浅底，满目南疆秋景

下联：山舞银蛇，原驰蜡象，一片北国风光

上联：轻轻招手，康桥作别西天云彩

下联：独自徘徊，雨巷逢着丁香姑娘

上联：义助燕丹，易和离歌，刺秦英名传万代

下联：顾笑武阳，廷刺嬴政，护国忠魂留千秋

上联：於期救燕舍身取义

下联：荆轲刺秦虽败犹荣

上联：咸阳宫匕揳秦王，刀刀致命

下联：鸿门宴剑指沛公，招招惊魂

上联：巨鹿鼓声阵阵，西楚霸王破釜沉舟，百二秦关尽得手

下联：易水寒风萧萧，燕国志士舍生取义，万般豪情终归心

上联：大风起，云飞扬，半壁江山归何处？汉家天下
下联：乌江涌，浪翻腾，末路英雄在哪里？楚地亡魂

上联：巴金一腔愧疚怀念小狗包弟
下联：鲁迅满怀敬意追悼刘和珍君

猜　灯　谜
（运用学过的课文或相关知识，结合教师姓名）

谜面：樊哙闯帐　　　　　　　谜底：邓京（目眦尽裂——瞪睛）
谜面：流觞曲水　　　　　　　谜底：文汇（文人聚会）
谜面：荆轲遇知己　　　　　　谜底：冯（逢）丹（燕太子丹）
谜面：会当凌绝顶　　　　　　谜底：岳（《望岳》高山）峣（高而险峻的山）

谜面：金石丝竹　　　　　　　谜底：童（金石：铜）笛（丝竹乐器）
谜面：古色古香，美轮美奂　　谜底：陈（古）彦（美）

附：

新春对联游园会进程（简稿）
1. 时间：12 月 29 日（周五）下午三四节课进行。
2. 地点：四合院银杏树下。
3. 参与人员：全体学生。
4. 活动准备：见下表。

	项目	负责人	具体安排	时间
前期准备	1. 小红灯笼 500 个 2. 洒金纸：请帖、对联 3. 大红色卡纸 （各班制作海报和在灯笼下挂对联） 4. 白色宣纸和大红色纸 （制作展板） 5. 金粉丝带 （制作展板） 6. 写字的大、小毛笔、墨汁 7. 奖品	语文组老师	教育处/总务处　申报	

续表

	项目	负责人	具体安排	时间
前期准备	制作请帖 书写各班对联 制作展板	语文组老师和各班书画特长学生	1. 各班老师本周五之前落实班上书法、国画特长学生，将名单报至负责老师处 2. 组织各班书法特长学生书写请帖、制作展板	周一（请帖） 周二（展板）
	各班制作宣传海报	各班语文老师和学生	每个班级手制一张有特色的关于对联游园会的海报	周一——周四
	各班班级迎春对联	语文组老师和各班师生	各班为本班创作一副对联，尽量结合本班特色	周一——周四
	对联出题、制作	语文组老师		周一——周四
现场活动	展板、灯笼布置	全体老师和各班语文课代表		周五
	现场对对子	全体学生		
	现场摄影	语文组老师		
后期制作	筛选评奖	所有老师		周五下午
	学生优秀对联集锦	语文组老师		

【评价建议】

本任务群的目标层级有：

第一，能够通过任务群的设计，培养学生丰富语言积累、梳理语言现象的习惯；

第二，能够通过任务群的设计，引导学生形成在观察、探索语言文字现象、发现语言文字运用问题的过程中，自主积累语文知识、探究语言文字运用规律的能力，以增强学生语言文字运用的敏感性，提高学生的探究、发现的能力；

第三，能够通过任务群的设计，让学生在学习过程中，感受祖国语言文字的独特魅力，增强热爱祖国语言文字的感情。

在评价标准中，要注意从"学习积累""运用能力""文化体验"三个角度进行综合性总结和评价。

活动评价方案

评价项目	评价标准及对应等级表述	评价等级	学生自评	教师评价
学生丰富语言积累、梳理语言现象层级	A. 学生能结合较为丰富的例子进行知识阐释。过程中能明确且完整说出有关审美取向、文化价值。	A		
	B. 学生能较为明确完成知识的收集、整理、分享，有效进行学科知识的积累、理解、分析	B		
学生自主积累语文知识、探究语言文字运用规律的能力层级	A. 运用的过程中，能自主积累语文知识、探究语言文字运用规律。	A		
	B. 学生能结合真实且具体的文化场景进行知识运用	B		
学生感受祖国语言文字的独特魅力，增强热爱祖国语言文字的感情层级	A. 学生能体会到知识的积累在使用过程中的重要意义，能联系所学学科语言知识、日常积累，较好地完成任务，并体会语言背后的文化含义。	A		
	B. 学生能充分调动自己的知识积累参与创作，明确体现相关主题的语言特点	B		

下面以《英雄联盟——新春对联游园会》某一小组为例，展示相关学生自评和教师评价。

1. 学生自我评价表

评价项目	评价标准及对应等级表述	评价等级
丰富语言积累、梳理语言现象	学习知识阶段（此阶段各班分小组查询、整合资料，按照对联的分类顺序进行分享） A. 我们小组抽到的分类是"集句联、同偏旁部首、谐音双关"对联，我们小组共6人，经过研究，我们决定分工合作，分工如下："查询资料""整理筛选资料""资料解说""制作PPT""课堂讲解分享"，我们对于小组的合作配合十分满意。 B. 在查找资料，进行专题研究之前，我们不知道什么叫"集句联"。经过分工合作，我们小组的同学都能够对"集句联"等相关概念、名句出处进行解说。 C. 我们小组的同学最终都能举出一两个专题相关的例子，并进行解说	A

评价项目	评价标准及对应等级表述	评价等级
自主积累语文知识、探究语言文字运用规律的能力	创作实践阶段（此阶段各班需要自创自写彰显本班特色的对联） 　A. 我们小组共 6 名同学，每一位同学都积极参与，进行了相关主题创作。 　B. 我们能结合班级特色（如班级名称、班主任和任课老师名字、班级口号等）进行自我理解，最终根据所学的对联知识完成主题创作。 　C. 我们在创作的过程中更深刻地体会到了对联的"对"与"联"、"形式"与"神韵"结合的特点	A
感受祖国语言文字的独特魅力，增强热爱祖国语言文字的感情	游园活动阶段（此阶段所有班级都参与了在学校综合楼中庭举行的《新春对联游园会》） 　A 同学：我利用在课堂上学习的对联相关知识，以及日常诗词阅读知识、相关课文知识、各科学科知识，还有了解到的四川、我们学校的历史地理知识等，对了十副对子，并且一副入选了"一等奖"，我充分感受到了在课堂上的学科知识以及日常的语言积累在实践运用中的乐趣。 　B 同学：在活动中，我发现能够更透彻地理解对联的理论知识，并且产生了浓厚的兴趣，希望过年的时候能够为家里原创一副新春对联，表达对新年的愿望和对自己家庭的祝福。 　C 同学：我觉得通过一系列的互动，我真正掌握了"对联"的系统知识，并且感受到了我们的传统文化与现实生活的融合，更好地理解了民族文化和背后的意义	B

2. 教师评价表

评价项目	评价标准及对应等级表述	评价等级
丰富语言积累、梳理语言现象	学习知识阶段（此阶段各班分小组查询、整合资料，按照对联的分类顺序进行分享） 　A. 各小组的学生都能有明确地学习目标，能够有效分工合作，团队意识强。 　B. 学生能较为明确完成对联主题知识的收集、整理、分享，有效进行学科知识的积累与理解分析。 　C. 各主题负责同学能说出相关对联的概念、特点，并结合较为丰富的例子进行阐释。过程中能明确且完整说出有关对联的出处、审美取向、文化价值	A

评价项目	评价标准及对应等级表述	评价等级
自主积累语文知识、探究语言文字运用规律的能力	创作实践阶段（此阶段各班需要自创自写彰显本班特色的对联） A. 学生能结合真实且具体的文化场景（如班级名称、班主任和任课老师名字、班级口号等）创作对联。 B. 在创作的过程中，大部分学生能够考虑到对联"形"上的特点，掌握对联语言的基本知识。 C. 最终优秀的成品不多，大部分学生无法在对联的"神韵"上更好、更深刻地表现出班级文化内涵，因此在知识运用以及文化体现层面还有不足	B
感受祖国语言文字的独特魅力，增强热爱祖国语言文字的感情	游园活动阶段（此阶段所有班级都参与了在学校综合楼中庭举行的《新春对联游园会》） A. 学生能充分调动自己的知识积累参与创作，明确体现对联的语言特点。 B. 学生能体会到知识的积累在使用过程中的重要意义。一部分同学能联系所学学科语言知识、日常积累，较好地完成上联或下联，并体现语言背后的文化含义。 C. 还是有部分学生不能以联系、发展的思路为指导，没有彻底消化对联知识，或无法通过对联语言表达出内容蕴含的文化含义	B

六、文学阅读与写作

【教学目标与重点解析】

新版课程标准提出"文学阅读与写作"学习任务群，提倡在文学阅读与写作过程中，以发展"语言建构与运用"素养为出发点，同时兼顾"思维发展与提升、审美鉴赏与创造、文化传承与理解"等核心素养，促进学生语言、思维、审美、文化等素养的发展，从而实现语文知识与技能、学习方法与习惯、审美探究能力的形成与完善，更好地提升学生的阅读技能，培养学生的审美能力，锻造学生的思维品质。

"文学阅读"与"文学写作"是学习本任务群的两条路径，也是两大主要内容。"文学阅读"就是从形象、语言、内涵、意图等方面欣赏文学经典作品，掌握古今中外各种文学类型阅读的基本方法，并适当了解文学评论的基本知识；"文学写作"则是在阅读的基础上了解文学作品写作的一般规律，并尝试进行写作实践。教师可以组织学生开展与文学有关的沙龙、朗诵、表演等活动，培养学生兴趣，激发创作热情。

【教学内容解析与建议】

精读古今中外优秀的文学作品，感受作品中的艺术形象，理解、赏析作品的语言表达，把握作品的内涵，理解作者的创作意图。结合自己的生活经验和阅读写作经历，发挥想象，加深对作品的理解，力求有自己的发现。"文学阅读与写作"任务群旨在引导学生阅读古今中外诗歌、散文、小说、剧本等优秀文学作品。通过精读经典作品，形成对文本由表及里的认知、体验、感悟与理解，探究作品情感、思想意蕴及其社会价值，深入理解作品产生的文化背景和作者的创作意图，从创新性、独特性、多样性等角度，对作品进行不同角度的评价，同时，搜索相应作家作品的评论研究资料，结合自身阅读生活和阅读写作经历，多角度地理解作品主题和人物。

根据诗歌、散文、小说、剧本等不同的艺术表现方式，从语言、构思、形象、意蕴、情感等多个角度欣赏作品，获得审美体验，认识作品的美学价值，发现作者独特的艺术创造。了解小说、散文、诗歌、戏剧等文体的分类及特点、题材、流派风格等，尝试从结构思路、主旨意蕴、语言特色、技巧鉴赏等多个角度解读，培养学生对文本的阅读鉴赏能力。同时，披文入情，品味作品中蕴涵的美学意蕴，探究文本的美学价值，培养学生高尚的审美情趣和一定的审美能力。文学阅读可感受、体验文学作品的语言、形象和情感之美。文学文本本身就是审美的产物，是作家审美体验的结晶，通过阅读，学生与作家的审美体验产生同感、同情，从而完成审美体验的建构，丰富审美体验。

结合所阅读的作品，了解诗歌、散文、小说、剧本写作的一般规律。捕捉创作灵感，用自己喜欢的文体样式和表达方式写作，与同学交流写作体会。尝试续写或改写文学作品。学生在文学阅读过程中掌握文学鉴赏的基本方法，领悟不同文体创作的基本规律，提升对汉语的理解能力和语言文字运用水平。如了解诗词格律基本常识，尝试进行诗歌创作。从"用自己喜欢的文体样式和表达方式""尝试续写或改写"的要求可见，新版课程标准对中学生文学创作的要求并不高，这既符合中学生学情，也是对高考记叙文、议论文写作之外的文体创作的有力补充。文学创作从写作形式到写作内容相对自由，给予学生自由发挥的空间，有利于激发学生写作兴趣和创作热情。

养成写读书提要和笔记的习惯。根据需要，可选用杂感、随笔、评论、研究论文等方式，写出自己的阅读感受和见解，与他人分享，积累、丰富、提升文学鉴赏经验。阅读包括阅读习惯、阅读方式、阅读感悟分享等诸多方面，教师应积极引导学生养成良好的阅读习惯，创造更多机会让学生展示阅读成果，分享阅读感受和见解，提高阅读质量。文学评论是构成文学理论不可或缺的重要内容，对中学生来说有一定的难度，要结合实际，使学生掌握文学评论的一般准则，引导学生找到评论的角度，从作品主题、形象、艺术手法等方面或者再细分成更小的方面进行研究，学习在论述中保持客观的态度等。也可与"研究性论文"的写作结合起来，开展小型的班级学术论坛活动。

【教学建议】

新版课程标准建议：本任务群为 2.5 学分，45 课时。写作次数不少于 8 次（不含读书笔记和提要）。设置 6～8 个专题，每个专题 4～6 课时。

专题策划示例见表 3-4。

表 3-4   文学阅读与写作任务群专题

研讨内容	专题示例
小说阅读研讨 ——小说的叙事与虚构	专题一：苦难与生存的抗争——以余华《活着》为例 专题二：理想与现实的博弈——毛姆《月亮与六便士》
戏剧阅读研讨 ——戏剧的冲突与巧合	专题一：西方古典悲剧——《俄狄浦斯王》 专题二：中国近现代话剧——曹禺《雷雨》
诗歌阅读研讨 ——诗歌的意象与情感	专题一：古典诗歌——《蒋勋说唐诗》《蒋勋说宋词》 专题二：现代诗歌朦胧诗派——海子
散文阅读研讨 ——散文的感性与知性	专题一：文化散文厚度——余秋雨《文化苦旅》研读 专题二：精神家园构建——周国平《守望的距离》研读
文学母题 ——专题整合阅读	专题一：文学"爱情"母题的阅读与写作 专题二：文学"英雄"母题的阅读与写作 专题三：文学"故乡"母题的阅读与写作
文学理论研讨	专题一：大师的法则——经典文学理论解读
综合文学创作	专题一：小说绘本的制作 专题二：古典诗词的创作 专题三：戏剧的改编

1. 实施自主探究阅读教学，评价时尊重学生的个性化解读

"文学阅读"是一种个性化的自主行为，每个学生都有自己独特的生活经验、知识结构和审美追求，基于每个人的独特感受，学生对文本的解读也近乎一次再创造，所以要尊重学生阅读的原初体验。教学"不应以模式化的解读来代替学生的阅读体验和思考"，更不应以教师的分析代替学生的阅读实践，最终阻碍了学生真实阅读的发生。新版课程标准提出："学习任务群以自主、合作、探究性学习为主要学习方式，凸显学生学习语文的根本途径。"[①]自主探究阅读要求教师充分调动和发挥学生的主体性与多样化，培

---

① 中华人民共和国教育部.普通高中语文课程标准：2017 年版 2020 年修订［M］.北京：人民教育出版社，2020：8.

养有自主阅读能力和独特思想的学生。

2. 采取多样化的阅读形式，提高学生的阅读兴趣

教师有效开发和整合阅读资源，设置阅读情境，营造浓郁的阅读氛围，激发学生阅读兴趣，扩大学生阅读视野。其一，运用专题阅读。专题阅读的分类多种多样，比如以时间、作者、主题等为专题，对同一母题进行专题拓展阅读是行之有效的整合方法。母题专题阅读有助于我们把握作品的深层结构和内涵，让作品形成一个相互"链接"的网络，从而实现从"一篇篇读作品"到"一批批读作品"的目的。其二，实施比较阅读。比较阅读是指把内容或形式相近或相对的两篇文章或一组文章放在一起，在阅读过程中将有关内容进行比较、对照和鉴别阅读，有利于开阔学生眼界，活跃思想，提高鉴赏力。其三，采用群文阅读方式。围绕一个议题选择一组文章，教师和学生围绕议题对多篇文章展开阅读和集体分析，打破单篇内容分析式教学的传统。

3. 进行全方位的阅读指导与评价引导，提升学生的阅读能力

教师根据不同的文体阅读，有目的、有计划、有步骤地进行阅读指导活动，向学生提供有效的学习支持。其一，从整体观的角度定位阅读教学目标。如引导学生制订阅读计划和安排，如做好问题设计，提供阅读策略指导等。其二，从文本角度进行阅读教学方法指导。教师进行阅读方法的指导，包括朗读、默读、精读、略读和浏览等方法的综合运用。从阅读方法到阅读能力的培养，从训练文章体式到写作能力的形成，在学生的阅读写作过程中，教师不断发现学生存在的问题和困惑，适时进行指导点拨。其三，用活动构建平台进行阅读反馈评价。鼓励和引导学生自主举办诗歌朗诵会、读书报告会、话剧表演等活动，丰富学生的体验；创造更多展示交流学生作品的机会或平台，激发学生文学创作的成就感；同时可采取一系列阅读反思评价，对阅读的效果进行有效评估和反馈。阅读评价要综合考查学生阅读过程中的感受、体验和理解，既要关注其阅读兴趣与价值取向、阅读方法与习惯，也要关注其阅读面和阅读量，以及选择阅读材料的能力。

【案例】

《念奴娇·赤壁怀古》阅读活动设计①

一、问题聚焦

《念奴娇·赤壁怀古》阅读活动设计，以该篇词的文本阅读教学为核心，引导学生在通晓文意、文情的基础上，尝试运用比较鉴赏的阅读方式，自主探究三组系列作品的异同，能用表格、辩论和小论文的形式交流学习心得，展示研究成果。

---

① 案例来源：胡勤

二、活动设计

（一）课前准备

阅读印发的所有资料，分小组重点品读点评。第一组，《前赤壁赋》《后赤壁赋》；第二组，余秋雨的《苏东坡突围》；第三组，苏轼其他有关黄州的诗文；第四组，林语堂的《苏东坡传》（节选）。了解苏轼生平。

（二）活动设计

活动一：滋味——咬文嚼字

配乐吟诵，看名家视频，感受苏轼笑傲江湖、纵览古今的豪情，为解读诗歌作情绪铺垫。

1. 课前播放歌曲《沧海一声笑》，渲染豪情。

2. 看《念奴娇·赤壁怀古》名家朗诵视频，略加评点。

3. 在配乐中齐诵《念奴娇·赤壁怀古》，体会豪情。

活动二：意境——捕捉意象

1. 吟诵首句，分析"大江"意象，品味其奠定的基调。

2. 诵读第三句，找意象，评特点，谈感受。

乱石 → 惊涛 → 雪浪

　｜　　　｜　　　｜

穿空 → 拍岸 → 千堆

　｜　　　｜　　　｜

形势 → 声势 → 气势

活动三：寄托——感受情志

1. 教师主持讨论：在英雄辈出的三国时代，有哪些风流人物？谁为他们吟唱？以颁奖词或代言体的形式发言。

2. 学生课前按人物组队就座，组内交流颁奖词或代言词，整理汇总，全班交流，分享成果。

3. 小结，解读苏轼钟情周瑜之因，说明怀古词特点。

（1）为人物画像：给周瑜画人物速写，依词句勾勒周瑜轮廓。

（雄姿英发，羽扇纶巾，谈笑间，樯橹灰飞烟灭）

（2）为人物代言：苏轼为周瑜代言，少年得志，风流儒雅的少帅。苏轼为自己代言，仰慕周瑜业绩，自伤两边发白，壮志未酬。

（3）怀古词特点：苏轼聚焦周郎，借古怀今，借他人之酒杯浇胸中之块垒。

4. 深刻体会苏轼的情感。

（1）直抒胸臆：多情、人间如梦。

（2）联系全词，与同学辩论，畅谈苏轼的复杂情感（甲、乙、丙分别代表消极、洒脱、矛盾情感）。

甲方	"人生如梦，一樽还酹江月。"反映了苏轼入世与出世的思想矛盾，是无可奈何心情下的故作达观，情绪趋于消极，他见江山依旧而人事已非，沦落无聊而徒伤老大，于是引发如梦感慨，从而借酒浇愁
乙方	作者面对现实，表现得比较平静和旷达。从作者的遭遇看，写这首词时，他已被贬多年，对王安石的新法也在实践过程中有了新的认识，对宋神宗似有知遇之恩，因此，用"人间如梦"来概括20多年的仕途，虽有感慨，更有不做具体计较的旷达态度，这态度又促使他能借月来感发"江月是能了解我的"，传达出坚持理想的精神
丙方	苏轼深受儒道佛三家思想影响。当他想有所作为时，体现的是儒家的用世之志，当他不能为时，就以道家超旷之精神为慰藉。这首词中的壮丽江山、英雄业绩，既激起了他的豪迈奋发之情，也加深了他的思想矛盾，使它产生"人生如梦"的感慨。感伤是由于建功立业的愿望不能实现而萌发，我们应当更多地体会他对事业、对人生的激情和思索，而不只是感伤。"人间如梦"反过来也可以激发我们对人生的追求，这也正是这首词的理趣所在，这首词具有感奋和感伤的双重色彩

活动四：博采——融合多方（比较阅读）

1. 比较赤壁词文，或黄州词文的异同

探究1082年苏轼在黄州创作的作品，如赤壁三文。设想一下你会有哪些探究的步骤。请用文字简要说明。

一般步骤：先阅读赤壁三文；再找出相同点、不同点，从写作时间、取材、表现方式、写作体裁、思想感情等方面进行；最后列表比较或写成综述。

2. 比较苏轼的豪放词和婉约词

《四库全书提要》概括词之演进："至柳永一变，如诗家之有白居易，至轼而又一变，如诗家之有韩愈，遂开南宋辛弃疾等一派。"近人夏敬观则曾将苏轼词分为两类，云："东坡词如春花散空，不著迹象，使柳枝歌之，正如天风海涛之曲，中多幽咽怨断之音，此其上乘也，若夫激昂排宕，不可一世之概，陈无己所谓'如教坊雷大使之舞，虽极天下之工，要非本色'，乃其第二乘也。"可见，婉约和豪放之间有时并无明确的界限，词人均有涉足。

小结：苏轼的豪放词气势壮阔，意境雄浑，充满豪情壮志，多给人一种积极向上的力量。婉约词语言含蓄，情调或深婉或缠绵或幽怨，往往写个人遭遇。同一个作者既可以创作豪放词，也可以创作婉约词，因情而异，因时而异。

3. 比较苏轼、柳永的词

（1）阅读材料，柳郎中是谁？词风如何，词风与词牌的关系如何？

作者	词句	歌者	伴奏乐器	现代乐器
苏轼	大江东去	关西大汉	铜琵琶、铁绰板	电吉他、贝斯
柳永	杨柳岸，晓风残月	十七八女郎	红牙板	小提琴

（2）苏轼的词、柳永的词分别适合什么人唱？适合用什么乐器伴奏？

（3）幕士用"杨柳岸晓风残月""大江东去"分别代表柳词、苏词，是否恰当？

小结：这两句都足以显示词人的风格，一首词不可能句句都是经典，但总有几句能惊醒读者，给人以美的感受。

设计解读：本活动为探究与延伸，本活动设计通过扩大学生阅读面，跳出教材，补充诗文作品，进行文本探究，运用相异、相关的文本进行比较阅读，重点在探究苏轼的精神世界。多方面比较阅读促进学生从文化关联、思想关联、思维关联等角度建构苏轼的文化价值和意义，实现文化的传承与发展。

【评价建议】

1. 学生自我评价表

评价项目	评价标准及对应等级表述	评价等级
阅读写作基础技能	A. 我能够熟练、灵活地运用精读、略读、研读等多种阅读方法，深刻地体验、认知、理解古今中外经典文学作品，善于捕捉创作灵感，掌握写作的一般规律，进行各类文体样式的写作。 B. 我能够熟练地掌握精读、略读、研读等多种阅读方法，比较准确地体验、认知、理解古今中外经典文学作品，能够捕捉创作灵感，了解写作的一般规律，尝试进行各类文体样式的创作。 C. 我能够基本掌握精读、略读、研读等多种阅读方法，基本正确地体验、认知、理解古今中外经典文学作品，无法捕捉创作灵感和写作的一般规律，尝试模仿部分文体样式的写作。 D. 我基本不能掌握精读、略读、研读等多种阅读方法，无法准确地体验、认知、理解古今中外经典文学作品，不能进行各种文体样式的创作	

续表

评价项目	评价标准及对应等级表述	评价等级
阅读写作综合素养	A. 我能够精准地从语言、形象、构思、意蕴等多角度欣赏不同体裁的文学经典作品，能够撰写文学评论，丰富文学鉴赏和写作实践经验，提升文学鉴赏、文字写作、言语驾驭等方面的文学综合素养。 B. 我能够较准确地从语言、形象、构思、意蕴等多角度欣赏不同体裁的文学经典作品，可以撰写文学评论，积累文学鉴赏和写作实践经验，完善文学鉴赏、文字写作、言语驾驭等方面的文学综合素养。 C. 我能够基本准确地从语言、形象、构思、意蕴等多角度欣赏不同体裁的文学经典作品，尝试撰写文学评论，获得一定的文学鉴赏和写作实践经验，形成文学鉴赏、文字写作、言语驾驭等方面的文学综合素养。 D. 我基本不能从语言、形象、构思、意蕴等多角度欣赏不同体裁的文学经典作品，不会撰写文学评论，缺少文学鉴赏和写作实践经验，欠缺文学鉴赏能力、文字写作能力、言语驾驭能力等文学综合素养	
审美鉴赏深层能力	A. 我能够深刻体会文学作品的语言、形象之美；能够深入探究作者内心深处的美学意蕴；能够充分探究文学作品的美学价值，记录审美体验，形成高尚的审美情趣和审美品位。 B. 我能够准确体会文学作品的语言、形象之美；能够基本探究作者内心深处的美学意蕴；基本探究文学作品的美学价值，记录审美体验，形成较为高尚的审美情趣和审美品位。 C. 我能够基本感知文学作品的语言、形象之美；局部探究作者内心深处的美学意蕴；尝试探究文学作品的美学价值，记录审美体验，基本不能形成高尚的审美情趣和审美品位。 D. 我无法准确把握文学作品的语言、形象蕴涵的美学；无法探究作者内心深处的美学意蕴；无法探究文学作品的美学价值，记录审美体验，不能形成高尚的审美情趣和审美品位	

续表

评价项目	评价标准及对应等级表述	评价等级
阅读写作思维品质	A. 我能够精准辨识、分析、比较、归纳常见文学现象；能够充分运用语言规律、逻辑规则进行文学创作和评论；能够运用批判性思维审视语言文字作品，探究、发现语言文学现象，形成对文学的深刻性、独创性认识。 B. 我能够较为准确辨识、分析、比较、归纳常见文学现象；能够正确运用语言规律、逻辑规则进行文学创作和评论；能够基本运用批判性思维审视语言文字作品，探究语言文学现象，形成对文学的深刻性认识。 C. 我能够基本准确地辨识、分析、比较、归纳基本文学现象；能够基本运用语言规律和逻辑规则进行文学创作和评论；基本不能运用批判性思维审视语言文字作品，无法探究语言文学现象，形成对文学的深刻性认识。 D. 我基本不能辨识、分析、比较、归纳基本的文学现象；不能运用语言规律和逻辑规则进行文学创作和评论；无法运用批判性思维审视语言文字作品，探究语言、文学现象，不能形成对文学的深刻性认识	

2. 教师评价表

评价项目	评价标准及对应等级表述	评价等级
阅读写作基础技能	A. 学生能够熟练掌握并运用不同文学作品类型的阅读方法，深刻了解文学作品写作的一般规律，能够自如地进行文学创作。 B. 学生能够基本掌握并使用不同文学作品类型的阅读方法，准确了解文学作品写作的一般规律，能够进行一定的文学创作。 C. 学生能够部分掌握不同文学作品类型的阅读方法，基本了解文学作品写作的一般规律，能够尝试进行文学创作。 D. 学生基本不能掌握不同文学作品类型的阅读方法，难以理解文学作品写作的一般规律，无法进行文学创作	

评价项目	评价标准及对应等级表述	评价等级
阅读写作综合素养	A. 学生能够非常准确地从语言、形象、构思、意蕴等多角度欣赏不同体裁的文学经典作品，能够撰写文学评论，丰富文学鉴赏和写作实践经验，提升文学鉴赏能力、文字写作能力、言语驾驭能力。 B. 学生能够较为准确地从语言、形象、构思、意蕴等多角度欣赏不同体裁的文学经典作品，可以撰写文学评论，积累文学鉴赏和写作实践经验，培养文学鉴赏能力、文字写作能力、言语驾驭能力。 C. 学生能够基本准确地从语言、形象、构思、意蕴等多角度欣赏不同体裁的文学经典作品，尝试撰写文学评论，获得一定的文学鉴赏和写作实践经验，形成文学鉴赏能力、文字写作能力、言语驾驭能力。 D. 学生基本不能准确地从语言、形象、构思、意蕴等多角度欣赏不同体裁的文学经典作品，不会撰写文学评论，缺少文学鉴赏和写作实践经验，欠缺文学鉴赏能力、文字写作能力、言语驾驭能力	
审美鉴赏深层能力	A. 学生披文入情，能够深刻体会文学作品语言、形象蕴涵的美学；学生知人论世，探幽访微，深入探究作者内心深处的美学意蕴；学生充分探究文学作品的美学价值，记录审美体验，形成高尚的审美情趣和审美品位。 B. 学生披文入情，能够准确体会文学作品的语言、形象蕴涵的美学；学生知人论世，探幽访微，探究作者内心深处的美学意蕴；学生基本把握文学作品的美学价值，记录审美体验，形成较为高尚的审美情趣和审美品位。 C. 学生披文入情，基本感知文学作品的语言、形象蕴涵的美学；学生知人论世，探幽访微，基本认知作者内心深处的美学意蕴；学生尝试探寻文学作品的美学价值，记录审美体验，形成较为高尚的审美情趣和审美品位。 D. 学生披文入情，无法准确把握文学作品的语言、形象蕴涵的美学；学生知人论世，探幽访微，无法深入准确探究作者内心深处的美学意蕴；学生不能准确理解文学作品的美学价值，记录审美体验，无法形成高尚的审美情趣和审美品位	

续表

评价项目	评价标准及对应等级表述	评价等级
阅读写作思维品质	A. 学生能够从整体感知、信息整合、理解阐释、鉴赏评价等角度充分辨识、分析、比较、归纳、概括基本的文学现象；学生能够充分运用语言规律和逻辑规则进行文学创作；学生能够运用批判性思维审视语言文字作品，探究、发现语言、文学现象，形成对文学的深刻性、独创性认识。 B. 学生基本能够从整体感知、信息整合、理解阐释、鉴赏评价等角度辨识、分析、比较、归纳、概括基本的文学现象；学生能够基本运用语言规律和逻辑规则进行文学创作；学生能够基本运用批判性思维审视语言文字作品，探究语言、文学现象，形成对文学的深刻性认识。 C. 学生能够粗略从整体感知、信息整合、理解阐释、鉴赏评价等角度辨识、分析、比较、归纳、概括基本的文学现象；学生能够粗略运用语言规律和逻辑规则进行文学创作；学生基本不能运用批判性思维审视语言文字作品，探究语言、文学现象，无法形成对文学的深刻性认识。 D. 学生基本不能从整体感知、信息整合、理解阐释、鉴赏评价等角度辨识、分析、比较、归纳、概括基本的文学现象；学生不能运用语言规律和逻辑规则进行文学创作；学生不能运用批判性思维审视语言文字作品，探究语言、文学现象，无法形成自己对文学的深刻性认识	

七、思辨性阅读与表达

【教学目标与重点解析】

本任务群旨在引导学生学习思辨性阅读和表达，发展实证、推理、批判与发现的能力，增强思维的逻辑性和深刻性，认清事物的本质，辨别是非、善恶、美丑，提高理性思维水平。

"思辨"一词古已有之。儒家经典《中庸》中所推崇的学习方式"慎思之，明辨之"，即可看作"思辨"一词的源头。这里的"慎思"，指的是对所学知识进行谨慎思考，"明辨"则是善于辨别，去伪存真。由此可以得出"思辨"的内涵：依据个人元认知水平，运用分析、综合、演绎、归纳、推理、想象、联想等多方面的思维方法，进行独立思考，最终做出理性判断。

　　落实到语文教学中，"思辨性阅读与表达"的教学目标与重点，就是在阅读与写作教学的过程中，引导学生学会运用理性逻辑思维，发现问题、解决问题，从而形成良好的思维品质和人文素养。

　　【教学内容解析及建议】

　　1. 阅读古今中外论说名篇，把握作者的观点、态度和语言特点，理解作者阐述观点的方法和逻辑。在高中语文教材中，编者遴选了诸多古今中外经典论说名篇。这些经典篇目及其浩若星辰的解读、评价、鉴赏，共同构成了一个完整且开放的文学文化系统，经过时间和受众的重重考验，至今仍闪烁着耀眼的光辉。引导学生阅读这样的作品，重点在于理清思路，理顺文意。论说文一般都具有明确的论点，有可信的论据，有严密的论证。因此，阅读的关键是找出文章的中心论点，即作者对人、事、物或他人观点的态度是什么，分析作者又是如何论证自己观点的，探究作者的观点与所选取的材料之间的关系，理清思路，大致疏通文义。

　　2. 阅读近期重要的时事评论，学习作者评说国内外大事或社会热点问题的立场、观点、方法。在阅读各类文本中，分析质疑，多元解读，培养思辨能力。在传统的语文课堂中，我们对于文本价值的关注往往停留在知识和技能上，即使偶有涉及思想文化价值，也多是基于社会历史层面，提出一些脱离学生阅读经验和生命体验的空泛结论，使阅读教学在某种意义上丧失了语文味，变异为"思想政治教育"。毫无疑问，绝大多数文本一定具有多元的价值取向，而时事评论托生于国内外大事和社会热点问题，具有更为多元的立场和观点，教师在教学过程中，引导学生从不同层面不同角度对其进行分析、比较综合，深入挖掘文本基础知识之外的思想价值，有助于提升学生的思维水平，培养学生关注生活、关心时事的人文情怀。

　　3. 学习表达和阐发自己的观点，力求立论正确，语言准确，论据恰当，讲究逻辑。学习多角度思考问题，反驳时能够做到有理有据，以理服人。阅读与表达是不可分割的整体。当我们在进行思辨性的阅读时，一定需要"论证""阐述"等表达过程，以此完成思辨性思维的外显与固化。因此，在进行思辨性阅读与表达的教学时，教师应当关注学生经过复杂的思维活动后展开的讨论和发言，并适时予以引导和提炼，引导学生正确立论，优化语言逻辑，帮助学生理解并做到以理服人。除课堂发言、讨论、辩论等口头表达外，进行写作训练也是开展思辨性表达教学的有效途径。教师可以就课堂上具有思辨价值的讨论要点，要求学生课后整理成文；也可以引导学生在拓展阅读的基础上，创作个性化的读书笔记；还可以组织学生对考试或平时练习作文的题目展开思辨性的解读。

　　4. 围绕感兴趣的话题开展讨论和辩论，能理性、有条理地表达自己的观点，平等商讨，有针对性、有风度、有礼貌地进行辩驳。学生可以就自己感兴趣的话题举行辩论会、小组讨论等活动。在语言交锋的过程中，整理思维、优化逻辑，学会有条理地表达自己的观点。同时，教师可以引入辩论礼仪来约束与规范学生的论辩过程，这样既可以使学生更加理性地表达观点，礼貌地倾听和辩驳对方的观点，也能潜移默化地提升学生包容异见的能力和温润谦和的个人修养。

【教学建议】

新版课程标准建议：本任务群为 1.5 学分，27 课时。写作 3 篇以上，专题讨论与辩论不少于 3 次。设置 9 个专题，每个专题 3 课时。

专题策划示例如表 3-5。

表 3-5 思辨性阅读与表达任务群专题

研讨内容	专题示例
论说文阅读策略	专题一：明经纬定乾坤——把握论证思路，理清文脉
中国古代论说文专题研讨	专题一：纵横捭阖，指点江山——政论文研读 专题二：探究自然，洞悉人世——哲理文研读 专题三：口若悬河，舌灿莲花——领略辩士风采
时评文阅读专题研讨	专题一：社会热点全接触——热评文章研读 专题二："冷眼"观热点——社会热点讨论
议论文写作专题研讨	专题一：无规矩不成方圆——议论文写作入格 专题二："事例轰炸"与条分缕析——议论文论证技巧指导
辩论或专题讨论	专题一：项羽刘邦谁是"真英雄"——经典文本个性化解读

1. 优化提问策略，启发思辨

突出文本的核心问题，引导学生深入理解文本是阅读教学的关键。思辨性阅读教学的核心环节，是通过一系列有思考价值的"有效问题"来启发学生的思辨能力和辩证思维。语文阅读教学的有效问题，应该具备以下特征：促进学生理解，关注重要的教学内容，引导学生参与多种认知水平的互动，问题的措辞简明清晰。因此，教师在设计问题时，首先要满足上述特征，同时要注意问题呈现的梯度，不能将凸显文本关键或矛盾之处的核心问题直接生硬地抛给学生，而要以其为核心串联课堂，辅以若干小问题循序渐进地启发学生的思辨思维，最终指向思辨能力和辩证思想的培养。

2. 拓展阅读资源，扩展思辨

经典文本具有突出的开放性特征，仅靠教材提供的内容，不能真正展现思辨性思维的延展性和深刻性。因此，教师在进行思辨性阅读与表达教学时，应对教学内容作一定程度的拓展、深化，开阔学生的阅读视野，积累阅读经验，提升学生思维的广度与深度。阅读资源的拓展，既包括教师根据思辨性阅读主题确定的必要拓展，也包括学生在思辨性阅读过程中自发进行的拓展。教师需要明确：拓展就是要给学生提供理解文章的支撑点，引导学生在占有丰富阅读资源的基础上，通过比较、分析、综合等不同思维方式，举一反三，深化理解，论证观点。

3. 构建交流空间，促进思辨

构建交流空间，为不同认知层面的思维提供交流碰撞的平台，这既是思辨性课堂深度活跃的突出表现，更是培养学生包容异见、自我反思、合理论证的学术素养的重要途径。为此，教师首先要确保课堂上的交流时间和空间。其次，为了将学生的思辨性阅读与表达延伸到课外，教师可以利用网络，构建微型学术交流空间，鼓励学生就自己的思辨结果展开实时讨论，或是将自己的观点写成小论文在空间内发表。在此过程中，教师的角色应是活动组织者、过程监督者和方向调控者。对于学生的观点和讨论，应及时予以评价总结，这样既可以判断学生的综合发展情况，又可以使学生加深对思辨过程的反思。

4. 善用思维导图，优化思辨

思辨性思维是一种十分复杂的思维方式，它由"思考"和"辩论"组成，包含了判断、推理、综合、归纳、联想、想象、批判等思维活动，具有高度的抽象性、反思性和重构性。对于理性思维尚在发展阶段的学生而言，要想完整流畅地完成每一次思辨实非易事。要解决这一问题，教师可以借助思维导图，引导学生将抽象的思维过程具象化，以清晰可见的图示再现复杂隐性的思辨思维，从而实现对思辨性思维的有效调控和优化。

评价时，应抓住思辨的核心要素及其在阅读、写作、语文实践活动中的表现，重在分析和判断学生思辨意识与能力的发展情况。

【案例】
《师说》思辨性阅读教学设计（有删改）①

一、问题聚焦

《师说》思辨性阅读教学设计，以《师说》一文的论证逻辑为本次思辨性阅读教学的核心，引导学生在通晓文意、文情的基础上，尝试运用"归纳"和"演绎"两种逻辑思维来分析文章，加深学生对本文严密的论证结构的理解，同时学习掌握"因果推断""科学推导"等论证方法，努力达成个人表达论证严密的目标。

看一篇论述类文章是否严密，主要基于两个基本的论述逻辑。人类的逻辑思维主要有两种：归纳和演绎。归纳是从特殊到一般，演绎是从一般到特殊。从一只天鹅是白的，两只天鹅也是白的，三只天鹅还是白的，N 只天鹅

---

① 案例来源：温州中学苏丰华。

都是白的，得出一个结论：天鹅是白的。这种逻辑叫归纳，其特征是从一只又一只天鹅是白的这些"特殊"，归纳出"天鹅是白的"这个一般性的结论。重点是要基于事实的因果进行推断，这个事实非常重要。现在发现了黑天鹅，那么这个归纳就不再是基于事实的因果推断。

演绎思维则相反。已经有了一个公理、定律，从中推出具体结论——因为天鹅都是白的，这只是天鹅，所以它是白的。这就是经典的"三段论"。演绎的关键在于是否基于道理，这个道理是不是大家都认可的。我们就用这两种比较可靠的论证方法，来探究《师说》论证方法的特点及其严密性。

设计说明：本案例以《师说》一文的论证方法特点及严密性作为本次思辨性阅读教学的核心，聚焦"归纳"和"演绎"两种逻辑思维，通过对两种思维方式的讲解，为学生提供了学习的工具。

二、活动设计

思辨探究——思辨在点、质疑求证

从"论证思辨"角度分析文章，各小组选择一点展开质疑讨论，然后小组代表发言，教师引导、补正。

推断，属于归纳推理，这里指基于事实的因果推理。

推导，属于演绎推理，这里指基于道理的科学推导。

部分学生分析展示如下：

举例分析文中论证严密度：论证过程简述，是推断还是推导？其严密度如何？	
1	举例："人非生而知之者，孰能无惑？" 分析：人不是生下来就知道的，所以谁都会有疑难。基于事实的因果推断，严密
2	举例："惑而不从师，其为惑也，终不解矣。" 分析：但是，不从师的惑也有可能从其他途径得解，这是人所共知的科学推导，即原句论证并不严密
3	举例："是故无贵无贱，无长无少，道之所存，师之所存也。" 分析：这实际上是作者规定的推理，即因为"吾师道也"，所以"道之所存，师之所存也"。因为有前提条件，所以它是科学推导，严密
4	举例："师道之不传也久矣！" 分析：这是基于当时社会现实的推断，如果韩愈没有撒谎，那么它就是因果推断，严密
5	举例：圣人从师，众人耻学于师，"是故圣益圣，愚益愚"。 分析：学习使人进步是可验证的道理，所以学习者比不学习者要进步，科学推导，严密

续表

6	举例："圣人之所以为圣，愚人之所以为愚，其皆出于此乎？" 分析：作者表示推测，这句的逻辑也比较严密
7	举例："择师教子，其身则耻师，惑矣"。 分析：从学习、进步角度说，希望别人学习，自己却不学习，是糊涂的表现。是基于道理的科学推导，比较严密
8	举例：不知句读要学习，不解惑却不学习，"吾未见其明也"。 分析："句读"不如"惑"重要，学习不重要的却不学习重要的，是科学推导，严密
9	举例：通过对巫医、乐师、百工与士大夫在从师上的表现对比，得出"其智乃反不能及"。 分析：学习使人进步，是公认的道理，所以懂得学习的人相比不懂得学习的人的智要高一些，是科学推导，严密
10	举例：孔子从多位师，孔子贤过其师，所以"弟子不必不如师，师不必贤于弟子"。 分析：基于事实的推断，且用了两个"不必"，论证严密

设计说明：本案例的核心教学活动以学生小组讨论的形式开展。每个小组围绕一个要点，采用"归纳"和"演绎"的思维，对《师说》的论证严密性进行辨析。随后通过学生发言和教师引导、补正，不断逼近文章的论证方法特点与逻辑内核。

三、教师总结

通过同学们对一个个点的质疑求证，我们发现《师说》流传千古，除了主题深刻、语言文字表述准确凝练之外，逻辑较为严密也是一个非常重要的原因。

《师说》思辨性阅读教学设计注重于学生的"学"和"思"。学生在自学经典的现当代文本和文言文本的基础上，通晓文意、文情；在对比阅读、思辨之中掌握文脉、文法，进而举一反三，培养思辨能力。[①]

设计说明：教师总结提炼，明确指出《师说》在论证逻辑严密上的特点，呼应"问题聚焦"，使教学设计圆融完整。并且提示学生在阅读其他的议论性文本时，可更多关注主题、语言之外的逻辑问题。

---

① 苏丰华.《师说》论证思辨性教学新探［J］.语文月刊，2018（6）：63–64.

【评价建议】

1. 学生自我评价表

评价项目	评价标准及对应等级表述	评价等级
阅读古今中外论说名篇	A. 有主动阅读古今中外论说名篇的意识，能准确理解作者观点，并进行辩证评价，能运用详尽的思维导图还原作品的论证思路，能对作品的论辩艺术进行多角度、个性化的鉴赏与解读。 B. 愿意阅读古今中外论说名篇，能较为准确理解作者观点，并进行评价，能运用思维导图还原作品的论证思路，能对作品的论辩艺术进行鉴赏与解读。 C. 能够阅读古今中外论说名篇，能基本理解作者观点，能运用简单的语言描述作品的论证思路，能初步理解作品的论辩艺术。 D. 不会主动阅读古今中外论说名篇，不能理解作者观点和作品的论证思路	
阅读近期重要时事评论	A. 能根据近期社会热点，筛选重要的时事评论并深入阅读，会持续关注事件后续发展及相关评论，能准确理解作者观点，并进行辩证评价，能运用详尽的思维导图还原作品的论证思路，能对作品的论辩艺术进行多角度、个性化的鉴赏与解读。 B. 会主动阅读近期重要的时事评论，能较为准确理解作者观点，并进行评价，能运用思维导图还原作品的论证思路，能对作品的论辩艺术进行鉴赏与解读。 C. 能够阅读近期重要的时事评论，能基本理解作者观点，能运用简单的语言描述作品的论证思路，能初步理解作品的论辩艺术。 D. 不会主动阅读近期重要的时事评论，不能理解作者观点和作品的论证思路	
学习表达阐发个人观点	A. 能清楚认识到优秀论说作品在论点、论证、论据等多方面的优点，有强烈的借鉴意愿，并在表达阐发个人观点时主动模仿，持续改进。 B. 能认识到优秀论说作品在论点、论证、论据等多方面的优点，愿意进行模仿，并在表达阐发个人观点时主动模仿	

续表

评价项目	评价标准及对应等级表述	评价等级
学习表达阐发个人观点	C. 能初步认识到优秀论说作品在论点、论证、论据等多方面的优点，但模仿意愿不强，不会在表达阐发个人观点时主动模仿。 D. 不能认识到优秀论说作品在论点、论证、论据等多方面的优点，不会在表达阐发个人观点时进行模仿	
开展讨论、辩论等活动	A. 主动担任讨论、辩论等活动的组织者，全程积极参与活动，阐发个人观点时能做到观点明确、逻辑清晰、论据充分，能辩证评价他人观点，辩驳有理有节。 B. 主动参与讨论、辩论等活动，阐发个人观点时能做到观点较明确、逻辑较清晰、论据较充分，能评价他人观点并进行辩驳。 C. 被动参与讨论、辩论等活动，阐发个人观点时能做到观点较明确，但不能辩驳他人观点。 D. 基本不参与讨论、辩论等活动，不阐发个人观点，也不评论他人观点	

2. 教师评价表

评价项目	评价标准及对应等级表述	评价等级
阅读古今中外论说名篇	A. 能用简洁清晰的语言或详尽的导图描述古今中外论说名篇作品的论证思路，能准确提炼和说出作品的核心论点，并结合个人生活体验对其进行辩证评价，能以具体作品为例对其论辩艺术进行简要赏析。 B. 能用清晰的语言或导图描述古今中外论说名篇作品的论证思路，能准确提炼作品的核心论点，并进行辩证评价，能对作品的论辩艺术进行简要赏析。 C. 能模糊地描述古今中外论说名篇作品的论证思路，能模糊地说出作品的核心论点，能对作品的论辩艺术的某些方面进行欣赏。 D. 几乎不能描述古今中外论说名篇作品的论证思路，不能找出作品的核心论点	

评价项目	评价标准及对应等级表述	评价等级
阅读近期重要时事评论	A. 能用简洁清晰的语言或详尽的导图描述近期重要时事评论的论证思路，能准确提炼和说出作品的核心论点，并结合具体事件对其进行辩证评价，能以具体作品为例对其论辩艺术进行简要赏析。 B. 能用清晰的语言或导图描述近期重要时事评论的论证思路，能准确提炼作品的核心论点，并进行辩证评价，能对作品的论辩艺术进行简要赏析。 C. 能模糊地描述近期重要时事评论的论证思路，能模糊地说出作品的核心论点，能对作品的论辩艺术的某些方面进行欣赏。 D. 几乎不能描述近期重要时事评论的论证思路，不能找出作品的核心论点	
学习表达阐发个人观点	A. 能用简洁准确的语言对优秀论说作品进行多方面的分析和鉴赏，并从论点、论证、论据等方面对其进行高质量地仿写，能在表达阐发个人观点时将优秀论说作品作为素材使用。 B. 能对优秀论说作品进行多方面的分析和鉴赏，并从论点、论证、论据等方面对其进行仿写，能在表达阐发个人观点时借用优秀论说作品的相关素材。 C. 能对优秀论说作品进行分析和鉴赏，并对其进行仿写，能在表达阐发个人观点时套用优秀论说作品的部分素材。 D. 不能对优秀论说作品进行分析和鉴赏，不能在表达阐发个人观点时联系优秀的论说作品	
参与讨论、辩论等活动	A. 参与讨论、辩论时，观点正确、鲜明、深刻，论证思路清晰，能运用多种论证方法，辩驳准确有力，不失风度。 B. 参与讨论、辩论时，观点正确、鲜明、论证思路较清晰，能运用论证方法，辩驳准确有力。 C. 参与讨论、辩论时，观点正确，论证思路不清晰，不能主动运用论证方法，辩驳乏力。 D. 参与讨论、辩论时，观点不正确，思路混乱，无论证方法，不会辩驳	

八、实用性阅读与交流

【教学目标与重点解析】

本任务群旨在引导学生学习当代社会生活中的实用性语文，包括实用性文本的独立阅读与理解，日常社会生活需要的口头与书面的表达交流。通过本任务群的学习，丰富学生的生活经历和情感体验，提高阅读与表达交流的水平，增强适应社会、服务社会的能力。

"实用性阅读与交流"是高中语文教学的重要内容。这是课程改革引导学生不只埋首书本更要关注社会和时代，在生活中学语文、用语文的具体体现。强化"实用性阅读与交流"教学，不仅是全面深化课程改革的需要，更是激励学生具备开阔的眼界与胸怀，促进学生全面发展，以迎接未来智能化信息化社会挑战的需要。具体而言，在"实用性阅读与交流"任务群的学习中，能增强学生关注现实的时代意识，学习规范简明的语言艺术，了解科学实用的百科知识，提升科学严谨的思维能力，培养踏实负责的人生态度等。孔庆东曾说："实用有效，是现代语文功能的核心。""实用性阅读与交流"要紧扣"实用"二字，在语文实践中引导学生用语文知识、语文活动来解决实际问题，在具体的语文活动实践中去增长能力，从而达到"有效"的目的。

简言之，"实用性阅读与交流"任务群，其教学目标应直接指向"实用"：一要"会读"，二要"能说能写"。而达成"实用"目的的重要方法，则是"实践"。

【教学内容解析与建议】

1. 学习多角度观察社会生活，掌握当代社会常用的实用文本，善于学习并运用新的表达方式。"语文学习的外延和生活相等"，这句话在"实用性阅读与交流"任务群中体现得更为直接。象牙塔中的学生们，如何才能对日常生活、工作中常用到的"实用性文本"有直观、清楚的认识呢？必须从对社会生活的多角度观察开始，多读多看，继以思考探究，才能实践运用。

2. 学习运用简明生动的语言，介绍比较复杂的事物，说明比较复杂的事理。实用性文本语言的总体要求是庄重、平实、明确、简明、得体。这和学生平常接触较多的文学性文本语言有很大不同。但实用性文本的语言简则简矣，却容易枯燥。要做到语言既简明又生动，是需要开动脑筋、摸索方法的。同时，言语虽简明，但其中介绍的事物、事理，却很可能是复杂的。如何深入浅出地进行介绍，以便于工作与生活，是这类文体有别于其他文体的地方。所以，在"实用性阅读和交流"任务群的教学中，务必要兼顾语言上的简明生动和内容上的深入浅出。

3. 具体学习内容，可选择社会交往类的，如会谈、谈判、讨论及其纪要，活动策划书、计划、制度等常见文书，应聘面试的应对，面向大众的演讲、陈述和致辞；也可选择新闻传媒类的，如新闻、通讯、调查、访谈、述评，主持、电视演讲与讨论，网络新文体（包括复杂的非连续性文本）；还可选择知识性读物类的，如复杂的说明文、科普读物、社会科学通俗读物等。①这里的三类具体学习内容，又包含无数小的具体形式，呈现出庞杂繁多的特点。教学中建议采用精读与泛读相结合的方法。一方面，可以让学生广泛了解，自主泛读；另一方面，在教师的引导下，学生可以有选择地精读，集中精力学习并掌握其中几类常见常用的实用性文本体裁。

【教学建议】

课程标准建议：本任务群为 1 学分，18 课时。可设置 5 个左右的专题，每个专题 3～4 课时。在专题设置中，要紧跟时代步伐，大胆地把当下新鲜的素材纳入"实用性阅读与交流"任务群的学习中，为教学内容注入新鲜血液。

"实用性阅读与交流"的重要性毋庸置疑，但其教学现状令人担忧，主要问题有二：其一，教师重刷题轻课文。以部编语文教材为例，必修《喜看稻菽千重浪——记首届国家最高科技奖获得者袁隆平》《心有一团火，温暖众人心》《"探界者"钟扬》《在〈人民报〉创刊纪念会上的演说》《在马克思墓前的讲话》选择性必修《县委书记的榜样——焦裕禄》《在民族复兴的历史丰碑上——2020 中国抗疫记》《实践是检验真理的唯一标准》《别了，"不列颠尼亚"》等，不少文章不仅学生陌生，教师也不熟悉。必修教材中的篇目尚能进行教学，选择性必修教材中的篇目，多数教师教学时选择放弃，没有引导学生学习。其二，教师重文字轻活动。无论是学习课文，还是刷题，之前的"实用性阅读与交流"的教学，始终停留在"文字"层面，教学形式保守而单调，略等于"纸上谈兵"。实际上，"实用性阅读与交流"是与现实联系最紧密的任务群之一，是鲜活且灵动的。教师需要大胆、积极地变革教学形式与内容，走出当下的教学困境。

新版课程标准明确提示我们："教学以社会情境中的学生探究性学习活动为主，合理安排阅读、调查、讨论、口语交际等活动。"这与之前提到的"实用""实践"一致，评价时要关注实践、实用要求，要在活动中评价，在评价中活动。新版课程标准同时指出，"实践"的具体方式是各种各样的语文学习"活动"，而活动的主要开展方式则是学生的"自主探究"，回应了"教学形式"变革的问题。

专题策划示例如表 3-6。

---

① 中华人民共和国教育部.普通高中语文课程标准：2017 年版 2020 年修订 [M].北京：人民教育出版社，2020：20.

表 3-6　实用性阅读与交流任务群专题

专题内容	专题示例
社会交往类	专题一：演讲。"介绍你自己"——迈入高中，来到新学校新班级，如何在三分钟内向大家做自我介绍，让别人了解自己 专题二：写作点评。"为你盖楼"——让写作不再局限于"生写师评"，借用当下流行的"贴吧"模式，积极开展学生间的写作互评，以激发学生们的写作热情；并且摸索写出优质"点评"或"贴子"的技巧 专题三：活动策划。"人间四月天·我们的戏剧节"——高二戏剧单元学习结束，尝试策划年级的戏剧节展演，并对展演节目和展演情况进行推介 专题四：面试。"脱颖而出赢自招"——高三升学在即，面对各高校的自主招生，如何从容地参加面试，从千万人中脱颖而出
新闻传媒类	专题一："向你推荐（报纸／网站／电视栏目）"——随着传统文化的升温，高质量文化类电视节目迎来收视热潮。"中国诗词大会""见字如面""朗读者"……选择其一，分析研究，用 PPT 推荐研究结果 专题二："热点大家看"——进入信息爆炸的时代，新闻可以一夜之间铺天盖地，如丽江游客被毁容、博士高铁霸座等。当前，如何树立正确三观、形成正确的舆论导向？如"疫情防控""人工智能""短视频"等新生事物层出不穷，如何看待利与弊等
知识性读物类	专题一："阅读：走进科普世界"——自主选择一部介绍最新科普的作品或流行的社会科学通俗作品阅读研习

【案例】

为你盖楼——让我们共同点燃写作的激情①

　　该案例是成都市石室中学张琳老师的一篇教学反思。张琳老师在作文教学中，积极推进"为你盖楼"活动，用"师生、生生同写互评"的方式，不断激发学生的写作热情；同时在作文的互写互评中，让学生们积极探究"作文点评"实用类文体的写作方式，以及优化文章写作的有效途径。

　　这是我执教高中 2015 级 13 班时开始做的事。

　　事情的缘起，是学生们的写作困境。多数学生反感写作，下笔就是胡编乱造东拼西凑，自己写的文章自己都不愿意看，自然也难以打动他人。再深入了解，发现学生首先反感的是考场作文、应试作文。他们认为这类作文题目完全不能激发他们的写作兴趣，因为不想写又必须写，所以只好胡编乱造

---

　　①　案例来源：成都市石室中学张琳。

一通交差了事。

阅读、写作，是语文学习的两大主题。学生反感写作——作为语文老师，已经感觉到失去了自己工作的半壁江山了。怎么改变这一现状，让学生们能重拾写作激情呢？

改变现状的措施其实相当简单，就两步。

1. 减少应试作文练习，增加自由创作。所谓"自由创作"，就是让学生自己掌握写作的主动权，主题自定，长短体裁自定。此举的目的，是让学生不反感写作。

2. 完成写作后，教师、学生都用"盖楼"的方式在文章后留下自己的阅读感受。当时贴吧流行，用看似随意的"盖楼"代替教师以往四平八稳的评价，更能发动同学们共读共聊。此举的目的是调动写作激情，让学生相互影响和带动。

怎样才能让同学们更主动、积极地投身于"共写共读共聊"的写作活动当中呢？首先我想到的是：第一，学生榜样，力量无穷；第二，老师带头，以写促写；第三，侧重共情，以情动人。

如高一上学期的期中考试，作文题是写人叙事类命题作文《不能没有你》。评卷之前，我也以传记文体写了一篇同题作文，怀念我的外公外婆，写完读给学生听。之后，学生们主动为我盖楼，时间持续一周。我的文章一页半纸，学生们却为我盖了十页纸的楼。至今，我还保存着。在此，仅截取片段。

1L：沙发是我的了！听张老师念文章的时候，已经忍不住流下泪来。没想到有幸见到语文老师文笔，一上来就如此感人。

2L：我读过许多名家写的关于亲人去世的文章，语调总是分外沉重、呆滞。而张老师这篇文章看似波澜不惊，却在怀念中充满关于人生的思考。在此，推荐龙应台《目送》文集里的最后一篇，个人感触亦是极深。（下来查阅，篇名原来是《魂归》）

3L：文中的"外公"就像我的祖父一样，爱看且只看新闻联播和天气预报，执着关心国家大事。听此篇，感觉在听我自家的故事。

4L：我要平地另起一片瓦。老实说，一直极度反感应试作文。张老师的这一篇，却本来就是因应试而写成的完美应试范文。不过，奇怪的是，在满足了考试要求的同时，字里行间的真情也清晰可见——以上所述绝非吹捧，实在是令我产生共鸣，感触良多。

5L：时间是最伟大的治愈师。

6L：相信会有这样一天，我们能伸手触碰自己的伤痕，又欢喜又骄傲，说："看啊，这是我最宝贵的勋章！"

7L：张爱玲说，我们总爱说，"我永远和你不分开""一直同你在一起"——好像我们自己能做得了主似的。可是比起自然的力量，我们是多么渺小。

8L：谢谢您忍痛写下这篇文章，带给我们感动与温暖。

9L："失去后才懂得"，原来，是人生至痛。

10L：很荣幸，很荣幸，能听到张老师亲自念出那篇文章。那时我一边用手遮住泪眼蒙胧的眼，一边竖着耳朵怕听漏了什么，张老师一字一句地念，我也就一字一句地听。很喜欢题记，很喜欢后记，也很喜欢中间每一段被套在看似八股的格式下深沉的情意。"开头太长，太重，还不是写外公的。可是，舍不得删掉，没为老外婆写点什么啊，就让她在这里靠一靠吧；何况还是那样的一抹亮色。"后来再去翻张老师的日志的时候，翻来覆去地读这一句话，没有理由的喜欢。开头那段近似俏皮的，甚至说是引人发笑的文字里，我却分明读到了心酸的苦楚。

11L：很庆幸能在高中遇到张老师。我很认真很认真地翻了张老师的日志，发现张老师是一个各种爷们儿气概的人！但是又很细腻！甚至萌生了以后当语文老师的念头，可以和学生们交流自己喜欢的东西，可以看学生写的文字，可以有大把大把的时间看自己喜欢的书。于是自己的理想一点都不需要太远大，觉得张老师这样的生活，蛮好的。

……

"为你盖楼"活动就这样在一来一往中轰轰烈烈开展起来。

让学生们随心所欲地盖楼，老师要敢于放手。这一"放"的好处在于，让学生彻底消除对写作的抗拒，而激发出愿意读愿意写的冲动来。

随后，我们可以有选择地引导学生们细读彼此码出来的"高楼"，继而借由"高楼"的评价再回看作文，此之谓"收"。在老师的引导下，他们又以小组为单位，钻研原文和评论，自定主题，自主探究，去努力发现并心悦诚服地接受了不少写作规律。如就我的下水作文《不能没有你》及其学生点评，有小组着手探究"应试写作"和"自由创作"的共通之法。学生们认识到好的文章都必须兼具内容、形式的双重之美：内容上，要守住"真善美""以我手写我心"的总原则；形式上，句式、语言的打磨当然是为了更充分地表情达意的需要。从此，学生心中人为地为"应试作文"和"自由创作"所划出的鸿沟不复存在，对文章工整的结构模式与句式特征的反感得以消除。

有小组更尝试小结"点评"的写作方式。将"点评"大致分为感悟型、评价型两大类，前者侧重情感体悟，可以由"情"延伸开去，联想到相关人事，以叙事抒情为主；后者侧重对文章本身的评价，可能涉及选材、结构、语言、技巧等方面，更趋于理性。在优秀点评的共性分析中，大家还得出了写作点评的一般性技巧：① 切口要小，忌面面俱到；② 宜用总分形式，让点评清晰明了；③ 宜用整句，令语言掷地有声；④ 宜引用，增加文化底蕴……

以评促写，再因写促评。"为你盖楼"活动，在全员参与、分组合作中向前推进着。所幸，学生一直以饱满的热情投入其中，无论是一般性作文的写作还是点评，这类实用性文体的阅读与交流方式，都会使学生终有所获。

【评价建议】

1. 学生自我评价、互相评价表

评价 类别	评价项目	评价标准及对应等级表述	评价等级 （本人）	评价等级 （同学）
实用文 章阅读	理解认知 提取信息 鉴赏评价	A. 我积极了解实用类文本的文体知识，对文本内容、语言、结构、作者态度等有全面而准确的把握；能快速准确定位信息，并作出相应判断；能客观评价文本，对文本的表现手法、表达方式等进行鉴赏，同时能由此关照实际生活。 B. 我了解部分实用类文本的文体知识，对文本内容、语言、结构、作者态度等有全面而准确的把握；能准确定位信息，并作出相应判断；能基本客观评价文本，对文本的表现手法、表达方式等有一定鉴赏能力，同时能由此关照实际生活。 C. 我缺乏对实用类文本的文体知识的了解，但对文本内容、语言、结构、作者态度等有一定的把握；基本能锁定信息；基本上能客观评价文本，对文本的表现手法、表达方式等进行鉴赏的能力偏弱，有时能由此关照实际生活。 D. 我缺乏对实用类文本的文体知识的了解，难以准确把握文本内容、语言、结构、作者态度等信息；定位信息不够精准、全面，整合信息能力欠缺，无法对文本的表现手法、表达方式等进行鉴赏，难以由此关照实际生活		
实用口 语交际	听的能力 说的能力 参与意识 策略方法	A. 我能准确领会对方意旨，并迅速抓住对方话语的关键信息形成自己的观点；语言文明得体，能清晰准确地表达自己的态度；能积极与人沟通，且选择恰当的沟通策略与方法。 B. 我能较为准确地领会对方意旨，并抓住对方话语的关键信息形成自己的观点；语言基本得体，可以清晰地表达自己的态度；能与人沟通，且选择比较恰当的沟通策略与方法。		

续表

评价类别	评价项目	评价标准及对应等级表述	评价等级（本人）	评价等级（同学）
实用口语交际	听的能力 说的能力 参与意识 策略方法	C. 我基本上能领会对方意旨，但抓住对方话语的关键信息形成自己的观点稍有困难；语言基本得体，可以清晰地表达自己的态度；与人沟通能力较弱，无意识选择沟通策略与方法。 D. 我基本上能领会对方意旨，但抓住对方话语的关键信息形成自己的观点相当困难；难以用文明得体的语言清晰地表达自己的态度；害怕、抗拒与人沟通		
实用文体写作	写作内容 写作语言 写作结构	A. 我的文章中心明确，文体格式规范；语言准确得体，行文流畅；谋篇布局恰切，结构清晰。 B. 我的文章中心比较明确，文体格式比较规范；语言基本得体，结构较为清晰。 C. 我的文章中心比较明确，文体格式不够规范；语言基本得体，结构较为清晰。 D. 我的文章中心含混，欠缺文体格式规范；语言表达不够清楚流畅；结构有待完善清晰		

2. 教师评价表

评价类别	评价项目	评价标准及对应等级表述	评价等级
实用文章阅读	理解认知 提取信息 鉴赏评价	A. 学生积极了解实用类文本的文体知识，对文本内容、语言、结构、作者态度等有全面而准确的把握；能快速准确定位信息，并作出相应判断；能客观评价文本，对文本的表现手法、表达方式等进行鉴赏，同时能由此关照实际生活。 B. 学生了解部分实用类文本的文体知识，对文本内容、语言、结构、作者态度等有全面而准确的把握；能准确定位信息，并作出相应判断；能基本客观评价文本，对文本的表现手法、表达方式等有一定鉴赏能力，同时能由此关照实际生活。	

续表

评价类别	评价项目	评价标准及对应等级表述	评价等级
实用文章阅读	理解认知 提取信息 鉴赏评价	C. 学生缺乏对实用类文本的文体知识的了解，但对文本内容、语言、结构、作者态度等有一定的把握；基本能锁定信息；基本上能客观评价文本，对文本的表现手法、表达方式等进行鉴赏的能力偏弱，有时能由此关照实际生活。 D. 学生缺乏对实用类文本的文体知识的了解，难以准确把握文本内容、语言、结构、作者态度等信息；定位信息不够精准、全面，整合信息能力欠缺，无法对文本的表现手法、表达方式等进行鉴赏，难以由此关照实际生活	
实用口语交际	听的能力 说的能力 参与意识 策略方法	A. 学生能准确领会对方意旨，并迅速抓住对方话语的关键信息形成自己的观点；语言文明得体，能清晰准确地表达自己的态度；能积极与人沟通，且选择恰当的沟通策略与方法。 B. 学生能较为准确地领会对方意旨，并抓住对方话语的关键信息形成自己的观点；语言基本得体，可以清晰地表达自己的态度；能与人沟通，且选择比较恰当的沟通策略与方法。 C. 学生基本上能领会对方意旨，但抓住对方话语的关键信息形成自己的观点稍有困难；语言基本得体，可以清晰地表达自己的态度；与人沟通能力较弱，无意识选择沟通策略与方法。 D. 学生基本上能领会对方意旨，但抓住对方话语的关键信息形成自己的观点相当困难；难以用文明得体的语言清晰地表达自己的态度；害怕、抗拒与人沟通	
实用文体写作	写作内容 写作语言 写作结构	A. 学生的文章中心明确，文体格式规范；语言准确得体，行文流畅；谋篇布局恰切，结构清晰。 B. 学生的文章中心比较明确，文体格式比较规范；语言基本得体，结构较为清晰。 C. 学生的文章中心比较明确，文体格式不够规范；语言基本得体，结构较为清晰。 D. 学生的文章中心含混，欠缺文体格式规范；语言表达不够清楚流畅；结构有待完善清晰	

思考与讨论：

1. 核心素养导向的教学内容、方法与评价的确定思路是什么？

2. 必修课程的学习任务群的教学内容、教学方法与评价设计和传统语文教学有何区别？

第四章 核心素养导向的选择性必修及选修课程教、学、评一体化建设

　　必修课程中设置的 7 个学习任务群，有选择性地延伸到了选择性必修课程和选修课程两个模块中，形成了任务群学习的发展阶梯。在教学实践中，要将同一专题的学习任务群贯通考虑，才能在不同课程模块中去深化和巩固。由于这些学习任务群的教学目标、内容、策略与评价等的一体化建设思路基本一致，本章不再赘述。综合选择性必修课程和选修课程设置的学习任务群，除去重合部分，还有"中华传统文化经典研习""中国革命传统作品研习""外国作家作品研习"等学习任务群需要强化教、学、评一体化建设任务。为此，本章将对这些学习任务群的教、学、评一体化建设思路与策略逐一进行阐释。

一、中华传统文化经典研习

【教学目标与重点解析】

经典是指在文化起源和发展过程中形成的，经过历史筛选而沉淀下来的最有价值的文化精髓，是反映人类智慧与情感的代表性作品。"中华传统经典"则是中华民族历代流传下来的，经过时间考验、具有永恒魅力、具有广泛共识性并能够代表中华民族文明程度的典范性文化著作。[①]

新版课程标准在"课程目标"中明确要求："传承中华文化。通过学习运用祖国语言文字，体会中华文化的博大精深、源远流长，体会中华文化的核心思想理念和人文精神，增强文化自信，理解、认同、热爱中华文化，继承、弘扬中华优秀传统文化和革命文化。"经典文化是社会主义精神文明的有益组成部分。作为年轻学子，多读人文经典，接受中华传统优秀文化的洗礼，让文化经典与自己终身相伴，把自己培养成一个高尚的和谐发展的人，这是本学习任务群的目标和重点。

【教学内容解析与建议】

1. 选择中国文化史上不同时期、不同类型的一些代表性作品进行精读，体会其精神内涵、审美追求和文化价值。在教学过程中，所选的作品应是能涵盖具有重要影响的各思想流派的代表作品，或能反映该流派核心思想的代表性篇目，从而让学生对整个中国传统文化思想及其发展脉络有一个宏观上的整体认识，然后在思维、审美和文化三个方面确定精读的内容与任务。

2. 在特定的社会文化场景中考察传统文化经典作品，以客观、科学、礼敬的态度，认识作品对中国文化发展的贡献。经典作品的创作时代距今久远，创作背景与当下差异较大，客观上为学生阅读造成了困难。所以学生在研习经典时要做到"知人论世"，能参考相关的历史文化知识，在特定的宏观语境中客观、准确解读经典作品，避免主观臆断和片面认知造成误读。另外，古代作品往往受时代和认知的局限，这就需要引导学生学会以批判的眼光辩证地看待，对于其中不是十分先进和正确的观点，应以历史的眼光认识其价值，正确认识经典作品的价值，而不是一味"以今度古"。

3. 梳理所学作品中常见的文言实词、虚词、特殊句式和文化常识，注意古今语言的异同。这是对核心素养中"语言建构与运用"的强调。新版课程标准中指出："语言建构与运用是语文学科核心素养的基础。"而其他三

---

① 戴微.中学语文开展中华传统经典诵读的价值及途径研究［D］.重庆：西南大学，2010.

方面的素养，都是以语言建构与运用为基础，并在学生个体言语经验发展过程中得以实现的。传统文化经典以文言文为语言载体，对学生而言难度较大，所以更需要教师在教学过程中引导学生自主梳理和积累，养成良好的语言学习习惯。

4. 阅读作品应写出内容提要和阅读感受。选择一部（篇）作品，从一个或多个角度讨论分析，撰写评论。这既是阅读文化经典的目的也是手段。撰写内容提要训练了学生的概括能力，并促使学生对阅读内容进行宏观的把握和梳理，不至于只见树木不见森林；撰写阅读感受则促进学生结合生活体悟，思考文化经典中传达的思想，实际上完成了经典文本的现代意义重构。同时，以现代知识体系审视传统文化经典，往往具有文学、哲学、史学、科学等不同领域的多元的价值。所以，培养学生从多个角度审视传统文化经典的思维习惯就显得非常必要。

5. 学习传统文化经典作品的表达艺术，提高自己的写作水平。这就要求在教学中"以读促写，读写结合"。传统文化经典在逻辑思辨、章法安排上的匠心独运、别出心裁，在语言运用上的形象生动、言简意赅，有着现代汉语无法替代的特质，能够成为学生写作的优质范例。[1] 深入研习传统文化经典的表达艺术，能够为学生写作能力的提升开辟新的维度和方向。同时，这种"以读促写"的教学方式能够产生"以写促读"的效果。

【教学建议】

课程标准建议：本任务群为 2 学分，36 课时。

专题策划示例如表 4-1。

表 4-1　中华传统文化经典研习任务群专题

专题	精读篇目推荐	建议课时
研习入门	朱自清《经典常谈》导读	2 课时
儒家文化经典研习	《四书》选读	8 课时
道家文化经典研习	《老子》《庄子》选读	8 课时
传统史学文化经典研习	《史记》《汉书》比较选读	6 课时
传统文学文化经典研习	《诗经》《楚辞》《古文观止》选读	8 课时
传统科学文化经典研习	《水经注》《天工开物》选读	4 课时

---

[1]　孟凡杰.高中文言文读写结合教学模式初探［D］.福州：福建师范大学，2014.

教学时要综合运用诵读、梳理、讨论、习作等多种方式开展活动，将评价贯穿其中。教师的主要任务：一是为学生自主学习和语言积累提供方法指导；二是提供和选择相关的辅助材料（包括历史背景资料、现代学者的相关解说和研究资料等），帮助学生更好地理解精读内容；三是结合学生阅读实际和阅读材料内容，提出有价值的问题供学生思考和研讨，并在疑难点处做出点拨。

【案例】

寓真于诞，寓实于玄——《庄子》阅读活动①

一、问题聚焦

《庄子》阅读活动的设计，既有宏观审视又有细节精读，既有内容点拨又有方法指导，综合了诵读、梳理、讨论、习作等多种活动方式，且很好地引导学生从多个角度对文化经典的价值进行了挖掘和思考，读写结合，形式多样，非常切合课程标准对中华传统文化经典研习学习任务群的教学要求。

二、活动设计

（一）活动一：掌握阅读《庄子》的方法——合并同类项读书法

《庄子》一书，内容浩繁，思想深邃，如果缺乏合适的阅读方法，将会极大地影响阅读效果。为激发学生持续的阅读兴趣，培养学生持久的探索精神，首先需要介绍阅读的方法。所谓"合并同类项读书法"，就是将书中相近、相关的内容进行归类、类比，然后综合考察材料背后所蕴含的意义价值的一种读书方法。此课时通过运用这一读书法整理分析《庄子》中的职业信息。

1. 筛选：职场大看台

在全书中搜查涉及职业的有关材料。为提高效率，可采用"分组包干"形式，让每一组学生从指定的篇目中查找相应的材料。

2. 概括：行行出状元

概括书中出现的"职业达人"的特点。

3. 讨论："边角料"的全息性

文中出现的百工职业信息，是《庄子》整部著作中微不足道的行文"边角料"，但这些不起眼的文字，蕴含了丰富的文学、文化、哲学信息，你能从中得出怎样的结论？

设计解读：此活动体现了"写出内容提要和阅读感受"的学习内容建议，为解读经典作品创设了具体场景和任务，因为"职业"元素贯穿了《庄子》全书，故合并同类项读书法，很大程度上实现了对全书的提纲挈领，而通过对书中职业选择原则和职业特点呈现的讨论，又可以引导学生对其中的文化信息进行认识和探究。

---

① 案例来源：胡勤。

（二）活动二：是真是假——赏析《庄子》中的"概念式"人物形象

庄子为了阐述其思想。塑造了一批以抽象的概念命名的人物形象，如天根、倏、忽、混沌等。他将这些概念人性化，传达关于"道"的思想。

1. 筛选：千奇百怪的名字

采用"分组包干"的形式，每一组学生从指定的篇目中搜查《庄子》中涉及的概念式人物的有关材料。

2. 研读：此中有真意

此类人物的命名体现出庄子对"道"的解读。结合相关注释、资料，探讨这些名字的寓意及相关的哲学命题。

设计解读："道"是《庄子》一书的核心思想，此活动以"人物"为阅读抓手，很好地实现了引导学生"探究经典作品精神内涵、审美追求和文化价值"的目标。而借由对这一核心概念的界定与讨论，引导学生以辩证、科学、客观的态度，结合历史背景认识经典作品的历史价值并以发展的眼光审视其当代价值。

（三）活动三：孰优孰劣——赏析《庄子》的语言特色

1. 吟诵之美

全班分四个小组，每组摘选两三个或极富语言张力，或具有画面感，或饱含深厚哲理，或声调和谐的片段（如《齐物论》描写大风的场景，《逍遥游》开篇描绘大鹏飞天的画面，《养生主》中庖丁解牛结尾深刻的解说等）加以适当改编，采用单人诵读、双人对话。对《庄子》原文进行活灵活现的演绎。全组配合，可借力音乐、舞蹈等多种形式。

2. 表达之丰

（1）诗歌的语言

《庄子》的语言如行云流水，汪洋恣肆，跌宕起伏，节奏鲜明，音调和谐，具有诗歌语言的特点。如《齐物论》写大风的文字，既有赋的铺陈，又有诗的节奏，长短结合、散韵结合的语言形式富于变化，浓厚的抒情色彩让庄子的哲学充满诗意。选取与此类似的文本片段，进行点评式的赏析与交流。

（2）故事的语言

《庄子》的哲理散文以其丰富的语言和奇特的想象，构成了恢宏瑰丽的艺术境界。请从寓言故事的语言风格入手，感受庄子奇特的想象、丰富的比喻和大胆的夸张。如《逍遥游》写大鹏鸟的由来，《外物》写任公子钓大鱼的故事。

（3）逻辑的语言

和先秦其他诸子说理文一样，《庄子》中的文章是哲理散文，属于议论。摘选论辩性文字，品鉴庄子说理语言的风格。

设计解读：此活动聚焦于经典作品的语言艺术，紧扣"学习传统文化经典作品的表达艺术"，着眼于借助吟诵等方式，引导学生从"叙述""逻辑"等多个角度对经典作品的表达艺术进行探究，不仅为学生进一步开展写作实践奠定了基础，也在"点评""赏析"等活动中兼顾了"写出阅读感受"的要求。

（四）活动四：思想聚焦——《逍遥游》与《齐物论》精读研讨

《庄子》一书体量巨大。一是不可能逐篇逐句进行精读，二是其篇目虽冗杂但核心思想清晰明了。所以此处选择最能反映全书哲学思想的《逍遥游》和《齐物论》两篇进行精读。学生先借助工具书及《庄子》相关注本完成初步阅读，教师指导学生对阅读过程中遇到的生字词进行梳理和积累，并收集学生阅读过程中产生的问题，然后结合相关问题组织课堂讨论。

1.《逍遥游》与无所待

（1）由困惑引发的一场辩论：鲲鹏与"二虫"谁是逍遥的？

全班分为两个阵营，各派四名同学出战辩论，老师担任主持兼点评嘉宾。

（2）换种提法再思考：鲲鹏与"二虫"谁更接近庄子的"逍遥"呢？

2.《齐物论》与超越

（1）概括万物不齐的原因。

（2）讨论庄子实现超越的途径。

设计解读：此活动以"精读"这一阅读教学形式很好融合了"探究经典作品精神内涵、审美追求和文化价值"和"语言梳理"的任务建议。"精读"的基本要求首先是对经典作品的语义做细致的梳理和探究，在此基础上，才能对全书核心篇目的中心思想有切实、有意义的讨论和准确、深入的理解。

（五）活动五：亦古亦今——寻找价值

在前面学习的基础上，结合社会现实，谈谈庄子思想中的某一点对现代人的启示。比如超越功利的交往，开阔胸襟，实现人格理想的塑造，树立和谐观念，达到自由全面的发展等。学生撰写发言材料，可制作PPT，甚至可以再现故事原文，排练话剧，让理性以感性形式呈现。形式可多样创新，但要求依托文本，引证资料注明出处，观点阐述明确，启示有一定的价值与意义。

设计解读：此活动融合了"探究经典作品精神内涵、审美追求和文化价值"和"写出阅读感受"和"以客观、科学、礼敬的态度认识作品"等任务建议。可以说起到了整合整个学习板块并以具体成果创作驱动学生深入理解作品的作用。而其多样的形式建议也为培养和提升学生多方面思维水平、从根本上提高学生阅读经典作品能力提供了切实的具体路径。

【评价建议】

1. 学生自我评价表

评价项目	评价标准及对应等级表述	评价等级
经典作品精神内涵、审美追求和文化价值探究	A. 我有明确的探究经典作品核心思想、审美取向、文化价值的意识，可以说出多个关键词对其进行概括，并能以丰富的例证分别阐释。 B. 我有探究经典作品核心思想、审美取向、文化价值的意识，可以说出一两个关键词对其进行概括，并能结合感兴趣的内容对其进行阐释。 C. 我有探究经典作品核心思想、审美取向、文化价值的意识，可以说出一两个关键词对其进行概括，但缺乏对其进行阐释的具体例子。 D. 我不知道要探究经典作品核心思想、审美取向、文化价值的意识，不能说出任何关键词对其进行概括	
经典作品古今价值探究与评价	A. 我能举出真实的历史、当代事例说明经典作品的历史价值与当代价值，并能清晰表达。在评价时非常注意以证据证明，力求保持客观态度。 B. 我能以自己虚构的历史、当代事例说明经典作品的历史价值与当代价值，并能清晰表达。在评价时比较注意以证据证明，大部分时候能保持客观态度。 C. 我知道经典作品的历史价值与当代价值有差别，但不能结合具体事例明确说出具体差异。在评价时偶尔能意识到主观色彩过于强烈并能及时对评价予以修正。 D. 我认为经典作品的历史价值与当代价值是一致的，在评价时总是以自己的第一感觉为主导	
经典作品语言现象认识与积累	A. 我有一套适合自己记忆特点和认知特征的、高效的积累记忆方法，有良好的积累习惯，积累过程中总是能发现新知识和旧知识的联系，能自己发现语言现象背后的文化含义。 B. 我有一套适合自己记忆特点和认知特征的、高效的积累记忆方法，有较好的积累习惯，积累过程中偶尔能发现新知识和旧知识的联系，能在教师引导下发现语言现象背后的文化含义。 C. 我有一套比较稳定的、较为有效的积累记忆方法，积累时断时续，积累过程中不常发现新知识和旧知识的联系，知道一些语言现象背后的文化含义。 D. 我没有特别稳定的积累记忆方法，经常是老师提醒了就随意零散积累几条，没有意识到语言现象背后有文化含义	

续表

评价项目	评价标准及对应等级表述	评价等级
经典作品框架建构与评论写作	A. 我能以详细的导图或目录形式再现作品的整体框架，并能说明其内在逻辑；能从多个角度、个性化地评论作品，且能为我的观点举出丰富的例证。 B. 我能以粗略的导图或目录形式再现作品的整体框架，能说出其所围绕的中心；能从至少 2 个角度、较为个性化地评论作品，且能为我的观点举出例证。 C. 我能以连续文字的形式再现作品的整体框架；能在对他人观点的借鉴下从至少 1 个角度评论作品，且能为我的观点举出例证。 D. 我不能再现作品的整体框架；能认可他人对作品的评价，说出其合理性，但自己没什么想法	
经典作品写作特点探究与模仿写作	A. 我能清楚认识到经典作品在立意、结构、语言等多方面的优点，有强烈的模仿意愿，并在写作时从至少 2 个层面进行模仿。 B. 我能较为清楚地认识到经典作品在立意、结构、语言等多方面的优点，有较为强烈的模仿意愿，并在写作时从至少 1 个层面进行模仿。 C. 我能认识到经典作品在立意、结构、语言等至少 1 个方面的优点，有模仿的意识，但感到模仿起来比较困难。 D. 我不确定经典作品在立意、结构、语言等方面是否有优点，没有想过要去模仿	

2. 教师评价表

评价项目	评价标准及对应等级表述	评价等级
经典作品精神内涵、审美追求和文化价值探究	A. 学生能明确且完整说出有关经典作品核心思想、审美取向、文化价值的关键词，并以丰富的具体内容对其分别进行阐释。 B. 学生能较为明确说出大部分有关经典作品核心思想、审美取向、文化价值的关键词，并结合较为丰富的具体内容对其中较为重要的进行阐释。 C. 学生能模糊说出与经典作品核心思想、审美取向、文化价值关键词相关的概念，并结合较为单一的具体内容对其进行阐释。 D. 学生几乎不能说出有关经典作品核心思想、审美取向、文化价值的任何概念，或不能以具体内容对概念进行阐释	

评价项目	评价标准及对应等级表述	评价等级
经典作品古今价值探究与评价	A. 学生能结合真实且具体的文化场景分别对经典作品的历史价值与当代价值进行评价。评价思路体现出严谨、科学的逻辑和客观的态度。 B. 学生能结合虚拟但具体的文化场景分别对经典作品的历史价值与当代价值进行评价。评价思路体现出较为严谨、科学的逻辑和比较客观的态度。 C. 学生能抽象地对经典作品的历史价值与当代价值进行评价。评价思路一定程度体现出逻辑，并能尽量避免偏激和先入为主的态度。 D. 学生不能区分经典作品的历史价值与当代价值。评价思路几乎没有逻辑性，态度比较偏激和先入为主	
经典作品语言现象认识与积累	A. 学生能明确以联系、发展的思路为指导，形成了适合自己记忆特点和认知特征的高效的积累、记忆方法，能经常自主发现语言现象背后的文化含义。 B. 学生能试图以联系、发展的思路为指导，形成了较为适合自己记忆特点和认知特征的比较高效的积累、记忆方法，能偶尔自主发现语言现象背后的文化含义。 C. 学生能偶尔以联系、发展的思路为指导，形成了较为规范、稳定的积累、记忆方法，能理解一些语言现象背后的文化含义。 D. 学生不能以联系、发展的思路为指导，没有形成稳定、规范的积累、记忆方法，不关注语言现象背后的文化含义	
经典作品框架建构与评论写作	A. 学生对经典作品的整体思路框架构建非常清晰，关键观点提取很准确，能从多角度对作品展开有依据的个性化评价。 B. 学生对经典作品的整体思路框架构建较为清晰，关键观点提取比较准确，能从多角度对作品展开个性化评价。 C. 学生对经典作品的整体思路框架构建不够清晰，关键观点提取常有偏差，能从某一角度对作品展开有依据的个性化评价。 D. 学生对经典作品的整体思路框架构建混乱，提取不到关键观点，对作品的评价程式化、套路化	

评价项目	评价标准及对应等级表述	评价等级
经典作品写作特点探究与模仿写作	A. 学生能有效借鉴经典作品在立意、结构、语言等多方面的优点，并在习作中有明确体现。 B. 学生能部分有效借鉴经典作品在立意、结构、语言等一个或几个方面的优点，并在习作中有较为明确的体现。 C. 学生有借鉴经典作品在立意、结构、语言等某个方面优点的意识，但在习作中体现不明显。 D. 学生没有借鉴作品在立意、结构、语言等任何方面优点的意识，在习作中也没有体现	

二、中国革命传统作品研习

【教学目标与重点解析】

中国革命传统作品作为文化的载体，其所承载的主体内容是中国革命文化。中国革命文化作为中华文化的有机组成部分，它的内容贯串必修、选择性必修和选修，中国革命传统作品的学习也同步贯串这三个阶段。新版课程标准设置的 18 个学习任务群中，根据中国革命传统作品专门设置了"中国革命传统作品研习""中国革命传统作品专题研讨"两个学习任务群。

"中国革命传统作品研习""中国革命传统作品专题研讨"这两个学习任务群，从"研习"到"专题研讨"，其表述有了变化。"研习"即"研究学习"，"研讨"即"研究讨论"。"中国革命传统作品研习"是指通过阅读、听讲、思考、研究、实践等途径，获得阅读中国革命传统作品的知识或技能，对中国革命传统的经典作品有透彻的理解。"中国革命传统作品专题研讨"强调在"中国革命传统作品研习"的基础上，选择反映中国革命传统的代表性作品，设置相关研究专题进行深入学习。

"中国革命传统作品研习"旨在阅读和研讨语言典范、论辩深刻、时代精神突出的革命传统作品，深入体会革命志士以及广大群众为民族解放事业英勇奋斗、百折不挠的革命精神和革命人格；学习在社会主义革命、建设、改革过程中涌现的英雄事迹，感受其无私无畏的爱国精神；进一步发展语言运用能力、思维能力和审美鉴赏能力；陶冶性情，坚定志向，形成正确的世界观、人生观和价值观。

本学习任务群重点培养学生阅读中国革命传统作品的兴趣，学会鉴赏不同文体的中国革命传统作品，理解中国革命传统作品的精神内涵，在新的时代背景下传承革命传统，树立理想信念和社会责任感。

【教学内容解析与建议】

1. 诵读革命先辈的名篇诗作，体会崇高的革命情怀。精读反映革命传统的优秀文学作品，特别注意选择反映党领导人民进行革命、建设、改革伟大历程的作品，感受作品中革命志士、英雄人物和劳动模范的艺术形象，弄清作品的时代背景，把握作品的内涵，理解作者的创作意图，获得审美体验。结合自己的生活经验和阅读写作经历，发挥想象，加深对作品的理解，力求有自己的独到认识。陶冶学生性情，坚定社会主义和共产主义的志向，形成正确的世界观、人生观和价值观，是中国革命传统作品研习要实现的重要目标之一，要引导学生品读语言文字，领略革命传统作品的语言美、结构美、形象美、思想美。中国革命传统作品拥有相同的革命精神内核，但不同的作品具有不同的风格和时代背景。研习时要聚焦作品的突出特点，如鲁迅小说的外冷内热，孙犁小说的诗话语言，郭沫若诗歌的自由独白，艾青诗歌的深沉忧郁等，通过学生的潜心研读、感悟联想，内化生成情感，以此增强为中华民族伟大复兴而努力的历史使命感和社会责任感。

2. 阅读阐发革命精神的优秀论文与杂文，特别注意选择具有理论高度和引领作用的论著，分析其中论证的逻辑性和深刻性，体会革命理论著作严密逻辑和崇高精神有机结合的特点，提高理性思维水平。在研习阐发革命精神的优秀论文与杂文时，要从遣词用句的角度体会作品的表意准确，从谋篇布局的角度感受作品的逻辑严密，从主题角度认识作品的思想高远。既要思考作品与作者独特人生经历、创作背景之间的联系，深刻理解作品蕴含的思想价值，还要思考作品对于我们所处时代的意义。灵活运用精读、略读、浏览等阅读方法，从整体上把握文本内容，理清思路，概括要点，理解作品所表达的思想、观点和感情，进而帮助学生实现直觉思维、形象思维、逻辑思维、辩证思维和创造思维的发展，以及深刻性、敏捷性、灵活性、批判性和独创性等思维品质的提升。

3. 阅读关于革命传统的新闻、通讯、报告、演讲、访谈、述评等实用性文体的优秀作品，联系思想实际和亲身见闻，以正确的价值观，深入理解其内容，学习其写作手法。阅读关于革命传统的实用性优秀作品，加强作品内容与学生成长的联系，引导学生以革命英雄人物的经历作为参照，自觉分析和反思自己的成长经历，联系自己的亲身见闻理解作品价值。同时，能准确、迅速地把握作品的主要内容和关键信息，通过梳理和整合，将革命传统的实用性优秀作品的语文知识结构化，掌握不同实用性文体的写法，并能在语言实践中自觉运用，提高语言运用能力。

【教学建议】

课程标准建议：本任务群为 0.5 学分，9 课时。

专题策划示例如表 4-2。

表 4-2　中国革命传统文化研习专题

研习内容	专题示例	学时
反映革命传统的优秀文学作品研习	战争为何有诗意 ——以《白洋淀纪事》为例	3 课时
阐发革命精神的优秀论文与杂文研习	比匕首更锋利的文章 ——以《拿来主义》为例	3 课时
关于革命传统的实用性文体优秀作品研习	真理与死亡的较量 ——以《最后一次演讲》为例	3 课时

1. 在选择阅读和评价材料时，既要关注作品的思想深刻性和语言规范性，又要尽量有针对性，培养学生的语言梳理和建构能力。只有聚焦文本语言，真正深入文本，引领学生品味语言，才能走进英雄人物内心，获得真实的情感体验。同时要开阔视野，努力发掘新的材料，尤其是具有现实意义的新材料，使这一任务群的内容，逐渐丰富起来。由于革命传统作品距离现在生活较为久远，有意识地积累、发掘、选用具有时代性、典型性的新材料，贴近生活，更能加深学生的阅读体验，也拓展了选择性必修学习"面"的广度。

2. 教师应利用多种形式，针对学生思想实际，敏锐发现热门话题，开展研讨活动，增强学生的论辩能力。也可在学生充分发表不同意见的基础上，邀请观点正确、有影响力的专家来指导、答疑或总结，以引导学生形成正确的结论。关于革命传统作品的主题和人物，随着历史变迁和社会发展，人们的认知可能更加多元。因此热门话题的研讨容易和学生的生活产生共鸣，激发学生的学习兴趣。在研讨过程中，聚焦思维差异，开展个性探究，体现出选择性必修课程教学的差异性和层次性，也有利于培养学生的科学思维、文化理解和批判能力。

3. 重视对作品相关背景的深入了解，可通过实地考察、人物访谈等课外活动，获取真实资料，撰写读书笔记，整理采访记录，撰写学习体会和感想，以加深对革命活动背景和英雄人物思想境界的深刻理解。也可与历史课、地理课结合，组织跨学科的学习活动，从不同角度深化学生对革命传统作品的多元理解与认知。积极整合、利用本学校、本地区的特色资源，创设广阔的学习环境，在生活和跨学科中开展学习，不仅可以加深对革命活动背景和英雄人物思想境界的深刻理解，提高思想水平，而且可以在学习和运用的过程中，丰富学生的人生体验，培养学生留心观察社会生活意识，提高学生口头交流、现场记录、文稿整理、理论论证的能力和水平。

【案例】

芦花飘荡苇叶黄——品读孙犁"诗体小说"[①]

孙犁出生在冀中平原，1944年赴延安，在鲁迅艺术文学院学习和工作，发表了著名的《荷花淀》《芦花荡》等短篇小说。孙犁小说的艺术风格清新独特，开启了中国"诗化小说"的先河。孙犁小说是中国革命传统优秀作品的重要组成部分。同是战争题材，孙犁很少描绘血与火，没有曲折的故事情节，没有复杂的战争描写，而是更多地展示战争中人物心灵的美，不仅蕴含丰富的思想教育价值，更具备独特的审美鉴赏价值。

此案例由"忆一忆""比一比""想一想""悟一悟""往深里悟一悟""回到源头读一读"六个研习活动构成，每一个环节紧扣"品读孙犁'诗体小说'"的研习主题，重点突出，焦点明确，活动丰富，而且尊重学生思维发展规律、认知规律，研习环节之间层层深入，前后呼应，体现了教学设计严密的逻辑性。前四个环节为必选项，后两个环节为选做项，体现出选择性必修课程教学的差异性和层次性。以学习任务群推进学习活动，避免了教学活动的烦琐散漫，此案例对我们进行相关任务群的教学做了很好示范。

活动一：忆一忆

在你的印象中，战争小说是什么样的呢？能否列举几部？

学习环节的导入基本原则是服务于教学内容和教学目标。此环节设计简练，不刻意雕琢，体现了整合学习资源的意识。两个问题分别指向学生的阅读感受和阅读积累，重在唤醒学生的阅读经验，激发学生主动参与学习的积极性，在此基础上迅速引导学生进入材料学习的语境，为理解孙犁"诗体小说"独特的语言魅力作了必要铺垫。

活动二：比一比

孙犁的这些"诗体小说"在那个年代恰恰是有关战争的小说，那些与战争有关的场景描摹在孙犁笔下变成了一番怎样的情状？例如，下列的场景有什么特点呢？

此环节精选教学内容、优化教学结构，将研习引向孙犁"诗体小说"场景的总体感知，带动对学习材料全面的理解，研习路线简洁明快，研习关键明了突出。从四个场景的选择上，前两个场景以人物言行为主，后两个场景以环境描写为主，从不同角度表现了孙犁"诗体小说"的审美内涵。案例将两篇代表性作品《荷花淀》《芦花荡》整合在一个学习任务下展开探究，避免了传统单篇教学时常见的学习材料孤立无序、知识点讲解细碎重复的弊端。这样的研习过程不再是以讲解知识点为中心，而是真正关注如何提升发展学生阅读能力。当然，这必须建立在教师认真研读材料、正确把握材料、

---

① 顾乐波.美美与共：跨文化专题研讨［M］.上海：上海教育出版社，2018：3.

创造性使用材料的基础上。

活动三：想一想

你能否用几句话概括孙犁"诗体小说"的特征，并且说明这样概括的理由。

此环节与活动二的联系紧密。如果说活动二是对孙犁"诗体小说"场景的总体感知，活动三则是总体感知上的归纳概括，是在直觉思维、形象思维基础上的逻辑思维、辩证思维和创造思维。活动中提出了两个要求，一是概括孙犁"诗体小说"的特征，二是说明为何这样概括的理由，正契合了新课标在课程目标中提出的"能够辨识、分析、比较、归纳和概括基本的语言现象和文学现象，并能有理有据地表达自己的观点和阐述自己的发现"。

活动四：悟一悟

孙犁的"诗体小说"有描写战争的残酷吗？同学们，努力解读孙犁先生表层语义下深层的语言密码吧！请从"战争元素"的角度为下列的文段作一些批注。

此环节设计巧妙，有一石三鸟的效果。一是表述中"孙犁的'诗体小说'有描写战争的残酷吗""请从'战争元素'的角度"高度聚焦研习主题，学习任务明确，而且语言密码、战争元素等用词具有鲜明的时代感，贴近学生的认知体验；二是"选点品读"深入文本，鼓励学生通过主动发现来高效解读材料，在阅读欣赏的语文实践活动中感受祖国语言文字独特的美，提升语文鉴赏能力和语文素养；三是要求使用"批注"的方法完成学习任务，引导学生在语言实践中掌握学习语文的方法，自觉地运用习得的知识来提高语言运用的能力。

活动五：往深里悟一悟（选做）

孙犁为什么没有在小说里描摹典型的战争场面？他为何这样处理战争小说？课后收集相关资料，就一点把道理说清楚、说完整；或从多个角度归因，结合"诗体小说"特点，写成一篇文艺小短评。

课后收集相关资料是过程方法的指导，学生可以借助工具书、图书馆和网络查找有关资料，拓宽视野，加深对作品的理解。写成文艺小短评是探究成果的体现，实现了与"学术著作专题研讨"任务群彼此之间的渗透融合、衔接延伸。收集相关资料写成文艺小短评的过程实质就是积累整合、筛选提炼、归整分类、解决问题、发现创新的过程。本环节着重解决必选活动遗留的问题，把"诗体小说"探究推向深入，学生自主建构"诗体小说"相关知识，加深对作品创作背景、作者思想境界的深刻理解，同时培养学生文稿整理、问题研究、理论论证的能力和水平，培育学生的科学理性精神。

活动六：回到源头读一读（选做）

让我们再读一读文中诗一样的语言吧！你能否将文中的一些文字，改写成一首小诗？

将小说中的文字改写成小诗，诗歌鲜明的节奏、和谐的韵律，有利于更加强烈地传达作者内心的情感。孙犁的"诗体小说"蕴含了语言美、自然美和人性美，适合"变文为诗"。从诗歌的角度来研读、欣赏孙犁"诗体小说"，能够使学习过程充满情趣，让学生更好地理解孙犁"诗体小说"的特点，获得深刻的审美鉴赏感受。学生多角度选择，个性创作改写，对孙犁"诗体小说"而言常读常新，对学生而言能获得新的体验和发现，享受学习乐趣，提升创造能力。

【评价建议】

1. 学生自我评价表

学习项目	评价标准及对应等级表述	评价等级
反映革命传统的优秀文学作品阅读与探究	A. 我能结合自己的生活经验和阅读写作经历，发挥想象，加深对反映革命传统的优秀文学作品的理解，有自己的独到认识。 B. 我能联系反映革命传统的优秀文学作品的时代背景，把握作品的内涵，理解作者的创作意图，获得审美体验。 C. 我有欣赏反映革命传统的优秀文学作品的兴趣，能整体感受作品的语言、形象和体会崇高的革命情怀。 D. 我有阅读反映革命传统的优秀文学作品的意愿，能基本感受作品中革命志士和英雄人物的艺术形象	
阐发革命精神的优秀论文与杂文的阅读与探究	A. 我能在不同文本或材料之间建立联系，能对文本信息、观点作出自己的判断，能主动查找相关资料支持自己的观点，逻辑清晰地阐明自己的依据。 B. 我能察觉语言言外之意和隐含的情感倾向，清晰地解释文中事实、材料与观点、推断之间的关系，理解论证的逻辑性和深刻性。 C. 我有欣赏阐发革命精神的优秀论文与杂文的兴趣，能发现各部分内容之间的关系，能准确理解并概括其内容、观点和情感倾向。 D. 我有阅读阐发革命精神的优秀论文与杂文的意愿，能区分事实和观点，基本理解并概括其内容、观点和情感倾向	
关于革命传统的实用性文体的阅读与探究	A. 我能从多个角度、多个方面、多途径表达自己的理解和感受，对传统革命文化有深刻理解。 B. 我能熟练进行实用性文体写作，能主动吸收革命传统文化的文化，追求正确的价值观。	

续表

学习项目	评价标准及对应等级表述	评价等级
关于革命传统的实用性文体的阅读与探究	C. 我有欣赏关于革命传统的实用性文体的兴趣，能根据具体的语言环境准确理解语言和尝试学习各类实用性文体的写作手法。 D. 我有阅读关于革命传统的实用性文体的意愿，基本能根据具体的语言环境理解语言和各类实用性文体的写作手法	

2. 教师评价表

评价项目	评价标准及对应等级表述	评价等级
反映革命传统的优秀文学作品阅读与探究	A. 能指导学生结合生活经验和阅读写作经历，发挥想象，加深对作品的理解，形成学生的独到认识和深入探究能力。 B. 能指导学生结合时代背景探究作品的内涵，理解作者的创作意图，获得审美体验，形成独立探究能力。 C. 能培养学生阅读的兴趣，指导学生整体感受作品的语言、形象和体会崇高的革命情怀，初步形成探究能力。 D. 能激发学生阅读的意愿，指导学生感受作品中革命志士和英雄人物的艺术形象，形成探究意识	
阐发革命精神的优秀论文与杂文的阅读与探究	A. 能指导学生跨材料阅读，对文本信息、观点作出自己的判断，逻辑清晰地阐明自己的依据，形成深入探究能力。 B. 能指导学生察觉语言言外之意和隐含的情感倾向，能对获得的信息及其表述逻辑作出评价，体会严密逻辑和崇高精神有机结合的特点，形成独立探究能力。 C. 能培养学生阅读的兴趣，指导学生准确理解并概括其内容、观点和情感倾向，分析观点和材料之间的联系，初步形成探究能力。 D. 能激发学生阅读的意愿，指导学生区分事实和观点，基本理解并概括其内容、观点和情感倾向，形成探究意识	

续表

评价项目	评价标准及对应等级表述	评价等级
关于革命传统的实用性文体的阅读与探究	A. 能指导学生从多个角度、多个方面表达自己的理解和感受，提高理论论证的能力和水平，发展学生的文化理解能力，形成深入探究能力。 B. 能指导学生熟练进行实用性文体写作，追求高尚的审美情趣和审美品位，形成独立探究能力。 C. 能培养学生阅读的兴趣，指导学生准确理解语言，尝试学习各类实用性文体的写作手法，提高学生口头交流、现场记录、文稿整理的能力，初步形成探究能力。 D. 能激发学生阅读的意愿，指导学生根据具体的语言环境理解语言和各类实用性文体的写作手法，帮助学生形成探究意识	

三、中国现当代作家作品研习

【教学目标与重点解析】

1. 精读在中国现当代文学史上产生过重要影响且具有一定代表性的作家作品，研究他们创作的时代背景、创作心理、个性气质、文化品格，解读他们作品中丰富的思想内涵及独特的艺术思维和表现方式。从多样化的作家个性和作品风格中进一步了解现当代文学发展的脉络。并对不同流派文学作品特点有相关了解，开拓更为广阔的文化视野，提高审美鉴赏能力，培养文化自觉的意识和文化自信的态度。

2. 了解当今文学发展现状，关注当代文学创作动态，选读新近发表的有影响的作品及相关评论，在文字中把握时代发展脉搏、国民当代文化心理。

3. 精读过程中要养成撰写读书笔记的习惯，摘录归纳作品内容要点，书写阅读感受。通过拓展阅读、比较阅读，深入思考，对作品的文字语言、主题思想、创作风格、表现方式等发表个人见解，撰写评论性文字，提升文学审美素养和语言表达能力。

4. 指导学生通过多样化体验式的活动加深对作品的理解，激发学生的创作热情，鼓励学生在深入研究的基础上选择自己感兴趣的体裁进行短篇文学写作。

本任务群研习中国现当代代表性作家作品，包括反映改革开放以来的社会主义先进文化的作品，旨在大体了解现当代作家作品概貌，培养阅读现当代文学作品的兴趣，以正确的价值观鉴赏文学作品，进一步提高文学阅读和写作能力，把握中国现当代文学作品思想性、艺术性、观赏性有机统一的价值取向。①

【教学内容解析与建议】

教学内容应兼具整体性、多样性、经典性、时代性等特点。作品要能反映文学发展历程，兼顾小说、诗歌、散文、戏剧等多种体裁。作品既要有具有代表性的经久不衰影响深远的作品，也要有体现当代文学发展特点及方向的作品。

根据现当代文学体裁特征大致可分为六个小专题。第一是现当代文学史研习。概要梳理中国自五四运动至今百年文学发展历程，分类泛读代表作家的经典作品，了解现当代文学特征及不同文学流派风格，体会百年历史变迁所反映的民族文化心理。第二是现当代诗歌研习。了解现当代诗歌的发展历程，感知不同诗歌流派的基本风格，可重点选择新月派、朦胧诗派的代表诗人诗作进行诵读和欣赏，感受其语言、意境、结构之美，提高审美情趣。第三是现当代小说研习。选读沈从文、钱钟书、张爱玲、汪曾祺、莫言、余华等作家的代表作，学习如何从人物形象、结构模式、叙事技巧等方面入手鉴赏现当代小说。了解"伤痕文学""寻根文学"等文学作品风格，从中感悟作家对民族文化、时代发展的思考。研读优秀科幻作品，感受科幻的魅力，探索创作的门径。第四是现当代散文研习。品味周作人、林语堂、周国平、史铁生、刘亮程、李娟等不同时期的散文作家作品，感受散文语言魅力，获得对自然、社会、人生的积极启示。第五是现当代戏剧研习。学生通过《茶馆》《雷雨》《蒋公的面子》等经典剧目的剧本阅读、演出观摩、自行编演等学习方式，提高对戏剧的兴趣，学会欣赏现当代戏剧，丰富人生体验。第六是港台文学研习。通过研读金庸和梁羽生的经典作品，体会跌宕起伏的小说技法，感受扶危济困、除暴安良的侠客形象，欣赏拔刀相助、勇纾国难的英雄品格。通过洛夫、郑愁予的诗，余光中、董桥的散文，白先勇等人的小说，一探港台文学的独特风貌。

现当代文学专题阅读既要有广度，也要有深度。使学生能欣赏、鉴别和评价不同时代、不同风格的文学作品，进一步培养批判精神与探究能力。

【教学建议】

本任务群以学生的独立自主阅读为主，注重学生的个性化体验，教师要注意以正确的价值观引导学生鉴赏作品，同时设计多样化的学习活动帮助学生理解作品。

本任务群为 0.5 学分，9 课时。学生自主阅读主要安排在课外，课堂时间主要用于教师进行阅读方法指导和学生进行阅读感受的交流。阅读指导要着力训练通过精读、泛读、速读的方式，增强识记、分析、理解、概括、运

---

① 中华人民共和国教育部.普通高中语文课程标准：2017 年版 2020 年修订［M］.北京：人民教育出版社，2020：23.

用的能力，通过圈、点、注、评，摘出其中的精华部分来提高鉴别、整合的能力，还要培养学生电子阅读、查找资料的能力。指导阅读时间的安排及阅读分组，帮助制订每组阅读计划，确定要讨论的有关作品的问题，定期了解各组阅读进度，及时进行跟踪指导并作出评价。教师要督促学生养成撰写读书笔记的习惯，安排一定课时指导书写阅读小结，重视学生研读后的交流和评价活动。

在活动中，教师要大胆创新，不断探索，丰富读书与积累与评价的形式。组织学生通过歌咏、改编、表演等多种形式，充分调动学生阅读积极性，在活动中展开评价，在评价中增强学生的个性体验。举办年级诗文诵读比赛，朗诵不同流派或作家的诗歌、散文，体悟作品的情感特点和语言风格；阅读剧本，续写、改写剧本，把握戏剧冲突，并选择片段尝试表演；制作"现当代作家作品研读情况"调查问卷，开展"现当代作家作品读书报告会"等交流活动；聚焦作品中的疑惑、问题，开展辩论赛，阐述个人对作品思想内涵的理解。总之，在深入研读、个性体验的基础上，进一步提高文学阅读和写作的能力。

【案例】

小说《边城》读书笔记展①

读书笔记展分准备、交流、自检三个阶段，交流做读书笔记的经验，在阅读、鉴赏、表达、交流等语文实践活动中提高语文学科核心素养。落实任务群中"培养阅读现当代文学作品的兴趣，以正确的价值观鉴赏文学作品，进一步提高文学阅读和写作能力"的要求，同时以读书笔记展、交流会的形式，充分尊重学生在阅读过程中的个性化体验。

准备阶段，先对班级进行阅读分组。小组内部的彼此鼓励、相互督促有利于营造阅读氛围，要求每位同学都制订阅读计划，确保2周内完成全书阅读。教师要负责监督与调控，同时录制好关于介绍读书笔记方法的微课视频供学生自主学习，鼓励学生以丰富多彩、富有创造性的方式来做读书笔记。在阅读过程中还可以分阶段安排组内即时交流。

交流阶段是读书笔记展的核心阶段。此环节分为五个环节：说出你的故事，亮出你的嗓音，秀出你的笔记，讲出你的观点，写出你的作品。过程突出五个动词和五个"你"，强调了表达与交流个人见解的必要性，以及学生个体体验的重要性。

"说出你的故事"是在活动伊始分享各自阅读的真实体验，从亲身经历来体会"好记性不如烂笔头"的学习精神，践行"不动笔墨不读书"的学习方法。不论是"悦读"还是"苦读"，都是对学生个性体验的尊重与肯定。

"亮出你的嗓音""秀出你的笔记"两个环节，是以诵读、观摩、美

---

① 案例来源：欧阳凯。

化的方式具体呈现个人阅读体验。各个学习小组精选本组做的摘记式读书笔记，通过诵读，对其中含蓄蕴藉的好句佳段进行声音再现，引导大家去鉴赏文字本身的艺术美感，体会"美"的无所不在。如"翠翠抱膝在月光下……月光如银子，无处不可照及，山上竹篁在月光下变成一片黑，身边草丛中虫声繁密如落"一段，极力渲染的景物描写给我们展示了一幅"月下少女"的美丽图景，更衬托出了女主人公的美。通过诵读，把美的形象具体化，可以更真切地感染人。接下来的读本展示，更多是在固化一种阅读的习惯。边读边写，或评或析，即时的阅读感受在书中留下痕迹，形成读本；把内容出处和阅读感受分门别类，做成自创的卡片，有利于从"一本"走向"一类"，从"感性"走向"理性"，从"阅读"走向"应用"。

"讲出你的观点"环节，借鉴用关键词推介一个人物，一句话评价某一个情节的做法，提出问题，在对小说人物和情节的评点中，彰显批判精神。如问题一：有人用如下四字短语评价小说人物："（翠翠）美丽纯洁、乖巧活泼、天真无邪；（傩送）勤劳勇敢、热情大方、忠于爱情；（船夫）忠于职守、慷慨豪爽、忠厚善良；（老船总顺顺）豁达洒脱、公正廉洁、慷慨好义。"在这组形象概括中，人物都是美好的，没有恶人的出现，那悲剧又如何产生的呢？从人物形象入手，可以引发学生去探究作品主题。又如问题二：有人评价结尾情节"这个人也许永远不回来了，也许明天回来"是"不确定的智慧"，你赞同吗？在探讨中，学生能进一步感受到小说乃至生活的复杂性，并非"悲"或"喜"一字所能概括，而沈从文能把一个看似悲剧的故事放之于散文化的笔调和抒情化的叙述风格之下，向人们展现一幅美丽湘西的风景画卷和一个有着美好人性的边城世界，这正是沈从文作品中最具艺术特色之处。

"写出你的作品"是指对原文的描写或情节加以想象，进行扩写或续写，这是文学阅读基础上的再创作，也可以充分展现学生的个性化阅读感受。这一环节不只是"写"，也可以是"画"。《边城》本身是极具审美价值的小说，对于美的描写可谓信手拈来。在深入阅读的基础上鼓励学生用线条、光影去展现人物丰富的内心世界，如黄昏时淡淡的凄凉，暮色中的孤寂、月色里的怀想与期待……是否能精准地把握到人物的情绪并将其诉诸笔端，既是对阅读理解的检验，也是对审美能力的一种挑战。

最后一个阶段通过自检的方式，对每个环节的完成情况与效果作出评价，给今后的各种文学作品的阅读留下经验或提升的空间。

本次读书笔记展现了阅读活动的计划性、任务性，摒弃了平时阅读过程中的随意性和盲目性，三个阶段循序渐进，有效培养了良好阅读习惯，是对撰写读书笔记的一次系统训练。

【评价标准】

思想认识方面，引导学生自觉关注现当代尤其是改革开放以来的文学创作动态，提起对中国现当代文学作品的阅读兴趣，把握相关作品思想性、艺术性、观赏性有机统一的价值取向。

阅读行为方面，在学生精读代表性作家作品的过程中，培养学生撰写读书笔记的习惯，并鼓励学生撰写作品评论。

文学实践方面，鼓励学生根据自身兴趣，尝试不同体裁的短篇文学作品的创作。

1. 学生自我评价表

评价项目	评价标准及对应等级表述	评价等级
思想认识	A. 学习后，我对现当代文学的发展概貌更加熟悉，更加密切地关注当代文学创作动态，更加认同社会主义先进文化，认识到了现当代尤其是改革开放以来的文学创作取得的成绩。 B. 学习后，我对现当代文学的发展概貌有了大致了解，开始关注当代文学创作动态，理解并认同社会主义先进文化，初步认识到现当代尤其是改革开放以来文学创作取得的成绩。 C. 学习后，我初步了解了现当代文学的发展概貌，但对当代文学创作动态兴趣不大，我对社会主义先进文化的认识和理解仍需深化，也需进一步了解现当代尤其是改革开放以来文学创作取得的成绩。 D. 学习后，我对现当代文学的发展概貌仍不明晰，也不愿关注当代文学创作动态，我对社会主义先进文化的认识和理解仍有欠缺，也未能认识到现当代尤其是改革开放以来文学创作取得的成绩	
阅读行为	A. 我对一些现当代文学作品提起了很大兴趣，阅读了相当数量的作家作品，养成了撰写读书笔记的习惯，并能准确复述内容概要，鉴赏作品的思想与艺术特色。 B. 我对个别现当代文学作品提起了一些兴趣，阅读了一定数量的作家作品，有意培养自己撰写读书笔记的习惯，并能大致复述内容概要，发现作品在思想或艺术上的过人之处。 C. 我对现当代文学作品兴趣不大，阅读了少量作家作品，曾尝试撰写读书笔记，但对作品的思想或艺术特色察觉不多。 D. 我对现当代文学作品不感兴趣，没有阅读相关作品，也未曾写过读书笔记	

评价项目	评价标准及对应等级表述	评价等级
文学实践	A. 我常常通过撰写作品评论来发表我的阅读见解，也尝试过短篇文学作品创作。 B. 我能够通过撰写作品评论来发表我的阅读见解，有尝试创作短篇文学作品的想法和意愿。 C. 我对我所阅读的作品有一些看法，但不知如何表达，我对尝试创作短篇文学作品有所顾虑或迟疑。 D. 我所阅读的作品往往不能发我深思，我也不愿意尝试创作任何体裁的短篇文学作品	

2. 教师评价表

评价项目	评价标准及对应等级表述	评价等级
思想认识	A. 学生具有正确的情感、态度、价值观导向，通过学习，弄清了现当代文学发展的主流与基本事实。 B. 学生具有基本正确的情感、态度、价值观导向，通过学习，大致了解了现当代文学发展的主流与基本事实。 C. 学生的情感、态度、价值观导向需再加以引导，对现当代文学发展的主流与基本事实的了解仍较局限。 D. 学生的情感、态度、价值观导向需再加以引导，未能掌握现当代文学发展的主流与基本事实	
阅读行为	A. 学生认真完成相关阅读任务并撰写阅读笔记，能较好地领会作品内容概要与思想意涵、鉴赏作品的语言风格与艺术特色。 B. 学生基本完成相关阅读任务并撰写阅读笔记，能初步把握作品内容概要与思想意涵、语言风格与艺术特色。 C. 学生部分完成相关阅读任务并撰写阅读笔记片段，对作品内容概要与思想意涵、语言风格与艺术特色有模糊认识。 D. 学生未完成相关阅读任务，未撰写阅读笔记，也不能把握作品内容概要与思想意涵、语言风格与艺术特色	
文学实践	A. 学生常常通过撰写作品评论来发表自己的阅读见解，也尝试过短篇文学作品创作。 B. 学生能够通过撰写作品评论来发表自己的阅读见解，有尝试创作短篇文学作品的想法和意愿。 C. 学生对阅读的作品有一些看法，但不知如何表达，学生对尝试创作短篇文学作品有所顾虑或迟疑。 D. 学生不能从阅读的作品中生发出思考，对尝试创作短篇文学作品有畏难情绪	

四、外国作家作品研习

【教学目标与重点解析】

本任务群旨在引导学生阅读外国文学经典作品，感受作品中的艺术形象，理解欣赏作品的语言，把握作品的内涵，理解作者的创作意图，从而认识所读作品的地位和价值。学生通过这些作品了解不同国家和民族不同时期的社会文化面貌，感受人类精神世界的丰富，并对外国文学的发展脉络和不同流派文学作品的特点有一个基本的感受与认识，开拓新的文化视野，提升审美鉴赏的学科核心素养。

针对不同类型的外国文学作品，指导学生归纳内容要点，撰写读书笔记、阅读感受。在完成经典篇目之外，可进一步指导学生选择感兴趣的作家作品、文学流派或话题进行拓展阅读和深入研究，撰写评论或研究性报告，提升学生语言表达能力和思维发展能力。

在情感态度与价值观指导方面，引导学生学会尊重、理解作品所体现的不同时代、不同民族、不同流派风格的文化，尝试探讨不同民族文学之间的共同话题和文化差异，尝试对感兴趣的中外文学作品进行比较研究或专题研究，理解作品所表现出来的价值判断和审美取向，让他们在中外文化的对比中做到审辨慎思，不偏激、不盲从，尊重文化的多样性，提升自己的文化鉴别力。

本任务群的重点应该是开阔学生的文化视野，培养阅读外国经典作品的兴趣和开放的文化心态，学会包容与借鉴外国文化，提升多元文化素养。

【教学内容解析与建议】

外国优秀作家作品如浩瀚星辰，不可能一一撷取，在教学内容的选择上只能以点代面、提纲挈领，分专题选择富有影响的经典之作，让学生进入这片茂密的文学森林。

根据外国文学发展脉络，教学内容可分成六个专题来进行。第一是外国古代文学作品研习，主要是希伯来文学和希腊文学，这是西方文学发展的两大源头。学生通过阅读圣经故事、希腊神话和希腊悲剧《俄狄浦斯王》等作品，了解西方古代的人文观念和艺术精神。第二是西方文艺复兴文学作品研习，通过《堂吉诃德》、莎士比亚的戏剧，看西方文学中"人的价值"的再发现。第三是西方近代文学作品研习，通过歌德、雨果、托尔斯泰等人的作品，了解西方文学中精神求索和灵魂救赎等主题。第四是西方现代主义文学作品研习，通过卡夫卡、伍尔夫、马尔克斯等人的作品和荒诞派戏剧，理解现代人对生存困境的反省。第五是美国文学作品研习，通过海明威、马克·吐温的小说和鲍勃·迪伦的诗歌，了解探索、抗争、自由的美国民族精神。第六是东方近现代文学作品研习，主要是泰戈尔的诗歌和日本的文学作品，通过《源氏物语》，还有川端康成、芥川龙之介等人的作品，体味日本文学物哀的传统和细腻淡雅的美学风格。针对这六个专题，教师给出阅读推荐书目和学习要求，在课堂上进行阅读指导，学生根据个性和兴趣自主选择篇目和学习任务，课外完成，课堂上进行成果展示、交流、评估检测等。

在本任务群的教学中，因外国文学作品涉及翻译问题，教师应给学生树立版本意识，在选择作品时应注意译者和出版社。同时还应跨学科调动学生关于世界历史、地理以及不同民族文化的知识，促进学生对外国文学作品中的社会生活及心灵世界的理解。

【教学建议】

本任务群为 1 学分，18 课时，按照教学内容分六个专题进行，每个专题 3 个课时。本任务群应以学生自主阅读为主，教师指导为辅，整体梳理和局部精读相结合，让学生在获得共同知识之外更加注重个人体验和认识。

学生对作品的阅读主要在课外进行，课堂上教师主要进行阅读方法指导、落实学习任务、监督检测学生的阅读进度和阅读效果。阅读方法指导可通过课堂上的局部精读来落实，教师可从不同流派、不同体裁的作品中选取精彩片段来鉴赏，从而帮助学生找到深入不同文学作品的路径，促进其整体梳理作品的深度发展。

教师还可以通过每日或每周的学案来落实学生的阅读实践，学案可包括学生近期完成的目标和针对某个点的疑惑、感想、评价、反思等。

教师也可让学生按任务组来进行作品阅读和评价。例如，任务组按照不同侧重可分为三类：对人生的认识、对外国文化的理解、对作品艺术性的思考。每个任务组提供两个以上相似的任务，学生可选择一个完成，同一任务组内所有任务的阅读指向相同。学生可以在该组内选择不同的任务完成，给予学生选择的空间。每一个任务组侧重不同，但总体上围绕作品的思想和艺术展开，要完成任何一个任务组，都需要在全面阅读的基础上，加深思考，从一般性阅读上升到带有文学鉴赏和研究性质的阅读。

此外，教师可设置不同类型的表达与交流任务来落实课外阅读，并进行评价。除了传统的批注、概要、随笔、杂感、札记、评论外，还可通过续写或改写文学作品、编写课本剧等方式，指导学生积极地、富有创意地读书，把阅读体验、观点见解、研究结论，通过不同形式的口语、书面语合情合理地表达出来，形成丰富多样的过程性学习成果。

【案例】

从卡夫卡的作品走进外国现代主义文学的"荒诞世界"①

这个案例切中"外国作家作品研习"学习任务群的核心任务，对学生

---

①　褚树荣，时剑波．海外云天：外国作家作品研习［M］．上海：上海教育出版社，2018：85．

极具挑战性，能够促进他们对 20 世纪动荡不安的社会生活和复杂思想的理解。20 世纪是世界产生巨大变化的一个世纪，文学方面突破了传统现实主义文学的表现形式，由批判现实转为表现这个世界的荒诞、自我的异化和人与人之间的对立，表现主义、意识流、荒诞派戏剧、魔幻现实主义等现代主义流派相继登场。学生如何去阅读这些缺少典型情节和典型人物的现代主义作品，这就需要教师的指导。此案例选择了卡夫卡这位在后世产生极大影响的现代主义文学的先驱作为突破口，可以让学生快速掌握现代主义小说的解读方法。

本案例可分为"文本阅读指导"和"卡夫卡作品拓展研读"两个环节来进行，由点到面，既可以让学生用感受异质文化的心态去熟悉卡夫卡的独特风格，又可以让学生通过进一步的阅读求索去解读卡夫卡诉说的人类困境，理解现代派和后现代主义的一些思想以及他们对人性的异化、社会荒诞的深刻洞察与反思。

环节一：卡夫卡的《城堡》阅读指导。

学生阅读卡夫卡的经典小说《城堡》，教师选取其中经典片段在课堂上进行阅读指导，通过问题来引导学生思考：

1. K. 的追寻是一场悲剧，这从一开始就已注定，请找出小说中的内容来加以阐释。从这一角度，你认为《城堡》揭示了人类怎样的困境？

2. K. 是姓名吗？这样命名人物有什么深意？书中曾说："城堡在哪里，自我就在哪里。"K. 也一直希望获得"土地测量员"的身份认可，为什么外在亦真亦幻的城堡，会和内在无比重要的自我画等号呢？

3.《城堡》最后写 K. 奔波得精疲力竭，想进城堡而不得，如同卡夫卡的许多作品一样没有结尾。有人认为这未完成性、开放性、不确定性是《城堡》最好的结尾，对此你怎么理解？

设计解读：这三个问题的设计非常巧妙，能够逐步引导学生从思想内容和表现形式两方面去感受现代主义小说与传统现实主义小说的巨大差异。第一个问题引导学生思考小说所揭示的 20 世纪人类"追寻与徒劳"的普遍困境；第二个问题让学生明白小说主人公都没有具体姓名，是为了揭示现代社会人的符号化和抽象化，个人存在的不确定性；第三个问题则直观地向学生展示了现代主义小说的普遍特征：文本的开放性和不确定性，这种形式正体现了现代社会的不可把握性和人没有归宿、漂泊无定的状态。

学生第一次接触卡夫卡作品时，可能会感到陌生怪异，这一环节可以帮助学生减少阅读现代主义小说的障碍，指明理解和思考作品内涵的方向和路径，并激发学生广泛深入阅读其他现代主义作品的兴趣，真正体悟其对现代人灵魂的深入剖析。

环节二：卡夫卡作品拓展阅读。

此环节以"孤独的寒鸦，现代人的灵魂"为主题，以学习小组、拓展阅读的方式来进一步解读卡夫卡，理解其对现代派文学的深远影响。全世界曾掀起了一阵又一阵的"卡夫卡热"，中国作家阎连科首次获得卡夫卡文学奖，这些背景都证明了卡夫卡对当下依然有重要意义。这个环节可以让学生通过卡夫卡更好地理解西方现代主义文学的发展和对中国的影响，让学生一下抓住其关键，而不会不得其门而入。

研读活动准备：

1. 阅读《变形记》《饥饿艺术家》《乡村医生》等作品。

2. 了解卡夫卡的生平资料、时代背景及名家评论，浏览20世纪现代主义小说流派及其特征等相关资料。

教师可以指导志趣相投的学生组成学习小组，分工合作完成作品的研读。

具体活动过程分为以下几个环节：

活动一：走近卡夫卡

1. 孤独的寒鸦（"卡夫卡"三字捷克语的意思）

卡夫卡的作品都有浓烈的自传性，了解卡夫卡的人生经历，观察卡夫卡的肖像画，走进卡夫卡的灵魂。

2. 弱者的形象

为卡夫卡作品中的人物如格力高尔、乡村医生等制作一张名片，内容包括籍贯、年龄、职业、婚姻、地位、生活、性格、行动、精神、命运等，把握这些人物基本的形象——弱者。

3. 荒诞的故事

卡夫卡作品的情节大多荒诞不经、支离破碎，总是用象征的方式表现自己内在的生命体验，可以让学生把要求阅读的作品与不同故事类型进行配对，从而了解卡夫卡的创作风格。

设计解读：此活动设计的目的是让学生把握作品的要点和主线，采用学生熟悉的小说阅读方式：了解作家生平、梳理故事情节、分析人物形象。在阅读后，教师又通过比较新颖的方式如卡片制作、类型配对等，让学生把握卡夫卡小说的独特性和异质性。

活动二：倾听卡夫卡

要走进卡夫卡的艺术世界，不仅要深入领会他对人类"异化"和"荒谬"的表现，还要去体悟他笔下形象的灵魂。教师选择卡夫卡的代表作《变形记》以及临终前完成的《饥饿艺术家》这两部作品作为学习小组重点研读的对象，可以设置两组学习任务单，让学生任选一组完成研读任务。

学习任务单一：《变形记》研读

1. 为什么卡夫卡不给主人公一条生路？你认为卡夫卡想借人变甲虫的故事表达什么样的人生困境？

2. 格力高尔变甲虫后的心酸苦楚，在文中有多处凄婉动人的内心独白。请每人找一处在组内读一读，并想一想荒诞的情节为什么在读者的体验中显得真实可信呢？

3. 对比《聊斋志异》中人变动物的荒诞故事，请探究《变形记》荒诞手法的独特之处。

学习任务单二：《饥饿艺术家》研读

1. 文中有许多荒诞的情节，每人找一处读一读，并思考如此荒诞的情节为什么我们读来感到真实？

2. 本书的故事隐喻着真实的现实，寓意丰富而深刻。请你从"饥饿""铁笼""美洲豹"这三个意象中任选一则，说说其隐喻的深刻内涵。

3. 民以食为天，追求饥饿意味着趋向死亡，为什么主人公要选择饥饿这一极端的方式作为艺术？请你联系卡夫卡的人生经历，探究作家创作"饥饿艺术家"这一形象的意图。

设计解读：此活动旨在整体把握作品的基础上引导学生深入解读小说。教师选择的两部小说是卡夫卡不同时期的代表作品，从题目到内容都能激发学生的阅读兴趣。学习任务的设置始终指向作品表现现代人孤独灵魂和生存困境的思想内涵，这也是读懂现代主义小说的关键。同一个学习小组的成员还可以就这些问题进行交流探讨，整合出小组的共同答案，不同小组的成果也可以在课堂上分享，让学生的思想进行碰撞交流，让他们在完成任务的过程中有所思、有所获。

活动三：追寻卡夫卡

1. 卡夫卡与作家

卡夫卡被称为"现代主义小说的鼻祖"，对后世很多作家如萨特、马尔克斯、余华、莫言等都产生了巨大影响，可以让学生找一找受卡夫卡影响的作品来阅读。

2. 卡夫卡与我们

卡夫卡带给每一个读者不同的思考，可以让学生自己写一个小故事来表达对"卡夫卡式"人生困境的理解和体验。

3. 卡夫卡与布拉格

不管学生还是教师，如果有机会去布拉格，不妨去卡夫卡的故居和墓前悼念这位天才作家。

设计解读：此活动是拓展阅读环节的延伸，是学习卡夫卡的悠悠余韵，不用要求学生在规定时间完成，而是在他们心中种下一颗感受现代主义文学的种子，当有一天他们站在布拉格的街头，或者某一刻在生活中感受到荒诞与异化，那颗种子也许就能在学生的心灵中生根、发芽。

【评价建议】

1. 学生自我评价表

评价项目	评价标准及对应等级表述	评价等级
外国作家代表作品思想观点和情感倾向探究	A. 我有明确的探究外国作家代表作品核心思想、情感倾向的意识，可以说出多个关键词对其进行概括，并能列举作品中的形象分别加以阐释。 B. 我有探究外国作家代表作品核心思想、情感倾向的意识，可以说出一两个关键词对其进行概括，并能结合感兴趣的内容对其进行阐释。 C. 我有探究外国作家代表作品核心思想、情感倾向的意识，可以说出一两个关键词对其进行概括，但不能对具体内容或者文学形象进行阐释。 D. 我不知道要探究外国作家代表作品核心思想、情感倾向，不能说出任何关键词对其进行概括	
外国作家代表作品文化内涵探究	A. 我能主动梳理和探究外国作家作品中蕴含的文化内容，能举出具体的事例和文学形象来说明作品中的文化内涵与价值，并能清晰表达。 B. 我能主动梳理和探究外国作家作品中蕴含的文化内容，能举出具体的事例和文学形象来说明作品中的文化内涵与价值，但不能清晰表达。 C. 我会关注外国作家作品中蕴含的文化内容，但不能准确认知作品中的文化内涵与价值。 D. 我完全没有注意到外国作家作品中蕴含的文化内容	
外国作家作品流派认识与评论写作	A. 我在欣赏外国文学作品时，能运用多种形式表达自己的体验和感受，并能对具体作品作出评论；通过对作品的体验和感受能认识作品所属文学流派的特点。 B. 我在欣赏外国文学作品时，能够表达自己的体验和感受，并能对具体作品作出评论；通过对作品的体验和感受对作品所属文学流派的特点有一定认识。 C. 我在欣赏外国文学作品时，能运用多种形式表达自己的体验和感受，并能对具体作品作出评论，但无法认识作品所属文学流派的特点	

评价项目	评价标准及对应等级表述	评价等级
外国作家作品流派认识与评论写作	D. 我在欣赏外国文学作品时，很难表达自己的体验和感受，无法对具体作品作出评论，更无法认识作品所属文学流派的特点	
中外文学作品文化观念的异同比较与分析	A. 我能结合具体的外国作家作品分析、论述相关的文化现象和观念，并与中国文学经典作品相比较，由此总结出中外文学作品在文化观念上的异同。 B. 我能结合具体的外国作家作品分析、论述相关的文化现象和观念，并与中国文学经典作品相比较，对中外文学作品在文化观念上的异同有一定认识。 C. 我能结合具体的外国作家作品分析、论述相关的文化现象和观念，但无法与中国文学经典作品相比较，对中外文学作品在文化观念上的异同认识较少。 D. 我不能结合具体的外国作家作品分析、论述相关的文化现象和观念，更无法与中国文学经典作品相比较，从而也认识不到中外文学作品在文化观念上的异同	
外国作家作品的文化批判与反思	A. 我能在外国作家作品的阅读和表达交流中探析有关文化现象，并能结合具体作品，用历史眼光和现代观念去辩证地审视和评论相关的文化现象和观念。 B. 我能在外国作家作品的阅读和表达交流中探析有关文化现象，并能结合具体作品去审视和评论相关的文化现象和观念，但缺乏批判和反思。 C. 我能在外国作家作品的阅读和表达交流中关注有关文化现象，但无法辩证地审视和评论相关的文化现象和观念。 D. 我不能在外国作家作品的阅读和表达交流中探析有关文化现象，更无法用历史眼光和现代观念去辩证地审视和评论相关的文化现象和观念	

2. 教师评价表

评价项目	评价标准及对应等级表述	评价等级
外国作家代表作品思想观点和情感倾向探究	A. 学生能明确探究外国作家代表作品核心思想、情感倾向的意识，可以说出多个关键词对其进行概括，并能列举作品中的形象分别加以阐释。 B. 学生能探究外国作家代表作品核心思想、情感倾向的意识，可以说出一两个关键词对其进行概括，并能结合感兴趣的内容对其进行阐释。 C. 学生有探究外国作家代表作品核心思想、情感倾向的意识，可以说出一两个关键词对其进行概括，但不能对具体内容或者文学形象进行阐释。 D. 学生不知道要探究外国作家代表作品核心思想、情感倾向，不能说出任何关键词对其进行概括	
外国作家代表作品文化内涵探究	A. 学生能主动梳理和探究外国作家作品中蕴含的文化内容，能举出具体的事例和文学形象来说明作品中的文化内涵与价值，并能清晰表达。 B. 学生能主动梳理和探究外国作家作品中蕴含的文化内容，能举出具体的事例和文学形象来说明作品中的文化内涵与价值，但不能清晰表达。 C. 学生会关注外国作家作品中蕴含的文化内容，但不能准确认知作品中的文化内涵与价值。 D. 学生完全没有注意到外国作家作品中蕴含的文化内容	
外国作家作品流派认识与评论写作	A. 学生在欣赏外国文学作品时，能运用多种形式表达自己的体验和感受，并能对具体作品作出评论；通过对作品的体验和感受能认识作品所属文学流派的特点。 B. 学生在欣赏外国文学作品时，能够表达自己的体验和感受，并能对具体作品作出评论；通过对作品的体验和感受对作品所属文学流派的特点有一定认识。 C. 学生在欣赏外国文学作品时，能运用多种形式表达自己的体验和感受，并能对具体作品作出评论，但无法认识作品所属文学流派的特点。 D. 学生在欣赏外国文学作品时，很难表达自己的体验和感受，无法对具体作品作出评论，更无法认识作品所属文学流派的特点	

续表

评价项目	评价标准及对应等级表述	评价等级
中外文学作品文化观念的异同比较与分析	A. 学生能结合具体的外国作家作品分析、论述相关的文化现象和观念，并与中国文学经典作品相比较，由此总结出中外文学作品在文化观念上的异同。 B. 学生能结合具体的外国作家作品分析、论述相关的文化现象和观念，并与中国文学经典作品相比较，对中外文学作品在文化观念上的异同有一定认识。 C. 学生能结合具体的外国作家作品分析、论述相关的文化现象和观念，但无法与中国文学经典作品相比较，对中外文学作品在文化观念上的异同认识较少。 D. 学生不能结合具体的外国作家作品分析、论述相关的文化现象和观念，更无法与中国文学经典作品相比较，从而也认识不到中外文学作品在文化观念上的异同	
外国作家作品的文化批判与反思	A. 学生能在外国作家作品的阅读和表达交流中探析有关文化现象，并能结合具体作品，用历史眼光和现代观念去辩证地审视和评论相关的文化现象和观念。 B. 学生能在外国作家作品的阅读和表达交流中探析有关文化现象，并能结合具体作品去审视和评论相关的文化现象和观念，但缺乏批判和反思。 C. 学生能在外国作家作品的阅读和表达交流中关注有关文化现象，但无法辩证地审视和评论相关的文化现象和观念。 D. 学生不能在外国作家作品的阅读和表达交流中探析有关文化现象，更无法用历史眼光和现代观念去辩证地审视和评论相关的文化现象和观念	

五、科学与文化论著研习

【教学目标与重点解析】

本任务群研习自然科学和社会科学论文、著作，旨在引导学生体会和把握科学与文化论著表达的特点，提高阅读、理解科学与文化论著的能力，开阔视野，培养求真求实的科学态度和勇于探索创新的精神。[1]

本任务群的学习对象是"自然科学和社会科学论文、著作"，学习方法是"研习"，目的有四个层面：一是引导学生体会和把握科学与文化论著表

① 中华人民共和国教育部.普通高中语文课程标准：2017 年版 2020 年修订［M］.北京：人民教育出版社，2020：25.

达的特点；二是提高阅读、理解科学与文化论著的能力；三是开阔视野；四是培养求真求实的科学态度、勇于探索创新的精神。

学习自然科学和社会科学论文、著作，要与高中语文教材中的科学论著类文本挂钩，要涵盖"自然科学"和"社会科学"两大板块的论文、著作，故在教学目标和重点的确立上，要注意三个特点。

一是范围广。在本任务群的学习中，物理、生物、环境科学、社会政治、文化、经济以及交叉学科等诸多领域，都应该有所涉及，这样才能使学生开阔视野，具有科学文化素养和科学创新的能力；也唯有广泛涉猎，才能让学生体会和把握"科学与文化论著表达"的显著性特点。

二是难度适中。本任务群的学习目标，并不是要培养科学家，而是从语文学习的角度，提高学生阅读、理解科学与文化论著的能力，感知、并能明确区分"科学与文化论著类文本"与"文学类文本"在阅读和表达上的不同特征，其本质仍然是"提高阅读、理解科学与文化论著的能力"，即针对"科学与文化论著类文本"的阅读、理解能力。

三是情感教化。语文阅读能力的提升是"授业"，而培养求真求实的科学态度、勇于探索创新的精神则是"传道"。在本任务群的选文中，能适当兼顾作者对科学文化成果的探索实践和过程体验，方能使学生真正对"科学态度""科学精神"有所思有所感有所悟。

本任务群还有一个目标，那就是"研习"，包含"研究"与"学习"，不仅学习知识，且能大胆研究，以实现"进一步提升学生综合素质""具有科学文化素养和终身学习能力"的宗旨。提倡形式多样化，鼓励创新，以提升学生在语言实践中的逻辑推理能力和实证意识，使之能理解和反思科技文化，以及具备运用科学思想方法解决实际问题的能力。

【教学内容解析与建议】

本任务群的研习，应当带领学生体会自然科学和社会科学论文、著作的特点，准确理解这类作品的内涵，以及在实践中总结规律，撰写心得，进而提高相应的科学素养。虽有篇幅和时间有限，但也希望通过一些具有典范意义的作品的学习、研读和实践活动的展示，给学生提供一种方法、一种门径，为今后的自学甚至深入研究打下基础。

1. 选择阅读简明易懂的自然科学和社会科学类论文、著作（节选），领会不同领域科学与文化论著的内容，培养科学态度和创新精神。[①]要在阅读不同领域、简明易懂的自然科学和社会科学类论文、著作（节选）的基础上，了解和把握科学与文化论著表达的特点。第一，文本内容的选择，应遵循"简明易懂"和"不同领域"原则；同时，选文应具有典范性和时代性，文质兼美。第二，通过阅读，了解作品所体现的不同国家和不同社会时代下

---

① 中华人民共和国教育部.普通高中语文课程标准：2017 年版 2020 年修订［M］.北京：人民教育出版社，2020：25.

人类在科学、文化等诸多领域的研究需求、研究过程和研究成果。第三，通过研习，理解作品所表现出来的不同领域、不同国家、不同社会时代的科学探索、科学态度和创新精神。培养学生以科学的态度和探索的心态，看待自然科学和社会科学在人类发展史上所起的不同作用。

2. 撰写内容提要和读书笔记，学习体验概括、归纳、推理、实证等科学思维方法，把握科学与文化论著观点明确、逻辑严密、语言准确精练等特点。科学与文化论著的显著特点是"观点明确、逻辑严密、语言准确精练"等，这就要求学生在学习的过程中，首先要具备科学思维方式，即通过"概括、归纳、推理、实证"等方式培养思维习惯、提升思维能力。因此应当引导学生在研习的过程中注意以下几点：第一，撰写内容提要，提升概括、归纳能力，把握科学与文化论著的观点；第二，精研科学用语，体会语言的准确精练；第三，注重分析文本行文思路，练习推理、逻辑能力；第四，记录读书笔记（包含文本观点、研读过程中的困惑及反思等），把阅读体验、观点见解、研究结论等学习收获进行整合，通过巩固知识形成能力。

【教学建议】

本任务群为 1 学分，18 课时。

选择适合高中生阅读的有关科学技术和社会发展的论文和著作（节选），引导学生理解文本内容，体会科学与文化论著的表述方式，提高阅读科学与文化论著的能力。

引导学生结合所学的其他学科知识，凭借工具书、资料，了解文本中的基本概念和观点，理清文本结构脉络、论证逻辑；还可以通过撰写读书笔记，加深对论著的理解。组织交流和讨论，分享学习成果，研讨学习中遇到的问题。通过学生在这些活动中的表现，对学生进行评价。

根据新版课程标准建议，可将本任务群的学习设置为 3～6 个专题，每个专题 3～6 课时。需要学生适当进行课外研习实践，形式提倡多样化，鼓励创新。研习方式主要包括：建立专题研读课题小组；构建研读程序和研究路径；开展研读实践，形成研究报告；进行研究报告评议，筛选优秀研读报告；得出研读结论，进行研读小结。

专题策划参考表 4-3。

表 4-3　科学与文化论著研习任务群专题

研习内容	专题示例
自然科学论著研习	专题一：穹顶之下——"雾霾"下的环境生态研究
	专题二：生存之道——"转基因食品"的生存空间
社会文化论著研习	专题一：大拙至美——中国古代建筑的文化启示
	专题二：我是"谁"——AI 人工智能社会来了
	专题三：殊途同归——科技与人文
	专题四：未来世界——科幻作品《降临》《三体》剖析

【案例】

穹顶之下——"雾霾"下的环境生态研究①

研究背景：近年来，"雾霾"一词进入了百姓的日常生活。而与"雾霾"有关的纪录片《柴静雾霾调查：穹顶之下》（以下简称《穹顶之下》）曾造成极大影响，并引发争论。纪录片共有8集，于2015年2月28日首发，雾霾之思走入了全国百姓的生活，大家都在询问：雾霾肆虐，谁之过？所以，我们进行了这次专题研究，从《穹顶之下》视频入手，研习与雾霾、环境生态相关的内容。

活动情境：观看《穹顶之下》纪录片，记录感悟、问题。

全片103分钟，我们组织了学生集体观看。视频中，柴静走访多个污染现场寻找雾霾根源，并在多个国家实地拍摄治污经验，剖析了给中国带来严重大气污染的燃煤和燃油存在的四大问题。这部纪录片，包装精美，文案叙事的设计精彩，采访对象深入，数据翔实。但是，跳出那些感情叙事的框架之后，从更理性的角度出发，如果不把雾霾当作"私人恩怨"，而作为一项公共政策来谈论的话，似乎有更多的问题需要进一步深入探讨。所以，我们鼓励学生在观看视频的过程中，将自己的感悟和疑问记录下来，作为研究内容。学生们对"雾霾"产生的来源，如高能耗、高污染企业、汽车尾气、烧烤等污染源争论不休，产生了极大的兴趣，提出了很多问题。

活动展开：分为两个部分——学生研习和教师指导。学生研习为主，教师指导为辅。过程分为四个步骤，前三步都是学生研习讨论，最后一步是老师指导辅助。以下是具体开展情况。

一、成立课题小组，制定研究计划

学生自行组成不同课题小组，每组大概8~10人，分工合作。

职务	主要职责
策划组织部	组织、策划调查研究活动，并分散到各"部分"进行沟通、推进，把控全程
执行调查部	开展调查活动的组织与活动的主力，实施调查行动，获取翔实的数据和素材
专刊编辑部	选印研究资料，报道调查研究活动，搜集案例，编辑优秀调查研究报告

课题小组成立之后，由"策划组织部"成员制定总课题计划，"执行调查部""专刊编辑部"成员根据课题分工、目标和任务完成部门调研计划。

此时，教师可以进行"调查研究计划书"的相应指导。"调查研究计划书"的基本要素有：标题、调查研究目的、调查研究对象、调查研究时间、

---

① 案例来源：成都市石室中学邓京。

调查研究地点、调查研究成员、调查研究方向、调查研究过程、调查研究预案、调查研究结论、调查研究总结等。

二、搜集相关数据，寻访专家专文

根据课题小组分工，按照协作活动计划书，建议"执行调查部"成员分为两个小分队同步进行。

第一分队：搜寻数据支撑。这一分队的同学主要是网络高手，他们熟知网络，具备极佳的数据搜寻能力。搜寻到如下相关资料，主要是有关雾霾的诸多调查研究报告：

1.《柴静雾霾调查：穹顶之下》纪录片

2.《从〈大雾霾〉读起——1952年的伦敦大雾霾前后》（《钱江晚报》2017年1月8日B3版）

3.《中德科学家破解北京雾霾形成之谜》（《北方新报》2016年12月23日13版）

4.《城市大气污染元凶：机动车》（《钱江晚报》2017年1月8日A13版）

第二分队：相关数据整理。这一分队的同学具备强大的数据整合能力。主要是将在互联网上搜寻的有关资料，整理、整合成相关数据，如：本地区的空气质量测量点分布、本地区雾霾的主要成分、本地区雾霾产生的过程、本地区雾霾的主要排放源、本地区空气质量的记录数据、本地区环境治理的主要措施、本地区环境治理的现状与展望……

项目名称	具体内容	信息渠道
雾霾的主要成分	已有研究表明，硫酸盐是重污染形成的主要驱动因素。在绝对贡献上，重污染期间硫酸盐在大气细颗粒物PM2.5中的质量占比可达20%，是占比最高的单体；在相对趋势上，随着PM2.5污染程度上升，硫酸盐是PM2.5中相对比重上升最快的成分。因此，硫酸盐的来源研究是解释雾霾形成的关键科学问题。	
北京雾霾的特殊性	在北京及华北地区雾霾期间，硫酸盐主要是由二氧化硫和二氧化氮溶于空气中的"颗粒物结合水"，在中国北方地区特有的偏中性环境下迅速反应生成。颗粒物结合水是指PM2.5在相对湿度较高的环境下潮解所吸附的水分。 该结论与通常认为的硫酸盐形成机制有较大不同。现有基于欧美等地区的经典大气化学理论认为，硫酸盐主要是在云水环境中形成，由于云中的液态水含量远高于颗粒物结合水，通常高出1000到10万倍，所以与云水中的硫酸盐生成反应相比，颗粒物结合水中的反应可以忽略；理论计算还显示，在云水反应路径中，二氧化氮氧化二氧化硫生成硫酸盐这一路径的贡献也可忽略不计。	《北方新报》2016年12月23日13版

三、探究交流思考，总结提升结论

将搜集整理的资料放在一起，举行主题座谈会进行交流探究，形成结论，如下表：

调查项目	调查结果
雾霾成分	
产生原因	
主要排放源	
空气质量（记录）	
治理措施	

四、反思自省记录，交流评比集锦

教师可以向大家推荐拓展阅读资料：

《大雾霾》（彼得·布林布尔科姆著，上海社会科学院出版社2016年版）

《难以忽视的真相》（*An Inconvenient Truth*）书籍以及纪录片。该片由哥伦比亚广播公司、派拉蒙家庭视频公司等七家公司于2006年联合发行的一部环保纪录片。由戴维斯·古根海姆根据同名图书编导，美国前副总统艾伯特·戈尔进行讲解。该片讲述了全球气候变暖及环境恶化所带来的明显的灾难性的片段，并在最后呼吁保护环境、减缓暖化。该片获得2007年第79届奥斯卡金像奖最佳纪录片。

最后进行读书笔记交流，由专刊编辑部编辑优秀读书笔记集锦。

五、活动评价方案

活动环节	评价细目	赋分	学生自评	教师评价
调查研究	搜集详尽，信息丰富，整理清晰	20		
探究研讨	观点鲜明，逻辑严谨，表达清晰	20		
结论报告	见解深刻，观点中肯，言之有物	20		
读书笔记	阅读全面，记录精简，思考深刻	20		
整体表现	积极参与，合作和谐，团结协作	20		
总分	综合评价	100		

【评价建议】

本任务群的目标层级有：

第一，能够通过任务群的设计，让学生在研习自然科学和社会科学论文、著作的过程中体会和把握科学与文化论著表达的特点，提高阅读、理解科学与文化论著的能力。

第二，能够通过任务群的设计，让学生开阔视野，培养求真求实的科学态度、勇于探索创新的精神。

　　以《穹顶之下——"雾霾"下的环境生态研究》某一小组为例，制定学生自我评价表和教师评价表。

1. 学生自我评价表

活动环节	评价细目	赋分	学生自评
调查研究	搜集详尽，信息丰富，整理清晰	20	我们观看了纪录片《柴静雾霾调查：穹顶之下》，并集体阅读了《从〈大雾霾〉读起——1952 年的伦敦大雾霾前后》和《难以忽视的真相》，要求组员进行重点内容整理。这一部分我们给自己 18 分
探究研讨	观点鲜明，逻辑严谨，表达清晰	20	我们针对"调查研究"的部分进行了内容分享，并根据整理内容，结合使用相关科学知识，对中国雾霾的成分、分布等进行了深入探讨。这一部分我们给自己 16 分
结论报告	见解深刻，观点中肯，言之有物	20	我们将"调查研究"和"探究研讨"的结论进行整合，形成了对中国雾霾的成因、相关危害、解决建议的结论报告。这一部分我们给自己 16 分
读书笔记	阅读全面，记录精简，思考深刻	20	我们小组分享了对于《从〈大雾霾〉读起——1952 年的伦敦大雾霾前后》和《难以忽视的真相》两本的读书笔记，并以此作为探究研讨的依据。同学们的思考涉及雾霾的危害、成因、发展过程、在中国的未来推导等层面，我们认为自己能够产生较为深入的思考。这一部分我们给自己 16 分
整体表现	积极参与，合作和谐，团结协作	20	我们认为小组同学都能积极参与，用心探索，发挥"大胆假设、小心求证"的科学钻研精神，并团结一致、精诚合作。这一部分我们给自己 20 分
总分	综合评价	100	86 分

2. 教师评价表

活动环节	评价细目	赋分	学生自评
调查研究	搜集详尽，信息丰富，整理清晰	20	该组学生在观看纪录片和拓展阅读之后，能够呈现出一定的对重要信息的搜集、筛选、梳理的能力。但在整理的清晰度上还有可以提升的空间，故得分为18分
探究研讨	观点鲜明，逻辑严谨，表达清晰	20	该组同学能够综合阅读信息以及相关科学知识，对中国雾霾的成分、分布等进行了深入探讨，体现出较高的探索精神，故这一部分得分为18分
结论报告	见解深刻，观点中肯，言之有物	20	该组同学将"调查研究"和"探究研讨"的结论进行整合，形成了对中国雾霾的成因、相关危害、解决建议的结论报告，体现出较高的理解和思考能力。但在解决建议的部分，还是有点脱离实际，故这一部分得分为16分
读书笔记	阅读全面，记录精简，思考深刻	20	该组同学的读书笔记整体来说，具有清晰性、系统性、思考性等特点。虽在思考的深刻性上还不够，但在目前阶段，已经在思考和表达方面有明显特色，故这一部分得分18分
整体表现	积极参与，合作和谐，团结协作	20	该组同学都能积极参与，用心探索，发挥"大胆假设、小心求证"的科学钻研精神，并团结一致、精诚合作，故这一部分得分20分
总分	综合评价	100	90分

六、汉字汉语专题研讨

【教学目标与重点解析】

　　本任务群在必修和选择性必修"语言积累、梳理与探究"的基础上，就汉字或汉语的某一问题，加以归纳、梳理，训练学生从应用中观察语言文字现象和总结规律的综合、分析能力，旨在加深学生对汉字、汉语的理性认识。[①]"语言积累、梳理与探究""汉字汉语专题研讨"是直接关乎"语言

---

　　① 　中华人民共和国教育部.普通高中语文课程标准：2017年版2020年修订［M］.北京：人民教育出版社，2020：26.

建构与运用"这一核心素养的两个任务群。①我们要注意到两个任务群目标之间有一个关键性的变化：从"语言文字运用的敏感性"到"汉字、汉语的理性认识"，即从"语感"到"语理"。"语感"，即不需要刻意组织就可以表达思想、不需要刻意分析就能够分辨和判断言语正误的敏锐性。语感看似是一种直觉，实则是习得和积累的结果。语感随着言语经验的丰富而增长，随着积累的深度和数量的增多而提升品质。②因此，"语言积累、梳理与探究"任务群强调"积累"，注重言语知识的系统性。"语理"，是对语言现象的理性认识，把语言现象提升到规律，就产生语理。在语文教学中，从"语感"到"语理"的过程应当由学生自己概括，而不是由教师硬性灌输。从语言现象中概括规律，同时也是思维的训练。因此，本任务群强调"综合分析"，注重问题的聚焦，即从汉语特点本身和社会用语现象中提炼研究点，形成学习专题。

【教学内容解析与建议】

1. 有意识地在义务教育和高中必修阶段积累的基础上，发现与汉字、汉语有关的某些问题，结合汉字、汉语普及读物的阅读，进行归纳梳理，验证汉字、汉语的理论规律，例如汉字的表意性质、汉语的韵律特点、词汇意义的系统性、文学语言的灵活性、口语与书面语的不同特点等，提高对语言现象的理性认识。要建构语言的初步能力，首先是凭借语感，然后逐步走向理性。因此，要安排数量足够又能切实操作的语文实践活动，让学生通过自我实践，在学习和积累的同时发现和聚焦问题，并结合相关阅读归纳、梳理，进一步体会和获取汉字、汉语的规律，在发现问题和验证规律的过程中提高语言构建能力。

2. 针对语言生活中的现实问题，例如网络语言与汉字汉语规范问题、方言与普通话关系问题、成语典故运用问题等，阅读相关论著，整理事实与数据，对社会上出现的语言热点问题展开讨论，用正确的观点与方法分析问题，得出结论，在实际语言运用中努力促进祖国语言文字健康发展。语言学习的目的，不是记忆语言知识，而是形成语言能力。语言能力是一种应用能力，只有在生活语境中才能生成，这也是语言习得理论的要义。因此，教师要将生活语境中的现实问题引入教学语境，并建立合适的专题学习框架。鼓励学生以有焦点、能引起学生认知冲突的问题为导向，以自主合作探究为主要学习方式，在积极的语言实践活动中，总结提炼语言文字规律，深化理性认识，提升语言能力及其品质。

3. 学生以撰写读书报告、语言专题调查报告、小论文等形式呈现学习成果，并在专题讨论会上发表自己的成果。这是专题研讨学习成果的主要呈现形式。引导、鼓励学生发现、聚焦特定语言文字现象，梳理材料，自主阅

---

① 褚树荣. 言语之难：语言建构与运用的教学问题［J］. 语文学习，2018（6）：20-24.
② 王宁. 谈谈语言建构与运用［J］. 语文学习，2018（1）：9-12.

读相关论著，撰写读书报告；确定调查问题，编制调查提纲，访问调查对象，记录调查内容，完成调查报告；综合运用所学知识，对这些语言文字现象及语言热点问题进行专题探究，完成相关专题研究报告，组织专题讨论和报告会，发展学生的语言文化理解与探究能力。

【教学建议】

本任务群为 2 学分，36 课时，设置 4~6 个专题，每个专题 6~9 课时。专题策划示例如表 4-4。

表 4-4   汉字汉语专题研讨任务群专题

研讨内容	专题示例
对联与文化专题研讨	语言的魔方——对联的欣赏与写作
民谣与风俗专题研讨	时代晴雨表——民谣背后的社会和民生
文言与白话专题研讨	文白千古事，得失寸心知——文言与白话写作
方言与普通话专题研讨	汉语的便装与正装——方言与普通话关系探源
汉字与文化专题研讨	我是谁——探寻姓名的意义
网络语言与汉语规范专题研讨	语言的狂欢——网络语言与规范探讨

要恰当选择专题。专题应是各阶段学习中已经积累的并有利于将来长期应用的问题，同时要注意现有研究成果是否足以供学生参考。

要配备适用的学习材料。可选用或专门为专题编写主题明确、语料充分、具有启发性的学习材料来引领学习。

要充分利用先进的媒介手段进行评价。观察事实、收集数据、贮存资料、分析问题、发表成果，要充分利用先进的信息手段，发挥网络等信息工具的优势，优化研究方法，提高研究质量。

【案例】

语言的狂欢——网络语言专题教学案例[①]

这一教学案例切中"汉字汉语专题研讨"学习任务群的核心任务，针对当前网络语言滥用、误用的现象，聚焦网络语言与汉字规范问题。选题贴近学生语言生活实际，语料丰富鲜活，能激发学生的研讨热情，能拓宽学生的语言文化视野，能深化学生的理性思考，是个很好的选题。此教学案例的环节设计包括"课前准备"和"课堂教学"两个环节。

环节一：课前准备

因此，在实际教学之前，教师借助网络平台，给学生布置了两个学习

---

① 陈佳.语言的狂欢：网络语言专题教学案例［J］.语文学习，2018（6）：24–27.

任务：

1. 以小组为单位，搜集流行的网络语言；

2. 建立班级 QQ 群，通过 QQ 群展示搜集到的网络语言并交流。

对于这样的学习任务，学生的积极性和参与度都很高。他们制作了网络语言"电子记录单"，以小组为单位，确定各小组负责人，分工合作，搜集了种类繁多的网络语言。之后，他们在班级 QQ 群开展"网言网语我来晒"活动，并展开了热烈的讨论，形成了一定的共识。教师从这些记录单中筛选典型的网络语言资料，以备课堂教学所需。

设计解读："汉字汉语专题研讨"这一学习任务群没有现成的教材，教师需要关注生活中的语言现象，开发专门的课程作为教学内容，引导学生分专题地完成对汉字汉语的探讨。而"语言积累、梳理与探究"是这一专题的基础，所以，在课堂教学之前，布置学生积累网络语言是很有必要的。"课前准备"环节，以小组为单位，以"电子记录单"为形式从生活中搜集网络语言使用情况并在线初步交流，这是任务驱动。

环节二：课堂教学

（一）"网言网语"知多少

1. 情境创设。为了引出话题，激发学生兴趣，教师设计了"看图片猜网语"这一环节，生动形象的画面和幽默风趣的网络语言引发了课堂上的阵阵欢笑声，活跃了课堂氛围。

2. "网言网语"大家说。教师借机提问："你们还知道哪些网络语言呢？"引出学生活动准备时的成果展示，明确几类典型网络语言的含义、来源、组成形式等，最后达成共识：大部分网络语言结合了汉语、英语、汉语拼音、阿拉伯数字、日语等多种语言形式，运用新造、缩略、谐音、合音、符号等各种组成形式。同时，总结网络语言所呈现的规律，即网络语言看似"无序"的狂欢，实则是"有序"的，是有规则可循的。

3. "网言网语"细思量。教师引出下一个问题：为什么人们如此热衷于使用网络语言？这一问题旨在探究网络语言存在和发展的原因，激发学生对网络语言的深层思考和客观分析。学生畅所欲言，旁征博引，谈到了传播速度快、使用人群多、心理需求大和语言风趣幽默等因素。这一环节使他们认识到：看待一种语言现象不能仅仅停留在表象，而是要认识事物之间内在的联系，由表及里，追本溯源。

设计解读：这一环节通过生动有趣的情境，引出"网络语言"这一话题，在广泛的交流探讨中，学生对"网络语言"有了更为全面的认识和更为丰富的积累，在教师引导和交流讨论中，学生学会归纳梳理，开始在"无序"中发现"有序"，在"语感"中探究"语理"，为下一环节的开展做好铺垫。

（二）"网言网语"引争鸣

1. 第一次争鸣。网络语言迅速地从虚拟世界走进了现实生活，但各种观点的碰撞和争论从来没有停止。请看第一则材料：

2014年，国家新闻出版广电总局发布《关于广播电视节目和广告中规范使用国家通用语言文字的通知》，要求不得使用或介绍根据网络语言、仿照成语形式生造的词语，如"十动然拒""人艰不拆""不明觉厉""喜大普奔"等。

对此，有网友认为，这样做能够有效抑制广播电视及广告商家对语言文字的恶意篡改，利于肃清电视环境。也有网友称："整治'的确有些过头了'"。语言使用要看场合，在娱乐节目中使用网络语言是没有问题的。还有网友担忧，这样的做法不是在保护语言文化，而是将语言文化引向刻板和教条。

小组讨论，对国家新闻出版广电总局的做法是支持还是反对？说出观点和理由。

不少学生对该做法持反对态度。他们认为娱乐节目迎合观众的兴趣爱好，以娱乐为主，不讲究严谨也无伤大雅。像"不明觉厉""喜大普奔"等词，把原本呆板的书面文字变得有趣、新鲜，让人耳目一新，观众也乐于接受。如果一味地用行政手段禁止这些语言传播，将不利于语言的创新和多样化发展。

也有不少学生对该做法持赞成态度。他们认为国家新闻出版广电总局对广播电视节目内容的监管和审查工作责无旁贷，广播电视是新闻媒体，两者对语言文字的规范和传播应有担当。况且，这些生造词是对多个成语生硬缩略和强行拼装，曲解原意，缺乏美感，不便于沟通。

一石激起千层浪。学生从开始讨论时的莫衷一是到后来殊途同归。他们认为，归根结底，这是一个"规范"问题的争议。使用语言时要注意使用场合、特定人群、特定时机和语言特点等，必须保持语言的规范。

2. 第二次争鸣。网络语言能否登上大雅之堂呢？请看第二则材料：

经过五年的修订，第六版《现代汉语词典》于2012年7月15日由商务印书馆正式出版。新版词典收入的"给力""雷人""达人""被就业""被小康""宅男""宅女""粉丝""摇号""团购""山寨""微博"等3 000多条网络新词，被网友评为又潮又亲民。

针对材料，小组讨论第六版《现代汉语词典》收入这些网络语言的依据是什么？举一两个词语说明。

生1：这些词语既积极向上、充满正能量，又符合社会潮流和时代气息。比如"给力"一词给人很有干劲，给予力量的感觉。又如"山寨""微博"等词语应时而生，贴近生活，被大众接受和认可，是全民性的语言，也是约定俗成的语言。

生2：这些语言生动形象，很有表现力，很有生命力。比如"被就业""被小康"，"被"字表示一种被动的行为，形象表达了对社会某些现象的无奈、讽刺，或是对某一问题的幽默调侃。又如"宅男""雷人"，其中"宅""雷"二字都有词类活用现象，既传神又有活力，人们乐于接受和使用。

设计解读：这一环节是关于网络语言规范使用标准的讨论。老师充分挖掘学习资源，"能否根据网络语言生造词语""网络语言能否登大雅之堂"这两个富有辩证性的命题，点燃了学生思维的火花。引导学生就网络语言和汉语规范进行深入辨析、深度挖掘、细致探讨，促进学生理性认识的发展。

（三）"网言网语"我代言

1. 创设交际语境。语言的运用和研判，交际语境非常重要。如何使第二阶段的讨论清晰起来呢？教师布置了一个学生活动——给定角色，模仿情境，为网络语言代言。具体做法是让学生树立角色意识，制定若干条网络语言的使用标准，并陈述理由。

2. 组织讨论，筛选标准。分三个小组，每一小组代表一个角色，拟定若干条标准，再交流和修改，进一步完善标准。在对网络语言使用情况有了初步认识的前提下，学生进入情境，拟定出多条标准。接着，各小组呈现拟定的标准，展开讨论，其他小组积极参与讨论，在分析交流中取其精华，去其糟粕，最后保留有价值的标准。如：

（1）模拟国家语言文字工作委员会发言人

有些网络语言往往是由人们比较普遍的语言实践形成的，符合现代汉语的使用规范，符合现代社会主流的价值观。根据约定俗成的原则，部分已被社会民众广泛认可的网络词语可以收入《现代汉语词典》。当然这需要有关专业部门组织力量做科学细致的工作。

（2）模拟学校语文教师代表

青少年正处在语言学习时期，接受能力强，易受低俗网络语言影响，从而形成不良价值观，不利于身心健康发展。我们要正确引导学生规范使用网络语言，让学生明白网络语言的含义和来源等，提倡文明用语，拒绝无视社会责任的恶俗语言狂欢，倡导将文明使用网络语言纳入《中学生行为准则》。

（3）模拟学生代表

规范使用祖国语言文字，正确认识网络语言的内涵，拒绝使用低俗的网络语言。这是我们的责任。

设计解读：这一环节用生动有趣的角色扮演的形式，引导学生进一步探究如何推进网络语言的规范使用，借"发言人"的口吻，传达自己对这一话题的理性思考与总结。

从"'网言网语'知多少"到"'网言网语'引争鸣"再到"'网言网语'我代言"，陈佳老师的教学设计搭建了一个融广泛研读、归纳梳理、深入辨析、深度挖掘、细致探讨、理性总结"等为一体的专题学习框架，加深了学生对网络语言和汉语规范的理性认识。整个过程清晰明了，环环相扣，由"语感"到"语理"，不仅帮助学生建构汉字汉语知识，还促进学生提高对汉字汉语的理性认识，有利于学生语文学科核心素养的形成与发展。

【评价建议】

1. 学生自我评价表

评价项目	评价标准及对应等级表述	评价等级
对联与文化	A. 我能积极发现并自觉梳理与对联文化有关的问题；会主动查阅文献、积极探究对联背后的文化价值及文化意蕴；我乐于与他人交流探讨对联与文化的相关话题；我往往能得出正确、鲜明、深刻、新颖的结论；我的项目成果内容丰富、质量上乘，形式既恰当、生动，又较为新颖或多元。 B. 我需要别人的提醒督促，才能发现并梳理与对联文化有关的问题；需要在外界推动或别人帮助下查阅文献、完成对对联背后的文化价值及文化意蕴的探究；我能与他人交流探讨对联与文化的相关话题；我一般能得出正确、鲜明且较为深刻、新颖的结论；我的项目成果内容较为丰富、质量较为上乘，形式较为恰当、生动。 C. 我不太能发现、也不太能梳理与对联文化有关的问题；不常有查阅文献、探究对联背后的文化价值及文化意蕴的习惯，也不太具备相应的能力；我不常与他人交流探讨对联与文化的相关话题；我的结论较为正确、鲜明，但谈不上较深刻、新颖；我的项目成果内容丰富度一般、质量中等，形式较为恰当。 D. 我几乎不能发现并梳理与对联文化有关的问题；没有查阅文献、探究对联背后的文化价值及文化意蕴的习惯，也不具备相应的能力；我很少与他人交流探讨对联与文化的相关话题；我的结论较为正确；我的项目成果丰富度及质量有待提升，形式还有待改善	
民谣与风俗	A. 我能积极发现并自觉梳理与民谣风俗有关的问题；会主动查阅文献、积极探究民谣背后的风俗文化；我乐于与他人交流探讨民谣与风俗的相关话题；我往往能得出正确、鲜明、深刻、新颖的结论；我的项目成果内容丰富、质量上乘，形式既恰当、生动，又较为新颖或多元。 B. 我需要别人的提醒督促，才能发现并梳理与民谣风俗有关的问题；需要在外界推动或别人帮助下查阅文献、完成对民谣背后的风俗文化的探究；我能与他人交流探讨民谣与风俗的相关话题；我一般能得出正确、鲜明且较为深刻、新颖的结论；我的项目成果内容较为丰富、质量较为上乘，形式较为恰当、生动。	

评价项目	评价标准及对应等级表述	评价等级
民谣与风俗	C. 我不太能发现、也不太能梳理与民谣风俗有关的问题；不常有查阅文献、探究民谣背后的风俗文化的习惯，也不太具备相应的能力；我不常与他人交流探讨民谣与风俗的相关话题；我的结论较为正确、鲜明，但谈不上较深刻、新颖；我的项目成果内容丰富度一般、质量中等，形式较为恰当。 D. 我几乎不能发现并梳理与民谣风俗有关的问题；没有查阅文献、探究民谣背后的风俗文化的习惯，也不具备相应的能力；我很少与他人交流探讨民谣与风俗的相关话题；我的结论较为正确；我的项目成果丰富度及质量有待提升，形式还有待改善	
文言与白话	A. 我能积极发现并自觉梳理与文言和白话有关的问题；会主动查阅文献、积极探究文言与白话各自的规律、两者背后共同的文化内蕴；我乐于与他人交流探讨文言与白话的相关话题；我往往能得出正确、鲜明、深刻、新颖的结论；我的项目成果内容丰富、质量上乘，形式既恰当、生动，又较为新颖或多元。 B. 我需要别人的提醒督促，才能发现并梳理与文言和白话有关的问题；需要在外界推动或别人帮助下查阅文献、完成对文言与白话的各自规律的探究，及两者背后共同的文化内蕴的探究；我能与他人交流探讨文言与白话的相关话题；我一般能得出正确、鲜明且较为深刻、新颖的结论；我的项目成果内容较为丰富、质量较为上乘，形式较为恰当、生动。 C. 我不太能发现、也不太能梳理与文言和白话有关的问题；不常有查阅文献、探究文言与白话的各自规律及共同文化内蕴的习惯，也不太具备相应的能力；我不常与他人交流探讨文言与白话的相关话题；我的结论较为正确、鲜明，但谈不上较深刻、新颖；我的项目成果内容丰富度一般、质量中等，形式较为恰当。 D. 我几乎不能发现并梳理与文言和白话有关的问题；没有查阅文献、探究文言与白话的各自规律及共同的文化内蕴的习惯，也不具备相应的能力；我很少与他人交流探讨文言与白话的相关话题；我的结论较为正确；我的项目成果丰富度及质量有待提升，形式还有待改善	

评价 项目	评价标准及对应等级表述	评价等级
方言与 普通话	A. 我能积极发现并自觉梳理与方言和普通话有关的问题；会主动查阅文献、积极探究方言与普通话各自的规律、两者背后共同的文化内蕴；我乐于与他人交流探讨方言和普通话的相关话题；我往往能得出正确、鲜明、深刻、新颖的结论；我的项目成果内容丰富、质量上乘，形式既恰当、生动，又较为新颖或多元。 B. 我需要别人的提醒督促。才能发现并梳理与方言和普通话有关的问题；需要在外界推动或别人帮助下查阅文献、完成对方言与普通话各自的规律、两者背后共同的文化内蕴的探究；我能与他人交流探讨方言和普通话的相关话题；我一般能得出正确、鲜明且较为深刻、新颖的结论；我的项目成果内容较为丰富、质量较为上乘，形式较为恰当、生动。 C. 我不太能发现、也不太能梳理与方言和普通话有关的问题；不常有查阅文献、探究方言与普通话各自的规律、两者背后共同的文化内蕴的习惯，也不太具备相应的能力；我不常与他人交流探讨方言和普通话的相关话题；我的结论较为正确、鲜明，但谈不上较深刻、新颖；我的项目成果内容丰富度一般、质量中等，形式较为恰当。 D. 我几乎不能发现并梳理与方言和普通话有关的问题；没有查阅文献、探究方言与普通话各自的规律、两者背后共同的文化内蕴的习惯，也不具备相应的能力；我很少与他人交流探讨方言和普通话的相关话题；我的结论较为正确；我的项目成果丰富度及质量有待提升，形式还有待改善	
汉字与 文化	A. 我能积极发现并自觉梳理与汉字文化有关的问题；会主动查阅文献、积极探究汉字背后的文化价值及文化意蕴；我乐于与他人交流探讨汉字与文化的相关话题；我往往能得出正确、鲜明、深刻、新颖的结论；我的项目成果内容丰富、质量上乘，形式既恰当、生动，又较为新颖或多元。 B. 我需要别人的提醒督促，才能发现并梳理与汉字文化有关的问题；需要在外界推动或别人帮助下查阅文献、完成对汉字背后的文化价值及文化意蕴的探究；我能与他人交流探讨汉字与文化的相关话题；我一般能得出正确、鲜明且较为深刻、新颖的结论；我的项目成果内容较为丰富、质量较为上乘，形式较为恰当、生动。	

评价项目	评价标准及对应等级表述	评价等级
汉字与文化	C. 我不太能发现、也不太能梳理与汉字文化有关的问题；不常有查阅文献、探究汉字背后的文化价值及文化意蕴的习惯，也不太具备相应的能力；我不常与他人交流探讨汉字与文化的相关话题；我的结论较为正确、鲜明，但谈不上较深刻、新颖；我的项目成果内容丰富度一般、质量中等，形式较为恰当。 D. 我几乎不能发现并梳理与汉字文化有关的问题；没有查阅文献、探究汉字背后的文化价值及文化意蕴的习惯，也不具备相应的能力；我很少与他人交流探讨汉字与文化的相关话题；我的结论较为正确；我的项目成果丰富度及质量有待提升，形式还有待改善	
网络语言与汉语规范	A. 我能积极发现并自觉梳理与网络语言有关的问题；会主动查阅文献、积极探究网络语言与汉语规范的相关问题并乐于与他人交流探讨；我往往能得出正确、鲜明、深刻、新颖的结论；我的项目成果内容丰富、质量上乘，形式既恰当、生动，又较为新颖或多元。 B. 我需要别人的提醒督促，才能发现并梳理与网络语言有关的问题；需要在外界推动或别人帮助下查阅文献、完成对网络语言与汉语规范的相关问题的探究并与他人交流探讨；我一般能得出正确、鲜明且较为深刻、新颖的结论；我的项目成果内容较为丰富、质量较为上乘，形式较为恰当、生动。 C. 我不太能发现、也不太能梳理与网络语言有关的问题；不常有查阅文献、探究网络语言与汉语规范的相关问题，也不太具备相应的能力；我不常与他人交流探讨相关话题；我的结论较为正确、鲜明，但谈不上较深刻、新颖；我的项目成果内容丰富度一般、质量中等，形式较为恰当。 D. 我几乎不能发现并梳理与网络语言有关的问题；没有查阅文献、探究网络语言与汉语规范的相关问题的习惯，也不具备相应的能力；我很少与他人交流探讨相关话题；我的结论较为正确；我的项目成果丰富度及质量有待提升，形式还有待改善	

2. 教师评价表

评价项目	评价标准及对应等级表述	评价等级
对联与文化	A. 学生能积极发现并自觉梳理与对联文化有关的问题；会主动查阅文献、积极探究对联背后的文化价值及文化意蕴；乐于与他人交流探讨对联与文化的相关话题；往往能得出正确、鲜明、深刻、新颖的结论；项目成果内容丰富、质量上乘，形式既恰当、生动，又较为新颖或多元。 B. 学生需要别人的提醒督促，才能发现并梳理与对联文化有关的问题；需要在外界推动或别人帮助下查阅文献、完成对对联背后的文化价值及文化意蕴的探究；能与他人交流探讨对联与文化的相关话题；一般能得出正确、鲜明且较为深刻、新颖的结论；项目成果内容较为丰富、质量较为上乘，形式较为恰当、生动。 C. 学生不太能发现、也不太能梳理与对联文化有关的问题；不常有查阅文献、探究对联背后的文化价值及文化意蕴的习惯，也不太具备相应能力；不常与他人交流探讨对联与文化的相关话题；结论较为正确、鲜明，但谈不上较深刻、新颖；项目成果内容丰富度一般、质量中等，形式较为恰当。 D. 学生几乎不能发现并梳理与对联文化有关的问题；没有查阅文献、探究对联背后的文化价值及文化意蕴的习惯，也不具备相应能力；很少与他人交流探讨对联与文化的相关话题；结论较为正确；项目成果丰富度及质量有待提升，形式还有待改善	
民谣与风俗	A. 学生能积极发现并自觉梳理与民谣风俗有关的问题；会主动查阅文献、积极探究民谣背后的风俗文化；乐于与他人交流探讨民谣与风俗的相关话题；往往能得出正确、鲜明、深刻、新颖的结论；项目成果内容丰富、质量上乘，形式既恰当、生动，又较为新颖或多元。 B. 学生需要别人的提醒督促，才能发现并梳理与民谣风俗有关的问题；需要在外界推动或别人帮助下查阅文献、完成对民谣背后的风俗文化的探究；能与他人交流探讨民谣与风俗的相关话题；一般能得出正确、鲜明且较为深刻、新颖的结论；项目成果内容较为丰富、质量较为上乘，形式较为恰当、生动。	

评价项目	评价标准及对应等级表述	评价等级
民谣与风俗	C. 学生不太能发现、也不太能梳理与民谣风俗有关的问题；不常有查阅文献、探究民谣背后的风俗文化的习惯，也不太具备相应的能力；不常与他人交流探讨民谣与风俗的相关话题；结论较为正确、鲜明，但谈不上较深刻、新颖；项目成果内容丰富度一般、质量中等，形式较为恰当。 D. 学生几乎不能发现并梳理与民谣风俗有关的问题；没有查阅文献、探究民谣背后的风俗文化的习惯，也不具备相应的能力；很少与他人交流探讨民谣与风俗的相关话题；结论较为正确；项目成果丰富度及质量有待提升，形式还有待改善	
文言与白话	A. 学生能积极发现并自觉梳理与文言和白话有关的问题；会主动查阅文献、积极探究文言与白话各自的规律、两者背后共同的文化内蕴；乐于与他人交流探讨文言与白话的相关话题；往往能得出正确、鲜明、深刻、新颖的结论；项目成果内容丰富、质量上乘，形式既恰当、生动，又较为新颖或多元。 B. 学生需要别人的提醒督促，才能发现并梳理与文言和白话有关的问题；需要在外界推动或别人帮助下查阅文献、完成对文言与白话的各自规律的探究，及两者背后共同的文化内蕴的探究；能与他人交流探讨文言与白话的相关话题；一般能得出正确、鲜明且较为深刻、新颖的结论；项目成果内容较为丰富、质量较为上乘，形式较为恰当、生动。 C. 学生不太能发现、也不太能梳理与文言和白话有关的问题；不常有查阅文献、探究文言与白话的各自规律及共同文化内蕴的习惯，也不太具备相应的能力；不常与他人交流探讨文言与白话的相关话题；结论较为正确、鲜明，但谈不上较深刻、新颖；项目成果内容丰富度一般、质量中等，形式较为恰当。 D. 学生几乎不能发现并梳理与文言和白话有关的问题；没有查阅文献、探究文言与白话的各自规律及共同的文化内蕴的习惯，也不具备相应的能力；很少与他人交流探讨文言与白话的相关话题；结论较为正确；项目成果丰富度及质量有待提升，形式还有待改善	

评价项目	评价标准及对应等级表述	评价等级
方言与普通话	A. 学生能积极发现并自觉梳理与方言和普通话有关的问题；会主动查阅文献、积极探究方言与普通话各自的规律、两者背后共同的文化内蕴；乐于与他人交流探讨方言和普通话的相关话题；往往能得出正确、鲜明、深刻、新颖的结论；项目成果内容丰富、质量上乘，形式既恰当、生动，又较为新颖或多元。 B. 学生需要别人的提醒督促，才能发现并梳理与方言和普通话有关的问题；需要在外界推动或别人帮助下查阅文献、完成对方言与普通话各自的规律、两者背后共同的文化内蕴的探究；能与他人交流探讨方言和普通话的相关话题；一般能得出正确、鲜明且较为深刻、新颖的结论；项目成果内容较为丰富、质量较为上乘，形式较为恰当、生动。 C. 学生不太能发现、也不太能梳理与方言和普通话有关的问题；不常有查阅文献、探究方言与普通话各自的规律、两者背后共同的文化内蕴的习惯，也不太具备相应的能力；不常与他人交流探讨方言和普通话的相关话题；结论较为正确、鲜明，但谈不上较深刻、新颖；项目成果内容丰富度一般、质量中等，形式较为恰当。 D. 学生几乎不能发现并梳理与方言和普通话有关的问题；没有查阅文献、探究方言与普通话各自的规律、两者背后共同的文化内蕴的习惯，也不具备相应的能力；很少与他人交流探讨方言和普通话的相关话题；结论较为正确；项目成果丰富度及质量有待提升，形式还有待改善	
汉字与文化	A. 学生能积极发现并自觉梳理与汉字文化有关的问题；会主动查阅文献、积极探究汉字背后的文化价值及文化意蕴；乐于与他人交流探讨汉字与文化的相关话题；往往能得出正确、鲜明、深刻、新颖的结论；项目成果内容丰富、质量上乘，形式既恰当、生动，又较为新颖或多元。 B. 学生需要别人的提醒督促，才能发现并梳理与汉字文化有关的问题；需要在外界推动或别人帮助下查阅文献、完成对汉字背后的文化价值及文化意蕴的探究；能与他人交流探讨汉字与文化的相关话题；一般能得出正确、鲜明且较为深刻、新颖的结论；项目成果内容较为丰富、质量较为上乘，形式较为恰当、生动。	

评价项目	评价标准及对应等级表述	评价等级
汉字与文化	C. 学生不太能发现、也不太能梳理与汉字文化有关的问题；不常有查阅文献、探究汉字背后的文化价值及文化意蕴的习惯，也不太具备相应的能力；不常与他人交流探讨汉字与文化的相关话题；结论较为正确、鲜明，但谈不上较深刻、新颖；项目成果内容丰富度一般、质量中等，形式较为恰当。 D. 学生几乎不能发现并梳理与汉字文化有关的问题；没有查阅文献、探究汉字背后的文化价值及文化意蕴的习惯，也不具备相应的能力；很少与他人交流探讨汉字与文化的相关话题；结论较为正确；项目成果丰富度及质量有待提升，形式还有待改善	
网络语言与汉语规范	A. 学生能积极发现并自觉梳理与网络语言有关的问题；会主动查阅文献、积极探究网络语言与汉语规范的相关问题并乐于与他人交流探讨；往往能得出正确、鲜明、深刻、新颖的结论；项目成果内容丰富、质量上乘，形式既恰当、生动，又较为新颖或多元。 B. 学生需要别人的提醒督促，才能发现并梳理与网络语言有关的问题；需要在外界推动或别人帮助下查阅文献、完成对网络语言与汉语规范的相关问题的探究并与他人交流探讨；一般能得出正确、鲜明且较为深刻、新颖的结论；项目成果内容较为丰富、质量较为上乘，形式较为恰当、生动。 C. 学生不太能发现、也不太能梳理与网络语言有关的问题；不常有查阅文献、探究网络语言与汉语规范的相关问题，也不太具备相应的能力；不常与他人交流探讨相关话题；结论较为正确、鲜明，但谈不上较深刻、新颖；项目成果内容丰富度一般、质量中等，形式较为恰当。 D. 学生几乎不能发现并梳理与网络语言有关的问题；没有查阅文献、探究网络语言与汉语规范的相关问题的习惯，也不具备相应的能力；很少与他人交流探讨相关话题；结论较为正确；项目成果丰富度及质量有待提升，形式还有待改善	

七、跨文化专题研讨

【教学目标与重点解析】

本任务群的学习建立在"外国作家作品研习"的基础上，对其延伸、拓展、提高和深化。要在"外国作家作品研习"的基础上，深入研讨外国文学名著和文化经典的若干专题。我们要注意新版课程标准在表述上的两个变化：一是从"外国作家作品"变为"外国文学名著和文化经典"，二是从"研习"变为"研讨"。这涉及本任务群的教学思想、策略和实践。从"外国作家作品"变为"外国文学名著和文化经典"，意味着本任务群的教学目标在"外国作家作品研习"的基础上的扩大和加深。从引导学生研习外国文学名著名篇，阅读外国文学经典作品的文学范畴，扩大到文化范畴。本任务群的阅读视野不仅仅局限于外国文学经典作品，还要延展到外国文化经典作品，尤其强调对外国文学理论名著的阅读和研讨，以增进对人类文明史上多样文化并进的事实及全球化背景下文化多样性的理解。从"研习"变为"研讨"，意味着本任务群在教学策略、实施过程、成果呈现等方面的变化。这些变化体现在教学目标与重点上。"研习"和"研讨"都以任务为导向，以学习项目为载体，来整合学习情境、学习内容、学习方法和学习资源，但"研讨"在深度和广度上要求更高。问题导向、跨文化、自主合作、个性化、创造性等因素在本任务群被提到了更显著的位置，自主、合作、探究应是本任务群的主要学习方式，引导学生学会自主、合作、探究，应是本任务群的目标之一。这两种变化都统摄在学习任务群主题之下。所谓"跨文化"，新版课程标准指出："旨在引导学生思考丰富多样的人类文化，汲取人类思想精华，培养开放的文化心态，发展批判性思维，增强文化理解力。"本任务群的核心任务，是要从阅读外国文学经典拓展掘深到文化比较，尤其是中外文化比较。"外国作家作品研习"学习任务群中提出"尝试探讨不同民族文学之间的共同话题和文化差异，尊重文化多样性，提升文化鉴别力"，本任务群就是要以"深入研讨"为重点。

【教学内容解析与建议】

1. 研讨不同时期、不同国家与民族的文学、文化经典作品，增进对人类文明史上多样文化并进的事实及全球化背景下文化多样性的理解。在"外国作家作品研习"的基础上，再读经典，研读新的作品。研讨范围不仅仅是文学经典，还有其他文化经典。学会尊重、理解作品所体现的不同时代、不同民族、不同流派风格的文化，理解作品所表现出来的价值判断和审美取向，作出恰当的评价，以发展的眼光和开放的心态看待外来文化，拓宽文化视野和思维空间。

2. 选读一本外国文学理论名著，了解世界文学批评中某一流派的基本主张和文学解读方法；或者选读一本研究中外文学或文化比较的著作，尝试运用其中的观点研读以前读过的作品。这是"授人以渔"的可贵尝试，如果能给高中生一点文学批评的理论修养，他们的阅读将走向自觉、自省和自主的层面，有助于他们形成高尚的审美情趣和审美品位。在鉴赏活动中，运用外国文学理论名著或文化比较著作提供的观照体系、理论策略、解读方法。富有理论高度的理性解读，将使学生从不同角度、不同层面清晰地阐释自己对作品的情感、形象、主题和思想内涵、表现形式及作品风格的理解，能比较多个不同作品的异同，进而能对作品的艺术形象及价值有独到的感悟和理解。

3. 借助已有的阅读经验，选择合适的内容进行跨文化专题研究，在中外文化的比较中，深化对中华优秀传统文化的理解，增强对中国特色社会主义文化的自信。鼓励学生对学过的重要作品和具有典型性的语言材料进行分类整理。在整理过程中，学生学会综合运用所学的知识，对生活中自己感兴趣的某些语言、文学、文化现象及社会热点问题进行专题探究。结合具体作品，多角度、多层面分析、论述相关的文化现象和观念，具有文化批判和反思的意识。写相关调查报告或专题研究报告，组织专题讨论和报告会，尝试用历史眼光和现代观念，辩证地审视和评论古今中外语言文学作品的内容和思想倾向，对当代文化建设发表自己的见解。

【教学建议】

本任务群为 2 学分，36 课时，设置 4～6 个专题，每个专题 6～9 课时。专题策划如表 4-5。

表 4-5　跨文化专题研讨任务群专题

研讨内容	专题示例
外国文学经典研讨	专题一：理想与现实的博弈——以《堂吉诃德》为例 专题二：人间正道是沧桑——卢梭《忏悔录》与巴金《随想录》比较阅读
外国文化经典研讨	专题一：什么是哲学——罗素《西方哲学史》研读 专题二：哲学也可以这么生动——《苏菲的世界》研读
外国文学理论名著研讨	专题一：小说的真相——读艾略特《小说的艺术》
中外文学或文化比较著作研讨	专题一：以西方的视角观察中国——费正清《美国与中国》研讨
跨文化专题研讨	专题一：天人交战——试论中西方人际关系存在的文化差异

鼓励学生根据个人兴趣、能力和特长，自主选择学习内容和学习方式，学会自我监控和学习管理，探索个性化的学习方法。通过批注、概要、随

笔、杂感、札记、时评、小论文、研究报告、文学创作，以及各类实用文体写作，辅以活泼多样的研讨情境，激发交流兴趣，如演说、辩论、故事会、调研、访谈、文学期刊编纂、社团组织、网络协同学习……在这些丰富的语文学习活动中，学生以发现、探究、解决问题为主线，以任务为驱动，指导学生积极地、富有创意地读书，把阅读体验、观点见解、研究结论通过不同形式的口语、书面语合情合理地表达出来，形成丰富多样的过程性学习成果，完成阅读与鉴赏、表达与交流、梳理与探究的整合。

【案例】

镜头下的异域——探究东西方文化的碰撞与融合[①]

此案例切中"跨文化专题研讨"任务群的核心任务，贴近当今全球化进程加速、中西方文化碰撞和融合日益加剧的时代洪流。选题站位高远，大气开放，内涵丰富，"文化味"足，探讨性强，能激发学生的研讨热情，能拓宽学生的文化视野，能深化学生的理性思考。

本案例共有两个大的环节，可以概括为"两类阅读""两个活动"。过程清晰明了，简洁高效。任务群教学的综合性很高，往往跨文本、跨媒介、跨文化，需要多种手段多种方式配合完成，所以在教学实践上，容易出现叠床架屋的烦琐设计，手段杂陈，花样繁多，重形式轻内容，重推进少沉淀，重结果轻过程。此案例无疑做了一个好的示范，风格干净利落，目标清晰，重点突出，解决方案得当，环环相扣，层层推进，是一个设计立体、效果颇佳的好案例。

环节一："含英咀华"

活动一：你对网络上人们热议的东西差异的话题感兴趣吗？挑选你感兴趣的话题，参与讨论，发表自己的见解。

活动二：引入电影《卧虎藏龙》，提到一个很有趣的现象：当年在国内的票房远不如海外，然而若干年后成了东西方都认可的经典。这种错位现象为中西方文化差异研究设置了很好的能引起兴趣的情境。

学生共读《卧虎藏龙》剧本的经典章节，提出问题，引导思考：

1. 本片内涵丰富，你觉得影片的主题是什么？请用一个词来概括，并谈谈你对影片主题的理解。

2. 下面是电影中李慕白临死前与俞秀莲的一段对白，有人喜欢，有人批评，请你作点评。

3. 据说在国外电影节上放映《卧虎藏龙》，西方观众见电影结尾处玉娇龙纵身跃下悬崖，不禁唏嘘不已，而中国观众对结尾处这样的情节安排很是不解。请谈谈你对"玉娇龙之死"的理解。

好的思考题一定富于层次性、启发性和引导性。基于阅读的赏析，为涉及跨文化探讨的第三问打好了基础，第三问指向东西方文化差异，问题提得

---

① 顾乐波.美美与共：跨文化专题研讨［M］.上海：上海教育出版社，2018：73-79.

非常巧，有四两拨千斤之妙。

环节二："实践笃行"

设计了两个观影活动，并据此展开跨文化讨论。

此环节以"当东方与西方相遇——从电影看中西方文化的碰撞与融合"为主题，用观影活动的方式，以电影影像为载体，展开东西方文化差异探讨。形式新颖，富有趣味，能激发学生的兴趣，提高探讨的有效性。在设计学习任务群教学方式的时候，一定要站在学生的感官和实际来考虑，不强加教师的眼光和意愿，真阅读真思考真讨论真活动。要想达到这样的效果，就一定要考虑方式方法的"学生缘"。

活动一：观看郑晓龙执导，梁家辉、蒋雯丽、朱旭主演的电影《刮痧》，引导学生思考电影表现了哪些东西方文化冲突，想想这些冲突的深层原因是什么，该如何化解。具体实现路径是：

1. 请用自己的话写一则故事梗概；

2. 从下列关键词（每个关键词设置了一个问题进行引导）中任选 2~3 个，结合相关故事情节，谈谈你对影片所表现的文化冲突的认识。

关键词一：刮痧

提示：你觉得这场冲突的根本原因是什么？如果你是大同，为了说服法官，你会如何解释"刮痧"？

关键词二：孙悟空

提示：控方律师和大同对"孙悟空"这一形象的理解完全不同，你如何看待双方的分歧？

关键词三：家庭教育

提示：爷爷和爸爸都认为打孩子是为了孩子好，可作为二代移民的丹尼斯怎么也理解不了。你怎么看中国的这种传统教育？

关键词四：面子

提示：大同认为他当面打自己的儿子是为了给昆兰面子，而昆兰却认为这是"乱七八糟的中国逻辑"，对此你怎么看？

3. 大同走出困境了吗？

在熟悉电影情节的前提下，教师提供若干视角，帮助学生发掘、思考、探讨中西方文化差异在电影中的具体表现，并引向对中国社会和文化的观察，小切口大思考，这样的设计极具启发性。

活动二：从取材于中国乐府诗《木兰辞》的迪士尼动画长片《MULAN》探讨中美文化的碰撞与融合。

迪士尼出品的卡通片《MULAN》当时在美国乃至世界大受欢迎，在中国却遭到冷遇，国人为什么不待见经过改造的美国式花木兰？此案例设计了三步来进行探讨：

1. 观影与记录：迪士尼《MULAN》与乐府《木兰辞》之比较；

2. 分析与探究：迪士尼改编花木兰是创意还是误读？

3. 表达与交流：从《MULAN》看中美文化的碰撞与融合

要求学生将合作探究的成果写成讲稿，并制作演示文稿，在分享会上与大家交流。教师提供了话题参考：

两种文化背景下的女英雄；

花木兰，一个中国文化符号的传播；

迪士尼动画《MULAN》：误读还是创意？

迪士尼动画《MULAN》：文化的胜利还是资本的胜利？

由迪士尼动画《MULAN》看好莱坞电影的跨文化传播，从迪士尼动画《MULAN》看好莱坞越来越多的中国元素。

案例分析：此环节运用的手段丰富，设计奇巧精妙。既有观影，也有阅读，收集信息，整理数据，强化比较，跨文本、跨媒介，在影像艺术和语言文学中来回考究，最后固化思考，分享交流，由浅入深地实现跨文化探讨。

这两个观影活动，选材精当有趣，从"刮痧"和动画片两个小小的角度来观照中西方文化的差异，始终将探讨置于"比较"的情境中，这是研讨"跨文化"的基本思路和逻辑。"比较"的关键是：比较的对象，比较的方法，比较的结论。如果将比较大而化之，将导致任务的空洞化和玄虚化。本案例根据电影的内容，给出了实实在在的比较点，切口小，又能牵一发而动全身，一叶知秋，这样的设计不可不谓之高妙。

【评价建议】

1. 学生自我评价表

评价项目	评价标准及对应等级表述	评价等级
研讨不同时期、不同国家与民族的文学、文化经典作品	A. 我有研读外国文学文化经典作品的浓厚兴趣，能具体清晰地阐释自己对作品的情感、形象、主题和思想内涵、表现形式及作品风格的理解，能结合具体作品，从多角度、多层面分析、论述相关的文化现象和观念，具有文化批判和反思的意识，能对自己感兴趣的问题进行专题探究。 B. 我有研读外国文学文化经典作品的兴趣，能对作品的艺术形象及价值有独到的感悟和理解，能对自己感兴趣的问题进行专题探究。 C. 我有研读外国文学文化经典作品的动机，能对作品的艺术形象及价值有一定的感悟和理解，能对自己感兴趣的问题进行梳理探究。 D. 我研读外国文学文化经典作品的兴趣不大，对作品的艺术形象及价值理解不深，没有展开有效的信息梳理和问题探究	

评价项目	评价标准及对应等级表述	评价等级
选读一本外国文学理论名著	A. 我能用历史眼光和现代观念，辩证地审视和评论外国文学理论作品的内容和思想倾向，能清晰地解释文本中事实、材料与观点、推断之间的关系，分析其推论的合理性，或揭示其可能存在的矛盾、模糊或故意混淆之处等，能有理有据地发表自己的观点，能提出自己感兴趣的问题，尝试用所学的知识解决相关问题。 B. 我能辩证地审视和评论外国文学理论作品的内容和思想倾向，能准确地理解并解释文本中事实、材料与观点、推断之间的关系，能有理有据地发表自己的观点，能提出自己感兴趣的问题，尝试用所学的知识解决相关问题。 C. 我能比较清楚地理解外国文学理论作品的内容和思想倾向，能提出自己的观点和自己感兴趣的问题。 D. 我不太能理解理解外国文学理论作品的内容和思想倾向，不能提出自己的观点和自己感兴趣的问题	
跨文化专题研究	A. 我能结合具体作品，多角度、多层面分析、论述相关的文化现象和观念，能对语言材料进行分类整理，综合运用所学的知识，对生活中自己感兴趣的某些语言、文学、文化现象及社会热点问题进行专题探究，具有文化批判和反思的意识，能写相关调查报告或专题研究报告，组织专题讨论和报告会，对当代文化建设发表自己的见解。 B. 我能结合具体作品，分析论述相关的文化现象和观念，能对语言材料进行分类整理，综合运用所学的知识，对生活中自己感兴趣的某些语言、文学、文化现象及社会热点问题进行专题探究，能写相关调查报告或专题研究报告，组织专题讨论和报告会，对当代文化建设发表自己的见解。 C. 我能结合具体作品理解相关的文化现象和观念，能对语言材料进行基本分类整理，对自己感兴趣的某些问题进行探究，能写基本的研究报告。 D. 我不能理解相关的文化现象和观念，基本没有分类整理的习惯，没有整理学习心得	

2. 教师评价表

评价项目	评价标准及对应等级表述	评价等级
研讨不同时期、不同国家与民族的文学、文化经典作品	A. 能激发学生研读外国文学文化经典作品的浓厚兴趣，能引导学生清晰地阐释对作品的情感、形象、主题和思想内涵、表现形式及作品风格的理解，能激发学生的文化批判和反思的意识，能推动学生对自己感兴趣的问题进行专题探究。 B. 能引导学生研读外国文学文化经典作品的兴趣，能引导学生对作品的艺术形象及价值进行必要的梳理，能启发学生对自己感兴趣的问题进行专题探究。 C. 能触发学生研读外国文学文化经典作品的动机，能引导学生对作品的艺术形象及价值有一定的感悟和理解。 D. 不能激发学生研读外国文学文化经典作品的兴趣，对学生阅读和学习的过程缺乏体系性的引导和设计	
选读一本外国文学理论名著	A. 能引导学生用历史眼光和现代观念，辩证地审视和评论外国文学理论作品的内容和思想倾向，能教会学生辨析文本立场，或揭示其可能存在的矛盾、模糊或故意混淆之处等，能引导学生有理有据地发表自己的观点，尝试用所学的知识解决相关问题。 B. 能引导学生辩证地审视和评论外国文学理论作品的内容和思想倾向，能辅助学生准确地理解并解释文本信息，能激发学生提出自己感兴趣的问题，尝试用所学的知识解决相关问题。 C. 能引导学生比较清楚地理解外国文学理论作品的内容和思想倾向。 D. 不能给学生的阅读和学习搭建支架，缺乏过程性辅助和支持，不能调动学生开展深度研究	
跨文化专题研究	A. 能引导学生结合具体作品，多角度、多层面分析、论述相关的文化现象和观念，能教会学生分类整理的方法，能激发学生综合运用所学的知识，对生活中自己感兴趣的某些语言、文学、文化现象及社会热点问题进行专题探究，对当代文化建设发表自己的见解。	

续表

评价项目	评价标准及对应等级表述	评价等级
跨文化专题研究	B. 能引导学生结合具体作品，分析论述相关的文化现象和观念，能引导学生对语言材料进行分类整理，对生活中自己感兴趣的某些语言、文学、文化现象及社会热点问题进行专题探究。 C. 能引导学生结合具体作品理解相关的文化现象和观念，能引导对语言材料进行基本分类整理，对自己感兴趣的问题进行探究。 D. 无法引导学生理解相关的文化现象和观念，没有引导学生养成分类整理的习惯	

八、学术论著专题研讨

【教学目标与重点解析】

本任务群旨在引导学生根据个人的阅读兴趣、平时积累、思维特点和未来发展方向，选择适宜的学术著作深入阅读和研究，把握论著的主要观点和基本倾向，了解用以支撑观点的关键材料，理清论证思路，撰写研究笔记，促进语言能力和审美素养的提升。指导学生将研读学术著作过程中生成的关注点、问题点、质疑点等进行梳理概括，形成专题，并围绕专题组织学生利用多种方式进行研讨活动，使学生在研讨过程中形成学术探索和哲理思辨的习惯。通过信息的交流和思维的碰撞，为学生打开历史、哲学、美学等多个维度的窗户，提升其文化和学术眼光，促进其逻辑思维的发展。指导学生整理提炼专著研读或专题研讨的成果，借鉴专业学术论文的形式完成学术性或研究性小论文的写作。在文学、社会生活等领域训练学生学会科学判断、自主收集材料、发现问题并解决问题的能力，促进其人文意识、公民意识和学术规范的养成，提升其探究能力、审美能力和写作能力。

本任务群通过学术论著的研讨，重在拓展学生文化视野和思维空间，培养逻辑思维能力特别是批判性思维能力；通过学术小论文的写作，重点训练学生严谨地表达自己的看法和观点的能力，培养和提升其学术素养。

【教学内容解析与建议】

本任务群教学可分为学术著作选读和学术性小论文写作两部分。在教学中首先要让学生明确学术论著的内涵，抓住研究性、理论性和创造性三个特征区分学术论著和文学作品。

指导学生阅读学术著作可围绕七个关键词进行：观点、概念、假设、预测、发现、归纳、演绎。在整体了解论著内容的基础上把握论著的观点、思路和最具启发性和智慧性的内容。可将学术论著分为七大类对学生进行指导：哲学类、政治类、经济类、文化类、教育类、艺术类和建筑类。这七类学术论著既有共同的解读路径，如抓论著的观点、材料、谋篇布局等，但也要提醒学生：不同类型的学术论著关注和研讨的目标应有所区别，比如经济类应积累相关的经济学原理，评价当前的经济状况；文化类应感受学者不畏权威、不拘成见的学术道德等。

学术小论文写作指导应分为两个方面：研究内容和学术规范。研究内容方面包括如何选题，如何搜集资料，如何对材料进行取舍，如何立论和论证阐述等方面的指导，让学生确立"大视野，小切口"的意识，从更高更广的层面上关注这个世界，形成一种格局。在学术规范方面，要明白学术性小论文不同于一般的议论文，其写作的重点在于表达研究成果，可参阅学术论著的基本格式和语言表达方式。理论推导、数据引用等应坚持学术规范，不作假，不抄袭，不强词夺理。尊重他人研究成果，引用资料应注明出处，文末应注明参考书目。

【教学建议】

本任务群为 2 学分，36 课时。学术著作选读为 22 课时，学术专题研讨为 8 课时，学术性小论文写作为 6 课时。可将学术著作和学术专题放在一起，以专题形式开展阅读研讨，用一个专题进行学术性小论文指导和写作。

内容和课时安排如表 4-6。

表 4-6　学术论著专题研讨任务群专题

类别	专题	课时
学术著作选读	哲学类论著选文研读	选读 3 课时，研讨 1 课时
	政治类论著选文研读	选读 3 课时，研讨 1 课时
	经济类论著选文研读	选读 3 课时，研讨 1 课时
	文化类论著选文研读	选读 3 课时，研讨 2 课时
	教育类论著选文研读	选读 3 课时，研讨 1 课时
	艺术类论著选文研读	选读 3 课时，研讨 2 课时
	建筑类论著选文研读	选读 3 课时，研讨 1 课时
学术性小论文写作	写作指导	2 课时
	小论文写作	2 课时
	小论文答辩	2 课时

　　在这 7 个阅读专题中，文化类和艺术类专题的研讨各多安排 1 个课时，这样可以让学生了解更多优秀学者的学术思想和批判精神，感受更多艺术作品的意蕴，提升学生的思辨能力和审美能力。在小论文写作训练之后安排小论文答辩的模拟实践活动，可以让学生提前感受大学论文答辩的氛围，通过答辩来审视自己写的小论文是否符合论文规范，是否有价值，同时还锻炼了学生的表达能力和口语交际能力。

　　在学术著作选读的指导和任务安排中，应结合之前的"科学与文化论著研习"和"整本书阅读与研讨"的学习成果，以学生自主研读为主，书目的选择可由教师充分考虑各类学术著作的特质，参照本地、本校的图书、网络等资源向学生推荐；学生也可依据自身阅读兴趣和发展方向，自主选择。教师主要重视学生读书方法和读书态度的养成，指导学生学会"观其大略"，抓住关键的地方，抓大思路、大结构、大问题，学会放弃不必要的细节，不懂的地方查阅资料，不让它干扰整本书或整篇文章的阅读。学术专题研讨在研读著作的基础上进行，由参与这项学习的学生各自报告阅读心得，交流研讨；也可以围绕与所读学术著作相关或相近的话题组织研讨。在研讨时应倡导学生平等对话、学术自由的氛围，不泛泛地讨论问题，先琢磨，再切磋，由切磋走向更深层次的琢磨，这样才能提升境界和思维层次。

　　学术性小论文的写作，是一种评价方式，应强调学术规范，表达观点有理有据，符合逻辑。教师可从研究能力和学术规范两个方面给学生提供相应的评价标准，引导学生自评和完善。

【案例】

曲院风荷、蕉窗听雨——在朱良志的学术论著中追寻东方之美[①]

　　此案例切中"学术论著专题研讨"任务群的核心任务，符合语文学科核心素养中培养学生"审美鉴赏与创造"的目标。学术论著涉及的领域很广泛，其中艺术领域的著作对提升学生的审美情趣有重要作用。艺术之美朦胧缥缈而又无处不在，如何让学生去感知艺术之美，感悟艺术作品背后美的缘由，选择研读北京大学朱良志教授的学术论著是一个有效途径。因为其作品不是对具体的艺术理论进行深奥或者枯燥的推演和阐释，而是打通了艺术理论和具体艺术之间的通道，可以让读者在鲜活的艺术之中去体悟与之相应的艺术理论与艺术之美。

　　本案例分为"课堂专题研讨"和"学术论著荐读"两个环节。

　　环节一：阅读朱良志的《曲院风荷——中国艺术论十讲》（安徽教育出版社 2006 年版），阅读完成后，设置两个研讨方向：文本研读和目录探究。

---

　　① 林忠港.学术初阶：学术论著专题研讨［M］.上海：上海教育出版社，2018：115.

研讨方向一：以《曲径通幽》一文为例进行文本研读，通过问题设置引导学生思考。

1. 在中国美学的谱系中，曲线具有和西方人不同的意韵。请你根据《曲径通幽》的内容，分别概括出中国人和西方人对曲线的不同美学感受。

2.《曲径通幽》折射了作者很高的美学素养，作者选取了哪几个方面的材料表现"曲径通幽"的美学内涵？作者又是如何驾驭这些材料的？

3. 仔细阅读选文，看看作者是如何坚守学术规范和道德，尊重他人创作成果和研究成果的？

从问题的设计来看，一方面让学生感受中西方审美情趣的差异，另一方面是让学生关注作者良好的学术修养，为后面学生自己写小论文作铺垫。第一个问题的设置是让学生体会中国独特的审美意识。中国重写意，西方重写实，在中国人看来，曲线是柔和温雅的，能给人带来一种"山重水复疑无路，柳暗花明又一村"的审美惊奇；在西方，曲线总和比例、色彩等因素共同构成一种意象世界。第二个问题旨在引导学生关注作者的学术素养。书中选取音乐、诗词、园林、书法等各个领域的材料来表现"曲径通幽"的美学内涵，又以自己的理解统率材料，将音乐之悠长，诗词之含蓄，园林之透迤，书法之婉曲融会贯通，为自己的观点服务。这就提示学生，好的学术素养首先要广泛积累材料，其次要有自己的理解，能够驾驭材料为自己的观点服务，这样才能写出好的学术论文。第三个问题是向学生展示一个良好的学术规范，如何正确地引用别人的研究成果。

教师也可以选择其他篇目的文章，设置相应问题引导学生了解中国艺术的思想和传统以及作者体现的深厚学术功底。

研讨方向二：阅读《曲院风荷》一书的目录，探讨后面的问题。

本书共十讲，分别为："第一讲　听香；第二讲　看舞；第三讲　曲径；第四讲　微花；第五讲　枯树；第六讲　空山；第七讲　冷月；第八讲　和风；第九讲　慧剑；第十讲　扁舟。"这本书在目录设计方面有哪些值得我们借鉴的地方？

这个问题的探究，可以让学生充分发表意见，畅所欲言，最后也不用形成定论，目的是让学生从目录的内容和数量方面去寻找东方之美。本书从书名到每一讲的题目都冠以唯美的名字，学生在体会作者对此的"煞费苦心"时也就步入了中国古典艺术和传统审美的殿堂。例如，十讲暗合中国人追求"十全"的文化心理，每一讲的名字恰好是中国传统意象，而每一个意象，又恰好代表或者诠释了中国传统艺术理论中的一个问题。这个目录既深入浅出地阐释了中国传统艺术与生命情境的密切关系，又挥洒自如地演绎了中华民族的人生智慧和从容无碍的艺术境界，可说是深得东方之美的真谛。

环节二：蕉窗听雨——"寻找东方之美"学术论著荐读。

朱良志教授的作品虽然是学术论著，但行文流畅优美，富于韵味和意境，适于悦读，为学生提供了非常好的审美感受。在课堂上进行专题阅读和研讨之后，教师可"趁热打铁"，向学生推荐朱良志的另一本学术论著：《南画十六观》，让学生品味中国传统文人画，感受在简澹的形式背后蕴含的优游不迫、独标真性的文人情怀和中国传统的审美精神。

教师可以从以下三个方面对学生的阅读活动进行组织和引导：

活动一：观标题

此书的标题很值得品味，比如"一观黄公望的'浑'，二观梅花道人的'水禅'……十四观恽南田的'乱'，十五观石涛的'躁'"。可以让学生用自拟题目或者替换关键词的方式去体会每一个标题的恰如其分。这些题目不是讲十六个简单的观照点，而是通过作者富有韵味的叙述来讲画家用一种生命状态来作画的感觉。

这个活动的设计是环节一中对上一本书目录探究思考的延续，一方面可以让学生体会到作者的写作风格和用词的精准，另一方面再次关注标题意蕴，提醒学生不是用眼去观画，而是真正进入观心、观想的境界，作者是讲生命本真的体验和人内在心性的自觉。

活动二：品画意

《南画十六观》写了十六位文人画家，插入了407幅画，这些画作的名称别有意趣。比如黄公望的三幅作品分别是《水阁清幽》《九峰雪霁》《丹崖玉树》，唐寅的三幅作品分别是《落霞孤鹜》《渡头帘影》《桐阴清梦》，陈洪绶的三幅作品分别是《莲池应化》《蕉林酌酒》《倚仗闲吟》……

美是邂逅所得，是亲近所得，让学生选取自己感兴趣的画家，品味这些画作的名称，再结合作者论述和画作内容，谈谈自己的审美感受。可以让学生之间交流一下，还可以让学生写下自己的《南画××观》。

活动三：悟精髓

《南画十六观》中写道："画莲塘莲叶飘荡，荷花点点，轻风吹拂，香气四溢。中间画有一茆亭，亭中有一人酣然而卧，呼吸着世界的香气，身体像被娇艳的鲜花托起，随着香风而浮沉。"这真是禅家"高卧横眠得自由"境界活灵活现的展现。

如果说这幅画体现了东方之美，你认为东方之美具有哪些特征？可以在书中找找其他能让你感受到东方之美的文字和画作，将自己的感受与思考整理成文或写成关于东方之美的学习报告。

学生平时的语文学习基本上都是和文字打交道，这两个活动的设计，可以引导学生去欣赏中国传统顶级大师的文人画，这是能够代表中国文化精神的艺术，有一种蕴藉无限的纯粹之美。在这本书中，文字与绘画交相辉映，不管是绘画之韵还是文字之美，都是古老中国留给我们的宝贵遗产，学生也许还不能完全领会其中的意蕴，但是挂着学术论著这根"拐杖"，必定可以提升自己的文化和审美修养。

【评价建议】

1. 学生自我评价表

评价项目	评价标准及对应等级表述	评价等级
学术论著思想观点探究	A. 我能准确提取和概括学术论著中的主要信息，能明确区分论著中的事实和观点，清晰地总结出该论著中的核心思想和价值倾向。 B. 我能准确提取和概括学术论著中的主要信息，能区分论著中的事实和观点，总结出该论著中的部分核心思想和价值倾向。 C. 我能提取和概括学术论著中的主要信息，能大概区分论著中的事实和观点，但不能认识和判断该论著中的核心思想和价值倾向。 D. 我不能准确提取和概括学术论著中的主要信息，无法明确区分论著中的事实和观点，不能总结出该论著中的核心思想和价值倾向	
学术论著学术思想与逻辑结构探究	A. 我能分析学术论著中各部分内容之间的关系，能清晰地解释文本中事实、材料与观点、推断之间的关系，分析其结论的合理性，并能对文本内部的逻辑结构作出准确评价。 B. 我能分析学术论著中各部分内容之间的关系，能解释文本中事实、材料与观点、推断之间的关系，分析其结论的合理性，并对文本内部的逻辑结构有一定认识。 C. 我能分析学术论著中各部分内容之间的关系，能解释文本中部分事实、材料与观点、推断之间的关系，但并不清楚文本内部的逻辑结构。 D. 我不能分析学术论著中各部分内容之间的关系，不能清晰地解释文本中事实、材料与观点、推断之间的关系，更不能对文本内部的逻辑结构作出评价	
学术论著观点评价与质疑	A. 我能就学术论著文本的内容或形式提出质疑，展开联想，并能找出相关证据材料支持自己的观点，反驳或补充解释文本的观点，揭示其可能存在的矛盾、模糊或故意混淆之处。 B. 我能就学术论著文本的内容或形式提出质疑，展开联想，并能找出一定的证据材料支持自己的观点，可以反驳或补充解释文本的观点，但不能揭示其可能存在的矛盾、模糊或故意混淆之处。	

评价项目	评价标准及对应等级表述	评价等级
学术论著观点评价与质疑	C. 我能就学术论著文本的内容或形式提出质疑，但不能找出相关证据材料支持自己的观点，只能简单反驳或补充解释文本的观点。 D. 我不能就学术论著文本的内容或形式提出质疑，不能反驳或补充解释文本的观点，不能揭示其可能存在的矛盾、模糊或故意混淆之处	
学术论著多文本比较分析	A. 我能比较、概括学术论著中关于同一主题的多个文本的信息，发现其内容、观点、情感、材料组织与使用等方面的异同，并能结合学习和生活实际提出需要深入探究的问题。 B. 我能比较、概括学术论著中关于同一主题的多个文本的信息，发现其内容、观点、情感、材料组织与使用等方面的异同，但不能结合学习和生活实际提出需要深入探究的问题。 C. 我能关注学术论著中关于同一主题的多个文本的信息，但不能准确概括其内容、观点、情感、材料组织与使用等方面的异同。 D. 我不能比较、概括学术论著中关于同一主题的多个文本的信息，很难发现其内容、观点、情感、材料组织与使用等方面的异同	
学术小论文写作模式探究	A. 我能通过学习学术论著的基本格式和语言表达明确学术小论文的研究内容和论证方式，能建立具有学术规范的小论文写作模式，并在表达时能够概念准确、判断合理、推理有逻辑。 B. 我能通过学习学术论著的基本格式和语言表达明确学术小论文的研究内容和论证方式，能建立具有学术规范的小论文写作模式，但在表达时不能做到概念准确、判断合理、推理有逻辑。 C. 我能通过学习学术论著的基本格式和语言表达明确学术小论文的研究内容和论证方式，但并不清楚如何建立具有学术规范的小论文写作模式。 D. 我不能通过学习学术论著的基本格式和语言表达明确学术小论文的研究内容和论证方式，无法建立具有学术规范的小论文写作模式	

2. 教师评价表

评价项目	评价标准及对应等级表述	评价等级
学术论著思想观点探究	A. 学生能准确提取和概括学术论著中的主要信息，能明确区分论著中的事实和观点，清晰地总结出该论著中的核心思想和价值倾向。 B. 学生能准确提取和概括学术论著中的主要信息，能区分论著中的事实和观点，总结出该论著中的部分核心思想和价值倾向。 C. 学生能提取和概括学术论著中的主要信息，能大概区分论著中的事实和观点，但不能认识和判断该论著中的核心思想和价值倾向。 D. 学生不能准确提取和概括学术论著中的主要信息，无法明确区分论著中的事实和观点，不能总结出该论著中的核心思想和价值倾向	
学术论著学术思想与逻辑结构探究	A. 学生能分析学术论著中各部分内容之间的关系，能清晰地解释文本中事实、材料与观点、推断之间的关系，分析其结论的合理性，并能对文本内部的逻辑结构作出准确评价。 B. 学生能分析学术论著中各部分内容之间的关系，能解释文本中事实、材料与观点、推断之间的关系，分析其结论的合理性，并对文本内部的逻辑结构有一定认识。 C. 学生能分析学术论著中各部分内容之间的关系，能解释文本中部分事实、材料与观点、推断之间的关系，但并不清楚文本内部的逻辑结构。 D. 学生不能分析学术论著中各部分内容之间的关系，不能清晰地解释文本中事实、材料与观点、推断之间的关系，更不能对文本内部的逻辑结构作出评价	
学术论著观点评价与质疑	A. 学生能就学术论著文本的内容或形式提出质疑，展开联想，并能找出相关证据材料支持自己的观点，反驳或补充解释文本的观点，揭示其可能存在的矛盾、模糊或故意混淆之处。 B. 学生能就学术论著文本的内容或形式提出质疑，展开联想，并能找出一定的证据材料支持自己的观点，可以反驳或补充解释文本的观点，但不能揭示其可能存在的矛盾、模糊或故意混淆之处。	

评价项目	评价标准及对应等级表述	评价等级
学术论著观点评价与质疑	C. 学生能就学术论著文本的内容或形式提出质疑，但不能找出相关证据材料支持自己的观点，只能简单反驳或补充解释文本的观点。 D. 学生不能就学术论著文本的内容或形式提出质疑，不能反驳或补充解释文本的观点，不能揭示其可能存在的矛盾、模糊或故意混淆之处	
学术论著多文本比较分析	A. 学生能比较、概括学术论著中关于同一主题的多个文本的信息，发现其内容、观点、情感、材料组织与使用等方面的异同，并能结合学习和生活实际提出需要深入探究的问题。 B. 学生能比较、概括学术论著中关于同一主题的多个文本的信息，发现其内容、观点、情感、材料组织与使用等方面的异同，但不能结合学习和生活实际提出需要深入探究的问题。 C. 学生能关注学术论著中关于同一主题的多个文本的信息，但不能准确概括其内容、观点、情感、材料组织与使用等方面的异同。 D. 学生不能比较、概括学术论著中关于同一主题的多个文本的信息，很难发现其内容、观点、情感、材料组织与使用等方面的异同	
学术小论文写作模式探究	A. 学生能通过学习学术论著的基本格式和语言表达明确学术小论文的研究内容和论证方式，能建立具有学术规范的小论文写作模式，并在表达时能够概念准确、判断合理、推理有逻辑。 B. 学生能通过学习学术论著的基本格式和语言表达明确学术小论文的研究内容和论证方式，能建立具有学术规范的小论文写作模式，但在表达时不能做到概念准确、判断合理、推理有逻辑。 C. 学生能通过学习学术论著的基本格式和语言表达明确学术小论文的研究内容和论证方式，但并不清楚如何建立具有学术规范的小论文写作模式。 D. 学生不能通过学习学术论著的基本格式和语言表达明确学术小论文的研究内容和论证方式，无法建立具有学术规范的小论文写作模式	

在教学中，无论是必修课程、选择性必修课程还是选修课程，都应在立足学科核心素养培养的前提下，着眼于促进学生全面而有个性的发展，强化任务群学习的五个关键。

一是以任务为导向。这是高中语文课程的特征之一。将具体课程的目的和要求转化为一个个任务，在任务驱动下实践、体验、感受和领悟。没有任务，就缺少学习的方向，就难以达成学习目标。那么，怎样才能使"导向""任务"更有价值，更有实效呢？首先，设计好任务单是落实任务群学习的前提和基础。设计好任务群学习的任务单，要基于任务群的内涵、阅读任务和学习对象，以提高任务落实的针对性。其次，在设置任务时，要以具体情境为载体，让学生在不同的情境（个人体验、社会生活、学科认知等）中去阅读、体验、感悟和把握，让学生获得的东西更实在、更具体。最后，设置的任务要具有多样、综合、开放和创新的特点，着眼于学生阅读素养的培养、思维能力的提升和语文素养的综合发展。

二是以项目为载体。任务群的学习是一种以项目学习为基础的言语实践活动。每个任务也是一个学习项目，多个学习项目有机融合就构成了任务群。要使学习任务群落到实处，达成相应的目的，实施路径之一是将不同的任务化为具体的项目，以学习项目为载体，设计和划分学习情境，每个项目采取若干任务驱动的情境设计，借此完成每一个项目的任务。以项目作为载体，既要涵盖任务群的整体内容，又要符合学生的学习实际，做到合理、恰当，提高任务群的针对性。

三是以整合为路径。整合是学习任务群落实的又一有效路径。新版课程标准强调以语文学习任务群来发展学生的语文学科核心素养，而语文学科核心素养的四个方面虽各有侧重，但更是一个整体。在实施中，要强化内容和情境的整合，阅读与鉴赏、表达与交流、梳理与探究等学习方法的整合。如"语言积累、梳理与探究"任务群旨在培养学生丰富语言积累、梳理语言现象的习惯，在观察、探索语言文字现象，发现语言文字运用问题的过程中，自主积累语文知识，探究语言文字运用规律，增强语言文字运用的敏感性，提高探究、发现的能力，感受祖国语言文字的独特魅力，增强热爱祖国语言文字的感情。从中可以看出，该学习任务群以发展学生的语言建构与运用素养为主，同时，也重视学生思维发展与提升（提高探究、发现的能力）、审美鉴赏与创造（感受祖国语言文字的独特魅力）、文化传承与理解（增强热爱祖国语言文字的感情）素养的发展。在这个过程中，语文知识与技能、语文学习方法与习惯、语文学习体验探究的过程、情感态度价值观等融为一体，很难割裂，体现了整合带来的综合效果。以往的教学更注重单篇单点的学习，把丰富多彩的语文元素抽取出来，彼此割裂，导致学习碎片化、杂乱化，甚至随意化，缺少整合的意识。新版课程标准强调以整合为路径，根据所学内容的需要，调动多种语言元素，达成局部与整体的有机组合。新课程中的每个任务群虽然都有各自的学习目标与内容，但彼此之间又都渗透融合。"加强课程实施的整合，通过主题阅读、比较阅读、专题学习、项目学习等方式，实现知识与能力、过程与方法、情感、态度与价值观的整合，整体提升学生语文素养"，是设计和实施学习任务群的基本思路。

四是以实践为重点。高中语文课程主要通过实践性的教学过程，来帮助学生实现语文学科核心素养的全面提高。新版课程标准强调："语文课程作为一门实践性课程，应着力在语文实践中培养学生的语言文字运用能力。"语文学科核心素养的落实，应以实践为路径，强化学生在生活和交流中学语文、用语文的自觉意识。在操作上，减少教师讲的比重，应设置丰富多彩的实践活动，打开语文学科和其他学科、语文学习和学生的生活世界的通道，运用优质的素材和范例，如专题研究、演讲、辩论、故事会、比较阅读、访谈、文学社刊、社团组织、网络协同学习等，在这些丰富的语文实践活动中，学生以发现、梳理、探究、解决问题为主线，在任务的驱动下，在实践体验中感受、领悟和提升。根据学生学习的需要，提供实践场所，设置具体活动情境；根据交际的需要，选择恰当的时机和场合，提出话题，进行交流、对话和辩论，让学生在学习和运用的过程中提高表达、交流能力。以实践为路径，让学生多经历、多体验，在真体验、真阅读、真思考、真交流中提升学生的语文学科核心素养。

五是以方法为保障。在具体的教学实施中，注重各任务群学习目标和内容之间的渗透、融合、衔接和延伸，抓好独有的任务和共同的任务要求，是重要方法之一。要明确不同学习任务群的定位和功能，妥善处理各个学习任务群之间的关系。在此基础上，教师要了解学习对象现有的知识基础和阅读经验，并结合自身的专业优势、个性特长和教学特点，有规划、有目的地进行策略设计和教学。同时，必修课程与选修课程要有区分。必修课程的教学应立足于共同基础，认真研读，积极思考，重视日常语文积累，让学生养成有意识地积累的习惯，积累丰富的材料。要善于凭借语感和对语言运用规律的把握，根据具体的语言情境和不同的对象，运用口头和书面语言文明得体地进行表达与交流，并在运用中积累言语经验，为学生学习选修课程奠定坚实根基。选修课程的教学应突出差异性和层次性，鼓励开展个性探究，充分激发学生的学习兴趣和潜能。要善于设计具有层次性的语文学习任务，选择性必修应体现学习的广度，在"面"上拓宽视野，而选修应体现学习的深度，在"点"上深入探讨。

思考与讨论：

1. 上述不同学习任务群的核心功能是什么？
2. 在教学实践中如何才能体现不同学习任务群的学习要求？

第五章 核心素养导向的教学方式创新

要落实核心素养导向的教学目标、内容、方法与评价，需要不断创新教学方式。学习任务群的设置，打破了传统的单元教学模式和单篇教学模式，需要在整合教学、深度阅读、创意写作、问题解决教学等方面创新教学方式。

一、创新和实施整合教学策略

准确把握不同学习任务群的目标、内容和实施方式，有利于提高每个学习任务群的实施效益，但要从整体上提高语文课程的育人质量，还必须提高学习任务群的整合力度，优化学习内容的整合策略，强化语文课程的整合育人功能。

（一）不同学习任务群的整合策略

从现实情况看，不少语文教师已经具备了整合意识与能力，如目前推进的群文阅读，在一定程度上打破了单元、篇章、课堂、学科的限制，让学生的阅读数量、阅读形式、阅读效果都有了显著变化，这些实践为任务群的整合学习奠定了基础。但是，在课时有限的情况下，大部分教师很难保证有充足的时间将 18 个学习任务群一一落实，这就需要通过不同的路径，采用不同的策略，加大整合实施学习任务群的力度。

对不同学习任务群进行整合的主要路径有三种：

其一，根据目标进行整合。在 18 个学习任务群中部分任务群的目标有交叉，可以考虑将交叉部分作为共同目标进行教学设计，从而实现任务群整合。这种整合路径有利于师生集中力量达成学习目标，更好地保证学习效果。

其二，根据内容进行整合。在 18 个学习任务群中，部分任务群的学习内容有交叉，可以考虑将交叉部分作为共同学习内容进行教学设计，从而实现任务群整合。这种整合路径可以促进教学素材的最大化利用，让学生在既定的学习时间内，通过有限的教学素材提高语文学习效率。

其三，根据语文实践活动进行整合。在真实情境下，以任务为目标，将语文实践活动（阅读与鉴赏、表达与交流、梳理与探究）融入具体任务中综合完成，是以"学习任务群"为途径的教学特点之一。因此，可以基于"阅读与鉴赏、表达与交流、梳理与探究"这三种语文实践活动，建立任务群之间的有机联系，实现整合。

要用好这些路径，可以采用以下策略：

1. 基于不同任务群之间的交叉点进行整合

18 个学习任务群的人文主题是在真实情境下确定的，这些人文主题涵盖学生生活、学习和日后工作需要的各种语言活动类型，体现社会主义核心价值观。教师应在这些主题下组织学习资源，设计多样的学习任务，让学生通过阅读与鉴赏、表达与交流、梳理与探究的实践活动，自己去体验环境，形成理解，完成任务，发展个性，增长思维能力，从而在生活中应用。

在这些学习任务群中，有的着重培养学生学习和运用语言文字的基本能力，有的着重关注学生语文学习内容"面"的广度或"点"的深度。虽然侧重点不同，但都依托了真实情境和与学生密切相关的人文主题，都包含了若干学习项目，都是以语文学科核心素养为纲，以学生语文实践为主线设计的，目的是为语文学习的综合性、实践性创造有利条件。不同的学习任务群因为这些交叉点表现出了较大的整合空间。

新版课程标准对各个学习任务群的目标与价值追求、学习内容和主要实践活动有详细说明，并给出了切实可行的教学提示。在基于不同学习任务群之间的交叉点进行整合时，教师首先应该仔细研读课程标准对每个学习任务群的相关说明，提取并理解不同学习任务群的目标与价值追求、学习内容和主要实践活动等，为下一步整合奠定基础。例如，仔细研读"整本书阅读与研讨""文学阅读与写作""中华传统文化经典研习""外国作家作品研习"四个学习任务群的相关内容后，可以进行纵向整合（表5-1）。

表 5-1　学习任务群研读

学习任务群名称	学习任务群1：整本书阅读与研讨	学习任务群5：文学阅读与写作	学习任务群8：中华传统文化经典研习	学习任务群11：外国作家作品研习
目标与价值追求	（1）掌握读书方法，积累阅读经验。（2）提升阅读理解、探究、鉴赏能力。（3）理解优秀文化，树立正确的世界观、人生观和价值观	（1）提升文学欣赏、审美鉴赏、表达交流能力。（2）养成写读书提要和笔记的习惯	（1）积累文言阅读经验。（2）体会作品的精神内涵、审美追求和文化价值。（3）增进文化理解、文化认同，增强文化自信，弘扬中华优秀传统文化。（4）提高写作水平	（1）了解不同社会文化面貌，感受人类精神世界。（2）激发兴趣，培养开放的文化心态。（3）提升文化鉴别力
学习内容	（1）阅读一部长篇小说、一部学术著作。（2）资料检索。（3）撰写全书梗概或提要、读书笔记与作品评介	（1）精读古今中外优秀文学作品。（2）从多个角度欣赏不同艺术表现方式的作品。（3）文学写作、文学评论	（1）阅读不同时期、不同类型的中华传统文化经典作品。（2）梳理文言知识、文化常识。（3）撰写读书笔记、文学评论	（1）深入阅读外国文学经典作品。（2）撰写读书笔记。（3）探讨不同民族文学之间的共性和差异
主要实践活动	阅读与鉴赏	阅读与鉴赏表达与交流	阅读与鉴赏梳理与探究	阅读与鉴赏表达与交流

在纵向列出上表之后，我们进行横向比较，便能发现不同任务群在目标与价值追求、学习内容和主要实践活动中存在交叉，相互之间契合度高、关联性强。因此，我们可以根据交叉项将表格进行重组（表 5-2）。

表 5-2　学习任务群交叉部分

交叉项	交叉内容	相关任务群
目标与价值追求	（1）优秀文化的理解、认同、传承。 （2）对作品精神内涵、文化价值的理解与鉴赏	学习任务群 1、学习任务群 8
学习内容	（1）欣赏语言、把握思路、分析形象、探究情感与主旨。 （2）文学写作与评论	学习任务群 1、学习任务群 5
主要实践活动	阅读与鉴赏、表达与交流	学习任务群 5、学习任务群 11

由此可见，我们可以将交叉项作为整合依据，结合不同学习任务群的具体特征，将目标与价值追求、学习内容和主要实践活动进一步细化、完善，使其更具针对性和可操作性。

鉴于目标与价值追求的交叉，可以将"积累阅读经验，提高阅读理解及鉴赏能力，树立正确的世界观、人生观和价值观，提高民族认同感与自豪感，增强文化自信和爱国意识"作为学习任务群 1"整本书阅读与研讨"和学习任务群 8"中华传统文化经典研习"的共同目标。在实际教学中，可以引导学生阅读不同时期、不同类型的中华优秀传统文化著作，通过培养学生的阅读习惯，帮助学生建构阅读经验，带领学生分析理解作品深刻的思想内涵和精神意蕴，并撰写读书笔记、文学评论，从而达成两个学习任务群共同的目标。

鉴于学习内容的交叉，教师可以在教学过程中，将"阅读古今中外优秀的长篇小说，从不同角度加以分析、鉴赏，撰写读书笔记、文学评论"作为学习任务群 1"整本书阅读与研讨"和学习任务群 5"文学阅读与写作"的共同学习内容，设计与之相关的学习任务，如以小组为单位选择文本鉴赏角度，结合背景知识及文本本身对作品加以鉴赏，也可以自选评论角度进行文学评论等，促进两个学习任务群的整合。

鉴于主要实践活动的交叉，以"表达与交流"实践活动为例，不同学习任务群在这一活动中存在交叉内容。"表达与交流"作为语文学科的实践活动之一，强调学生在学习过程中的口语表达和书面表达，包括与同伴和老师交流看法、分享感悟，用读书笔记、阅读心得等方式表达见解、记录心得等。基于"表达与交流"，教师可以鼓励学生在阅读外国作家作品的过程中，用多种文体样式和表达方式撰写内容提要和阅读感受，并通过研讨会、交流会等形式，交流文化差异，加深文化理解，从而实现学习任务群 5"文学阅读与写作"和学习任务群 11"外国作家作品研习"的整合。

2. 基于教学素材进行任务群整合

高中语文的日常教学通常是根据不同教学素材线性贯穿起来的，在促进不同任务群的整合时，既可以从任务群出发去寻找交叉点，也可以从教学素材出发，确定与之关联的任务群，进而实现不同任务群的整合。

以毛泽东的《沁园春·长沙》为例，这首词写于1925年中国革命形势日益高涨时期，作者通过对长沙秋景的描绘和对青年时代革命斗争生活的回忆，抒发了革命青年对国家命运的关注和以天下为己任、蔑视反动统治者、改造旧中国的豪情壮志。通过这一教学素材的学习，学生应该学会景物描写的基本方法，把握写作思路和情感脉络；能够较好地运用语速、语调、停顿、重音等技巧，有感情地朗读课文并尝试创作古典诗词，感受并学习毛泽东的博大情怀与革命壮志，坚定自己的理想信念。

《沁园春·长沙》作为一首优秀的词作，情景交融，气势豪迈，能够有效提升学生的文学欣赏、审美鉴赏能力，能够帮助学生了解古典诗词创作的一般规律，并能在一定程度上激发学生的创作热情，这与任务群5"文学阅读与写作"目标要求一致。与此同时，作为中华优秀革命传统作品，这首词充分体现了革命志士无私无畏、敢于担当、为民族解放事业英勇奋斗的精神，洋溢着崇高的爱国主义情怀，能够帮助学生树立正确的人生观、价值观，激励广大青少年的爱国之情，这与任务群9"中国革命传统作品研习"的学习目标高度契合。因此，在教学《沁园春·长沙》时，可以对上述两个任务群进行深入研读，将任务群的学习目标、学习内容与这一教学素材的教学目标、重难点、教学内容等进行充分整合，以教学篇目为媒介，实现不同任务群的整合。

目前很多语文教师仍基于具体教学素材进行教学，因此，基于教学素材的任务群整合更具可操作性，但这种任务群整合策略可能受到素材的牵制，让不同任务群之间无法建立稳定的联系，难以形成完备的整合体系。

需要注意的是，并不是所有整合都是对各个学习任务群学习目标、学习内容等的完全保留，在整合过程中，必然会对不同任务群的部分内容进行省略或有所侧重，不同任务群也会呈现出因果、继承发展、相互补充等多种关系，以便最大限度地保证整合的科学性、效益的最大化。例如，在"语言积累、梳理与探究"任务群中，鲁迅的《药》《祝福》均可作为小说文本的语言范例来学习，那么在"中国现当代作家作品研习"中，这两篇小说的学习所得就可以成为"鲁迅小说的语言艺术"这一专题学习的资源；学习"整本书阅读与研讨"任务群时，还可以布置学生阅读鲁迅的小说集《呐喊》。如此，这三个任务群就可以实现既各有侧重又能互相补充、相互促进的功效。避免了作者生平、创作背景和反封建主旨的重复介绍，使学习的关注点集中在最值得挖掘的地方，从而促成学生在相同或相似的领域中，既有学习的广度，又有学习的深度。①

---

① 郑桂华.高中语文学习任务群的教学建议［J］.中学语文教学，2017（3）：9-12.

【案例】

当新诗遇到"卡西尼"

——在新诗教学中融入"当代文化参与"任务群的学习内容①

[活动准备]

1. 理解课程目标，找准任务群的整合点

步骤1：明确"当代文化参与"任务群的目标和任务。

步骤2：明确"文学阅读与写作"任务群中新诗专题的课程与目标。

步骤3：思考两大任务群的结合点，并将其确定为"以当代文化中的热点事件激活学生诗歌创作的热情，让学生在当下真实的生活中理解、鉴赏、发现、创造美，真正形成诗歌鉴赏能力"。

设计解读：此案例对任务群的整合是基于"当代文化参与"与"文学阅读与写作"两大任务群的共通性，准确把握不同任务群的关系，寻找最佳结合点是实现良好整合的关键所在。在此案例中，将"当代文化参与"中提及的热点文化事件作为"文学阅读与写作"中新诗教学部分的新诗创作驱动力，巧妙地使两大任务群建立了联系，为教学成功提供了保障。

2. 挖掘有文化价值的热点新闻事件，将其作为新诗教学资源

新闻事件：土星探测器"卡西尼"的坠落

美国东部时间2017年9月15日7点55分46秒，地球接收到土星探测器卡西尼发来的最后信号，在星际飞行近20年后，因为燃料耗尽，它一头扎进了土星大气层中并蒸发殆尽，成为"太阳系最伟大的谢幕"。对此，"星球研究所"公众号发了一篇美文《别了，卡西尼》，用恢宏庄严的音乐、精美绝伦的图片和富有诗意的科普文字，回顾了卡西尼从启程到陨落的全部过程，不仅是对卡西尼号的告别，更是对人类科学探索精神的深情礼赞。

这一新闻热点事件及其评论文章，可以帮助学生点燃诗歌创作的热情，给予学生科学精神的熏陶和文学创作的指引。

设计解读：这一热点新闻事件正好发生在新诗专题教学即将结束的时候，具有很强的时效性，容易引起学生的共鸣。针对这一热点新闻事件的《别了，卡西尼》一文，文质兼美，洋溢着科学精神和人文情怀，给学生以情感熏陶和思维启迪，体现出较高的文化价值。将这一航天科普热点作为新诗教学资源，与学生写诗的言语实践活动对接，巧妙地将生活引入学习，在"当代文化参与"与"文学阅读与写作"两大任务群之间建立了联系。

[活动过程]

1. 阅读，了解热点新闻

学生通过互联网、电视、报纸等多种渠道，了解"土星探测器卡西尼坠

---

① 王建稳. 当新诗遇到"卡西尼"：在新诗教学中融入"当代文化参与"任务群的学习内容［J］. 语文教学通讯，2018（7）：46–48.

落"这一新闻事件的背景、始末、意义及影响，通过阅读美文《别了，卡西尼》及其他方式，了解卡西尼土星探测器的探测历程，初步建构天文学知识。

设计解读：这一环节主要是落实任务群2"当代文化参与"的目标内容。学生关注当代文化生活热点，聚焦特定文化现象，积极参与当代文化生活，为新诗创作提供了更为充足的素材。

2. 回顾，了解新诗鉴赏与创作的相关知识

学生以小组为单位，结合之前所学，就新诗鉴赏与创作的相关问题进行研讨，小组间进行交流分享，在教师的引导下，了解较为完善的新诗鉴赏技巧和创作方法。

设计解读：这一环节是在落实任务群5"文学阅读与写作"的目标内容。在新诗创作之前的新诗教学过程中，学生已经积累了新诗鉴赏的相关知识，通过感受形象、品味语言、体验感情等环节提升了鉴赏能力，掌握了新诗创作的一般规律。对这些内容的回顾与温习，可以为学生创作新诗消除阻碍。

3. 有感而发，尝试新诗创作

结合自己对"土星探测器卡西尼坠落"这一新闻事件的理解和阅读《别了，卡西尼》一文的感受，运用新诗创作的一般规律和方法创作新诗，不限字数。

设计解读：这一环节实现了任务群2"当代文化参与"和任务群5"文学阅读与写作"的整合。一方面，以任务群2为驱动力，为任务群5注入了鲜活的血液，促进了任务群5的落实；另一方面，以任务群5为载体，让任务群2在语文实际教学中落到实处。两大任务群的整合实现了"互利共赢"，共同提高了语文教学效益。

4. 交流展示，互相品评

通过微信群、公众号等网络平台，发布学生的优秀习作，鼓励同学之间相互交流分享，在此过程中总结创作经验，互相学习借鉴。

设计解读：这一环节是对两大任务群整合的扩展与延伸。整合不是最终目的，最终目的是让学生通过整合，产生"1+1>2"的效果。这一效果的达成，往往不在于教师的经验传授，而在于学生的自主生成。交流展示、互相品评为学生的自主生成提供了肥沃的土壤。通过交流，学生能更深刻地理解身边的文化现象及热点事件，明白"当代文化参与"的意义和内涵，调动新诗创作的热情，积累新诗创作的经验，实现"1+1>2"的效果。

总的来说，在此案例中，教师从两个方面充分激发学生的创作热情。其一，挖掘生活中有文化价值的新闻热点，引发学生的关注和思考，让学生有表达的欲望和冲动；其二，帮助学生建构关于新诗鉴赏的知识和方法，使学生在感受美、发现美的同时，产生借助文学创作来创造美的冲动。学生的创作热情被激活，是此次案例成功的关键。

此案例中所体现的整合，不仅是"当代文化参与"和"文学阅读与写

作"这两大任务群的整合，也是课堂内的语言学习与课堂外的语言活动的整合，还是阅读鉴赏方法和创作表达的整合、自然科学与人文学科的整合。此案例启发我们：要具备良好的教学敏感度和课程整合意识，努力让真实的语文学习随时随地发生。

（二）学习任务群内部的整合路径与策略

语文学习任务群最重要的概念是"任务"和"群"。由多项学习任务组成的"群"不是一个孤立的概念，而是多个要素相互联系共同建构的意义符号。"群"的每一个学习任务都是由目标统领的，都具有意义关联，并以项目为载体实现意义延伸。因此，从学习任务群出发，语文教学最基本的单位应该是单元，这里的"单元"对应的不一定是教材中的单元，也可以是"基于课程目标与学科核心素养、由教师结合教材意图设计的高度整合的语言文字问题解决情境，是学生针对问题解决的完整学习进程"[①]。也就是说，语文学习任务群应以学科核心素养为纲，以语言实践活动为主线进行大单元设计。大单元是一个立足学科核心素养，整合目标、任务、情境与内容的教学单位，是一个指向素养的、相对独立的、体现完整教学过程的课程细胞。

1. 整合路径

要立足学科核心素养，成功整合每一个"大单元"的目标、情境、任务与内容，可以采用如下路径：

第一，整合学习情境。语文学科核心素养是学生面对复杂的不确定的语言情境时，所表现出来的正确价值观、必备品格与关键能力。学生必须在真实的语言运用情境中，尽力解决真实情境问题才能形成学科核心素养，并通过一定的表现性行为才能将其体现出来。因此，指向核心素养的教学的起点应该是如何创设真实情境、真实任务，引发学生的言语行为表现，而不是将经典文本、必备知识当成教学的起点。

语文教学一直很重视情境设置，以往的语文教学情境更多是激发趣味、引出学习内容、提供学习支架等，从属于课堂教学的某一环节，而语文学习任务群的学习情境有很大不同。王云峰教授认为，语文学习情境既要包含语言学习的材料和范例（主要是文本）、语言运用的基本规则（即必要的语言运用原理和听说读写的方法），又要包含一系列相互联系的、真实的或接近真实的、有变化的语言运用情境，以及在这组情境中展开的具体的可控的语言实践活动。[②]这里的任务情境，就不再是教学中的一个环节，或是将学科知识做所谓学生本位的庸俗化处理，而是结合学习主题，将整个学习内容、学习进程置于情境之中，具有一定的综合性、开放性和挑战性。

---

① 蔡可.基于"学习任务群"的语文教学设计［J］.语文学习，2018（1）：17–22.
② 王云峰.语文素养及其培养［J］.中学语文教学，2016（11）：9–12.

　　第二，整合学习内容。在以往的教学中，基于篇目的碎片化学习影响了教学中局部与整体、课堂与课程关系的处理，主干不突出。教师在教学中遇见经典文章、知识概念，就会考虑到这里有问题"点"，需要设计一些问题，从而开始"深入"挖掘。但几乎所有文章都可以设计出许多贴合文本的问题，单独看这些问题都是符合文本内容的，但如果缺少整合，每一个独立设计的问题并不一定符合教学内容的整体要求，不一定有助于实现单元目标，而且容易耗费了学生有限的学习时间。为了实现任务群这个基本教学单位的目标，教师要改变这些教学传统，引入多种类型的文本相互配合；各篇目哪些精读、哪些略读，哪些只是快速浏览，包括篇目在单元中的定位、衔接，以及多篇文章的分组与结构，都是一个系统设计的结果。①

　　第三，整合学习方式。阅读与鉴赏、表达与交流、梳理与探究是最基本的语文实践活动，也是最基本的学习方式，三种学习方式之间存在天然联系。教师在教学时应对三种学习方式进行综合设计，灵活安排。阅读与鉴赏，不仅是读，而且有鉴赏，既涉及精读、略读、浏览等阅读方法的综合运用，也涉及对文本由表及里的认知、体验、感悟与理解，更离不开语法、修辞、逻辑和文体等多种知识的应用，审美鉴赏融入了阅读的全过程，思维与情感深度参与。表达与交流不仅是写作与口语交际，也不只是听、说和写。表达与交流既是一种手段，也是一种目的，还是一种情境。特定情境中的表达与交流更具有对象意识和真实感，发展的不仅是表达技能，还有语言、思维、审美、文化等方面。学习者通过对所学知识的梳理，将所学知识结构化，融入并改善大脑中原有的认知结构。梳理与探究指向主动、个性、探究、建构，指向知识的情境化和结构化，离不开语文学科核心素养的每一个方面。

　　第四，整合学习资源。语文学习任务群的提出，彻底改变了传统教学主要以语文教科书为学习资源的局面，教师需要开发和利用更加广泛多元的语文学习资源，特别是社会性语文学习资源，来满足学生的学习需要。

　　教材是最重要的语文学习资源，但教材的容量有限。教师在教学时应选择多种多样的学习资源，可以是纸质文本，也可以是多媒体资源、网络资源、社区资源等，但无论选择何种学习资源，都应有利于促进学习任务群的整合推进。

　　第五，整合学习评价。语文学习任务群的学习评价与以往的单一学习评价模式有所不同，需要以对学习评价的正确认识为前提，整合评价内容、评价主体、评价方法。②学习评价是对学习本身作出的一系列价值判断。它不仅包括对学生结果的判断，也包括对学习过程的判断。学习评价不仅要判断学生通过学习活动达到学习目标的程度，也要判断达到预期学习结果

---

① 蔡可.基于"学习任务群"的语文教学设计［J］.语文学习，2018（1）：17-22.
② 王云峰.高中语文学习任务群的评价问题［J］.中学语文教学，2017（3）：12-15.

所采用的路径和方法是否合理、有效，是否需要根据现有的学习结果和学习经验调整或改变学习的路径和方法，以取得更好的学习结果。学习任务群的评价应以教师和学生为主体，重点强调学习的过程性。同时，要围绕语文学科核心素养构成要素设计评价内容，不同任务群的评价要有所侧重。另外，学习任务群的评价需要综合运用多种方法，综合评价学生的学习表现。

2. 整合策略

根据上述路径，结合学习任务群的特点和学生的基本情况，教师可以选择或综合利用以下整合策略。

第一，内容任务化。高中语文课程的实施，需要把发展多层次目标的任务，通过情境化、结构化的设计组合成"群"，争取教学效益最大化。语文学习活动的内容，应该紧扣学习语言文字运用的任务和语文学科核心素养的发展目标，用"任务群"来统领零碎的学习内容和日常教学活动。这样有利于打破不同学习内容的分割现状，引导师生将零碎的学习聚焦到整体目标上。这就要求语文教师心中要有任务群的整体意识，无论做教学设计还是组织教学活动，都要尝试突破以往那种以一篇课文为中心、以单纯的知识传授为目的、以机械划分的课堂时空为平台组织教学的思维惯性。

首先，依据学习任务群的功能与定位科学选用典型材料，设计具有层次性的语文学习任务。教师在指导学生开展学习活动时，要依据任务群的功能与定位，结合学生生理与心理认知特点，选取教材文本或其他典型材料和资源，在信息技术或跨媒介要素支持下，设计出适合学生发展阶段要求的有层次的具体学习任务或项目。在进行任务设计时一定要考虑学习任务的特点，即目的性、真实性、过程性、整体性。[①]

其次，在教学中抛出任务时，需要考虑各个任务之间的关系是什么，为什么解决这些任务就能达成本任务群的目标。站在整合的视角，教学要从任务情境出发，先设计有一定综合性的、必须深入探究才能解决的上位问题，再设计一系列小问题。有助于解决上位问题的小问题才是最有效的问题。解决完这些小问题，核心知识的学习就可以水到渠成，就能达成任务群的目标，上位问题也就自然得到了解决。

第二，任务情境化。语文学习任务群教学的根本目标，是提升学生的语文学科核心素养，而素养是什么呢？素养是在特定情境下，或者是经历了一系列不同的情境后，个体建立起来的、能够灵活迁移运用的综合性能力。目前，不少教师的语文教学脱离了情境，主要引导学生解决有固定解题套路的问题。这样的问题很难引发学生真正的思考，难以提升学生的语文素养。因此，语文教学需要结合学习任务群的要求创设融合重要学科知识的问题解决

① 郑桂华. 高中语文学习任务群的教学建议［J］. 中学语文教学，2017（3）：9–12.

情境，以及能够引导学生广泛而深度参与的学习情境。研读课程标准对语文学习任务群的"教学提示"，可以发现创设任务学习情境的不同方法：一是回归生活，突出情境创设的生活性，让学生在鲜活的日常生活环境中发现、挖掘学习情境的资源；二是形象呈现，有效地丰富学生的感性认识，并促进感性认识向理性认识转化和升华，使学生的形象思维与抽象思维互动发展；三是问题引导，有价值的教学情境一定是隐含问题的情境，这样才能有效地引发学生思考；四是价值驱动，有效地阐明学科知识在实际生活中的价值，帮助学生准确理解学科知识的内涵，激发他们学习的动力和热情；五是跨界学习，尤其是跨学科创设学习情境；六是学以致用，以项目为载体创设应用性教学情境。在实施学习任务群的过程中，教师要改变过去讲解分析式教学模式，在创设综合性情境时要考虑如何为学生的学习提供认知停靠点，如何有效激发学生的学习兴趣等问题。

第三，教学专题化。依据语文学科核心素养的要求，语文学习任务群需要灵活整合阅读与鉴赏、表达与交流、梳理与探究等学习活动。这就需要教师做到以下五条：第一条，要创造性编制适当的涵盖性强的学习项目与学习任务；第二条，这些学习项目与学习任务要基于学生的生活、阅读经验和语文学科特点；第三条，教师要为学生提供更多学习支持和资源信息；第四条，学生要在教师指导下深入开展主题明确的近似真实研究状态的探究式学习、合作学习和自主学习；第五条，要形成有形的体现语文学科核心素养阶梯提升的成果作品。[①]

要较好地完成以上内容，进行基于学习任务群的专题教学是比较好的选择。语文专题教学是按作品、作家、主题、学生的视角"聚篇为类"，在一定的问题情境下，通过设计更开放、更贴近生活且具有可操作性的外显性学习任务，旨在提升学生语文学科核心素养的思维建构的课堂组织形式。[②]语文专题教学形态以"专家思维"为目标，以研究性读写为手段，以特定的学科专题为场域，以学生自主建构的学习专题为内核。语文专题教学本质上是以教与学方式的系统变革来重构语文课程单元的整体教学模式。高中语文专题教学为满足学生思维发展深刻性的需求，应强调学习任务的挑战性、问题探究的深度和研究成果的质量。教师在进行语文专题教学时，要以典型内容作为教学专题，切忌面面俱到。教学专题的设计是大专题、小任务，任务要注重循序渐进，同时兼顾个体差异。所有任务、问题、方法等要回归语言实践活动，创设真实的学习情境，注重综合效应。

第四，设计"逆向"化。语文学习任务群的提出，要求我们重新审视语文教学设计。在学习任务群背景下，虽然教学设计的要素大致相同，但为达成学科核心素养的培育目标，教学设计的要素内涵发生了变化，教学设计

① 陈鲁峰.高中语文学习任务群的教学构思［J］.语文教学通讯，2018（10）：32-35.
② 朱俊阳.语文专题教学的本质［J］.语文教学通讯，2017（11）：5-8.

的流程呈现出了不同的面貌。有研究者提出了"逆向"式教学设计。[①]"逆向"式教学设计要思考的要素与要注意的问题如下：

一是素养目标：从语文学科核心素养角度，学生要达到的学习目标是什么？怎样将课程目标、学习任务群目标转化为单元目标、课堂目标？

二是任务情境：为了衡量学生的素养达成情况，需要创设什么样的任务情境去引发学生的言语实践行为？

三是学习成果与表现：学生留下什么样的学习成果与言语实践表现记录，能证明他达到了这一目标？

四是学生学习：为学生设计什么样的语文学习活动去落实任务情境、达成成果？如何把握语文学习活动中学生自主与教师引导的关系、学习活动规定性与开放性的关系？

五是学习资源：阅读哪些文本或学习资源，能支持、配合学生的学习活动？

六是文本问题：针对这些文本与学习资源需要解决哪些问题？

如果从教师和学生的行为流程来归纳，"逆向"式教学设计更加直观明了。

教师：明确目标（做到什么程度）—确定任务（要做什么）—指导过程（怎么做）—资源帮助（如何做得更好，通过什么做）—评价效果（实际做得怎么样）。

学生：明确目标（做到什么程度）—接受任务（要做什么）—提炼问题（解决什么问题）—规划路径（如何解决问题）—调动资源（用什么解决问题）—成果展示（问题解决的效果）—学习反思（解决问题的缺憾）。

"逆向"式教学设计以终点为起点，通过任务情境整合教学内容和方式，让学科知识"活"起来，让学习成为一种主动参与的行为，高度关注学生的学习行为变化，让语文真正成为一门综合性和实践性学科。

为了更好地呈现任务群内部整合路径和策略，我们选择了一个任务群教学设计案例进行展示。此案例经过了较长时间的研讨和实践，既考虑了课程标准对任务群的要求，也充分考虑了教学实践操作的可能性。下面结合案例的整体框架和其中个别教学专题作分享和说明。

【案例】

"思辨性阅读与表达"学习任务群教学设计[②]

"思辨性阅读与表达"学习任务群整体设计框架

【教学目标】

1. 阅读古今中外论说名篇，把握作者的观点、态度和语言特点，理解

---

①　蔡可.基于"学习任务群"的语文教学设计［J］.语文学习.2018（1）：17-22.

②　参考：黄华伟，杨建国.高中语文学习任务群教学设计：任务六　思辨性阅读与表达［M］.杭州：浙江教育出版社，2017：1-7，37-69.

作者阐述观点的方法和逻辑。阅读近期重要的时事评论，学习作者评说国内外大事或社会热点问题的立场、观点、方法。在阅读各类文本时，分析质疑，多元解读，培养思辨能力。

2. 学习表达和阐发自己的观点，力求立论正确，语言准确，论据恰当，讲究逻辑。学习多角度思考问题。学习反驳，能够做到有理有据，以理服人。

3. 围绕感兴趣的话题开展讨论和辩论，能理性、有条理地表达自己的观点，平等商讨，有针对性、有风度、有礼貌地进行辩驳。

案例分析：任务群教学目标是课程标准提前规定好的，课程目标统领着所有教学资源、教学形式、教学评价等。

【关于思辨】

思辨内容		语文教学价值
价值取向	求真	树立"审美""实用"之外的语文价值取向"第三极"，提高语文教学的科学品质和专业水平
思维特征	理性	补强学生思维"感性""实用"之外的"理性"内容，帮助学生树立客观、公正的理性精神
实践途径	独到、确切、严密	帮助学生摒弃"庸常观"和"粗疏"的思维方法，获得科学的思考方法

案例分析：虽然任务群的教学目标在课程标准中有明确规定，但要真正落实还需要结合语文教学实际对目标中的核心概念、关键能力进行辨析、细化和整合，在有限的学习时间内提供最重要的教学内容。这样，语文教学才可能具有层次性、针对性和实效性。

【专题设计】

序号	专题主题	所要发展的思维品质	相应思维方法	任务一：阅读	任务二：表达	"新意"举例
专题一	求异求新，观点独到	独到（不人云亦云,不千人一面）	求异（横向上，与众不同），求新（纵向上，深入创新）	以"求异求新"评说"历史事件"	追求"观点独到"的写作	1. 一个问题可以有无穷个"角度"。2.《六国论》的价值在于"独到的观点"

续表

序号	专题主题	所要发展的思维品质	相应思维方法	任务一：阅读	任务二：表达	"新意"举例
专题二	实证理证,论据确切	确切（不主观臆断,不想当然）	实证（实施可查证吗？）,理证（道理可验证吗？）	用"实证理证"辨别"时事评论"	根据"论据确切"写与辩	1. 只有"可查证的事实"和"可验证的道理"才是"确切的论据"。 2.《寡人之于国也》等主要在"用观点代替事实",缺乏确切的论据
专题三	推断推导,论证严密	严密（非联想想象,不牵强附会）	推断（基于事实的因果推断）,推导（基于道理的科学推导）	由"推断推导"分析"从师学习"	遵循"论证严密"写与辩	1. 比喻论证、类比论证不是严密的论证方法。 2. 因果推断是有效的论证
专题四	证伪归谬,反驳有力	辩证（不轻信,不盲从）	证伪（论据不确切）,归谬（论证欠严密）	用"证伪归谬"质疑"社会现象"	为了"反驳有力"写与辩	经过反驳才能更接近"真实"

案例分析：教学设计以"专题"方式呈现,以能力任务为活动专题,分别对应新版课程标准要求的"历史""时事""学习""社会"等话题；专题内"求差异"且"有层次",每个专题体现学习能力由低到高的层次感,阅读部分定位在"感受与理解",写作部分定位在"体验与运用",辩论部分定位在"拓展与深化"；专题间"有侧重"且"能勾连",既能做到各个击破,又能相辅相成,形成合力。设计整合各种学习方式和学习资源,强调学生自助互助学习,在真实的语言实践活动中解决问题,完成任务。根据新版课程标准要求,设计还凸显出了辩论在此任务群中的独特性和重要性。同时,注重学习的过程性呈现,关注学生的参与感和获得感。以下以专题二为例,展示具体的教学设计。

专题二　实证理证,论据确切

任务一　阅读：就"实证理证"辨别"时事评论"

【活动目标】

1. 通过对比阅读,把握四篇文章的主要内容,了解其所用论据。

2. 从"实证""理证"角度辨析论据的"确切"程度，了解论述文对论据的要求和使用方法。

3. 树立客观公正地看待时事的态度，能够有主见、有辨别、较深刻地理解时事评论。

案例分析：整合文本进行比较阅读不是教学的起点，学生陈述性知识、程序性知识和策略性知识的习得以及思维品质的提升，既是教学的起点，也是教学的终点。

【活动准备】

1. 活动策略

理解文章主要意思，根据"论据确切"的要求，分析、辨别四篇文章的论据，进而把握其论述特点。

2. 知识储备

（1）如何判断论据确切与否？

如果论据是事实，那么它"可查证"吗？如果论据是道理，那么它"可验证"吗？论据和观点构成因果关系吗？

（2）什么是时评？

时评是对当前社会显著现象、热点事件进行评论的文章。

案例分析：策略和知识准备是展开专题教学的前提，此处意在强化这一前提。

【教学材料】

1. 李斯《谏逐客书》

2.《寡人之于国也》

3. 鲁迅《拿来主义》

4. 乔纳森·弗里德曼《停止对外国人的抵制》

5. 在线资源链接

案例分析：主要教学材料整合了论述类文本，打破国别，打破时代，为专题教学有步骤地展开提供了便利，更便于揭示论述文对论据的要求和使用方法的一般规律。教学资源既有纸质文本，也有电子资源库链接，方便教师和学生查阅、拓展。

【评价方法】

本教学活动评价总分为 8 分，学生能完成如下任务即为合格：

1. 阅读四篇文章并完成相关作业，计 5 分。

2. 在专题活动学习中表现优秀者，由老师酌情加 1～3 分。

【课时安排】

课内 3 课时；课外约 1 课时。

【活动过程】

第一课时　理解《谏逐客书》《寡人之于国也》

1. 学习本专题相关知识。

（1）关于"实证理证，论据确切"。

（2）明确本专题的评价要求。

2. 完成《谏逐客书》《寡人之于国也》理解性学习。

朗读、疏通、理解。重点关注两篇文章的论据是实证还是理证。

第二课时　从"论据确切"角度分析《谏逐客书》《寡人之于国也》

1. 对两篇古文的事理进行"论据确切"分析。以小组为单位完成并展示。

2. 拓展学习。

（1）师生共同辨析古代论述文章片段中的论据。（教师出示材料）

（2）师生辨析材料中论据的确切性。

3. 概括、认识古人的论述特点。

4. 布置作业。

（1）试着从"实证理证，论据确切"角度分析苏洵《六国论》的论据，写一篇小论文。

（2）从"论据确切"角度自学《拿来主义》《停止对外国人的抵制》两篇文章。

第三课时　从"论据确切"角度分析《拿来主义》《停止对外国人的抵制》

1. 学生进一步熟悉课文。

齐读、默读、罗列论据。

2. 辨析《拿来主义》的论据。

学生思考、发言，师生讨论明确。

3. 辨析《停止对外国人的抵制》的论据。

4. 布置作业。

阅读《比应试教育更可怕的》《惟有走在变化之前——从乐凯胶卷停产、泊头火柴破产说开去》两篇时评，从"论据确切"角度分析论据的使用特点。

案例分析：学习评价以学生为主体，关注学习过程。虽然是分课时设计，但不是零碎学习。每课时任务紧密相关，前后衔接。每课时的教学任务、教学方法及组织形式都围绕教学目标进行设计，呈现序列性、层次性、多元化特点。教学材料有精读，有略读，有拓展，有整合。整个设计充分体现了内容任务化、任务情境化和设计"逆向化"的特点。

任务二　表达：根据"论据确切"写与辩

【活动目标】

1. 通过对"时事评论"的评论、写作，认识"实证""理证"的重要作用，提高在时事评论写作中运用"确切"论据的意识和能力。

2. 通过辩论活动，学习收集、选择、使用论据的方法和技巧，加深对"实证""理证"重要作用的理解，培养从"论据确切"角度辨析问题的意识和能力。

3. 树立客观公正地看待时事的态度，能够有主见、有辨别、较深刻地理解时事评论。

【活动准备】

1. 活动策略。

（1）关注近期热门话题及评论，重点关注论据的"确切"。

（2）积极参加写与辩的实践，自觉训练从"论据确切"角度辨析问题的思维。

（3）组织辩论。

2. 知识储备。

（1）认识"辩论"。

（2）辩题的品格。

（3）辩论规则及要求。

（4）优秀辩论发言评价标准。

案例分析：目标呈现充分体现了学习任务群任务化、语境化、项目化和综合化的特点。注意知识和具体活动任务的结合，注重学生学习前的知识和经验储备。

【评价方法】

本教学活动评价总分为 17 分，学生能完成第 1、2 项任务即为合格：

1. 完成一篇"时事评论"写作，并能修改后上交，计 5 分。

2. 参与辩论活动，计 5 分。

3. 在写作中获得"优秀"者，加 2 分；在辩论中被评为"优秀发言者"，加 2 分；优胜辩论团队成员加 1 分。

4. 在专题活动学习中表现优秀者，由老师酌情加 1 ~ 2 分。

【课时安排】

课内 4 课时（写作、辩论各 2 课时）；课外约 2 课时。

【活动过程】

第一课时　结合"时评"讨论"论据确切"

1. 讨论东北虎伤人事件。

（1）呈现事件。

（2）学生讨论女子下车原因。

（3）引入"有一分据说一分理"。（补充柴静观点、曹林文章《老虎咬人事件归因中种种喷子的逻辑》）

2. 讨论"傅园慧现象"。

（1）呈现事件。

（2）列出评论提纲。

（3）小组交流、讨论。

（4）教师小结。

（5）从"论据确切"角度欣赏时评。（补充杨时旸《从民族英雄到网红少女：傅园慧和中国运动员的人设变迁史》）

3.布置写作任务。

（1）布置时评阅读作业。

（2）布置写作作业。

从"地址肯德基""电信诈骗"两题中选择一个事件，了解更多事件内容，根据"确切"原则，运用可查证的事实、可验证的道理论据，写一篇800字左右的时事评论。

第二课时　从"证据确切"角度交流所写文章并展示

1.小组交流评价。

明确方法指导和评价要求。

2.小组展示，师生点评。

3.教师小结。

4.布置作业。

根据老师和同学的评价意见，修改后上交。

第三课时　准备关注"论据确切"的辩论活动

1.导入：康有为与鲁迅的辩论片段。

2.看一看：观看国际大专辩论赛片段，整理并概括双方重要论据。

3.评一评：根据整理记录，紧扣论据进行分析点评。

4.理一理：教师分析辩论中常见的论据错误，学生课后整理。

5.布置下节课辩论内容。

（1）出示辩题。

（2）说明辩论规则。

第四课时　辩论活动

1.立论环节。

2.奇袭环节。

3.辩论评价。

辩论活动结束后，要求各小组上交以下资料：讨论记录、辩论稿、反思小结。教师根据上交资料进行活动评价。

案例分析：评价以学生为主体，评价方式多元化。活动过程的四个课时实际上是为了完成"论据确切"的时评写作任务和辩论活动。第一课时为第二课时做准备，第三课时为第四课时做准备，前两个课时的写作任务为后两个课时的辩论任务做准备。而任务二的"表达"其实又是任务一"阅读"的拓展、巩固与深化。整个专题设计充分体现了专题教学序列化、层次性和活动化的特点。

（三）学习任务群与传统教学的整合

新版课程标准在本质上是对实验版课程标准的修订，所以针对的只是

"一些不相适应和亟待改进之处"，而非推倒重来。至于那些被保留下来的，自然就属于被十余年的教学实践所证明，曾促进了广大教师教育教学观念的更新，推进了人才培养方式的变革，提升了教师队伍的整体水平，也有效促进了考试评价制度的改革，为我国基础教育质量的提高作出了积极贡献，并承载着21世纪以来我国普通高中课程改革的宝贵经验的部分。两版高中语文课程标准关于语文学习与教学的基本思想是一脉相承的，后者在前者的基础上推进，两者之间是继承与发展的关系。

从这一角度看，新版课程标准的核心概念"任务群"充分借鉴了实验版课程标准的成果，也继承了传统语文教学的优秀经验。教师在推进学习任务群教学时，要有意识地借鉴传统语文教学的优秀经验，整合实验版课程标准的精粹，实现语文课程实施的新超越。

1. 应用导向

"语文课程是一门学习祖国语言文字运用的综合性、实践性课程。"[①]这既是21世纪以来学界达成的共识，也是传统语文教学中的优秀经验。因此，教师在推进学习任务群的研习时，要以应用导向为策略，促进学习任务群与传统教学的整合。以教学目标的设定为例，传统单篇教学往往以知识学习与文本研读本身作为教学目标，在引导学生研习学习任务群时，既要关注知识，又不能囿于知识，而要以应用知识的思路与策略来获得知识与运用知识的经验，这就实现了传统教学和学习任务群的整合目标。

2. 任务驱动

传统教学往往以一连串问题作为贯串整个教学过程的线索，好的问题具有任务驱动特征。"任务驱动"教学强调让学生在密切联系学习、生活和社会实际的有意义的任务情境中，通过完成任务来学习知识、获得技能、形成能力。如果在引导学生研习学习任务群的过程中，有意识地将问题转变为一个个任务，就能把优秀的传统经验变为任务群的教学策略。

3. 活动主轴

传统教学中的优秀课堂特别注重学生的体验，语文课堂中的体验离不开读与写的活动。学习任务群的学习将活动上升到主轴地位，强化学习过程中的有效活动，就是在整合学习任务群与传统语文教学的优秀经验。活动主轴是指把活动作为教学行为的核心内容，贯串从教学目标设定到课后作业布置的整个环节。因此，不管是知识层面的教学目标，还是能力层面的教学目标，其达成方式主要是生动的"语言实践活动"，而不是教师的讲解或者学生代替教师进行的讲解，也不是机械单调的重复练习。教师是活动的设计者、组织者和引领者，而学生则积极而饶有兴致地参与课堂内外的各种活动，并适时与同学及教师交流和分享。

---

① 中华人民共和国教育部.普通高中语文课程标准：2017年版2020年修订［M］.北京：人民教育出版社.2020：1.

【案例】

"咬文嚼字"教学设计[①]

【活动目标】

1. 了解社科类文本的文体特征和主要表达方式。

2. 明确文本中心观点和写作思路，掌握基本论证方式。

3. 写作能力借鉴，培养社科文写作能力。

设计分析：为了突出课程的实践性和以活动为主轴的课堂特性，设计者首先将"教学目标"改为"活动目标"，一个词的改动则意味着教学观念的深刻变革。三个"活动目标"分别涉及社科类文本的文体知识、文章内容的理解以及表达层面的写作能力借鉴。就其本质来说，它与传统单篇教学中惯常设定的教学内容没有什么区别，因此，在学习任务群教学中，教师仍然可以借鉴传统单篇教学的教学目标。

【活动准备】

1. 课堂教学用的幻灯片。

2. 提供对比阅读材料一份。

3. 空白卡片一张。

4. 提供课堂写作"南湖菱"背景材料一份。

5. 500字作文稿纸一张。

【活动过程】

一、新课导入

活动1：教师点拨、学生交流：你对朱光潜有什么了解？

关于文章作者的常识了解，在传统单篇教学中往往是不可或缺的，且其出现的位置常在课首，这些特征也延续到了本学习任务群的教学设计中。当然其变化也是有的，在以往的教学中，作者简介一般由教师或学生直接展示，此处则将教师的行为改为"点拨"，学生不再是代替教师陈述的角色，而是交流的参与者，即"活动者"。

二、比较阅读，明辨文体

活动2：学生朗读并讨论下面两段文字，分析异同。

一提到雨，往往会想到雪；"晚来天欲雪，能饮一杯无？"自然是江南日暮的雪景。"寒沙梅影路，微雪酒香村"，则雪月梅的冬宵三友，会合在一道，在调戏卖酒姑娘了。"柴门闻犬吠，风雪夜归人"，是江南雪夜，更深人静后的景况。"前村深雪里，昨夜一枝开"，又到了第二天的早晨，和狗一样喜欢弄雪的村童来报告村景了。诗人的诗句，也许不尽是在江南所写，而作这几句诗的诗人，也许不尽是江南人，但假了这几句诗来

---

① 徐桦君，洪方煜.高中语文学习任务群教学设计：任务五　实用性阅读与交流［M］.杭州：浙江教育出版社，2017：118—123.

描写江南的雪景，岂不直截了当，比我这一支愚劣的笔所写的散文更美丽得多？

——郁达夫《江南的冬景》

无论是阅读或是写作，字的难处在意义的确定与控制。字有直指的意义，有联想的意义。比如说"烟"，它的直指的意义，凡见过燃烧体冒烟的人都会明白，只是它的联想的意义迷离不易捉摸，它可联想到燃烧弹、鸦片烟榻、庙里焚香、"一川烟草"、"杨柳万条烟"、"烟光凝而暮山紫"、"蓝田日暖玉生烟"……种种境界。直指的意义载在字典上，有如月轮，明显而确实；联想的意义是文字在历史过程上所累积的种种关系，有如轮外月晕，晕外霞光，其浓淡大小随人随时随地而各各不同，变化莫测。

——朱光潜《咬文嚼字》

设计分析：文体知识也是传统单篇教学的重要一环，但往往由教师直接告诉学生，或先由学生谈感性而零碎的认知，再由教师整合补充，其本质是单向灌输。而本设计引入了比较阅读活动，让学生在合作研讨的过程中认识到社科文的主要特征，其本质是让学生发现知识，学生是活动的主体，教师则由"传授者"转变为活动的"设计者"和"引导者"。

三、筛选信息，把握观点

活动3：学生独立完成表格，筛选文本信息，填入相应空格。

编号	例子	观点

活动4：学生交流表格内容，师生共同总结中心观点。

设计分析：准确把握社科文的中心观点，也是传统单篇教学的重心之一，但其教学目标达成方式往往是教师直接提问：作者在本文中的中心观点是什么？然后由学生读文章并寻找，倘若学生寻找无果，则由教师讲解。而此处的设计将任务分解为学生独立梳理与师生合作探究两个井然有序的教学活动。在此，学生既是活动的主体又亲历了结论形成的过程。

四、探究思路，总结方法

活动5：分析课文中的例子，师生探究：本文的写作思路是什么？例子与观点之间有怎样的联系？

设计分析：梳理文章的写作思路并理清论证逻辑仍是传统单篇教学的重心之一，但多采用教师讲授的方式。而此设计以"师生探究"的方式展开，"活动"的意味相当浓厚。

五、学以致用，写作体验

活动 6：结合背景资料，查阅资料，写一篇 500 字左右有关"南湖菱"的短文，可以是文学类作品（小说、诗歌除外），也可以是社科类作品。

南湖菱是嘉兴的名产，中秋前后是采摘的季节。剥开薄薄的绿色外衣，就是光溜溜的藕色菱肉。脆生生，甜津津，解渴又爽口，保你吃了永远都难以忘记。南湖菱既是水果，又可当菜。将它剥壳炒煮，撒上葱丝，青白分明，色味俱佳。用菱烧肉或烧菱饭，清香扑鼻，别有风味。

菱科，一年生草本水生植物。水上叶呈棱形、绿色，叶柄上有浮囊。夏季开花。单生于叶腋；受粉后，没入水中，长成果实。大暑前后成熟。呈半圆形，无角，一侧较平，一侧较凸。皮薄易剥，淡绿或黄白色。嫩菱质脆，汁多微甜，作水果鲜食。老菱除供食用外，还可制淀粉。

关于它为何不长尖角，在民间有一个传说。话说，当年乾隆皇帝下江南途径嘉兴，当地民众拿出南湖的菱给皇帝吃，当时的菱是有尖角的。乾隆皇帝吃的时候一不小心被尖角刺到了。第二年，南湖的菱便不再长角了。

活动 7：学生交流作品，分享体会

设计分析：关于社科文的教学，传统单篇教学往往在第五个活动之后便结束了，但此设计显然希望通过相同材料的"异法"写作活动，进一步加深学生对社科文文体知识的认识。这一环节将阅读与写作很好地结合在一起，并且还勾连知识的建构，可谓"一举三得"。

六、活动总结

（略）

七、活动作业

推荐阅读一些社科类书籍，提供"人文社科类书籍推荐排行榜"。

结合课堂写作体验，完成一篇 800 字左右的文学类作品或社科类作品，在班级分享交流。

设计分析：最后两个环节的安排，在形式上与传统单篇教学并无二致，但其内容大有乾坤，两个活动作业共同指向由课内向课外延伸的"阅读与写作"，强化了"群"的学习。

二、深度阅读与创意写作

高中语文教学要充分发挥语文课程的价值和功能，促进学生语言、思维、审美、文化素养的提升。叶圣陶先生言："国文教学自有它独当其任的任，那就是阅读与写作的训练。"[1]阅读与写作是高中语文课程的重要组成部分，新版课程标准确定的 18 个学习任务群，全部和阅读、写作有关。从阅读教学看，高中语文阅读教学普遍存在阅读心态功利驱动、阅读过程人本

---

[1]　叶圣陶.叶圣陶语文教育论集［M］.北京：教育科学出版社，1980：57.

分离、阅读结果意义遮蔽、阅读思维低阶滑行等问题。深度阅读教学的缺失，导致高中生深度阅读能力欠缺，理解力、审美力、探究力、生成力不足。在写作方面，内容空洞、逻辑缺失、堆砌辞藻、缺乏灵性的模式化作文比比皆是。因此，教师要充分发挥语文课程的功能，使课程改革的理念在实际教学中有效落实，不断创新阅读教学和写作教学，在深度阅读、创意写作方面有所作为。

（一）深度阅读

深度阅读是建立在深度学习理论基础上的，提倡进行主动性、批判性的有意义学习，要求学习者在真实社会情境和复杂技术环境中更加注重批判性学习和反思，通过深度加工知识信息、深度理解复杂概念、深度掌握内在含义，主动建构个人知识体系，并将其有效迁移到真实情境中解决复杂问题，最终促进全面学习目标的达成和高阶思维能力的发展。

深度阅读与中国文化重涵泳、重品味、重思悟的思维特性一脉相承，强调过程性，主张涵泳沉思，由浅入深，能在逻辑形式和意义领域有所发现。因此，深度阅读是指阅读者调动已有知识经验，激发阅读内驱力，运用高阶思维进行阅读，最终超越文本表层而建构深层意义的阅读形态。其有效达成需要关注阅读主体的动力激发，阅读文本的内蕴开掘，不同文本的合宜阅读取向，文本、作者、读者之间充分的多重对话，从真实阅读者走向自主阅读者、理性阅读者。深度阅读和一般性阅读、浅层阅读相比，主要有四个方面的特征。

1. 厚：深度阅读是纵深开掘、追寻意义的阅读

深度阅读要充分开掘文本的丰富意蕴和深层内涵，探寻文本的认识意义、审美意义和文化意义，从而读有所获。如以下案例：

学习徐志摩《再别康桥》

可在品读诗行基础上，感受诗歌创作"三美"的艺术价值，诗人一生"爱、自由、美"的文化追求，"康桥"这一意象所象征的家园情结等，进而发现《再别康桥》在文学史上的独特价值。超越语言文字本身之美，就是文本深度所在。

"苏东坡专题"学习

可以泛读大量与苏轼相关的文本，如：苏轼年谱简编、苏轼的主要作品及其写作时间，《康震评说苏东坡》、林语堂《苏东坡传》，苏东坡作品及赏析文章。精读苏轼黄州时期诗文：《卜算子·黄州定慧院寓居作》《临江仙·夜饮东坡醒复醉》《念奴娇·赤壁怀古》《赤壁赋》《浣溪沙·游蕲水清泉寺》《定风波·莫听穿林打叶声》。进而由文及人，深度理解苏轼在黄州的心路历程："寂寞彷徨，痛苦挣扎"—"人生虚无，充满矛盾"—"出世与入世，超脱与迷惘反复纠结"—"内心一片澄明，远离颠倒迷惘，究竟开悟"。感悟人生智慧，丰厚文化积淀。

有意义的阅读是深度阅读的重要指征。阅读单篇文本时，要善于发现当前文本的丰厚内涵，使阅读的过程成为发现作品意义的过程。阅读多篇文本时，要善于选择有价值的文本，通过专题阅读等形式，使阅读的广度与深度交互催生，从而实现更深层次的阅读。

2. 慢：深度阅读是从容展开、充分对话的阅读

阅读过程较充分，学生能细致品味，熟读精思，呈现出一种思维高度集中、活跃的阅读状态。单纯为获取信息、轻松娱乐而进行的短时阅读、碎片化阅读等阅读形式，因其文本单薄、取向功利、时间短暂、过程匆忙，不能使阅读者展开深入思考，更遑论给阅读者以深度的阅读体验。要想使阅读的意义得到实现，必须调整阅读心态，静心阅读；保证阅读时间，真实品味；促进阅读对话，涵泳沉思。如以下案例：

学习余光中《听听那冷雨》

教师可以引导学生通过朗读、品味感受语言的形式美和内涵美，并在此基础上梳理意象和脉络，体会作者独特的"乡愁"。这样，余光中诗化语言独具的魅力，海外游子的思乡之愁，华夏儿女的文化乡愁，都可以在慢慢品味中逐渐被体悟。阅读的过程同时也是语言熏陶、情感体验、审美愉悦的过程。

深度阅读的过程，也是文本、作者、读者之间充分对话的过程，只有将对话落到实处，阅读的过程才会真实有效。

3. 精：深度阅读是发现领悟、精研深思的阅读

阅读过程即是思考的过程。深度阅读是形象思维与抽象思维、直觉感悟与理性分析的统一。阅读者需要采用高阶思维，用心感悟和体验，透过言语形式，把握文本意思，聚焦核心问题，剖析问题实质，从表层走向深层，获得更深层次意义的理解、发现和建构。如以下案例：

学习梁衡《觅渡，觅渡，渡何处》[①]

在初读文本，整体把握瞿秋白的人生轨迹，形成对瞿秋白的总体印象基础上，可设计如下问题并进行深入研讨：

1. 为什么说他的人生是一个"谜"？扣住这些"谜"，作者写出了一个怎样的瞿秋白？

（1）为什么文弱书生却选择革命？

（2）为什么被抛弃却毅然赴死？

（3）为什么受人崇仰却写下《多余的话》？

2. 作者为什么以《觅渡，觅渡，渡何处》为标题？读到标题，你想起了什么？

这些问题的设置，都是为了引导学生更加深刻地认识瞿秋白其人，进而理解文弱书生却救国救民、柔弱之躯却从容就义、自我解剖却令人崇仰的伟大。核心问题统领下的深度聚焦，是思维发展的过程，也是超越表层语言符

---

① 执教者：成都市锦江区教育科学研究院易晓。

号，走向深层的逻辑理解和意义发现的过程。阅读教学要善于聚焦问题，从随机提问走向价值性置问，通过精读精思、精研精解发现作品的深度价值。

4. 生：深度阅读是自我生成、建构思想的阅读

深度阅读的最终指向不是停留于文本，而是阅读者自己。主要体现为主动选择、真实体验、独立思考、意义创生。通过阅读文本并对其进行同化、顺应、重构和整合，修正自己的"先见"，改善知识结构，积累新的知识和经验；借助文本反观自我、审视自我、提升自我，在超越个人经验的同时超越文本；对文本和他人的解读加以发展，提出新的见解；由当前文本延伸到其他文本，拓展到历史文化和社会现实，联系自己的生活经验，读出自己的感受、看法和疑问。如以下案例：

学习周立明《动物游戏之谜》

在阅读这篇科普文章的过程中，学生对动物游戏现象有了自己的思考，产生了探索大自然奥秘的兴趣。学生在把握几种假说的基础上，还可以思考"何为假说？""为什么是假说？""简单枚举法、归纳法的缺陷是什么？""不同假说可以并存吗？""为什么最后没有得出结论？"等问题，从而对理性思考、科学精神有所领悟。

每一个阅读者都是一个独立的感受者、鉴赏者、发现者、创造者。深度阅读一定有"我"的体验，有"我"的思考，有"我"在对文本真实感受、理性分析后的意义创生与发现。随着阅读的逐渐深入，阅读者的知识和能力、情感体验和哲理感悟都将得到丰富，并最终促进阅读的持续进行和个体的人格完善。

下面以郑愁予《错误》为例，探讨深度阅读应该具备的特征与形态。

_____

【案例】

《错误》阅读教学案例[①]

[教学目标]

1. 品味诗歌语言，感受诗歌的意蕴和情思，体味诗歌的"中国"诗韵。

2. 从意象、结构、背景入手，深入诗歌内涵，体会诗歌主题丰富的艺术张力。

[教学实施]

一、品读

同学们，今天我们一起来学习郑愁予先生的《错误》这首诗。你们喜欢这首诗吗？为什么？你们是从哪里读出这种感受的？

二、析读

郑愁予是当代著名诗人。诗人杨牧曾经评价他说："郑愁予是中国的中国诗人。……用良好的中国文字写作，形象准确，声籁华美，而且是绝对

_____

① 执教者：成都市锦江区教育科学研究院易晓。

地现代的。"他的这首《错误》被誉为"现代抒情诗的绝唱"。你怎样理解"郑愁予是中国的中国诗人"？这首诗的"中国味儿"体现在哪里？

讨论、分析。思考角度：① 古典蕴藉的意象；② 哀婉惆怅的传统题材。

小结：郑愁予的姓名也深受中国古代文化影响。一是《楚辞·九歌·湘夫人》："帝子降兮北渚，目眇眇兮愁予。"二是西汉司马相如的《长门赋》："众鸡鸣而愁予兮，起视月之精光。"三是南宋辛弃疾的《菩萨蛮·书江西造口壁》："江晚正愁余，山深闻鹧鸪。"

郑愁予先生很善于使用古典意象，诗歌有着中国文化浸染的古典意蕴。

三、研读

好的诗歌是有灵性的，这首诗歌中究竟表达了什么情愫？你认为诗歌之所以传唱至今，最动人的地方在哪里？

补充：郑愁予相关生活背景；郑愁予的代表作《情妇》；王夫之、谢冕等人的评价性文字。

分组探究。思考角度：① 思妇的苦痛；② 青春的忧愁；③ 离乱时代的渴望；④ 浪子的漂泊……

总结：很多人认为该诗承袭了中国历代"闺怨诗"的传统，表现了思妇的苦痛。但据诗人自己称，这首诗其实是写给等待中的母亲的。联想20世纪50年代以来笼罩于台湾诗坛的"乡愁"主题，也可以说这是一首浪迹天涯的游子写给"江南母亲"的诗，是一首"怀乡"而又无法归抵的诗。再想想诗人一生的游走与漂泊，还可以这样理解该诗的主题：人们也许永远也等不到他们所钟爱、期盼的东西，任凭你望穿秋水，也只能遗憾地错过，也许这就是命中注定。总之，青春的忧愁、游子的漂泊、母亲的呼唤、离乱的渴望，都可以从中读出。所以，我们说这首诗歌也是每一个人的诗，是生命的诗。

案例分析：本诗的教学，是带领学生由浅入深，逐渐走进文字深处的过程。第一环节品读，带领学生充分感受和发现诗歌，尊重学生的原初体验；第二环节析读，引导学生感受诗歌的"中国"意味，从意象等角度体味诗歌的文化魅力，进而认识作者郑愁予的文化追求；第三环节研读，引导学生在诗歌内部与外部背景基础上理性探寻诗歌的主题和诗人的人生。如此，学生可在真实体悟的基础上，从粗知走向真知，从感觉走向理解和发现，认识到文化的传承、童年的记忆、个性的特质共同构成了诗歌独有的韵致，认识到这首诗同时还写出了一代人的文化乡愁、游子一生的漂泊、无尽的等待与渴望……进而有效抵达诗歌深处。

（二）创意写作

新版课程标准在"必修课程学习要求"中强调，高中语文教学要注重学生自主写作，自由表达，以负责的态度陈述自己的看法，表达真情实感，培育科学理性精神。书面表达观点明确，内容充实，感情真实健康；思路清晰连贯，能围绕中心选取材料，合理安排结构；进一步提高运用记叙、说明、描写、议论、抒情等表达方式的能力，并努力学习综合运用多种表达方式，力求有个性、有创意地表达。能推敲、锤炼语言，表达力求准确、鲜明、生动。学业质量水平 5 的表达要求则为：在表达时，讲究语言运用，追求独创性，力求用不同的词语准确表达概念，用多种语句形式表达自己的判断和推理；喜欢尝试用多种文体、语体、多种媒介，多样地表达自己的思想和情感，追求表达的准确性、深刻性、灵活性、生动性。[①]

但从现状看，学生写作大多为应付作业和考试，视野过窄、套话连篇的现象极为普遍，有社会性、有个性、有独到见解的文章很少。因此，我们应以高中生为创意写作主体，呵护学生的创新天性，锤炼学生的创新思维，将培养学生的创意写作能力作为高中作文教学的重要任务。

什么是创意写作呢？创意是创造意识或创新意识的简称，是对现实存在事物的理解和认知，以及由此所衍生出的一种新的抽象思维和行为潜能。高中生的创意写作是指在运用语言文字进行书面表达和交流的过程中，能有创意地认识世界、认识自我，发展创造性思维，从而在文章的意义内涵、形式逻辑、情感抒发和语言个性等方面有一定独创性的写作方式。

高中生的写作水平是有客观差异的。高考作文评分标准发展等级的要求是：深刻、丰富、有文采、有创意。这也意味着优秀的学生作文要以基础等级为前提实现创意表达，从而使自己的文章呈现出一定的特色。

创意写作主要具有如下特征：

1. 内蕴丰厚，价值独特

空洞无味是写作大忌。高中生的创意写作要建构作品的意义，写出丰厚的内蕴和独特的价值。具体表现在三个方面：一是有意思，能感知到普通人经历过却又易忽略的事物、场景，写出"熟悉的陌生"，让读者感到生动新鲜。二是有意义，能对隐藏在现象背后的意义有所发现，或是在司空见惯的现象面前挖掘本质，或是揭示因果联系，或是指出规律，或是预见发展，或是抓住要害，或是给人启发，在作文中表达自己对社会和人生的深刻感悟，使文章摆脱苍白与平庸，具有思想的魅力。三是有内容，文章内容丰富，能旁征博引，形象丰满，意境深远，言有尽而意无穷。

如作文《我活着，因为思想》（节选）：

我活着，因为思想，因为它我可以省察。苏格拉底，这个西方哲学人本主义思潮的源头，用一生追求比生命本身更重要的——生命的意义。用他的话说："必须追求好的生活远过于生活。未经省察的人生没有价值。"于是我明白了，人生的价值不在于活着。活着，我不愿行尸走肉，像一匹驮着重物的老马喘息着走向生命的尽头。我活着，因为思想，不能浪费这权力，时

---

① 中华人民共和国教育部.普通高中语文课程标准：2017 年版 2020 年修订［M］.北京：人民教育出版社，2020：39.

刻省察自己，是放纵还是追求，是奋斗还是退缩？我思想着，纵使驮着现实的压力，每一步的蹒跚，我不曾后悔！

作者在字里行间体现出对生命意义的追寻，因此文章内容具有独特价值。

2. 逻辑清晰，思辨性强

作文是有形的思维，写作时要思路清晰，逻辑严密。论述类文章，要能发掘和建构素材内在逻辑，建立合理的观点；能整体构思，段落展开有逻辑，论证分析有依据。叙事抒情文章，要有内在的逻辑合理性，情节的展开、人物的塑造、情感的抒发，既有发散思维又有内在的意脉和艺术张力；要在严谨的逻辑中融入思辨的魅力，写作者的目光能投向生活，了解新近发生的热点问题，有意识地运用批判性思维思考问题，在质疑、批判中有创新有发现，素材的积累、理性分析能力的加强、个性的健康发展有机融合，从而使文章具有逻辑理性、智慧光芒。如以下文段：

家国情怀离不开根，民族凝聚力的构建离不开传统文化。"求木之长者，必固其根本"，魏征谏太宗之言至今仍有其现实意义。传统文化是民族之根本，中华民族根植于传统文化之中。不论树枝延伸至何处，只要根尚在，树形则不散，中华民族便永远是一个有向心力和凝聚力的民族。我们褒赞武亦姝，不仅褒赞她的才华，亦是褒赞主流媒体透过传统文化激起了民族的自豪感，唤起了大众的民族自信、自觉。一场场诗词大会，用博大浩瀚的传统文化将人心联结，传递家国情怀，构造华夏儿女凝结集聚的和谐社会。

本段文字言古说今，逻辑严密，彰显了弘扬传统文化的现代价值。对中国诗词大会第二季总冠军武亦姝获奖一事的思考则体现了辩证思维和思辨意识。

3. 情感真挚，有感染力

情感是人对客观事物产生的态度体验，人的意识活动必然伴随着情感活动。在写作表达中，知性情感、理性情感、审美情感的自然浸润能使语言文字别具魅力。人们或者把目光投向世界，表达对社会和人生的真切感怀；或者追问自己的内心，传达细腻的人生感受。真挚的情感，独特的体验，可以使文章具有触动人心的感染力。比如：

有人说，父亲是子女隔着死亡的一层篱笆。父亲走了，让我的人生第一次真切地看见了、感受到了死亡。我对死亡不感到恐惧，而只是感到生命的悲悯和自然的残忍。父亲于我在某种程度上来讲，是这个天地间的生命共同体，他的离开让我真实地感受到了什么是裂肤之痛，并开始重新思考生命。我已失去了我生命源头的爱和这个世界我最真的爱！

"难舍今生情未了，切望六道有轮回。"永失我爱，有否来生？

（节选自杨君《永失我爱》）

此文具有较强的个人色彩，却又传达出天下人共同的感慨，对父亲真切的思念使文章独具感染力。又如：

在城市尽头，没有繁华的街市，闪亮的霓虹；在城市的尽头，只有破旧的棚户区和饱经生活风霜的生命；在城市的尽头，有他们这样一群人。

让我怎样称呼他们？外来务工人员子女？农民子弟？抑或是农民工二代？不，我不想用这些冰冷的名字称呼他们，我多想叫着他们带着泥土气的乳名，拉着他们的小手，走近他们的生活……

本文为2008年高考作文佳作。文章以"农民工子弟"为题材，用第一人称抒发对他们的深切关注，具有悲悯的情怀、感人的力量。王国维在《人间词话》中言："喜怒哀乐，亦人心中之一境界。故能写真景物、真感情者，谓之有境界；否则谓之无境界。"真，是文章的生命。能写出个人的真体验、真感受的文章，自然是动人的。再如：

生活中的美是无穷的。一株不显眼的狗尾草，一朵默默开放在山坡上的小花，一只在树梢上随风吟着歌的小鸟，一朵在天空中无语流过的白云，一阵悄然而至的清风，一场润物细无声的好雨，一本摊开在台灯下的书，一页写满了往事的日记，一把同学递过来的花伞，一个老师上课时灿烂的微笑，甚至于一点小小的误会，细细品味，都是美的。只要能细心地观察生活，不放过每一件美丽的东西，用心体会美、享受美，你就会感到，无论是"春风桃李花开日"，还是"秋雨梧桐叶落时"，生活中都充满了美丽的事物。你就会为自己生活在这样一片天地里感到由衷的快乐。

此文对生活中与我们相伴的自然物象与人事细节体察细微。作者真实而独特的情感，似曾相识却又"陌生化"的发现，开辟了一个美好的写作世界。

4. 表达独特，有个性色彩

每一个写作者都是独立的生命存在。文章有个性表达，即写作者能以自己独有的语言表现形式表达自己对客观世界独特的感知、个人独特的生命体验与思考。具体表现为：第一，立意有个性，文章视角独特而有新意，能跳出陈旧的思维模式，以开阔的视野、多角度的思考发现有创意的观点或主旨。第二，文体表现形式与表现手法有个性，能选择恰当的文体形式来抒写情感世界、表达理性认知，如善于选用小说、散文、日记、书信、剧本、调查报告、新闻评论、演说辞、读后感等形式写作，在文章外显的结构形式方面有创意，或者能恰当使用修辞技巧和艺术表现手法，使文章的表现新奇且更具艺术感染力。第三，语言表达有个性。语言是思维的外壳，每一个人都有独特的思维方式和情感呈现方式，也就有不同的语言表达风格。写作时有鲜明的语言特色，是作文与众不同的重要特质。

我想我是迷路了。

城市里的道路迷迷转转，我却总也找不到出口；高高耸立的密密的楼群将天空割离成一张破碎的脸。除了年轻，我什么也没有。

母亲临死前冰凉的手指，父亲的叹息，后母的面孔……在我眼前飞转，织成一张网，我想逃，无奈跑不出去。

我站在堤岸上看海，那些蓝色的波涛向我涌来。我深深理解堤岸的悲哀：想远远退开，却又动弹不得。蓝色的忧郁从我的眼睛里流出，流过我的脸庞。

（节选自《蓝色蛹·金色蝴蝶》）

本文巧妙地以不同的色彩与意象传达不同的人生经历和感情。作者将母亲去世后的忧郁、苦闷化作了一片蓝色的波涛，诉说着内心深深的悲哀，构思独特且蕴含着特别的诗意与厚重。

【案例】

"人与乡土"写作指导①

题目：

每一片土地都承载着悠久的历史，它默默见证沧桑巨变、人情冷暖，却把自己的血液浸润进了乡人不屈的灵魂。斯人已逝，余韵徐歇，哪一方水土没有自己的神话和传说呢？哪一个儿女不和自己生于斯、长于斯的土地息息相关呢？

请你搜寻自己所熟悉的乡贤，看看他们的成长和你熟悉的土地有什么关系，以"人与乡土"为话题，写一篇800字以上的文章。要求：自拟题目，自定立意，自选文体，写出自己真切的感悟和思考。

【技法点拨】

要写好这篇作文，需要注意以下三个方面：

首先，要思考"乡土"和"人"的关联。一方水土养育一方人。这一方水土具有怎样的历史传统和文化特质？这里的乡人具有怎样的性格特征？这里的乡情有哪些令人难以忘怀？一个人的出生、成长都离不开自己的生存环境，都植根于自己的故土。艾青说："为什么我的眼里常含泪水？因为我对这土地爱得深沉。"因此，挖掘出这片土地的精神，也就寻找到了你所熟悉的乡贤的精神根脉；写出这一片乡土和人的关联，也就把握住了文章的灵魂。

其次，要思考"人"的特质。在千人万人之中，为什么你会对这一个人情有独钟？为什么他会掠过风云变幻的历史人物扑面而来？一定是因为他或她有你难以忘怀的某种气质，某种精神，某种神韵。也许他曾驰骋疆场，写下壮伟的人生华章，如"前不见古人，后不见来者"的陈子昂；也许她曾诗酒流连，留下许多仰慕与叹息，如望江楼之薛涛；也许他曾带着青春的理想和激情远走他乡，用滚烫的文字喊出"青春是美丽的"这样的宣言，如少年远游的巴金……纷纭复杂的人生，形形色色的人物，那个你难以忘怀的前辈先贤，一定是有着特殊个性的人物，一定是闪烁着人性光辉的人物。只有写出人物的精神特质，你的文字才能涌现动人的力量。

最后，要注意对人物的细节渲染。表现人物的精神气质，不必面面俱

---

①　执教者：成都市锦江区教育科学研究院易晓、成都市树德中学张捷。

到，事无巨细。但人物的举手投足，乃至一个眼神、一处微笑、某句话语，都可以从细微处见精神，如同八大山人的山水画，见一条鱼而满幅是水，因某处细节而鲜活灵动。写好那一瞬间的回眸，写出那一转身的决绝，表现出那一句话中的不舍……眉眼流转之间，一言一行之处，人的精神气韵便会流动生色，令人难以忘怀。因此，写好"人与乡土"这样的作文，还需要用心地寻找典型的细节，渲染动人的细节，从而使我们笔下的文字富有强烈的感染力。

三、问题解决教学

发展学生的深度阅读能力和创意写作能力，归根到底需要培养学生的高阶思维能力。新版课程标准强调：语言文字运用和思维密切相关，语文教育必须同时促进学生思维能力的发展与思维品质的提升。语文课程还应当适应当代社会的发展需要，为培养创新人才发挥重要作用。要引导学生在语言文字运用的过程中发现问题，培养探究意识和发现问题的敏感性，探求解决问题和语言表达的创新路径。[1]课程标准的相关表述既体现了语文学科的特质，也强调了高中语文教学与时代的关联。信息时代的知识更新迅速，社会问题纷繁复杂，对复杂问题的解决能力要求更高，学校教育更应注重教会学生掌握、应用、发现知识的方法，并通过一系列问题的解决来培养创造性人才。可以说，语文学科通过推进问题解决教学来提高学生解决问题的能力迫在眉睫。

（一）问题解决教学的内涵

问题解决教学是依据教学内容和要求，把教学置于真实问题情境中，通过发现问题、探究问题、解决问题来学习知识，形成解决问题的能力，最终实现教师和学生共同发展的教学形态。

问题解决教学由来已久。例如，孔子提出的"不愤不启，不悱不发"，古希腊苏格拉底提出的"问答法"。当前国际教育界更是高度重视问题解决教学，并将其作为学校教育的主要策略之一。建构主义强调把学习置于复杂的、有意义的问题情境中，通过让学习者合作解决问题来学习隐含于问题背后的科学知识，形成解决问题的技能和自主学习的能力。多元智能理论也认为智能是在实际生活中解决所面临的实际问题的能力。问题解决能力的培养契合时代特质，体现了中国学生发展核心素养对实践创新能力的培养要求。高中阶段实施问题解决教学，既可以使学生更深刻地理解所学知识，也可以有效地促进学生潜能的开发，提高他们的高阶思维能力和实践能力。因此，教师在教学中应尽可能在真实情境中培养学生解决实际问题的能力，并以此

---

① 中华人民共和国教育部.普通高中语文课程标准：2017年版2020年修订［M］.北京：人民教育出版社，2020：2-3.

作为教学评价的重点。

（二）问题解决教学的特征

问题解决教学具有问题驱动、自主参与、思维发展和持续生长等特征。

1. 问题驱动

问题解决教学强调以有价值的问题为学习的起点，教师要以问题为核心组织学习内容，让学生围绕问题寻求解决方案。问题来源可以是教师事先设计的，也可以由学生自己提出，还可以是师生合作共同创设生成的。问题产生要立足教学实际，学生具有解决它的知识和能力基础；问题要有一定的难度，学生需要深度思考才能解决；问题要具有探究性，能尽可能调动学生的积极性，使学生乐于探索和研究。教师要以问题为驱动，使课堂有张有弛，培养学生提出问题、分析问题、解决问题的能力。

2. 自主参与

问题解决教学强调以学生为中心。教师要成为学生学习的合作者，创设平等、尊重、宽容的氛围，为学生提供自由提问、质疑、发现的机会；要站在学生的角度与学生共同提出问题、解决问题，引导学生通过自主参与、自主探究来实现成长，获得问题解决的成功感，进而促进学生探究兴趣和创新能力的发展。

3. 思维发展

问题解决教学强调通过学生发现问题、探究问题、解决问题，引导学生积极思考，提升高阶思维能力，通过归纳、演绎等方式探究学科知识之间的逻辑联系，构建学科知识体系；通过深度体验和探究，参与知识的生成过程，掌握科学思维的方法，促进批判性思维与创新能力的发展。

4. 持续生长

问题解决教学致力于引导学生在自主、合作、探究中提出解决问题的假设，尝试和探索解决问题的策略，并通过验证假设的过程，提高解决实际问题的能力，体验问题解决的成功感；在问题情境中萌生发现问题的兴趣和解决问题的欲望，在循序渐进的问题解决过程中持续成长。

（三）问题解决教学的实施策略

根据问题解决教学的内涵和特征，教师可以采用如下策略实施问题解决教学：

1. 内驱力激发策略

问题解决教学注重过程体验，强调内驱力激发，主张学生是问题解决教学的主体，教师要通过激发好奇心与求知欲来提高学生的认知内驱力。因此，教师在教学中要注意以下几点：第一，问题难度适宜，以便学生能体验到思考带来的乐趣，有解决问题的基础与可能性；第二，教师要学会等待，不能越俎代庖，急于求解，要给学生充分的思考和解决问题的时间与空间；第三，注重鼓励性评价，善于积极引导，提供策略协助，帮助学生寻找思维的路径，既教会学生发散思维，又引导学生聚合思维，增强学生自主探索、勇于并善于求解的内驱力。例如，《鸣凤之死》教学导入语：

同学们，十七岁是人生中多么美好的年龄。我们正享受着阳光，享受着小鸟的欢叫，享受着人生赋予我们的种种欢乐和幸福。可是，我们今天要读到的，却是一个十七岁少女在特定时代不得不走向死亡的凄美内心世界。这是一个怎样的少女呢？她为什么会在这样的花样年华里走向死亡呢？让我们一起走进巴金的《家》，走进鸣凤的内心世界。

以鸣凤的形象、悲剧命运的原因设问开头，能够有效激发学生的探究欲望，进而促使学生从性格、命运等角度深入认识人物形象，思考封建社会女性悲剧命运的根源。

2. 前置学习策略

高质量的问题是有效达成教学目标的前提。教师要以任务驱动，激励学生课前自主预学，提出问题，自主解决问题。首先，初步感知，对学习内容有整体把握和初步理解。其次，自主质疑，能提出自己的问题。最后，交流互助，能相互交流并尝试初步解决提出的问题，生生、师生互助求解。教师要通过质疑、释疑，激发学生主动思考，积极调动已有知识经验，建构新知识，提高思维能力，进而培养学生的自主学习能力。如以下案例：

《林黛玉进贾府》的前置学习

学生通过自读、交流，提出如下问题：林黛玉为何娇弱多病？林黛玉进贾府时所见的种种烦琐礼仪的核心及其意义是什么？林黛玉进贾府时，为何不能走正门？在第三回中，林黛玉回答贾母问"读何书"时，说读了"四书"，而后来回答宝玉时，又说"不过识几个字而已"，为什么前后不一？

学生在前置学习中提出的问题，既有直观感受，又切中《红楼梦》的人物、社会背景、主题等内容。学生思考与解决这些问题，有助于深入领悟作品的思想内涵。

3. 主问题推进策略

问题解决教学是基于问题的学习和教学，问题的好坏决定教学的效果。主问题是相对于繁杂、零碎、肤浅、学生活动时间短暂的提问而言的，它着眼于整体，对教学过程具有主导及支撑作用，能从整体参与上引发学生思考、讨论、理解、品析、创造重要问题。

问题解决教学的主问题主要有两种：一是教师预设主问题，并将其分解为若干个子问题，引导学生逐层深入思考；二是学生自主质疑提出原初问题，在教师指导下聚焦生成主问题并深入探究。如以下案例：

鲁迅《阿 Q 正传》中的主问题和子问题

主问题	子问题
如何认识阿 Q 这一经典形象？	阿 Q 有着怎样的身份、地位？
	阿 Q 的"精神胜利法"表现在哪些方面？具体内涵是什么？
	阿 Q 精神的根源在哪里？鲁迅先生塑造这一形象的意义是什么？
	阿 Q"要求革命"，阿 Q 的革命观和革命行动、遭遇是怎样的？由此可以得出怎样的感悟？
	关于阿 Q 精神，历来有很多争论。你是如何看待阿 Q 精神的？
	在大团圆中，阿 Q 说："过了二十年又是一个……"那么，阿 Q 真的死了么？有人说，事实上阿 Q 并未真正死掉。从鲁迅先生到现在，他虽历经坎坷和磨难，但他仍然健康而快乐地生活着，而且子嗣繁衍，人才辈出。那么，你所观察到的现代阿 Q"精神胜利法"有哪些？5 分钟片段作文，画出一幅简短的"现代阿 Q 相"

鲁迅《祝福》的主问题

自主质疑	问题分类	聚焦主问题
祥林嫂为什么做短工却满足？	1. 祥林嫂自身形象	是谁杀死了祥林嫂？作者塑造"我"和众多形象的意义在哪里？
为什么婆婆可以卖祥林嫂？	2. 祥林嫂身边的众多女性形象	
"我"为什么害怕祥林嫂的问题？	3. 祥林嫂生活的鲁镇社会	
四嫂和柳妈对于祥林嫂的死有没有责任？		
作者笔下的鲁镇具有怎样的社会意义？	4. 和众多形象不一致的"我"	
什么才是摧毁祥林嫂的最后一击？		

《阿 Q 正传》一课，以典型主问题统领，通过创设情境，将主问题分解为相关联的子问题，开展一系列探究活动，逐层推进并生成表达；《祝福》一课，则从学生自主质疑入手，对问题进行合并、归类，并以此为统领，展开有针对性的教学，实现深度探究。

4. 情境优化策略

问题解决教学需要营造宽松、平等、民主的探索氛围。课堂教学不仅要关注学生知识的掌握程度，更要关注学生获取知识的途径和方法，给学生机会去发展解决问题的能力。教师要善于创设情境，促进学生生成、探索和解决问题。如以下案例：

《红楼梦》中的林黛玉诗词鉴赏[①]

确定主题：鉴赏《红楼梦》中的林黛玉诗词，提升审美情趣
提出问题：你从林黛玉诗词中读到了怎样的林黛玉？你是如何读出来的？
教师整合资源，制作微课：以《秋窗风雨夕》为例品《红楼梦》诗词
学生课前观看微课，然后选择林黛玉诗词分小组制作微课并交流
学生交流课前微课所学，归纳总结《红楼梦》诗词鉴赏方法
师生共同学习《葬花吟》，尝试运用鉴赏方法，深入理解林黛玉其人
学生运用所学方法进一步鉴赏林黛玉的《桃花行》（《红楼梦》第 70 回）

丰富的诗词歌赋是《红楼梦》重要的艺术特色，其中的三首林黛玉经典诗歌都很长，仅靠课堂 40 分钟的学习很难达成目标。教师可以充分运用信息技术创设学习情境，整合《红楼梦》影视剧、文学作品资源，运用微课促进学生学习。学生则手脑并用、乐学善思，在积极主动的参与中提升问题解决能力。

（四）问题解决教学的难点突破

问题解决教学要提高效益，需要突破以下难点：

难点一：设计有价值的问题

问题解决教学始终围绕着问题进行，问题设计是问题解决教学的基础，问题的设计是否合理、质量高低尤为重要。好问题要具备以下特点：

第一，基于学情。问题从学情出发，应当是首要原则。主问题设计的切入点、难易度要紧扣学生的认知基础、兴趣和情感，关注学生的"最近发展区"。主问题最好是学生必须考虑但未曾想到的问题，或者是学生曾经想到但未进行深入思考的问题。在具体实施过程中，教师要根据学生状况和反馈信息，对问题进行适当的调整。

第二，整体贯通。问题设计应该有一个框架和体系，使问题由浅入深、由易到难、由表及里。问题之间应相互衔接，环环相扣，从而使问题条理化、系列化，让学生体悟到学习的过程就是发现问题、解决问题、升华问题的过程。

第三，有探索空间。提出问题的实质在于建立新旧经验的联系，引发思维矛盾，激发学生的学习兴趣和求知欲，引导学生进行深入思考，为学生亲历探究活动和提高学科核心素养做准备。那种表面热闹但没有引发深入思考的提问和将学生尽力往教师自己的看法上"引"的做法，往往是低效甚至无效的。问题应尽可能有足够的思维空间、一定的难度和合适的梯度，以便学生充分思考，平等交流，观点碰撞。同时，教师要及时肯定，让学生体味到

[①] 执教者：成都市田家炳中学孙阳菊。

思考的快乐，养成思考的习惯。

第四，有开放性。我们既要注重课堂教学的共性，寻找规律，建构模式，更要突出"个性"，使其具有一定的启示意义。好问题应具有一定的发展空间、多种不同的思考角度，甚至多种可能的答案，有利于学生掌握相关的知识和思想方法，培养创新精神。如创意写作案例：

阅读下面的材料，根据要求作文。

孔子说，父母死要守孝三年。

《弟子规》："丧三年，常悲咽。居处变，酒肉绝。丧尽礼，祭尽诚。……"

有人对这种传统做法很不理解，认为守孝三年，耽误的时间太多了；不吃肉，缺营养，太迂了。你的观点是怎样的呢？请结合现实，加以阐述。

写作内容关乎"孝道"，贴近学生的生活基础，有话可说。问题设计具有整体性，所给材料内容既有传统看法，也有今天的认识，有助于学生写出自己独到的观点。问题设计具有探索空间，如"如何认识传统文化中的'守孝'？""在现代社会如何面对传统？"这些问题能激发学生的探究欲望，有利于培养学生的创新思维和批判思维。

难点二：实施恰当的追问

问题设计既有预设，也要有生成。教师的教学预设要充分，也要鼓励学生大胆提出问题，现场生成新问题。在这个过程中，教师的追问尤为重要。

第一，于悖谬处追问。学生回答时出现了错谬，教师不必急于评价或放大错误，而应及时抓住悖谬处，再设置一系列问题，引导学生辨明问题，进一步认识事物的本质。

第二，于发散处追问。由于知识经验的局限，学生对问题的认识常常表现出孤立、肤浅、单向的特点，此时追问主要是帮助学生拓宽思考问题的思路，使其思维多角度发散，获得新发现。

第三，于争论处追问。在教学过程中，教师要善于发现学生对一个问题产生的不同看法，并巧妙地引发他们之间的争论，引导他们在争论中探究真理。同时，要鼓励学生标新立异，不迷信书本，不盲从教师，勇于提出创新性见解。

追问类型多样，教师要善于发现契机，跟踪追问。例如，通过因果追问，反馈并展示学生的思维过程和方法，寻找因果关联；通过逆向追问，针对某一具体问题进行多角度、多层面的分析与研究，培养学生的反思能力。如以下案例：

巴金《小狗包弟》的问题设计

问题1：小狗的命运如何？人的命运如何？

问题2：作者为什么写这篇文章？身为受害者的作者为什么要反思？

问题3：你心目中的巴金老人是怎样的？他的思想观念在当今社会有无价值？

　　通过对小狗的命运、人的命运、作者创作意图的不断追问，学生可以更好地认识本文深刻的悲剧意义：狗的悲剧、人的悲剧、时代的悲剧、人性的悲剧。作品理解因而进入逻辑形式和意义领域的深层，实现了深度阅读。

　　难点三：建立师生"双主"互动关系

　　在问题解决教学中，要处理好师生之间"主导"与"主体"的关系。教师应有目的地帮助学生巩固与问题相关的基础知识，提前补充解决问题所必需的新知识。创设开放的教学情境以激发学生的问题意识，保护学生的好奇心。以问题解决为核心，让学生经历类似学科专家的活动过程，如合情推理、试误探究、检验、证明等，并不断重组新的常识和经验，使学生在过程体验中增长能力，获得新的成长。同时，学生是课堂的主体，教学要想有成效，必须让学生自己提出问题，主动积极地探究问题、解决问题，增强问题意识，并能提出新问题。因此，教师在教学过程中应注意以下几点：

　　第一，关注学生，注重过程。关注全体，充分了解学生的知能发展、情绪状态和思维过程，积极引导更多学生真正参与课堂学习活动；营造氛围，培养习惯，落实答问、倾听、思考、交流、辩论等行为，培养个体习惯、集体氛围；敢于"割爱"，善于调整；耐心候答，不怕沉默；因势利导，沉着应变。通过追问等方式，合理干预，促进学生思考、交流与提升。

　　第二，着力培养学生的问题意识。当前很多教学通常是教师提问、学生回答，学生去猜测、揣摩教师的"正确答案"，教师则千方百计地把学生往自己预设的答案上引，学生实际上没有真正参与问题的提出过程。问题解决教学强调学生带着疑问走进文本，又从文本中读出疑问。教师可有意识地收集学生自读后的问题和集体学习之后仍存在的疑惑，并以此生发教学内容，组织教学。

　　第三，呵护学生独立思考、敢于质疑的意识。教师要转变教育观念，放下"架子"，建设民主、和谐的师生关系和宽松的学习氛围；肯定学生独立思考的可贵，捍卫学生思考与表达的权利；鼓励学生不唯书，不唯师，不盲从，不轻信，不偏激，不固执，克服"自以为是""二元对立"等思维定式，发现新的世界。如以下案例：

分析《红楼梦》之钗黛形象[①]

　　问题：第七回中写到薛宝钗因从胎里带来一股热毒，后来吃了一个秃头和尚开的一种叫"冷香丸"的药才好了。如果薛宝钗当初没有吃"冷香丸"，后来她的性子会成什么样？

学生讨论（片段）：

　　生一：我觉得薛宝钗要是没有吃"冷香丸"，估计就变成另一个林黛玉了，像林黛玉一样娇弱，一样多愁善感、爱哭。而且如果她身体不好，可能也就没什么其他爱好。

　　[①]　执教者：成都市田家炳中学何佳忆。

生二：我的看法不一样，我觉得薛宝钗即使不吃"冷香丸"，除了身体会差一些之外，其余不会有太大变化，因为"冷香丸"改变的只是她的身体。

生三：我曾经看过刘心武先生写的文章，里面提到作者之所以花了大量笔墨来写"冷香丸"的来历奇特和制作不易，主要因为"冷香丸"不光是一种药，而且是一种象征。宝钗从"胎里带来的一股热毒"实际也并不是什么病，而是人天生对生命、对情感的一种热情，薛宝钗的这种热情被"冷香丸"压制了，她就变成了一个"任是无情也动人"的形象了。所以我觉得薛宝钗要是不吃"冷香丸"，受影响的绝对不只是她的身体，她的性格、情绪，甚至爱好都会发生变化。

教师：那你觉得会发生什么变化呢？

生三：我也觉得可能会变得比较像林黛玉，不过也说不准，薛宝钗比林黛玉在人情世故上更为通透，她写过一句诗"好风凭借力，送我上青云"，也许她会变得像王熙凤。

教师：感谢这位同学为我们提供了薛宝钗命运的另一种可能性，拓宽了我们的思路，而且她的观点能够从书中而来，这点非常可贵。

《红楼梦》中钗黛形象之争历来是难点，也是学生的兴趣点。课堂上教师精心设计问题，引导学生充分思考。学生经过评价、质疑、反思之后，立足小说情节，对小说的创作意图和审美价值进行探究，一步步走向文本的深处，思辨能力随之提升。只有有效发挥教师的主导作用与学生的主体作用，问题解决教学才能产生更大价值。

（五）不同课程内容的问题解决教学模式及实例

为了把问题解决教学落到实处，我们在此处列举不同课程内容的问题解决教学模式与实例，为教师们创造性地实施问题解决教学提供参考。

1. 梳理与探究的问题解决教学模式及实例

"语言积累、梳理与探究"既是普通高中语文课程学习任务群之一，又与各个学习任务群中阅读与鉴赏、表达与交流的语文活动有机结合在一起，体现了新课标对学生素质的要求——注重积累、整合和探究。"梳理与探究"需解决好两个方面的问题：一是如何有效实现语言积累和知识梳理；二是怎样实现有效的文化探究与应用。比如"优美的汉字"的学习，既要"积累汉字的起源、形体、构成等基础知识"，又要"学会分析典型字的构成方式""感受汉字文化的独特魅力，提升规范书写与正确运用汉字的意识"。基于侧重点的不同，我们提出"自主探究"和"合作探究"两种问题解决教学模式。需要注意的是，两种教学模式并不截然分开，而是互为补充，共同促进高中语文的实践创新，推动学生语文学科核心素养的提升。

第一，自主探究模式。"语言积累、梳理与探究"学习任务群"旨在培养学生丰富语言积累、梳理语言现象的习惯，在观察、探索语言文字现象，发现语言文字运用问题的过程中，自主积累语文知识，探究语言文字运用规律，增强语言文字运用的敏感性，提高探究、发现的能力，感受祖国语言文字的独特魅力，增强热爱祖国语言文字的感情"[1]。积累丰富的语言文字，梳理复杂的语文知识，感悟博大精深的中华文化，需引导学生"自主探究"。

"自主探究"问题解决教学模式，就是创设问题情境，以自主探究的方式达成"梳理积累"目标的教学模式，它包括以下三个层进式过程。

現象再現 ⟶ 追根溯源 ⟶ 反思创造

一是现象再现。"自主探究"建立在学生对语言现象初步感悟的基础上，因此本模式强调围绕学习目标创设问题情境，以呈现各种语言文化现象，从而激发学生学习的兴趣；再引导其自主学习，查阅相关资料，分类梳理，完成独立的积累。如以下案例：

奇妙的对联

上课伊始，以对联故事——"女童妙对女皇帝"导入，创设趣味的问题情境，根据女皇帝给出的上联：河里荷花和尚摘去何人戴。请学生代女童对出下联。由有趣的对联引入，引导学生回顾生活中精彩的对联，展示分享，使学生有一定的感知和鉴赏能力，并初步积累丰富、优美、深刻、有趣的对联，为下一步的追根溯源奠定知识基础。

二是追根溯源。对语言文化现象产生感悟后，设置核心问题，引导学生由浅入深探讨语言文字背后的由来，由表入里探究语言文化层面的意义，挖掘文化深处的历史思考。如以下案例：

成语：中华文化的微缩景观

成语是一种大众性的高频语言现象，学生对大多成语都耳熟能详。本课的重点并不仅仅在了解和感知，而是追根溯源，探究成语背后的中华文化。针对教学重点，可设置核心问题：成语承载了哪些文化信息？成语为何不能改？好的问题会引领学生思考成语与文化的关系，成语所代表的意义。

三是反思创造。用所探究之义、所悟之文化精髓指导现实实践，反思自我，达到新课标培养探究、发现能力的要求。教学不能停留在了解层面，还需进一步生长，引领学生进行生成创造，注重创造性思维的培养，促进学生的精神成长。如以下案例：

优美的汉字

学生通过自读教材，了解汉字的起源、演变发展，思考汉字演化的规律和趋势，探究汉字被赋予的民族情感和民族精神等文化意义，可设计如下问题进行实践运用：

---

[1]　中华人民共和国教育部.普通高中语文课程标准：2017 年版 2020 年修订 [M].北京：人民教育出版社，2020：15.

　　① 汉字与传统文化：观察 2008 年北京奥运会会徽，说说它蕴含了怎样的汉字之美？

　　② 汉字与"我"：用优美的语言来说说自己名字的意义？

　　③ 汉字与未来：在英语热和现代流行语热的冲击下，汉字将如何走下去？

　　三个问题设置得有跨度，从过去走向未来，引导学生运用汉字的文化意义去解释现实活中的汉字现象，思索汉字未来的发展方向，体现了创造性思维培养的理念。

　　第二，合作探究模式。"新词新语与流行文化""姓氏源流与文化寻根"等侧重文化探究应用的专题，要在知识梳理和积累的基础上，进行文化寻宝，通过探究能在生活和其他学习领域中，正确、熟练、有效地运用祖国语言文字，"注意观察语言、文学和中外文化现象，学习从习以为常的事实和过程中发现问题，培养探究意识和发现问题的敏感性"①。"合作探究"教学模式是达成上述目标的有效手段。

　　"合作探究"问题解决教学模式，就是围绕核心问题，以合作探究的方式实现"应用提升"目标的教学模式，它涵盖三个流程：

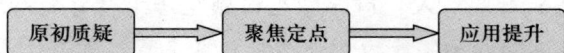

原初质疑 ⟶ 聚焦定点 ⟶ 应用提升

　　一是原初质疑。学生利用教材以及其他资源进入初始学习之际，自主探究之时，会对语言文字、语言知识等产生多种疑问，这即是原初质疑。原初质疑是培养学生思辨质疑能力的出发点，是提升学生探究发现能力的前提，是引领学生深入学习的源动力。当学生原初质疑不足时，教师可进行问题式点拨和引导，将学生的思维导入知识之后的思考。

　　二是聚焦定点。学生的原初质疑多而杂，需要探究的方向可能南辕北辙，如果一一解决，会使课堂陷入混乱。那么，如何形成有效的问题解决教学呢？这就要将教师的预设和学生的原初质疑相结合，聚焦质疑，定点研讨，引领学生探究有价值的焦点问题，这是"合作探究"的关键，直接影响教学实效。合作探究遇到瓶颈时，教师精讲点拨，对学生诱导启发，这是问题解决教学模式中的一个重要环节。如以下案例：

影 视 文 化

　　"影视文化"话题太大，教学时聚焦定点到"以电影《战马》为例解读影视文化的魅力"。教师设置研讨课的核心问题："战马的主题是什么？"学生合作探究。当合作交流亦不能深入到电影的灵魂时，教师追问：是对战争的控诉？对和平的追求？对人与动物、与自然的和谐相处的呈现？还是对人性的思考？用追问的形式点拨，从而领悟斯皮尔伯格电影的精髓。最后从

---

　　① 中华人民共和国教育部.普通高中语文课程标准：2017 年版 2020 年修订［M］.北京：人民教育出版社，2020：33.

《战马》拓展开来，让学生回顾斯皮尔伯格的其他电影，思考"斯皮尔伯格的电影理念"得出结论：以电影为媒介，准确真实地表达了自己。整个教学过程，以问题为主导，将学生引向合作探究的深处，并能应用于其他作品的解读。

三是应用提升。探究在于运用，从聚焦定点的研讨过程中提炼出方法，总结出规律，并将之应用到新知识中，这才能切实提升学生的技能和思维。如以下案例：

文学作品的个性化解读——以小说为例①

1. 自读小说《德军剩下来的东西》，自主探究以下问题：

问题1：德军剩下的到底是什么东西？

追问：小说的"留白"后面隐藏着丰富的内容，你可以推想到哪些结局？

追问：还可以大胆假设故事的其他可能：战死？找不到？已嫁？啪得一掌？……

总结解读小说的方法一。

2. 自读小说《桥边的老人》，运用总结的小说解读法，合作探究以下问题：

问题2：老人的形象？老人的心理？老人的命运？

追问：小说细微之处的魅力何在？

总结解读小说的方法二。

3. 延伸运用：采用所学的小说解读法，小组共读小说《最后一趟生意》，在交流中比较解读的异同，探究差异产生的原因。

本课的教学过程真实生动，在自读自悟《德军剩下来的东西》后，全班交流感受或疑问；学生合作解决问题，感受到解读的乐趣，为下一步应用所学的解读方法解读新篇目《桥边的老人》做铺垫；最后梳理总结，巩固应用。在这个过程中实现了阅读方法的梳理与应用，合作探究有效开展，学生的思考逐渐深入。

2. "阅读与鉴赏"的问题解决教学模式及实例

"阅读与鉴赏"在普通高中语文课程中占据着主体地位，涵盖大多数学习任务群，将问题解决教学模式贯穿其中，是实现深度阅读与创意表达的基本策略，是促进高中语文实践创新的重要路径。下面我们从单篇文本、专题阅读和整本书阅读三个角度探讨"阅读与鉴赏"的问题解决教学模式。

第一，单篇文本的问题解决教学模式。新版课程标准将阅读文本大体分为三种类型：文学阅读、思辨性阅读、实用性阅读。不同文本类型有不同的文本特征，不同的文本特征引导不同的问题解决模式，最终实现提升理解

---

① 执教者：成都市树德中学王华美。

性阅读能力、审美性阅读能力、探究性阅读能力以及读写转化能力的阅读结果。

针对不同文本的特征，可实践"读文识人""读文明理""读文长识"三种问题解决教学模式。

其一，读文识人——解文、识人、思己。文学作品的阅读往往是一个由阅读作者构筑的或真实或虚拟的世界到读懂作者，再到自我发现的过程。要实现文学作品的深度阅读和创意表达，就要读文识人，包括依文解文，由文及人，由文及己，实现"读者、文本、作者"主体的共生发展。

首先要依文解文，发掘文本本身的丰富内蕴。围绕核心问题，创设情境，让学生利用必要的学习材料，借助教师和同伴的帮助，自主学习有所发现。当学生有所获时，进行资源共享，再次发现问题，进而通过合作研讨发掘文本的丰富意蕴。如学习海明威《老人与海》：

在核心问题"品味内心独白，探寻丰富意蕴"之下，设置"《老人与海》是一个怎样的故事？""你如何看待老人的结局？""老人的内心独白中哪些句子触动了你，请勾画并思考"等子问题，让学生先独立思考，再互动交流，分享自己的发现，解决疑问。通过学习活动思考：简洁的背后传递了哪些丰厚的信息？发掘出作品丰富的意蕴。教师再适时地进行点拨引导，打通深度阅读的通道，让学生能不断地深入。

其次是由文识人，分析文字背后的作者。文学作品的核心是"我"，阅读文学作品，还应该对作者，也就是文本主体进行解读，发现其独有的生命气息，丰富情感体验和精神世界。给学生提供必要的课外链接素材，设置探究问题，可达成此目标。如学习鲁迅《祝福》：

解读文本后，提出问题："我"是怎样一个人？你读到了一个怎样的鲁迅？学生通过自主学习和讨论，获得"识人"的认知。

最后是由文思己，反观读者自我的世界。读者在和文本、作者的由浅入深的对话后，设置延伸问题，引导学生反思自己，使学生获得精神的滋养、人生智慧的提升。如学习沈从文《边城》：

当学生读懂沈从文，理解我们民族的质朴、哀痛与沉重后，抛出问题：人们今天为什么还要不远千里前往凤凰？"边城"对于今天的现代人，意义在哪里？学生在反思过程中，自我的人文素养也就得到提升，读者向着文学世界不断前行的意义也就得到了彰显。

其二，读文明理——明逻辑、识观点、懂理趣。新版课程标准指出，要"引导学生学习思辨性阅读和表达，发展实证、推理、批判与发现的能力，增强思维的逻辑性和深刻性，认清事物的本质，辨别是非、善恶、美丑，提高理性思维水平"[①]。思辨性阅读主要体现在论述类文本的阅读，这一类文

---

① 中华人民共和国教育部.普通高中语文课程标准：2017年版2020年修订［M］.北京：人民教育出版社，2020：18-19.

本逻辑性强，理性色彩极浓，目的在于阐释观点。读者在阅读过程中应以逻辑的清晰、观点的理解和发现为根本目的，并在此基础上引导学生辩证思考，品味理趣，有个体独特的发现。

首先是理清逻辑思路，把握作者观点。对于论说类文本而言，把握行文思路是读懂的基础。作者是怎样建立自己的观点，以怎样的逻辑论证自己的观点，这些问题的思考过程就是学生逻辑思维能力发展的过程。如学习《剃光头发微》：

学生由"什么事情引发了作者的感触？""引发了作者怎样的感触？""作者由这件事思考了什么问题？"等一系列子问题的思考，直接走向核心问题：本文的思路，进一步把握本文的观点。教学设计牢牢抓住论述类文本的特点，注重行文逻辑，探究了文本背后的思想。

其次要发掘论说对象和论说立场、方法等。针对观点，还需引导学生思考：观点是针对哪些人提出的？作者为了说服别人进行了哪些努力？如学习《谈中国诗》：

提出问题："作者所论对象是谁？""与一般论说文相比，论说立场有何不同？"阅读文本，结合背景可知，他针对的对象是美国人，因此先从中国诗的一般印象谈起；也由于对象的特殊性，他在第一段末说明自己是站在比较文学的立场上来谈，这就明确了他讨论问题的方法。

最后要发现并体味论述文的风格和理趣之美。论述文本在语言风格、逻辑思辨、思想趣味等方面也有突出处，阅读教学时，针对这个层面提出延伸问题，可使阅读者达到所需的深度。如学习《谈中国诗》：

钱钟书文笔风趣深刻，他站在世界文化范畴里对中国文化的思考和所持的感情等，都是文本的价值所在。阅读时可设置问题：本文的语言风格如何？体现了作者怎样的思想？引导学生体会风格和思想趣味。

其三，读文长识——理信息，长见识。实用类文本的主要功能是提供信息，阅读者往往以获取信息，增长见识，丰富知识结构，评判文本的社会价值为阅读的主要目的。"识"，不仅指知识、常识，还包括学识、见识。问题解决教学模式即"理信息，长见识"。

首先，把握信息，了解相关的知识和内容。提出引领式问题，设置调查问卷或学案，让学生通过阅读文本，筛选信息，高效地达成此目标。如学习《宇宙的边疆》：

编制调查问卷以及图表，学生根据文本填写，快速了解基本信息；在此基础上，针对学生的困惑进行合作探究，深入理解。

其次，拓宽视野，增长见识，在追问中走向深刻，在阅读中形成自己的判断。如优秀的人物传记作品，设置有层次的问题链，引导学生认识丰富多元、积极健康的生命状态，对学生人生观、价值观产生一定影响；优秀的新闻类文本，可设置细节追问，引领学生走向精研深思，挖掘表面信息下隐含的新闻观、价值取向等。如以下案例：

一名物理学家的教育历程①

一、整体把握，梳理思路——概述文章讲述了怎样的成长历程？

二、细读文本，思考启迪——"成长历程"怎样启迪作者走上科学探索之路？

片段一：细节把握，探究"那事"之思

片段二：不断追问，揣摩"那人"之志

三、研究题目，深度挖掘——文中寄寓了哪些更深层的思想内涵？

从教学设计看，本课例充分体现了"问题驱动，探寻内在价值"的文本解读路径。从对加来道雄人生历程的回顾到启迪的思考，教师不断展开追问，主干问题的设计层层推进，环环相扣，既有明确的阅读思考指令，又有从容展开的阅读行为，让学生在不慌不忙中不断走向深层意义建构。

第二，专题阅读的问题解决教学模式。专题阅读，是以一个或多个议题为中心选择一组文章，采用"单篇带多篇"的方式，打通课内外文本，师生围绕核心主题进行阅读研讨，最终生成建构的过程。专题阅读的问题解决教学模式从教学过程上可划分为以下流程：

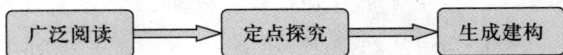

广泛阅读 → 定点探究 → 生成建构

广泛阅读是专题阅读的前提，专题阅读并非几篇文章毫无章法地堆砌，也不是漫无目的地随意阅读，而是围绕一个议题选择有关联点的一组文章，拓宽阅读内容，展开有广度有厚度的结构化阅读。议题即是综合课程的重点或根据学生的所知所感确定的有研究价值的主题。如以下案例：

"鲁迅专题"学习过程第一阶段②

初中语文必修课程精选了鲁迅的9篇文章，高中语文必修课程选了鲁迅的《纪念刘和珍君》，《中外传记作品选读》配套学习了《鲁迅：深刻与伟大的另一面是平和》，《中国现当代散文鉴赏》节选鲁迅的《灯下漫笔》。课程对鲁迅作品的学习序列呈现出由叙事的感悟到议论的思辨的转变，其中对国民性的揭示尤为偏重，因此确定议题：鲁迅笔下的奴性人格之我见。围绕议题，可大量泛读与之相关的文本，如：钱理群《鲁迅作品十五讲》、张宏杰《中国国民性演变历程》，与奴性相关的鲁迅作品及赏析文章，为后面研读做准备。

广泛阅读为学生研讨鲁迅作品做了量的准备，并为由量到质的飞跃奠定了基石。读文识人、读文明理与读文长识兼具，专题教学的时机已经成熟。

定点探究是专题阅读教学的关键，学生在感受形象、品味语言、体验情感的过程中，定点探究，提升学生文学欣赏能力和审美鉴赏能力。如何定点？如何选项？教师应以引领者的身份参与，既尊重学生个性化的理解和表

---

① 执教者：成都市锦江区嘉祥外国语学校谭洁。

② 执教者：四川师范大学附属中学章松。

达，又帮助学生走出思想认识的泥沼或者误区，帮助学生明晰自己的思想和思维路径。如"鲁迅专题"学习过程第三阶段：

在广泛阅读和精读示例的基础上分小组定点探究，各小组选题、写作、修改。从定点到习作上交，共计两周时间（含课内课外，课内会安排定向、定题的分析课、讨论课和习作点评课）。

学生选题示例：① 鲁迅笔下奴性的表现及其特点；② 奴性人格产生的根源及思考；③ 鲁迅笔下奴性人格的价值思考……

在核心议题"鲁迅笔下的奴性人格之我见"的统领下，学生的定点研究做到了广泛阅读与聚焦深入的结合，有利于引导阅读走向深处。

通过专题阅读的专题教学，可以生成自我认知，建构思想。学生对某个专题进行开掘，材料不断积累，认识逐步加深，思想层层积淀，就会凝结成一种对社会、人生独特的个体认识，达到精神、思想的丰盈。这就是一种自我生成和思想建构。如"唐宋八大家散文鉴赏"专题学习：

学生完成本课程后，能借助结构性知识巩固文言基本知识，建构起几类文体的知识框架；通过过程性知识掌握阅读该类文本的基本门径，提升理性思辨能力；并由读"文"进而延拓至读"人"，提升文化视野和文化品位。专题阅读因而实现有效生成。

第三，整本书阅读的问题解决教学模式。新版课程标准指出，"整本书阅读与研讨"任务群"旨在引导学生通过阅读整本书，拓展阅读视野，建构阅读整本书的经验，形成适合自己的读书方法，提升阅读鉴赏能力，养成良好的阅读习惯，促进学生对中华优秀传统文化、革命文化、社会主义先进文化的深入学习和思考，形成正确的世界观、人生观和价值观"[①]。根据课程标准的指导思想，整本书阅读的问题解决教学模式，有以下四个教学阶段。

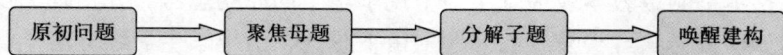

原初问题 ⟶ 聚焦母题 ⟶ 分解子题 ⟶ 唤醒建构

学生完整阅读一部作品，在初步了解其思想内容和艺术特色的过程中，会产生丰富复杂的原初问题。这些原初问题激发学生反复阅读品味，深入研讨，开启从兴趣中来，到理性反思中去的阅读过程。

确定原初问题后，整合学生的原初问题，聚焦到一个母题进行研讨。母题应是一部作品思想精髓或艺术架构的关键层面，母题一旦确定，也就使研讨的目标更明朗，避免阅读研讨的杂乱无章。

在母题之下，分解子题，可使阅读研讨的重点突出。确立母题，限制了讨论的方向和范围；但母题范围大、不具体，容易使"阅读与研讨"活动无的放矢，陷入空洞又抽象的概念漩涡。因此，在母题的统领下，分解出更具

---

① 中华人民共和国教育部.普通高中语文课程标准：2017 年版 2020 年修订［M］.北京：人民教育出版社，2020：11.

体、更契合作品内容、更适合学生实际的子题非常重要。

围绕子题深入而具体的研讨，通向的是学生思想情感和精神世界的唤醒，阅读方法、作品特色等知识的建构。如以下案例：

《红楼梦》整本书阅读[①]

阅读范围：《红楼梦》前三回。

【板块一】读懂了什么？

分四组成果展示。展示内容如下：第一组：简述第一回故事梗概；重点梳理第一回中的"石头的故事"及"甄士隐的人生轨迹"。第二组：简述第二回故事梗概；重点梳理贾府人物关系，并简介部分人物特点。第三组：简述第三回故事梗概；重点梳理林黛玉进贾府的路线图，同时重现"宝黛初会"的重要场景。第四组：梳理前三回重要人物和重要事件，突出主要人物的性格特征。

【板块二】你没读懂的有什么？

第一类：与"甄士隐"有关的问题

第二类：与"石头"有关的问题

第三类：与"林黛玉"有关的问题

师生活动：

活动一：从上面的问题中选出你认为最有价值的问题，并说明理由。

活动二：请简述你认为最有价值的问题的最佳答案。

活动三：请说明你是如何得到相关答案的。

【板块三】该如何读，才更懂《红楼梦》？

关键词：真与假；荒唐言；辛酸泪。

【板块四】提出新的问题

学生针对本次阅读内容，重新写出一个新的最有价值的问题。

该整本书阅读教学较为真实地呈现了学生的原初思考，并实现了议题聚焦。在如何读懂《红楼梦》的问题上留下悬念，引导学生后续分解子题，继续质疑。应该说，该教学设计较好地渗透了整本书阅读教学中的问题解决教学模式，为学生真正走入《红楼梦》提供了思考和有价值的指导。

3."创意写作"的问题解决教学模式及实例

如何以高中学生为创意写作主体，呵护学生的创新天性，发展学生的创新思维，提升学生的创意写作能力呢？实际教学中，要把观察与感受生活、分析和判断生活、创造性地表达生活结合起来，从源头入手，解决"写什么"的问题；从思维入手，解决"为什么写"的问题；从语言表达入手，解决"怎样写"的问题。这样的问题解决教学模式，可使写作的意义回归生命本身，既成为生命真实而深刻的表达，又促使人真实而深刻地生活，从而借写作这一渠道发展创新思维能力，发展创造性人格。

---

① 执教者：成都市锦江区嘉祥外国语学校龙尧。

第一，"观察—感受—表现"问题解决教学模式。生活是写作的源泉。实现创意写作，需要构建起一个促使学生关注生活，直接获得生命体验的平台，并促成学生的阅读与感悟，产生间接生命体验。进而从"生活的真实"上升到"审美的真实"，实现写作的创意。

其一，观察和感受生活。我们生活的世界有值得我们思考和写作的内容吗？高一学生进校，可开展"认识你自己""我最喜欢的人""我的理想""我的语文观""我的写作观"等交流活动，促使学生向内探寻。也可依序开展"用心感受生活"专题写作，引导学生从生活中寻找素材。例如，感受家庭生活，引导学生能关注家庭中平凡的悲欢，能感受重要事件的碰撞，能关注父母的艰辛，能体会个人的成长。感受校园生活，引导学生能体会军训的酸甜苦辣，能感受室友的相互融合，能关注集体的荣辱，能体验课堂的乐趣，能感受学习的苦闷与快乐，能关注教师的个性与同学的不同。感受自然生活，引导学生去发掘美，去寻觅感动的瞬间，去记忆永恒的"一瞬"。感受社会生活，引导学生利用上学和放学路上的时间，观察形形色色的人群，从公共汽车上，从广告牌上，从电视报刊上，了解现实社会生活的热点，了解当代人的价值追求与生活取向，了解今天发生了什么。如此，强调为人生而写作，走写作生活化之路，能使学生通过对自我和生活的观察、感悟，丰富情感和材料的储备。

其二，阅读丰富生活。写作素材的积累，除了直接生活经验，还有间接生活经验。书本中的世界能否给我们启迪？教师要鼓励学生广泛阅读，博观约取。首先，鼓励阅读教材及相关文章。其次，可开设专门的课内阅读课，组织学生到图书馆阅览，从短小精粹的文章入手，逐渐过渡到大部头名著、研究性专著等整本书的阅读。此外，注重与课外阅读交流相结合，不断扩充学生的阅读面，激发学生的阅读兴趣和表达欲望。如阅读苏轼的文章后，可引导阅读余秋雨、周国平等人的研究文章，从而对苏轼其文其人作研究性探讨，走近诗人的内心世界和生活时代，获得更深层的体验。阅读中还需重视做好读书笔记。要求学生读写结合、手脑结合、边阅读边积累，基础知识与反思拓展兼顾。这样，阅读成为学生拓展生活积累的第二条主要渠道，写作素材不断丰富，可很好地促进学生的表达。

其三，真挚表现生活。文学写作是主体对审美对象的积极关照，这种关照的主要特点是以主体对审美对象的形象感知为起点，经由情感的融注、想象的参与、理性的引导等过程，最终创造出一个虚的实体。写作过程实质上就是一个审美过程，如何使感受到的世界成为笔下生动的写作内容呢？教师要尝试在真实问题创设的情境里，在真实问题驱动的前提下，引导学生在日常生活中寻找能触动人的生活细节，积累细腻的生活感受，写出感情真挚、内容丰富、具有表现力的文章。

首先，训练学生选择生活中的动情点。如开展专题写作"生活告诉我"，引导学生用一双有情的眼睛发现平凡生活中的不平凡，从而捕捉到生活中的动情点。其次，调动学生的真情，解放学生的情感世界。写作是生命的释放，要使自己的文章能以真情打动人，就应该摆脱束缚，不必为曲意逢迎而写作，不必为虚伪矫饰而写作，应调动出自己真诚的情感来。因此，教师要给学生松绑，鼓励学生说真话，不拿传统的既定的价值取向来拘囿他们。

此外，还要训练学生适当运用技巧表现自己的主观情意，从而增强文章的感染力。例如，可以利用环境烘托气氛。环境描写利用好了，寄情于景，寓情于物，借景传情，我们心中的真情就会如潺潺的溪水，自然而然地流淌出来。也可以利用细节渲染动情点。用一双有情的眼睛，认真观察生活，选取典型细节，然后细针密线，反复铺陈，浓墨重彩加以强化，利用细枝末节来构筑文章的血肉，让蓄积于内心的情感，可以如决堤之水，奔腾而下。还可以适时穿插动情感受。在环境烘托以及浓墨重彩的细节渲染的基础上，要善于引导学生适时地穿插动情的感受，把自己心中已经勃发的激情，毫无保留地倾吐出来，通过加大心理描写力度，适当地运用抒情、议论等方式，掀起感情的波澜，增强文章的感人魅力。如以下案例：

作文题目：每个人都有自己的童年记忆，那些难忘的人和事成为我们生命不可或缺的滋养。你最难忘的是什么人什么事呢？这些人和事是怎样触动你的？请在自己的生活中寻找并就此写一篇不少于800字的文章。

例文：

小时候·爷爷·我（节选）

小孩子们大都是希望快快长大的吧。至少，小时候的我，和小时候的我的伙伴，大都有这么个想法。因为在动画片里面，长大的悟空比小时候的悟空更强。因为在动画片里面，长大了的大雄才能娶到静香。

关于小时候的很多记忆，大抵都变得模糊不清了。那时的我住在爷爷家，在爷爷慈爱的眼神注视下长大。爷爷说，看到我，就像看见了我爸从前的样子。我总抬起头迷茫地看着他，说，等我长大后，我会比我爸更出色。然后生一个儿子，让爷爷告诉他我小时候的故事。

爷爷总是笑笑，再揉揉有风湿的膝盖，不说一句话。有时他会起身贴上膏药，坐在阳台上，轻轻地唱道：

清明岗，往事量。

远云鹤，雾气茫。

沿路雨含恨，

回首风吹桑。

当年温柔乡，

此时鬓角藏。

时光荏苒，至今这曲调我也不曾忘。

……

（四川师范大学附属中学　李修文）

　　这个节选是作文的开头部分，作者选取记忆中的动画片、爷爷慈爱的眼神、爷爷吟唱的歌谣等细节加以描写，对爷爷当年的追忆不是完全的再现，而是有选择的表现，字里行间蕴藉着对爷爷的不尽思念，感人至深而引起阅读的渴望。

　　第二，"现象—分析—建构"问题解决教学模式。我们生活的世界纷繁芜杂、色彩斑斓，如果没有敏锐的思辨，很容易被现象世界迷惑，随波逐流，因为思想的苍白而流于平庸。事实上，文字华丽而思想贫乏的文章比比皆是。而思辨，可以使我们避免片面化、表面化、平庸化，使写作更富于理趣，使人生更富于理性。我们应注重培养学生质疑的意识、探究的能力，引导学生透过生活表象去探究深层的意蕴，揭示内在的原因，进而实现有思辨、有逻辑的写作。

　　关注现象。生活现象背后隐藏着深刻的启迪。我们生活的世界发生了什么？值得我们关注的是什么？教师要把学生的视野引向现实生活，引导学生关注社会热点，对社会现象采取面对而不是逃避的态度。比如把课前演讲与评论结合起来，开辟"时事点评"栏目，培养学生的社会责任感，学生能关注并评点现实人生，而不仅仅是拘囿在狭小的自我世界里，从而逐渐锻炼自己客观、理性的分析和判断能力。

　　思辨分析。如何看待社会生活？如何思考我们的世界？教师要引导学生养成自觉思考生活的习惯。当看到生活中司空见惯的现象、看似权威的压倒性结论、值得关注的事件时，能以公正理性的态度进行思考，多元分析，独立判断。由表及里，思考真相是什么；追因溯源，思考事件发生有哪些缘由；推因及果，思考将会有怎样的发展趋势；反向思考，思考可能会有怎样的变化。这些问题在一定程度上体现了逆向思维、因果思维、联想发散思维、辩证思维的运用，而自觉地思考现象背后的原因，探寻事件的本质、发展的趋势，揣摩造成的影响，将会进一步提升学生理性思辨的能力。例如高考作文题"一步与一生"，如果仔细揣摩，便可以在"一步""一生""影响"这些关键词所在处做文章，从而发现新的立意。"进一步"是否是"得"，"退一步"是否是"失"，"进与退"之间，"人生"会有怎样的变化？这是人生的"一小步"，还是"关键的一步"？不断追问，辩证思考，思维的空间就更为扩大，更容易由表及里，由此及彼，追根溯源，揭示出根本原因和深层影响。

　　批判质疑。帕斯卡尔说："人是一根能思想的芦苇。"如果思想平庸，文章就会流于浅俗。如果只能人云亦云，文章就会缺乏深刻的内蕴，不能打动读者。为什么有的人能思想独到，见解深刻？为什么大多数人不能有思想的建树？教师应鼓励、呵护学生不从众不盲从的质疑精神，发展学生的批判思维，力求使之有自己的见解，自己的视角。比如开展综合性专题研究，要在前人研究成果的基础上，训练学生创新发现的探究意识，务去陈见，提高理性思辨能力。而面对众口一词、纷纭复杂的社会现象，更应在分析基础上做出理性判断，不懈质疑，学会反思。如作文话题"四年前，他们说刘翔应该爬过终点"：

问题：2008年北京奥运会，刘翔因伤退赛，引发一片骂声，许多人说他应该坚持比赛，走，也要走过比赛场地；2012年伦敦奥运会，复出的刘翔再次因伤退赛，这一次，他单腿过了110米栏比赛场地。然而，仍然舆论哗然，批评不绝。你对此有何看法？请做出自己的判断，并说明理由。

例文（节选）：对刘翔不依不饶，对李永波却"理解万岁"，不少人态度的两极反差与厚此薄彼，耐人寻味。有金牌，一切都可以赦免，即便是足以载入史册的消极比赛，也会被冠以"工具理性"之名被理直气壮地正当化；没金牌，一切都没得商量，即便刘翔跑断了跟腱，恐怕也会被阴谋论者当作一场无法证伪的大秀，将之污名化。

显然，唯金牌论最大的存在基础，并不在体育总局内部。刘翔没能跨过的这一小步，却是中国体育有待跨越的一大步。在主办北京奥运和夺取金牌榜第一之后，中国开始逐渐对唯金牌论脱敏。而从体育大国向体育强国转型的道路上，观众的心态跟上这种转变，也是必不可少的题中之意。"胜固可喜败亦欣然"这一点，易知难行，但不得不行。

里尔克说："哪有什么胜利可言，挺住意味着一切。"挺住固然是了不起的坚守，但是，挺不住则是一个普通人的自由。既要为英雄举国欢腾，也要乐见普通人回老家结婚。

本文能分析事件背后的国人心态，而不是被非理性情绪绑架，具有一定的反思意识。

逻辑建构。写好有理性的思辨文章还需要有逻辑地表达。

其一，能提出合理的观点并能有序展开论述，文章思路清晰。教师的指导可以由篇及段，先建构文章的整体逻辑框架，再训练学生的具体段落布局，使文章结构清晰、符合逻辑。如以下案例：

篇章逻辑建构

某校有一座建于20世纪50年代末的教学楼，从这里走出去一批批优秀人才，其中不乏知名学者、作家、主持人。如今，这座矮小、简陋、老旧的教学楼已经不能满足学校现代化发展的需要。考虑到它的特殊性，学校想保留，但有人认为学校用地有限，修缮、养护还要花钱，建议着眼发展，将其拆除。为此，学校很犹豫。不少师生和校友表示非常关注。曾在此楼就读过的某知名作家还专程赶回母校拍照留念，并积极争取留住它。

对于以上事情，你怎么看？请给该校校长、该知名作家或其他相关方写一封信，表明你的态度，阐述你的看法。

要求：综合材料内容及含意，选好角度，确定立意，完成写作任务。明确收信人，统一以"小华"为写信人，不得泄露个人信息。

问题：本则作文你的观点是什么？你准备如何有层次地展开论述？请拟出至少三个层次的分论点。

示例：

观点一：教学楼不能拆除

1. 教学楼曾经培养了众多优秀人才，是校园文化的一部分。
2. 教学楼虽然老旧，仍可发挥文化传承、学生培养等作用。
3. 经费问题可以通过有关部门、校友等得到妥善解决。
4. 学校的最大意义是育人，保留教学楼才是真正的以"人"为本的教育。

观点二：教学楼应该拆除

1. 教学楼完成使命，再用有安全隐患。
2. 教学用地紧张，教学楼成发展瓶颈。
3. 对母校的热爱和纪念不应停留在建筑上，更在精神。
4. 应该以发展的眼光看待学校发展，创造新的历史。

两种观点的提出均有清晰的逻辑论证思路。既有并行层次的分析，也有递进层次的延伸，有助于论述的逐渐深入。

其二，观点的阐述合乎逻辑且有理有据。教学时可指导强化段落的写作，通过片段升格、思维指导来实现写作的逻辑自洽。如以下案例：

观点阐述合理

问题：阅读下面的片段，指出其在阐述观点时存在哪些不足？可以怎样修改？

在这样的情况下，关于量刑是否过重的讨论就显得意义不大了。客观上，小闫与其同学逮捕野生珍稀动物燕隼并将其卖出、以此获利，构成了犯罪事实。同时，整个过程又是完全主动的，并未受到任何人的引诱或指示。小闫的罪名之实，已是不可否定的客观存在，则依法律程序判刑十年完全合理。关于量刑轻重，法律面前人人平等，万万不可因"青春""大学生"等人情话语而网开一面，失掉了法律的公平性。

追问：我们看到的是事实的真相吗？判决的合理与否由哪些因素决定？（犯罪动机、犯罪事实、犯罪后果……）这件事为什么引起争议？事件的社会影响是什么？我们还可以做什么？

修改：本次事件是否存在量刑过重的问题呢？不可否认的是，小闫与其同学抓捕野生珍稀动物燕隼以获利，其行为危害到国家珍稀动物，他们理应受到惩戒。问题是，十年几乎是这一罪行的最高刑期了，两位学生的行为是否构成了这种情节上的严重性呢？还原事实，小闫与其同学乃暑假掏鸟窝，与长期从事盗捕盗猎者不能等同；虽目的在于获利但毕竟为初犯，除两次掏鸟窝和卖给他人外，也没有为此而从事其他严重非法行为；追根溯源，法律知识淡薄、对动物保护条例等缺乏认知恐怕还是重要缘由。从当地老百姓的实际情况看，村民对这些知识缺乏认知是普遍现象。法律惩戒的目的是起到一定的威慑作用，同时防患于未然。加强普法、全面提高国民素质恐怕才是这次案件给予我们的最重要启迪。念及现实，思考未来，本着以"人"为本的理念，法律能否在"严重""特别严重"等关键处多一些审慎呢？

原稿只能证明小闫犯罪的事实，但对于"十年"刑期的量刑是否恰当却避而不谈。而修改后的文段则从犯罪事实、犯罪目的、犯罪缘由、社会影响等角度进行理性阐述，实现了观点的逻辑自洽，充分体现了论说文的说服力。

第三，"体式—语言—风格"问题解决教学模式。当学生已经积极参与生活，体验生活，思考生活，分析和判断生活之后，教师还要注意引导学生自由地表达、有个性地表达、有创意地表达。如何平中见奇呢？情感真挚动人、见解独到深刻是首要的，蕴蓄着无限激情和使人深思的思想力量的火光可以穿破茫茫暗夜。除此以外，还可以引导学生在写作形式范畴有所作为，运用多种创意手法使文章更具特色。

体式创意。要使文章新颖别致，引人入胜，可以在结构体式上有所创新。例如，情节的设计和材料的安排新奇巧妙，采用不同的人称、特定的视角，选取戏剧体、日记体、书信体或者小小说等相对新颖的体裁样式，等等。如以下案例：

2006年全国高考四川卷作文《少陵问天》（片段）

念白：风雨飘摇夜，山河沦落秋；屋破何所惜，唯愿河海清。想我杜甫，幼习诗书，有匡扶社稷之心，救济天下之志，怎奈长安难容，而今白首皓发、穷居草庐。穹苍啊！你何其不公也。［二黄导板］（唱）问一声皇天爷何等不平。（转唱）［二黄一字］叹杜甫自幼儿立下凤愿，为社稷，保疆土，国泰民安。因此上在寒窗苦把书念，习孔孟，学孙吴，勤学苦练。待等到大比年王开科选，有杜甫上京城赴考求官。原指望三篇文得见龙颜，又争奈并未成半点官衔。安史乱，长安乱，唐室已乱，有杜甫四处漂泊流离颠沛（转唱）［大过板］（转）［二黄二流］你看那朱门户酒气熏天；你看那深沟壑尸骨满填；你看那罗绮筵花红绿暗；你看那呼儿卖女好不惨然。（转唱）［二黄三板］老天爷呀，你何曾睁开了半只天眼，看人间。

作者本人对戏曲体式、杜甫人生等文化的认知和深厚理解是里，独特的文体、浓郁的地方特色、个性鲜明的语言是表，文章以川剧剧本的形式呈现出杜甫忧国忧民的形象，形式新颖而深挚动人。再如以下案例：

2011年全国高考四川卷作文《总有一种期待》（片段）

我是一匹被束缚在南方的老马，期待着飞奔回北方的草原。清晨，脚步声打破马舍的沉寂，一成不变的辛勤劳作秘密开始。我背负着超负荷的重担，在马鞭的驱赶下忍痛前行。坚硬的水泥地如固执的人类，坚信自己是大自然的主宰。谁知，在大自然面前，还是把"人"字写得越小越好。我用沉默描摹欲望，用垂首掩盖长路上的忧伤，用漂泊的心来彰显故乡。他们认为我没有语言，我却能坚守最纯洁的誓言——我是一匹老马，期待着飞奔回北方的草原。

　　本文运用第一人称，以老马的形象寄寓对北方草原的向往，更是表达对自然之乡、心灵故乡的渴望。立意深远而构思巧妙，值得借鉴。

　　语言创意。文学是语言的艺术，任何思想，只有找到合适的"外衣"，才能为人所理解和接受。创意语言就是要有个性化的语言表达方式。有的清新淡远，如流水潺潺；有的议论风发，如风卷怒涛；有的严谨大气；有的犀利生动……如何使笔下的文字散发出独有的韵味呢？教师要引导学生学会生动灵活、长于修辞、意蕴深厚等表达。

　　生动灵活，要善于描写、词语新鲜、句式灵活；长于修辞，要能根据不同语境，选择恰当的表现手法，从而使语言鲜明，文采斐然；意蕴深厚，要有广博的见闻，深刻的见解，并能借助自然生活、成语典故等丰厚表达内蕴。如以下案例：

　　面对大海，我们该怎么办？潮流时刻会涌来，时尚、流行的玩意儿朝我们一股脑地倾泻下来。信息时代的高频波涛冲着我们怒吼——"谁不懂电脑，谁会被淘汰！"娱乐的漩涡向着我们叫嚣——"周杰伦也不知道？你落伍了！"……老人们躲到了高地上，而我们这些风华正茂的年轻人无疑被推到了前排。面对大海的巨浪，我们只能往前冲；面对海啸，也许只有一种方法可以逃生，那就是——潜下去！（《跟时代一起改变》）

　　本段文字用语新鲜，具有时代气息，使文章生动而更有创意。而现代人的困惑与突围，也自然透过字里行间扑面而来。再如以下案例：

　　我常常被那个叫作尾生的古人感动得落泪。"尾生与女子约，女子三日不至，遇大水，尾生抱柱而死。"尾生就是这样一位执着得可爱的君子，为了那一个或许并不重要的约定，为了守住自己心灵深处写给自己的那一份契约，他竟然用生命来壮烈地捍卫它。我从他的身上看到了闪光的两个字——诚信。

　　我常常怀念远古，那是一个充满人格魅力的时代。那些君子翩翩风度的背后，是一个用诚实、信用、执着的信念支撑的人的结构。那别萧萧易水而去的壮士，难道他不留恋自己的家园故国？难道他不知道深入虎穴的险恶与危难？他义无反顾地去了，去得那样坚定，带着一腔对国君的忠诚和满怀对誓言的忠贞。那手执和氏璧在秦王殿上慷慨陈词的蔺相如，难道不知秦王的阴险与贪婪？他在出发前已经许下完璧归赵的诺言！他正是循着一条实践诺言的艰难道路，在英勇地捍卫国家的利益和个人心灵深处那份不朽的契约。（《守住心灵的契约》）

　　本文善用典故，使文章有一种穿越时空的魅力。尾生"抱柱而死"的执着、荆轲刺秦的决绝、蔺相如怒斥秦王的慷慨，都是缘于一份承诺。那样一个"守住心灵的契约"的时代，令人向往。

　　风格创意。每一个个体都是独特的，每一个同学都应找到最适合自己的表达风格，我手写我心，让自己笔下流出的文字，具有动人的魅力。

　　情感真挚的学生，要有意识在文章中浸透真挚的感情；爱思考、富于理性的学生，要力求在文中闪烁理性的光辉；文采斐然的同学，要追求灵动的语言风格。善于写议论文的同学，要以自己的逻辑理性和深刻见解取胜；善于写散文的同学，要营造丰富的意境，表现丰富的意蕴……如此，写作才不会成为现代应试机制下的复制品，而具有可读性，具有生命力。如以下案例：

《成长，又见成长》（节选）

我一出生，八斤六两，是个胖墩儿。天真，活泼，怡然。似乎一直会健康成长，其实不然。

黑亮亮的眼珠，胖乎乎的我有着同龄人拥有的微笑、快乐。

虎生生的脑袋，肥坠坠的耳有被长辈们看好的走运、福相。

透明，妈妈就是我唯一的天使，爸爸更是我崇敬的天神。

简单，绝不挑别生活又听大人的话，没有顽皮且不可能撒谎。

真实，爱憎分明，因童话的美好结局而感激讲故事的妈妈，因喜爱卡通动画里的玩具却得不到而跟拒绝我的爸爸急。

理想，我要战胜黑夜的无光和寂寞的冷清，要打败令我害怕恐惧甚至泪雨滂沱的噩梦，要抢回还没回家不在我身边的爸爸、妈妈。你们千万千万不要扔下我不管啊……

从我望着窗外等爸妈回来到父母倚门望子。一次次反复的等待中等待。等待中寄寓希望，希望依偎着等待。等待与希望一气呵成便是成长，我也到了该上学的时候了。

在学校里，最听老师话的孩子不是我，最能带头玩耍的人也不是我，最活跃聪明的孩子更不是我。我呢？我在哪去了？

在楼房里，被爸爸"囚"在家里，关到我都不想出去玩游戏了，关出了内向的性格。

在书桌上，让妈妈"灌"我看书，看到我只能麻木单一地读啊，读出了恋旧的情感。

思想被压抑，内心在哭泣，心里真的在生长着什么，积累着什么。

幸好没有抱怨，没对那书桌上吃了六年的面碗说烦，没对那六楼下隐约地追逐之声说我也来。如果抱怨了就没有那只差 0.5 分保送的所谓成绩。但是抱怨绝对驱不走，避不开，逃不掉的，它一定会逮住你。正如青年一定会在必经之途守候童年，成年又悄悄地携走了青年。但愿我们不要在无为中步向老年。

看上去幼稚，却有着复杂的成人没有的东西——简单平淡、清澈质朴、无比的素。

（四川师范大学附属中学 毛军）

本文很好地回顾了写作者童年真实的生活，是个性化的生活的表达。也许我们的生活是平凡的，但经过我们思考的文字，经过我们过滤的记忆，却会使我们的生活绽放出别样的魅力。再如以下案例：

2015年全国高考四川卷作文《让聪明与老实并蒂花开》（节选）

老子有言："有无相生，难易相成，长短相形，高下相倾，音声相和，前后相随，恒也。"一切关系都是在相对的关系中体现相成的作用，聪明与老实也不例外，二者看似矛盾，实则为一体，不过是不同处世方法罢了，其内里，皆是一颗通达彻悟的心。只要心中有着清醒的认知，无论是表现为聪明还是老实，其间都是智慧。正如庄子托山为钵，剪水为衣，渺渺若垂天之云，悠悠自来去。他垂钓于濮水之滨，面对来使，他说："往矣！吾将曳尾于涂中。"他糊涂吗？聪明吗？以庄子之通达玲珑之心，无论他是"老实"地曳尾于涂，还是"聪明"地入朝为相，他均可以显露智慧，有他一番成就。只要你如宋荣子那般"定乎内外之分，辩乎荣辱之境"，聪明与老实早已无界线、无分别，均存于胸壑之间。

《菜根谭》有言："文章作到极处，无有他奇，只有恰好；人品做到极处，无有他奇，只是本然。"当你可以勘破俗世扰攘，内心一片清明，聪明与老实已如八卦交融而分明，存于胸壑，成为本然。

做一个智者，让聪明与老实的并蒂之花盛放心间，香气弥漫，氤氲了灵魂，芬芳了世界。

本文没有简单地对"老实"与"聪明"加以褒贬，而是跳出是非，从人生智慧角度明确只要内心"通达彻悟"，则聪明与老实"早已无界线、无分别"，可以并蒂花开，成为人生智者。作者不拘泥于形，而是紧扣中心展开丰富的联想和想象，老子、庄子、《菜根谭》信手拈来，可谓游刃于中外，徘徊于古今，情趣与理趣结合，论述文也写得颇具创意。

（六）不同学习场域的问题解决教学模式及实例

问题解决教学应当有多种样态：课内外结合，教与学结合，必修与选修相结合，接受、自主、合作、探究等学习方式结合，听说读写思结合，语言、思维、审美、文化结合，跨媒介、跨学科学习……虽然整合、综合、融合的问题解决教学是我们努力的方向，但就操作层面而言，不同场域的教学模式还是有所不同。具体言之，主要分为以下几种情况：立足于班级授课制，以课堂教学为主，突出教师主导作用，主要解决共性问题，追求课堂效益最大化；以课外、校外学习为主，突出个性化学习，强调自主选择与合作探究，包括由课堂延伸而来的拓展学习、自发性的课外探究式学习、小组研究性学习等；以项目为抓手，以综合实践活动为载体，活动多样化、系列化，包括演讲、辩论、诗歌读赏创、戏剧表演、知识竞赛、报刊编辑、文学社团、研学旅行等。

1. 主问题统领下的课堂问题解决教学模式

语文教学必然涉及诸多问题，在这些问题中要突出主问题，尽量避免肤浅问、琐碎问、随意问。主问题具有以下特点：从问题的来源看，主问题是基于教学目标、教学内容和学生现状的，精心筛选与提炼的有价值的问题；

从学生活动看，主问题是教学的重点内容，学生围绕主问题进行较长时间的读、思、说、写、议、评、改等一系列学习活动；从与其他问题的关系看，主问题数量虽少，却能"牵一发而动全身"，可由此生发出一连串的子问题；从教学效果看，落实主问题，能够精简教学内容，突出学生主体地位，引导学生思维深度参与。

第一，"主问题式"阅读教学模式。提出合适的主问题，基于恰当的文本分析和学情分析。主问题提出后，还需要分解成若干有内在联系的子问题，问题由浅入深，环环相扣。在问题引导下，学生逐渐走向文本深处，同时提升语文学科核心素养。问题也可由学生提出，这其实更符合真实阅读的状况。甚至，从某种角度说，提出问题比解决问题更为重要。以《祝福》一课教学设计为例解读两个操作流程。[①]

操作流程一：确定主问题—分解子问题—解决子问题—总结延伸

主问题：造成祥林嫂悲剧的原因是什么？

子问题：1. 祥林嫂之死主要在于精神痛苦，因绝望而精神崩溃。造成她精神痛苦的主要原因是什么？ 2. 联系当今时代思考：如果女子不幸丧偶该怎么办？ 3. 这场悲剧到底谁是凶手？

总结延伸：悲剧怎样才可以避免？这篇小说有何现实意义？

操作流程二：学生提问、交流—确定主问题—分解子问题—解决子问题—总结延伸

自读质疑：1."我"的出场有什么作用？ 2. 为什么两次提到"我明天决计要走了"？ 3. 详写"我"与祥林嫂相遇后的不安有何用意？ 4."我"和祥林嫂谈话时为什么感觉比在学校里考试时还惶急得多？ 5. 小说为什么以"我"为叙述者？ 6."我"的话促成了祥林嫂的死亡吗？ 7."我"为什么含糊回答？ 8. 写"我"在祝福前夜的心理活动有何作用？

确定主问题："我"的形象与作用是怎样的？

分解子问题：1. 我是一个怎么样的人？ 2. 有怎样的典型意义？ 3. 塑造这一形象有何用意？

总结延伸：小说以"我"为叙述者有什么好处？以小说中的其他人物（如鲁四老爷、柳妈、祥林嫂等）为叙述者会怎样？

第二，"主问题式"写作教学模式。作文教学是语文的"半壁江山"，但在教学实践中容易被虚化、弱化，且出现无序、低效的情况，部分学生视作文为难事。作文教学的"主问题"，可以是一个阶段的主问题，也可以是一次作文训练的主问题，这能够帮助教师更好地进行写作教学。就一次完整的作文训练而言，思考流程可参考表5-3。

---

① 执教者：成都市树德中学王华美、成都市锦江区嘉祥外国语学校徐哲超。

表 5-3　完整作文思考流程

	解决的主要问题	实施策略
写前指导	写什么？ （中心、材料）	着眼需要，激活思维
	怎么写？ （文体、结构、技法、语言）	
写后指导	总结体验与收获	学生反思，正向引导
	亟须解决的问题	突出一点，形成序列
	下一步该怎么做	充分活动，重在提升

操作流程一：分析学情—明确训练重点（主问题）—确定写作任务—写前准备与指导（初步解决问题）—学生限时写作—多元点评（聚焦主问题，学生自评、互评，师评）—课堂评讲（进一步解决问题）—学生动笔修改（自改或互改）—总结反思

操作流程二：确定写作任务（设置情境或命制题目，激发写作热情）—写作（课内或课外）—教师批改（发现问题，问题聚焦，设计主问题与子问题）—解决问题（评讲—修改—交流—反思）

在实际操作中，教学模式可以多样化，教师要针对自身特长和学生实际情况，根据教学时间多少，进行灵活调整。如以下案例：

典型事例的叙述与分析①

以"学会承受"为题目，写一篇不少于 800 字的议论文。

写前指导：1. 写什么：谁承受？承受什么？在何种情况下承受？为何承受？怎样承受？结果如何？（写一方面或几方面，最好有侧重）2. 怎么写：已给定文体为议论文，因此需要摆事实，讲道理，联系现实，以理服人，写出自己的思考。写前集体指导尽可能少花时间，或针对确有需要的同学个别指导，否则容易束缚学生的思维，效果反而不好。

写后指导：在批阅和统计分析基础上，确定了作文评讲的主问题——"典型事例的叙述和分析"。将主问题分解为以下子问题：1. 比较几位同学对同一材料的运用，你觉得谁写得好？好在哪里？2. 屏幕上材料的叙述与分析有哪些问题？叙述此材料，哪些要素不可少？分析应突出什么内容？3. 修改后的片段，谁改得好？好在哪里？4. 详例的叙述与分析应当注意什么？5. 屏幕上的略例问题在哪里？写略例，应当注意什么？6. 略例叙述与分析可结合运用哪些修辞手法？

2. 以课外探究为重点的问题解决教学模式

课堂时间有限，而有的问题，其解决过程需要花费较多时间与精力，必

---

① 执教者：成都市树德中学王华美。

须依赖课外的大量阅读积累和思考探究。因此，问题解决的重心在课外、校外。这样的教学个体差异明显，组织难度较大，同时要避免加重学生负担，杜绝"形式主义"，但也不能放任自流。比较好的方式是课内外合理分工，相互配合，以学生个体或小组的学习为主，教师则积极介入，通过项目学习、课题研究等形式推进问题解决。

操作流程一：主导式项目学习

课文学习—布置课外探究任务—自主完成—小组交流—全班交流—修改完善—总结反思

《泪珠与珍珠》课后学习[①]

学习琦君的《泪珠与珍珠》后，教师提出如下安排：1. 摘选文中引用的诗文、名言，背诵并适当评点；2. 阅读琦君《南海慈航》《三十年点滴念师恩》等作品，进一步认识琦君其文其人；3. 选择与文本有关的主题进行探究，并形成文稿，如：《母心佛心——琦君笔下的悲悯情怀》《梦中应识归来路——海外作家的文化乡愁》《心因饱经忧患而愈益温厚——说说琦君其文其人》

操作流程二：主体式项目学习

独立发现问题—自主探究—课上交流与指导—明确进一步解决的问题—自主探究—交流展示—总结反思

刘 项 之 争

学习《鸿门宴》后，朱辉同学对刘项二人得失天下的原因很感兴趣，主动阅读《史记》中《项羽本纪》《高祖本纪》《留侯世家》《淮阴侯列传》及《汉书·韩信传》等材料，并上网、到图书馆和书店查找大量资料，经过一个月左右的探究，独立撰写出评论文章。在与教师和同学交流后，三易其稿，最终其学习成果《勿以成败论英雄——论刘邦与项羽得失天下之原因》发表在校刊上。兹摘录部分内容如下：

刘邦胜项羽，关键是刘邦善用人杰，而项羽不能。徒具匹夫之勇，失败是必然的。

……

要明了刘项得失天下之因，应比较二人性格。首先是项羽的残暴。……其次是项羽过于自负。……再次，项羽性格率直，恩怨分明，讲义气，重诚信。……

综上所述，"一个关键""三个因素"，足以证明刘邦得天下而项羽失天下，是必然的结果。但从另一个角度看，刘邦得天下，成为第一位"平民皇帝"，而项羽失天下，却在历史长河中，永远留下了一个被后世赞美的真英雄形象，西楚霸王项羽终成为一个惊天地、泣鬼神的名字。

---

① 执教者：成都市锦江区教育科学研究院易晓。

操作流程三：课题式研究性学习

问题提出—成立课题组—查找资料—拟定研究方案—开题论证—具体实施研究—提炼成果—结题—后续研究

古代诗歌研究性学习[①]

1. 分组。教师拟出古典诗歌研究性学习的参考题目，如《陶渊明与"桃源理想"》《从陶渊明看中国士人的隐逸》《杜甫诗歌的忧患意识》等。学生们根据兴趣爱好初步选择，也可自行提出有意义的研究方向。经过补充、整合，全年级前后成立了18个研究性学习小组。语文备课组教师根据自己的研究特长，分别担任各组的指导教师。

2. 定题。在教师指导下，小组成员制订操作性强的学习与研究计划，围绕题目初步展开研究。找准切入点和重难点，如杜甫研究，同学们提出以"草堂生活"为研究重点，探讨这一段生活对杜甫人生的意义。

3. 展开研究。小组成员收集材料，实地探寻，汇总信息，梳理提纲，分析讨论并处理信息。教师侧重方法指点，提供必要帮助，如推荐书目，组织集体活动，帮助释疑等。如学生研究李煜时，教师可以建议学生把他的词风与人生经历结合起来研究，了解一些悲剧美学理论，应多读原词，而不局限于课本，并提供一些相关书目，等等。

4. 撰写论文。经过阶段性研究后，学生们基本上形成了自己的看法。教师又教给学生论文写作的方法，指导学生将自己的意见整理成文章，修改后在班级内报告研究成果及收获。现摘录四川师大附中林思诗同学研究性学习小论文《亡国亡志难亡魂——李煜词风初探》如下：

李煜，五代十国时南唐后主。南唐本是建立在长江中下游地带的小朝廷，因地理条件优越和环境的安定，吸收了不少从北方流亡过来的劳力，经济迅速发展，出现了少有的繁荣气象。加上文人聚集，使词这一艺术形式得到了发展。李煜便是五代十国最有成就的一位词人。

……

那么李煜的无限悔恨，悔的究竟是什么呢？他悔的是当初不应杀贤士，不该沉溺于歌舞笙箫，始终难忘的是那些享乐的日子。一方面，他抚今忆昔，尽管不断悔恨，最终不过是没有尊严，亡志亡国的丧家犬罢了。但另一方面，他的确是一位难得的词人。所谓"欢娱之词难工，穷苦之言易好"，正因为国破家灭，使得他将所有的心血和灵魂投入作品，为这些诗词注入了生命，更将灵魂永久地寄托在了这些字句之间。

……

论文写作，对中学生而言是难点。关于论文写作指导，吴泓老师的经验值得借鉴。[②]

---

① 执教者：成都市锦江区教育科学研究院易晓。

② 吴泓.把"论文写作"作为高中语文专题研究性学习的"出口"[J].语文学习,2018（6）：52—56.

《诗经》专题"论文写作"我提出的要求是：能正确复述或概述作者的思想或作品内容，能准确表达自己的独特感受或独到见解，能用比较、辨析、推理、判断等方法来分析问题或研究问题，尽可能让自己的思维向"思辨性"方向过渡。为此，我开设了定向选题讨论课和写作思维指导课，希望学生重点在以下几个方面取得突破：1. 学会"聚焦"在一两个问题或议题上，进而拟定题目。2. 辨别标题、论题与论点的异同；理清论点（结论）与论据之间的关系。3. 明确文章语段、语序的组织规律，掌握文章标点符号使用的特点。

（一）定向选题讨论课（1课时）

1. 自己拟题

2. 课堂讨论

（二）写作思维指导课（2课时）

第1课时，课前自读自悟专家、学者三篇文章，课堂讨论，教师总结。

第2课时，课前自读李书磊的《河边的爱情》，课堂讨论，重点突破：辨别这类文章标题、论题与论点的异同；理清论点与论据之间的关系，如绘制思维导图或写作思路；理解语段、语序的组织规律，明确标点符号使用的特点。

3. 以综合实践为载体的问题解决教学模式

除了阅读与写作，语文教学还可以开展多种多样的活动。综合实践活动，既包含了听说读写，又有别于传统的语文教学样态。以问题为导向，以项目为抓手，通过活动体验，可以提升学生的学习兴趣和语文素养乃至综合素养。

综合实践活动，包括课堂活动和校内活动、校外活动、小组活动、班级活动、社团活动、校级活动、校际活动、区域活动等，在组织上大同小异。可以是单项活动，也可以是系列活动；可以是语文活动，也可以是跨学科活动。

操作流程一：问题聚焦—活动策划—前期准备—活动实施—总结交流

"姓氏源流与文化寻根"梳理探究活动设计[①]

自学课本上的相关内容，以小组为单位，选定要探究的具体问题（某一姓氏、某一节日、当下取名现象、中西节日比较等），组内做好分工，利用周末时间进行梳理和探究，将研究成果做成PPT。用一节课时间，各小组分别汇报交流，形式可以多样化，教师或学生进行点评，鼓励大家对学习成果质疑。汇报完毕，针对某些问题，教师进一步启发或讲解，印发补充资料，学生课下进一步学习。阶段学习结束，引导学生反思：分工是否恰当？合作是否融洽？是否广泛搜集资料，并有效整合？运用了哪些探究方法？成果呈现的效果如何？汇报交流时，自己是否认真倾听、积极参与？此次学习有怎

---

① 设计者：成都市树德中学王华美。

样的收获和困惑?

<h2 style="text-align:center">草堂研学活动①</h2>

带领学生走出课堂,寻访历史遗迹,把艺术欣赏、实地考察、表演体味、探索研究结合起来,让学生在体验中丰富人文内涵。

1. 课内学习杜甫诗文,学生通过绘画或音乐来表现诗歌意境。

2. 以小组为单位,收集了解杜甫有关资料,学习相关评论,确定小组研究选题。

3. 组织"草堂采风"集体活动。解说员作专题讲解,学生对杜甫草堂生活情况及有关经历进行深入考察。活动中,沐浴着先贤遗风,同学们在"水榭"吟诗作赋,交流草堂生活对杜甫人生的意义,追慕"安得广厦千万间,大庇天下寒士俱欢颜"的博大情怀,对杜甫诗中的悲悯情怀有更深体验。

4. 回校完成学习心得及相关研究性文章。如:《人生长途的驿站》《草堂记》《杜甫文化何处去》等。

操作流程二:基于问题确定项目—总体策划与安排—逐步完成各项任务—总结反思—拓展延伸

<h2 style="text-align:center">《诗经》整本书阅读活动设计②</h2>

(一)起始课(2课时)

1. 了解常识:从"书名与篇目""时代与地域"两方面,掌握《诗经》基本常识。

2. 唤醒诗意:吟诵《蒹葭》《关雎》,感知《诗经》思想内容和艺术手法。

3. 开课说明:明确整本书阅读活动的目的及相关要求,确定阅读内容和形式。

(二)自由阅读(2个月)

1. 制作阅读计划,完成阅读笔记。

2. 分享交流,每日一则或多则,5~10分钟。

3. 撰写阅读感悟或鉴赏文字,优秀作品在班内展示。

(三)互动探讨(4课时)

1. 《诗经》内容梳理

2. 《诗经》价值探讨

3. 《诗经》写作手法整理

(四)活动延伸

1. 《诗经》阅读笔记整理

2. 《诗经》中的名物明信片制作

---

① 设计者:成都市锦江区教育科学研究院易晓。

② 设计者:成都市锦江区嘉祥外国语学校杜红梅、胡春梅。

3.《诗经》吟诵调创作与整理

4.《诗经》创作与编录

5.《诗经》鉴赏评论汇编

综上，课内与课外联通，教学场域扩大，能构建更为开放的学习环境。以问题引导开展项目式、课题式等综合性学习活动，能实现不同渠道、不同形式的学习，有利于学生全面提高语文学科核心素养，实现均衡而有个性的发展，提高学生综合解决问题的能力。

四、创新课堂对话方式

要把上述的整合教学、深度阅读、创意写作和问题教学等引向深处，需要创新课堂对话方式，引导学生聚焦课堂任务进行深度交流，在思维碰撞中提高语言建构与应用、思维发展与提升等的质量。除此之外，创新课堂对话方式，还是发展语文学科核心素养的基本策略，因为对话和交际既是语文课程的基本特征与功能，也是语文课堂学习的基本任务。语文课程学习，多是以整篇文章或整本文学作品为载体，在完整的作品阅读或表达中交流思想，实现沟通的目的。要通过阅读整篇或整部作品来实现交际目的，需要首先树立阅读交际观。阅读交际观，是把阅读看成一种特殊的交际活动，树立"阅读即交际"的观念。阅读交际观认为，作品是交际的载体，阅读整篇或整部作品可以推动三个层面的交流。

一是读者与作者的沟通交流。阅读一篇文章或一部作品，就是借助具体的语言表述或作品形象走进作者的内心，品味作者的思想。成功的阅读者，善于跨过语言的桥梁，抵达作者灵魂的彼岸，与作者鲜活的生命相遇，并与作者的灵魂进行不期而遇的对话。读者在抵达作者灵魂彼岸的过程中，往往会让自己的思想与之碰撞或应和，实现自我灵魂的震颤，并在不知不觉中实现自我灵魂的改变。在这种看似无声的阅读中，却能在内心深处听到思想碰撞或共鸣发出的巨大回响，这种回响就是读者与作者的深层次交流与沟通。

二是读者与文章或作品所反映的社会世相沟通交流。任何一个作者都是生活在特定的时代中的，与作者相遇，就是与一个特定的时代相遇。同时，任何一部作品都飘荡着时代风云，反映社会百态，阅读文章或作品，就是在观赏时代风云中和社会对话。阅读是读者了解并走进某个时代的基本方式，在这种情况下，文章或文学作品就成了读者与时代对话的工具。

三是读者与读者的沟通交流。在独立阅读后，开展读书交流活动，分享彼此的收获，并对深层次问题进行讨论，这就促成了读者与读者的思想交流。整篇作品阅读中的这三种交际活动，可以同时发生，也可以先后进行，但必须从整体入手确立交际目的，明确交际任务，开展形式多样的交际活动，并形成交际成果，才能真正发挥整篇作品阅读的交际功能。

交际阅读观，是为了交际而阅读，因为某种交际的需要，而阅读相关文章或文学作品，这种阅读体现出了非常鲜明的工具性。无论是阅读交际还是交际阅读，所读的文章或文学作品都具有发展和提升思维、促进审美与创造的功能。也就是说，要用好用活语言文学（文章）这一工具，就要善于把整篇作品当作提升思维和发展学生审美素养的手段，创新课堂对话方式，在课堂对话中提升核心素养。

郑桂华教授在《说"木叶"》一课的教学中，引导学生在对话中不断深入，提升了课堂上的核心素养培育质量。

【案例】

《说"木叶"》的课堂教学重构实录[①]

师：上课！

生：起立！

师：同学们好！

生：老师好！

师：同学们请坐。刚刚我看到同学们拿在手里的是一份打印的文章，你们自己的语文书里面是没有这篇课文的，对吗？

生：对。

师：好的。大家看你们手上的文章题目，跟我投影上的题目有什么差别？

生：（小声回答）

师：来，小伙子说说看。

生："木叶"没有引号。

师：那这个"木叶"有没有引号有没有区别呢？

生：应该有。

师：你适合做官方发言人，他用了一个什么词？

生：应该。

师：那能不能把这个"应该"的应该在何处的理由和依据说说看？没关系，第三排的小姑娘，你来说说看。

生：应该起强调作用吧。

师：起强调作用。好，旁边的这位姑娘，你好像还有不同的看法？你来说说。

生：我觉得还有引用的作用。

师：把"木叶"这样特殊的、特定的一个意象加以凸显出来，对吧？好，请坐，有强调，有把诗词当中的意象加以凸显出来的作用。所以大家第一件事就是把标题修改过来。那我就要问大家了，课文是什么时候拿到的？

---

① 执教者：上海师范大学中文系郑桂华。

生：昨天，昨天上午。

师：那看过文章了吗？看过文章的请举手。哦，全部举手了啊，我没有做要求，你们都看了，大家都太自觉了，非常好。看过这篇文章觉得它大概讲的是什么？大家说说从中理解到的内容，请举手。

（暂时没有人举手。）

师：有人左看看右看看啊。好，一位同学举手，两位同学，三位，四五六七，好像举手的人多了。当然，还有很多同学没有举手，那看来读这篇文章，你遇到了比较多的困难。请没有举手的同学说说，你遇到的困难。我们来开一下火车，可以吗？从后排开始，后面的男孩子，我离你比较远，就从你开始，你读《说"木叶"》遇到哪些困难？戴眼镜的男同学，你读这篇文章有困难吗？

生：有。（思考状）

师：让你感到模模糊糊的地方也可以，就是你读的时候有哪些磕磕绊绊让你觉得很累。

生：这个"木叶"到底应该做哪种深层次的解释？

师：哦，就是对这个"木叶"的理解，是吧。旁边的同学，有什么困难吗？

生：这篇文章的中心到底讲了什么？有一些不太明白。

师：我们能不能把中心这个词调整一下，也就是这篇《说"木叶"》，作者最想表达的是什么？用"中心"还是用什么词，可以更好一点？

生：观点。

师：观点差别在哪里？小姑娘来。

生："中心"可能是指的一篇文章的主要内容，而"观点"则指作者表达的内心的一些想法或者建议。

师：哦，建议，这个词很好，什么观点、看法或建议？第三位同学，来接着说。

生：文章中有许多诗句，整篇文章较难理解。

师：其他同学有没有这个困难，嗯，好像声音比较多，古诗文，有多少处？二十处。第一句是"袅袅兮秋风，洞庭波兮木叶下"，而这句出现两次，所以一共是十九句古诗文。好，接下来第四个问题。

生：古代的"木叶"和现在的"木叶"到底有什么不同？因为现代对木叶的理解和印象不够深刻了，古代用木叶，现在多用"树叶"了。

师：哦，其实你提到了两个问题。第一个是，"木叶"在古今有什么变化？第二个是，顺着这个思路，提到了"木叶"和"树叶"，它们有什么不同？这也是让我们感觉到十分纠结的地方。除了"木叶""树叶"，这篇文章还提到哪些相近的意象？（板书：木叶——树叶。）

生："落叶""落木"。

师：如果我们要写成一组一组的话，怎么写才合适？来，第一排小伙子，如果我们接着写，我应该把"落叶"写左边还是"落木"写左边？

生："落叶"写在左边。

师：为什么？

生：因为我觉得"无边落木萧萧下"里面的"落木"是"木叶"的升华，是一种进步。

师：好，看我理解你的意思没有啊？在他看来，"落木"是"木叶"的升华、发展版，是这样吗？

生：对。

师：那你为什么要求我把"落木"写在这个位置呢？（板书在"树叶"的下方）是这个意思吗？你刚刚说的"落叶"写在左边。

生：嗯……是写在"木叶"的下面。

师：哦，换过来，是不是啊。

生：对。

师：其他同学同意吗，理解这个关系了吗？

（生点头。）

师：好的，请坐。针对这四个概念，以我们自己课前阅读的经验，刚刚这位同学也讲得很清楚，"落木"是"木叶"后来的一个变化，是一个发展版。林庚先生在这篇课文里，相比"树叶"和"木叶"，他的态度是什么？来小姑娘，我看你反应特别快，前面举手的时候你举得特别快，来试试，说一说，林庚先生对这两个意象（"落木""木叶"）和这两个意象（"树叶""落叶"），态度有什么不一样？

生：他应该认为当时他们借"落木"在秋天的情景下取得了鲜明的形象，可能"无边落木萧萧下，不尽长江滚滚来"是杜甫当时所处的一种情景。

师：那作者对"树叶"和"落叶"有什么观点呢？

生：认为"树叶"在一般情况下都能简称之"叶"，"落叶"……

师：没关系，好像现在还不能简洁流畅地表达出来，是吧？我们暂且搁置。后面的女生，你还有什么困难吗？

生：我想知道的是，"木叶"除了可以表明它的时间是在秋天，给人以那种凋零的感觉以外，还有没有什么其他的作用？

师：你的问题其实跟哪个问题是一致的？我们目前有四组问题，小姑娘？看得见黑板吗，同学们？看得见吗？后面可以站起来看，要记得随时记笔记。刚刚我们有同学问道，木叶的内涵是什么，记不记得？好，跟这个问题是接近的，请坐。后面的同学还有问题吗？有没有？

生：文章后面写"树叶"的时候有写"树叶"相比于"木叶"给人更丰满的感觉，也写到在写"树叶"的时候表现出诗人心中的不平，"木叶"心中阴郁……我想问"树叶"和"木叶"在具体情境中，从根本上有哪些不同？其实也是想问关于"树叶"和"木叶"的内涵。

师：嗯，说明你已经意识到你的问题和我们第一组的问题是一致的。看得见黑板吗？看不见可以站起来的。还有没有同学有跟黑板上的四组问题都不同的呢？嗯，这位同学。

生：题目是《说"木叶"》，而文中不只有"木叶"，还有"树叶""落叶""落木"，为什么题目不是《说"树叶"》《说"落木"》，或者《说"落叶"》呢？

师：这个问题其实还是跟上面有接近的地方，是吧？也就是这四个概念之间的关系。他们之间有同有异，那么同和异在哪里？非常好，她是从题目这个角度，找这个文章最关键的点。这四个里面，林庚先生把"木叶"归为最重要的，放在标题中，其他三个没有放进去，他们之间的轻重分量不一样，解答了为什么会这样。还有第六个问题吗？

生：沉默。

师：没关系，也许我们读的时候会有新的问题，新的发现。那么刚刚也有一些同学举手说你读懂了。读懂的同学现在有没有自愿可以帮助刚刚提问的同学，你觉得哪个问题你可以帮他解决？请举手，有没有？

生：沉默。

师：一下子有点压力是吧？没关系，我们左右一起来讨论一下，选择四个问题当中的某一个，也可以是两个三个，都没问题，根据你们小组的力量，来看看你觉得这些诗句给我们读文章带来很大挑战怎么办呢？这个概念到底是什么样的关系？林先生为什么认为"木叶"最关键，把它放入标题。还有，这些问题解决后，"木叶"的古今内涵是不是就清楚了。所以，我建议，富有挑战心的同学们，我们高二四班自觉自愿来的四十位同学们，我们可以先从三、四组选取问题展开，然后选取一二组问题中的某一个解决，好不好？任务清楚了吗？清楚了哈。四个人一起可以，两个人一起也可以，自由一点，好不好？好，开始吧！

生：讨论。（约5分钟。）

师：好像针对第四项问题的同学最多，那我们先从这开始吧，好吗？现在轮到自己发现。来，交流：一上来作者第一段就提出了一个很直接的观点，从这儿开始我们一起来啊，也可以从后面发现来做梳理，谁先来交流？来，小姑娘。

生：我们讨论了一下，觉得"落叶"和"木叶"有一个包含的关系，就是"木叶"中有"落叶"的意思；然后"落木"的话，像前面说的，"落木"是后来的发展，"落木"比"落叶"少了一个叶的绵密，"落木"更空阔。至于"树叶"，比较茂密，给人的感觉与"木叶"体现出的秋天的飘零之感是不同的。

师：讲出了很关键的一点，绵密、茂盛，这更多的是侧重于哪个意象？同学们："树叶"，是不是？包括"落叶"，有"叶"，这样绵密的感觉要强烈一点。这是第一点发现，很清楚，还有第二点发现吗？哪个小组来贡献一下。来，有请。

生：我们组讨论了第三个问题，这里出现了很多诗句，我们觉得这些诗句有这些作用：首先是做引子，引出要讨论的"木叶"这一话题；第二个作用是可以用来做例证，例证从古到今很多人都在用"木叶"这个词；第三点就是觉得比较富有文化内涵。

师：讲得很清楚吧？你是不是数学、物理学得特别好啊，逻辑性多强啊，非常棒。但是你不能坐下去，对于优秀的人，我们得给他一点难题。

生：鼓掌。

师：嗯，知音很多嘛。请问刚刚同学提出这一问他的难题在哪里？你的回应解决他的问题了吗？我已经听到你说没有了，来，把话筒继续给你。

生：对于刚才同学提出的问题，可能是因为我们积累得不够，所以对诗意的理解不够透彻。

师：解决问题了吗？没有。按照你的说法，我们要课后积累，心虚，这很重要。但是，课上我就要读这篇文章，我的积累就是不够，这种情况怎么办？

生：我觉得可以去查阅一些有关资料。

师：现在我没有条件查阅，也不让上网，手机不让带吧？教室也没有网，怎么办呢？

生：可以问老师。

师：（笑）哦，好厉害。可以问老师。问老师其实也是查阅，换了一种对象、一种路径而已。好，请坐。大家来看第一段，第一段有几句？

生：四句。

师：这四句熟吗？讲了什么？作者的观点是什么？知道吗？来，这位男孩子，第一段讲了什么？

生：第一段提出了"木叶"这个形象。

师：明确一点说，观点是什么？

生："木叶"这个形象影响了历代诗人。

师：哪句话你看出这个意思来的？

生："自从屈原吟唱出这动人的诗句，它的鲜明的形象，影响了此后历代的诗人们，许多为人传诵的诗篇正是从这里得到了启发。"

师：简练地来说，"木叶"这个形象使在屈原之后的历代诗人受到了什么？

生：启发。

师：这个启发还有一点夸大，再明确一点是什么？可以用什么词？没关系，请坐，男孩子你来。

生："木叶""突出地成为诗人们笔下钟爱的形象"。

师：哪个词特别能鲜明地表达出？

生：钟爱。

师：这就是鲜明地表达。同学们，那么这就回应了第四项问题的第一点，作者确定标题《说"木叶"》，为什么"木叶"作为一个核心和关键？"木叶"太被诗人们钟爱了。这里，我们读第一段，这里的诗句，我们也没有去查阅，但作者要表达的核心观点我们是不是也清楚了？那你看我们用了什么办法啊？

生：这里的诗句我想应该不是很重要，对于后面的内容，它解释了，起到了引出的作用。代表后面说的，不需要去细读。

师：有时候这种引出的句子，我们直接跳过去，把握住作者的观点就行了。毕竟我们不是中文系本科生，更不是古典文学研究生，所以我们读《说"木叶"》，对文中有些诗句，我们跳过也未尝不可。如果你对这个很感兴趣，可以在课外去查阅去拓展去积累，那当然是更棒的。回到我们前面提的问题上，刚才同学们已经贡献了一点，从绵密到空阔的形态上区分了"木叶""树叶""落叶"。还有第二个角度、第三个角度吗？哪个小组来做贡献？

生：我觉得就如文章所说的，"木叶"它给人带来颜色上的枯寂之感，而"树叶"则象征着一种绿色的生机，所以我觉得"木叶"和"树叶"两者间缺少了给人在感官上的联想义。

师：好，哪个词用得特别好，"联想"，要记下来。这么优秀的人一定要继续为难他。既然你刚刚讲到颜色，讲到它带给我们感官上的联想，这比一般的高二同学真的要（优秀），既抓住文中的关键点，还有我们自己的表达。那么除了第二个之外，还有没有第三个角度？除了颜色之外，这样的感官视觉之外，还有没有内外感官的角度？

生：我觉得"木叶"能带给人秋天树叶的残破之感，而"树叶"总体来说的话，始终给人的感觉是没有"木叶"般的干燥，就不能如"木叶"般引起人内心悲秋的情结。

师：从感官的角度，提取一个观点来。刚刚你已经讲到颜色，是视觉。那么现在干燥，你说这是什么角度？

生：触觉。

师：现在所有这些其实都是为了让人产生联想。林庚先生用什么词来讲？他说，诗歌的语言带给人什么？林庚先生是用什么表达的？那下面哪位同学能从这一点中去解决一两个难题，接受挑战吗？试试看吧！

生：我回答的是第一个问题。"木叶"的含义在于情感的抒发，因为"一切景语皆情语"。古人之所以写诗是为了抒发自己心中复杂、难以表达的感情。如"落叶"和"木叶"，说到"木叶"就感情很复杂，而"落叶"蕴含的感情就没有那么深厚。

师：你是从复杂和深厚来讲的，作者是从这几个角度讲它们之间的差异，但你刚刚讲得非常好，作者用这些诗句抒发自己的情感，而我们去读这些诗文的时候，是从"木叶""落叶"这样的意象的表达中去体会的，刚刚同学们用了一个"联想"，那林庚先生说过，要读出它的什么？要读出诗词背后的什么？什么词？来，说说看，在哪里。

生：后文中提到"木"不仅容易让我们想起树干，而且还包含了"木"所暗示的颜色性。着重说了意象的暗示性，也相当于联想。

师：非常好，那位同学是从诗人选择意象抒发情感，即作者角度。这位同学又讲到，我们要从语言的暗示性去读诗，读出它的意境、读出它的情感，回答得非常好。那么"木叶"从屈原开始到现在，当然它没有提到今人的诗，他提到哪个朝代为止啊？嗯，南北朝最多，对不对？好，那今人怎么看"木叶"，请大家回去继续做功课。好，可是同学们阅读这篇文章后，你真的觉得林庚先生讲的"落叶"就没有好诗？"树叶"就没有好诗？几乎没有好诗？你们对林庚先生的说法打心底里真的信服吗？你们有没有学过一首诗，杜甫的《春望》"国破山河在，城春草木深"，这里有没有"木"呢？"木"就比"树"疏朗吗？单纯吗？"城春草木深"，这个是什么意思啊，你来说说看？

生：应该包含了一种对国家的情感。

师：在"木"的地方是什么样的一种状态？

生：因为前一句是"国破"，后面应该是较为残败的景象。

师：我有点不能接受，大家一起来把这首诗背一下。

（齐背《春望》。）

师："城春草木深"，是衰败，没有错；那这里的"木"在这里是凋零的意思吗？应该是什么？请你来说说看。

生：是说那个时候草木非常繁盛，用草木的繁盛来反衬当时人的活动。

师：嗯，请坐。理解了吗？不需要多讲了吧。好，同学们，来看一下，这首诗好吗？好不好？（PPT出示"落叶满空山，何处寻行迹"。）

生：好！（声音微弱。）

师：好像很违心地说了一下，那这个呢？"沉舟侧畔千帆过，病树前头万木春"。有"树""落叶"的诗就不好吗？"树"和"木"真的有这么大区别吗？"树"就很绵密，"木"就很空阔吗？（PPT出示"树""木"也可以表示一样意思的诗句："树木丛生，百草丰茂"……继续出示"木"也可以很繁茂的诗句。）林庚先生说有"树叶"是不好的诗句，几乎没有看到吧？在诗句里"树叶"出现得很少，真的是这样吗？（PPT出示关于这几个概念出现的次数统计。）我看同学们的表情很凝重啊，这有出处的，不是我造出来的啊，是人家做的统计。这下怎么办呢？刚刚学了那么多，诗歌的暗示性，"木叶"那么好，寄予的情感，疏朗的气息，我们同学用不同的语言表达了不同的感受，但始终是相同的。林庚先生说错了？说错了吗？那林庚先生是一个什么样的人？昨天我们预习的时候有没有同学去查一查？原本教材是有注释的，现在大家手中的素材没有这部分。没关系，我给大家整理了，（PPT呈现），（作者）是一个什么样的人？

生：诗人，自由体诗人。

师：创作新的格律体诗，作为学者呢？这样一个人怎么会那样讲呢？这是有人对他的评论（PPT展示）。现在请同学们思考林庚先生是真的不知道"木"跟"树"可以一样吗？林庚先生是真的不知道包含"落叶""树叶"的诗有很多吗？我知道大家很不容易接这个话茬，因为你们很容易知道林庚先生是知道还是不知道，有没有认为他不知道的？

生：（迟疑）他知道。

师：但你们不愿意马上回答我，因为你们回答了"知道"之后我又要请同学来回答问题（师生笑）。大家推测一下，按照你的阅读经验，逻辑推理，综合你的所有积累来思考一下，林庚先生为什么要这样说。好，请这位同学来说说。

生：他在这篇《说"木叶"》里这样说，是因为他尽力地想证明自己文章的观点，所以他可能会在平时的客观认识中取一些他认为符合他观点的东西。

师：好，她的逻辑成立吗？是成立的。小姑娘注意了几个关键词，这里的"落叶""木叶"观点都是林庚"自己的"，这些是他的理解、他的看法，他特别想传递出对"木叶"这一意象的钟爱，世人的钟爱、他的钟爱，来跟我们分析这个语言的暗示性。在读诗词诗歌的时候，我们有一个可以去联想、去发现暗示那样一个秘密的空间，这个恐怕是一个关键。而这个发现也许从统计学上来讲，它好像有点问题，是不是？那么，接下来，我想问的是，读了《说"木叶"》，你再去看其他的诗，未必不会有这种感觉。比如说，我们最近读了一首诗。来小姑娘，你最近读了什么诗？

生：不记得了。

师：不记得，没关系。我们刚刚一起齐背了一首诗，《春望》，还记得吗？你去读这首诗，会通过它的意象，不是简单地说是衰败，它是什么样一种背景，什么样一种情境，你是不是更有感觉啦？这个可能对于我们来说有一点点难度，没关系。要体会诗人学者，他在语言文字上这种高度的敏感，他还将这样的敏感分享给我们。最后，还有一个更大的问题，这篇文章，是选自林庚先生的一本书，叫《唐诗综论》。我从里面截了图，大家看到林庚先生书中的这篇跟我们手中的文章在排版上一样吗？模模糊糊没关系，文字是一样的，就是呈现上不太一样。前排同学应该看得更清楚一些。

生：屏幕上的版本是将每一段引用的诗句独立成一行，在我们的文章上没有这样。

师：谈谈差异呢，阅读上有什么差异？

生：这样给人的感觉更清楚一点，更容易读懂。

师：嗯，这是你的感受，还有第二个差异吗？

生：这个上面把所有的引用部分都提了一行，给我们的感觉会更不一样。特别注意到了《九歌》这句诗句，放在了标题的正下方，就相当于副标题。

师：她已经非常敏感地发现，刚刚同学大都看到诗句都单独成行，她关注到这一句放在了标题下面，有点略近似于副标题。所以这句单独呈现，放在这样的位置，目的何在？嗯，不要忘记了，林庚是一位什么样的学者？

生：诗人学者。

师：对！那么在这里面，这些诗句只是我们刚刚讲到的引出吗？只是例子吗？可能就不是那么简单了。所以，今天我们学了这么多，有些问题没有完全清晰地解决。没关系，文中还有很多特别好的东西，值得我们以后继续去学习；还有很多学者、很多文艺随笔值得我们去借鉴。这些非常有审美趣味的研究者带给我们的启迪是很深的。今天我们暂且把这篇文章搁在这，供大家去想象。大家回去也思考一下关于"木叶"这一经典意象。好，我们回顾一下，这篇文艺随笔，我们从几个问题开始，到现在有了一些思考。关于诗人学者的文章，我们要取它什么精华呢？大家回去想一想，好不好？好，下课！同学们再见！

生：老师再见！

案例分析①：看完该案例后，我们可以思考《说"木叶"》这篇文章说了什么？郑桂华教授在这节课中借助《说"木叶"》让学生说了什么？一个"说"字，既是文章标题的提示语，也是郑桂华教授对课堂对话的精心设计，她不断追问，引导学生从表层对话走向深层对话，把语言建构与应用、思维发展与提升、审美鉴赏与创造、文化传承与理解等多方面的素养融入其中，由此可见创新课堂对话方式产生的教学效益。

《说"木叶"》这节课能给创新课堂对话带来如下启示：

启发一，是以学生为主引导对话。首先是引导学生在活动中对话，这个活动又是一种语文活动，教师每一次启发学生都没有离开课文，永远回到课文上，回到文章本身上去，所以是典型的语文课，不是理论课，是高中课，不是高校课。以学生为主，并不是在课堂上教师说多少话，学生说多少话。教师说的话比学生多，也并不一定是以教师为主，重要的是学生分析到哪儿，课堂分析就到哪儿。从语言学的角度来说，"木叶"本身是一种语典，它是一种典故式的词，有一些词它被一些诗人或很重要的人使用，在沿用过程中，也许有发展，也许有延伸，也许就把原来蕴含在里面的意义淡化了。所以我们说如果没有"袅袅兮秋风，洞庭波兮木叶下"这句话，后面就没有那么多人去咏"木叶"。林庚先生作为一个后来者，他去看"木叶"在后来的文学里面又发挥了什么作用。所以从语言学角度讲，可以分析到典故的四个要素：典源——谁最早提出来；典义——又含有什么意思，有哪些东西可以延展；内涵——文化内涵有哪些；典面——有没有发生

---

① 评课者：北京师范大学文学院王宁。

什么变化。这就是郑老师在上课的时候问学生：林庚先生知道不知道？那么郑老师知道不知道？她也是知道的，但是她不往那里走，这就是从学生角度出发。我们讲一个东西，无限去把它放大，不能把它强加给学生，而是要引导学生分析到哪儿，我们分析到哪儿，这才是真正的从学生出发去对话。

启发二，是在建立的任务群中把对话引向深入。一是分辨的任务。郑老师把各种各样的词摆出来，即使这些词的作用是相同的，但是人们体会的效果是不一样的。这些词为什么不一样？林庚先生说它为什么不一样？学生看一样不一样？应该一样不一样？如果不一样，原因是什么？郑老师一层一层讲得特别清楚。所以第一是分辨，第二是鉴赏。秋天的落叶，树带着叶子，根茎叶都是生长的东西，我们称作"树"。"木"有两个意思，在古汉语里面"木"等于"树"的同义词，所以我们说"木"和"树"都可以是"树"。"城春草木深"里的"木"当然是"树"，但是"木"又是一种材质，当你把树砍下来当作柴去用的时候，它才叫"木"，所以在这个方面它们又是不一样的。林庚先生在这个地方抓住"树"和"木"的不同之处："木"讲一种材质，它作为一种材质，不再生长了。因为它不生长了，所以它本身就给人一种干枯的感觉，它只是这个"杆"，所以它不是绿叶了，它是黄叶，这是一种颜色的感受。因此再说到这样的问题的时候，鉴赏就是一个任务。在这堂课上是让学生去完成任务，而不是让教师完成任务，但学生完成的任务是教师引导出来的。

启发三，是在对话中解决了语言问题。语言不能讲教条，要有一定的经验体会，这节课有两个问题真正涉及语言。一是词不是概念，词义不是概念的内涵。林庚先生就讲到，从一个词汇当中去获得概念。今天有两个学生讲到暗示义和诗歌联想意义。这都是词汇里面有的，但是到概念里面就没有了，概念是本质属性的外延。所有词不是概念，词义不是概念的内涵，词义多是它的经验性。稍微多延伸一点，就能从语感到语理，这就是语理，词义不等于概念。二是对话的语境，语境分为言内语境和言外语境。言内语境就是这篇文章写出来的东西，前后文写了什么，它前后提到的事情。什么是言外语境？作家、作家的生平，以及在文章里并没有显示的时代，但是它在这篇文章里的内涵、思想、艺术的体现是有作用的，所以它在讲了林庚先生以后才引出来。这篇文章它不是科学论文，不是语言学论文，不是生物学论文，是林庚先生在他的身份、学养基础上所做的一种个人经验的反映。在林庚先生所处的真实情境下，相互连接着、对应着文章的言外语境。别人的言语作品就变成学生的语言经验，所以任何文学作品，都带有个性和经验。我们吸收其经验，就是一种鉴赏，我们不见得有它这样的经验，我们不见得都说"木叶"是美好的，"树叶"是不好的，这就属于单独体验，这就显示文学和科学、文学和纯语言不是一样的，这就是语文。该案例中教师引导学生回到文学的经验体验上、回到语境里面去对话，把学生的思维和审美体验都引向了深处。

　　吴欣歆教授在"新闻"教学中，以不同的对话风格引导学生在活动中对话，在对话中活动，也在创新课堂对话的过程中提高了课堂上的核心素养培育质量。

【案例】
实用类文本"新闻"教学实录①

　　师：各位同学，我们今天下午要阅读两篇新闻。对大家来说，新闻应该没有什么文字上的阅读难度，因为它主要是向大家传递最近发生的一些事实。在新闻写作上有一个要求，就是要小学毕业生也能够读懂这些文字，所以在新闻写作或者在新闻阅读中对大家来说文字上不会有什么障碍。但是我们读新闻时，光把信息读懂了可能还不够，还要产生我们自己的一些思考。今天我们就来读这两篇新闻，看看我们在阅读的时候应该用什么样的路径，用哪些思维工具和策略来展开我们的思考。我知道现在同学们手里已经有一篇文章，是《13个省份38所高校加入改名大军》。有这样一篇文章吗？（学生点头。）

　　师：同学们快速地把这篇文章再过一遍。然后跟着我一块儿来展开对这篇新闻的一些讨论。（学生阅读。）

　　师：好，我们可以开始讨论了。我们从第一个问题开始讨论。在这篇新闻里边，你觉得作者最希望你关注的一个或者一组词是什么？我再重复一遍啊，你觉得作者最希望你关注的一个或者一组词是什么？可以开始讨论了。

　　生："全国各地近日披露申报审核更名"和"高校名单"。

　　师：那在这里边理出一个词来，你觉得作者最希望告诉你的是什么？是哪个词？

　　生：更名。

　　（师板书"更名"）

　　生：我觉得有"大军"这个词。

　　师：大军，还有吗？

　　生：内涵式发展。

　　师：好，还有么？

　　生：陆续。

　　师：还有没有？

　　生：高校。

　　师：高校。还有没有？

　　生：高校更名热。

　　师：更名热。还有吗？

---

① 执教者：北京师范大学文学院吴欣歆。

生：数字，13、38。

生：规定。

师：谁规定？教育部规定，对吧？好，有没有人看到一组词？

生：健全，促进体制和机制。

师：好，健全、促进体制和机制。假如让你在这些词里边选一个词，你会选哪个？

生：健全。

师：好，很好。还有没有人又补充？你觉得作者特别希望我们看到的词。

生：我觉得还有"纠正"。

生：坚决纠正。

师：好，坚决是一个修饰，表示修正的态度。请坐，还有吗？

生：不盲目。

生：引导。

（老师依次板书。）

师：好，大家看看，这些是你们认为作者希望要告诉读者的信息。现在想问一下大家，"更名"在这一篇文章里面有好几个说法，大家关注到了没有？一个特别突出的说法。

生：改名。

师：更名是改名的同义词。更名这几种表达，其实都在表示要更名，但更名的方式不太一样。大家有没有注意到？

生：升格，更名，转设。

生：改制。

师：好，这几个词大家都理解吗？在谈到这几个词的时候，大家是不是都知道"更名热"，以及为什么更名。这个消息里边给了我们这样几个词。第一个叫作升格。什么叫升格？大学的升格，从学院到大学叫升格。国家有法律规定的大学和学院都要有教学的实力，研究的能力，还要有一定的规模。大学的规模是在校生八千人，而学院的规模是在校生五千人。所以从学院改成大学说明这个学校怎么样？是变好了还是变大了？这事很重要。

生：变多了。

师：先是变多了，实力有没有上升我们先打一个问号。这里边还有个词叫作"转设"，什么叫转设呢？曾经有一大批三本院校是由企业出资，依托名校来建的。所以我们就会看到前面是一个很有名的大学校名，后面加上一个什么学院这样的名字。这些学院在企业的扶持下，在高校的扶持下慢慢发展起来了，于是就把它独立出来，单独设成一个本科院校。大家注意这一单独设它就从三本院校变成了二本院校，这个叫作转设。还有的时候这个转设是什么意思呢？比如说我们重庆有教育学院，当时全国有三十多家教育学院，现在只剩下两家了，都转设为了普通的本科院校，这个都叫转设。那么同学们可以看一下这些所有的更名里面，他用的这几个词——升格、改名、新设、转设、改制，大家注意到没有，一共五个词。这则消息向我们传递的更名信息有一个共同特征，假如在这五个词里面让你选一个词来代替，你会用哪个词？

生：都是升格和转设。

师：其实转设是另外一个意思，他想给我们突出强调的是，在更名大潮中，做的都是升格的工作，小的变成大的，大的变成强的，是从名字上来看的。原来依附于名校的不依附了。是不是这样的一个信息？好，当我们看到了这些信息，我觉得大家已经把这则消息里面的事实都看得差不多了。那当你看到这些事实的时候，你想到了什么呢？我突然看到，十三个省份，三十八所高校都在更名，而且更名都是冲着升格去的。在这个过程当中，明明有教育部的规定，要求要健全更名的机制来纠正他们这样的行为，但是作者用了一系列的时间——大家看看时间排列，好像每天都在发生，三十八所高校密集地推出了一批改名的热潮。所以同学们注意到这是大军，是热潮。看到这样的事实，你想到什么没有？好，就按着顺序说，你先来。

生：我想到了这些大学都盲目从众，没有把精力和资源放在特色学科专业上去，而是用于改名和升格。

师：哦，好。他们的精力没用对地方，是这个意思吗？

生：对。

师：非常好的表达。那你有情绪吗？

生：稍微有一点。

师：你看到你未来要进入的高校这样做，你有情绪吗？

生：（微笑）稍微有一点。

生：他们是进步呢，还是退步呢？他们是否配得上呢？

师：进步了？还是退步了？你对他们开始有质疑，而且你可能未来报考大学要去查一查它的前身是谁？其他的同学，想到的是什么？

生：大学改名具有迷惑性，对我们选择大学和专业带来迷惑，引入歧途。

师：这些大学给你选择专业带来了迷惑，让你觉得他们都有企图。

生：有不好的一面，应该也有好的一面。

师：好的一面可能是什么呢？

生：有些时候有的更名是必要的。有可能它在发展过程中增进了一些专业，想要发展得更好，独立出来也是有可能的，有更名的需要。

师：她在说更名有利的地方，也许对未来发展有利。还有没有其他的同学？

生：这些更名是否符合国家明确规定的标准？然后我们选择学校的时候该如何去抉择？

师：你将来可以去学法律专业。你现在要探讨的是它们是否符合规定和程序？

生：我觉得他们当时在改名的时候，更多的是注重一种外在，更多的是一种攀比心理。然后会对我们学生造成迷惑，就会导致一些不好的影响。

师：好，你认为这样一种攀比风会有恶劣影响。还有同学补充吗？

……

师：你认为这是高校教育质量的上升。还有同学补充吗？

生：如果学校不符合要求的话，为什么还同意他改名？

师：你是在问谁？

生：同意这个学校改名的人。

师：同意他改名的人，你是在问政府吗？

生：是的。

师：可以啊，你要问政府啊。你要问他，为什么教育部有这样的规定，地方政府就同意申请改名。他们符不符合这些规定，是可以质疑的，没问题。

生：我在想这里面一部分学校可能是盲目从众的，一些是一心想要扩大学校的规模，但是可能一部分是代表中国的教育正在发展。还有一部分学校就在想，这么多都能改名，政府为什么同意？是不是还可以再加？

师：非常好，大家在思考的时候可能会带自己的情绪，会有一些比较积极向上的情绪，还有的同学思考更深层一些。这才是我们对事实的一种直觉反映。那我们来理智地思考一下，想想这些大学在这则消息里呈现的事实，你觉得他们为什么要改名？刚才我们是从情绪方面做出判断，那么再追问一下他们改名的原因是什么？你觉得他们为什么要改名？

生：所有教育质量都上升的大环境下，只有自身变得更强，才有更好的发展。

师：非常好的解释，要自身变得更强，为了更好的发展。继续。（板书。）

生：他们是为了吸引更多的优秀学生。

师：吸引优秀生源。继续。（板书。）

生：要发展壮大自己。

师：要发展壮大自己，跟他的观点是一样的，是吗？还有？

生：和他们的观点一样，为了扩大这个院校的规模，然后也有实力，为了更好的发展。

师：为了更好的发展。还有吗？

生：是实力的体现。

师：是实力的体现。（板书。）学校认为我已经发展到这个程度了，需要一个跟我匹配的名字来名实相符，非常好的表述。

生：部分高校攀大求全，他为了更名、升格盲目向综合性、多学科性院校发展，这样会导致一些大学无法专注于某一个专业的发展，只是盲目地想要多科发展。

师：这是他盲目发展的一个表现。不是想要变得更高更强，而是盲目追求规模。

生：扩大知名度。

师：是因为更名后，名字更好听了，是吧？当我们看清了事实，也有了自己的情绪，对自己的情绪也做了一些梳理。如果你要将下面这则新闻发到朋友圈，并且在发朋友圈的时候描述这一刻你的想法。综合同学刚才的这些讨论，你这一刻的想法有没有发生变化？稍微沉一沉，别着急。

生：一个大学的好坏，并不是取决于他的名字而是在民众心里的地位。

师：这个名字还是在民众心里的口碑。请坐！（板书"口碑"。）

生：如果是发一个评论的话，我觉得我会发"以后选择大学的时候一定要把眼睛擦亮"。

师：擦亮你的眼睛。还有吗？

生：新闻中提到了，"建立高校要把精力和资源用于特色的科学专业建设和内涵发展"，我觉得现在的大学应该注重这方面而不是仅仅在于更名。

师：那你会说，请你们注意内涵式发展或者内涵发展，是这样吗？请稍等。（板书。）

生：对于这些改过名的大学，我就更会期待他们在以后的发展会变得越来越好，我们能上更好的大学。

师：很向上的一个表达。他说改都改了，我就期待改过名字的大学会变得越来越好。很好！有一个共同的期待。（板书。）

……

师：一般来说，高校是我们精神的高地、学术的高地。高校有这样盲从的风气，那社会的风气又是怎样的呢？

……

师：好，明白了。政府应严格履职。（板书。）不再往下讨论了。我想，随着谈论的进展，你们还会有更多的想法需要描述。我们今天的讨论，就跳出了高校更名到底好不好的直觉判断。我刚才跟大家见面的时候问，取消高考好不好？还记得你们的回答吗？你们瞬间就告诉我，好还是不好。但是刚才没有。这个过程我们一直在用讨论问题的工具，叫作"ORID"。

O 就是先把事实看清楚，客观的事实是什么。大家会发现我们在讨论这个问题时用的时间最长。要先把事实看清楚，把事实看全面。R 是真正面对自己的主观感受，我的情绪反应是什么。I 是看清楚自己的情绪反应，然后去探究背后的原因是什么。D 是指最后得出的结论。通常要用这样的思路来帮助我们在事实中生成观点。假如你阅读到 O 这儿就停了，你只是知道了13 个省份的 38 所高校都改名了。当阅读到 R 这儿就停下来了，你只是在阅读的过程中有情绪，提出这个事儿办得真差或真好。到 I 这儿你已经开始是一个理性的思考者了，开始去想这件事背后有什么，他们为什么要改名。好的，到了 D 这个层面你才开始有了自己的观点，生成了自己的一个主张。所以在阅读消息的时候，运用这样一个思维工具，可以帮我们在事实中生成观点，而不是像刚才那样快速地、直觉地作出反应。我们可以对照一下，刚刚我们在问问题的时候，我们是哪一个层次的思考者。不必回答我了，你们的一笑已经很说明问题了。好，我想请教各位同学的是，我们刚才探讨的这些事情，写这个消息的作者他能想到吗？改不改名不重要，大学的质量是在老百姓自己心里的，他能想到这样改名后，孩子们选择大学的时候得慎重选择，擦亮自己的眼睛，好好看看他的前世今生，他是不是也想到内涵式发展？他是不是期待改名后的大学越变越好？他能想到这些吗？我看到有人摇头，有人点头。摇头的同学可能认为，这是我们刚刚才看到的事实，他还没看到。其实写这则消息的作者，他也许想不到咱们想得这么多，但是在里面也呈现出他的思考。但是他到底是不是应该写呢？这里面写了没有？没有。因为这是他写的一则消息。新闻是分成消息、通讯和评论三个大的类型。消息的英文是 take a message，传消息，通常不是很长，得比较概括、比较精准。著名文艺理论家罗兰曾经写过一篇文章叫《写作的零度》，就是写作不带任何情感，尽量客观、理性地传递信息。后来很多新闻工作者，把"零度写作"当作他们写作秉承的一个原则。我只陈述事实，并不告诉你潜藏的观点。用这种"零度写作"的态度向大家展现一则消息。但是新闻的另外一种形式——评论，不是这样的。它是在事实的基础要做一些讨论，要对这些消息、新闻事实陈述自己的观点，他的目的和作用又是怎么样的呢？请第一排的同学往后传递一份新的材料。

师：好，同学们先不着急读。在读评论的时候我再给大家一个讨论的工具。叫作"OPVL"。

O 是观察者，P 是目的，V 是价值，L 是局限。如果我们简单说就可以看到，阅读新闻，第一我们要看，谁说的，谁写的，为什么而写，他写这则新闻或评论的价值是什么，他在谈论这个问题的时候有哪些局限性，等等。这是我们在看新闻评论的时候必须思考的问题。那我今天给大家的这则评论是发表在哪儿的？《钱江晚报》，它是浙江发行量最大、广告收入最高的晚报，它的口号是打造21世纪的主流报纸，也是浙江报业集团"岁数"最大的一张报纸，它是1987年诞生的，到今年三十而立，应该是一个有权威性的报纸。我们在选评论、看评论的时候，大家首先要知道我从哪儿看这些评论？不是随便在一个网站上，在社区里边贴的一个帖子都要拿来看，这些只能是参照。我首先要看些权威的大报，权威的作者写的这些评论。选了这个评论后，还要追问，写评论的人是谁，他为什么要写，这评论的价值是什么，他的局限性在哪里。现在就让我们用这四个角度去阅读这则评论，然后再展开讨论。好吗？

师：怎么样各位，读完了吗？我刚刚在下面悄悄选了一位主发言人，我们请这位同学把这则评论的讨论做一个分享。其他同学有不一样的或需要补充的观点，我们再补充，大家看这样好不好？

生：作者也是《钱江晚报》。从名字中就可以看出，这则评论是想提醒我们别把自己埋没了。文章中还明确指出一些学校为了让学校显得有档次，在教学质量中比不过人家，就用学校更名这种手段来迷惑民众。评论的目的是认清这些学校的事实，以便做更好的选择。

师：所以你认为他的目的是提示我们不要上当。你觉得他的价值在哪儿？

生：价值是有一些对高等院校的提醒，引导高等院校把资源利用到内涵式发展。

师：你是说他也在提醒高等院校要做什么样的事情，是这样吗？他有局限性吗？

生：局限性我觉得是从很小的一个方面说，从题目上提醒我们，学校改名别把我们埋没了，我们要弄清改名的原因是什么。

师：我觉得他刚才的分析比较简洁。那在局限这儿，有没有同学为他做一个补充？

生：这个说得太片面。这个评论里面都是在说一些教学质量比不上别人的学校，但有一些学校是真的需要改名。

师：他也提了一下，"也许是现在的名字装不下现在的格局"。但是他只是提了一句就放在那儿没说了。我们刚才在讨论的时候，在谈到有些是有期待的，有些也是有发展方向的。他在讨论这个话题的时候，讨论了这个问题的弊端，但是没有谈到高校改名改得成功的吧。这是他的局限性。

生：他说师范类的天天琢磨如何去掉"师范"，职业学院含"职业"出身，但是他没有一些比较事例来说明他是正确的。他只是说有，但我们并不知道是否有。

师：你觉得他应该在这方面举一些事例来更让民众信服，是这样吗？还有没有同学在他讨论的范围内作补充？

生：我想说的是，这篇新闻的目的不仅是提示我们，也是在提示高校不要失去自己的特色。

师：提示社会，也在提示高校。他更主要提示的是谁？这是一个立场的问题。看题目《高校改名潮别把自己埋没了》。所以它在提醒的时候，可能提示我们的功能不是那么强，更主要的是提示高校自身。是为了讨论现在的一些现象，那到底是谁呢？我们可能没有办法去追问作者到底是谁，但是一般来说讨论这个问题的有三方力量：一些关注教育发展的人；一些关注社会影响的人；高校自己。因为讨论的主体，讨论的人不一样，从讨论教育发展的角度说，你要关注学校的内涵发展，不要盲目地变大。从社会影响的角度，盲目改名是迷惑大众，是对教育的不负责任，对大众的不负责任。但是高校也会站出来也会申诉，我们改名的目的就是要把学校做大做强。所以当我们去阅读一则新闻评论的时候，首先要关注作者的关注点。这就是新闻评论的一个立场的问题。因为他的立场不同就会呈现不同的观点，那我想这个评论还有很多值得我们去讨论的空间，我把这个任务就交给大家，

回去以后再讨论讨论这几个主体。但是要注意，不仅今天我们课堂上采用
"ORID""OPVL"，我希望未来大家在讨论一个事情的时候，也要把自己讨
论的过程放慢一点儿，把讨论的步骤做全，这样你会发现能生成自己的、正
确的、理性的观点。我们在看一些别人的观点的时候，我们一定要知道，他
为什么说这样的话，他有哪些价值和局限性。这样也会让我们成为一个理智
的阅读者和观点的吸纳者。那我想实用类文本的阅读更像功能性饮料，其功
能是非常清楚的，有提神、安眠、清火、补气、养颜等各种功能，或各种功
能掺和在一起。我们在阅读一则消息的时候，不能说他连观点都没有就不是
一则好消息，那是你评论的角度不合适。你在阅读一则评论的时候，他举的
例子不够充分，这可能也不是评论要主要承担的任务。

师：我之所以以这两篇文章为例，是希望同学们未来在阅读新闻的时
候，能结合消息去读评论，看到评论的时候再回去想一想消息，让自己行走
在事实和观点之间，这样你就不会盲目地吸纳一种事实或者盲目地接受观
点。今天我给大家留一个作业——内涵式发展。什么是内涵式发展？同学们
可以在这则消息里找到一些关键词，然后把这些关键词试图连缀起来，看看
你能不能给内涵式发展下一个定义，或者对它的特征做一个描述，然后到百
度上去搜索一下。注意，百度搜索是最后一步，先把关键词抽出来将它们堆
砌。用观点堆砌法，尽量用自己的思维去解释内涵式发展，然后再去搜索。
搜索的目的是检验、优化、完善自己对这个问题的思考，我希望大家是从文
字当中获得的一些信息来帮助自己对这个概念的理解。

师：今天的课就是带大家体验两个思维工具，两种新闻样式。最后一个
问题，你能区分消息和评论了吗？消息是以事实为主，评论是以观点为主。
在阅读消息的时候，我们在事实中生成观点；阅读评论的时候，我们可以倒
过来，在观点中去追问事实，来验证这个观点是否正确。不管是消息还是评
论，都建议大家要理智清醒地接受来自外在的信息，尤其是来自我们身边的
这些重大事件。好，非常感谢同学们，我们这节课就上到这，下课！

案例分析①：这节课成功地抓住了两点。

第一，从词语到新闻事实。让学生通过找各类词语回到新闻事实上，再
从新闻事实跨越到新闻本质。本质就是阅读模式，主要体现在三个方面：缘
由——为什么有这个事；结果——最后呈现的是什么；后果——隐藏在新闻
报道者心里，它没有体现在新闻报道里，但是它体现在新闻报道的动机上。
此外，本节课考虑了社会性，对社会来讲，这件事为什么重要。选材非常
好，因为学生有话说。学生会想：我到底报考哪所学校。到了高中，这是个
切身的问题。所以她在这个很简单的新闻里面，产生了整合实用性文章阅读
和论辩性文章阅读的方法。因此，学习任务群是可以综合的，不是单一的。
本节课还有延伸性阅读，以一篇很短的评论作对比，延伸性阅读跟实用性阅

---

① 评课者：北京师范大学文学院王宁。

读作对比，产生了第二种思维模式。因此，这个课本身走到了真正的学科核心素养上，解决了思维品质和思想方法。什么是思维品质，就是会思考。怎么思考？不要浮皮潦草，一看就过去，也不要匆忙地看一看就完了。一件事真正摆在我们面前的时候，我们可以像本节课这样去思考，这就提高了思维品质的深刻性。学生不对身边的事情思考，就不知道怎么写作。本课堂设计本身从主题、词语到文章的结构，从文章里面的短小结构产生了思维结构，怎么想问题的结构，而且不用多说，以后学生想问题就会稍微复杂一点儿了，不会那么简单。我们知道，随着年龄的增长，人们的思维会越来越复杂，思维的复杂不等于思维的混乱。我们这个时代就有两种思维：一种叫作潜阅读、潜思考，大事儿他能够想小，放过去；一种叫作把简单的问题想复杂、说复杂。吴老师的这节课非常好地解决了一个思维方式问题：教师告诉学生怎么想，带领学生要怎样沉下心来去思考，用什么方法去思考，应该注意什么。

第二，吴老师这堂课在对话中关注了社会文化事实，从多关注社会、文化事实这一点出发，走到了现代文化的思考高度，对现代文化本身就有了一些思考。这节课是一堂语文课，如果吴老师先把这个思维公式写出来，写完后再去套，就不是语文课了。她先让学生去讲，关注里面所有的词语，把词语进行分类。吴老师的板书也是很艺术的，最后她画的几个箭头，把词语连起来了。这是一种语言训练，通过主题词探讨主题与结构。这本身就是一种语文的方法。另外，她最后归纳到文体上，并不讲一个评论和事实应该怎么来分析，而是说明什么叫消息和评论。不是以文体为中心，却把文体说得非常清楚。

在课堂对话上，吴老师提高了学生说话的自觉性。不少语文课往往是学生说学生的，为了避免这种情况，吴老师非常懂得不在学生的水平上去做简单的重复和描述，而是把学生的对话作提升。这样的实用性阅读不是纯文体性的，而是从词语到分析，再到文体和思维模式及思维进程，这就在课堂对话中把学生引向了新的高度。

思考与讨论：

1. 核心素养导向的教学方式创新的基本思路是什么？
2. 如何有效运用和创新本章讲述的教学方式？

第六章　　　核心素养导向的教学难点与突破策略

　　　　新版课程标准的大幅度改革与新要求，对所有语文教师都提出了挑战。要真正落实新版课程标准的主要精神，不同教师可能面临不同的问题，需要一一突破。本书无法穷尽所有教师面临的问题，仅就大多数教师可能面临的共同性问题略作探讨，并提供突破难点的策略，供教师们参考。

一、"跨媒介阅读与交流"的实施难点与突破策略

随着互联网科技的蓬勃发展和新媒体技术的日益壮大，人们阅读和交流的兴趣、方式正在发生改变，媒介信息对大众生活和工作的影响越来越广泛。因此，媒介素养的培养引起了国内外有识之士的高度重视，欧盟和美国也先后提出了有关提升中小学生信息、媒介、技术等素养的方案。我国新版课程标准也在"学习任务群"中明确规定了"跨媒介阅读与交流"的学习任务。由于"跨媒介阅读与交流"是一个全新的领域，从一开始就备受关注，下面结合课程标准的要求和平时教学中对"跨媒介阅读与交流"的实施，谈谈我们的认识与做法。

（一）"跨媒介阅读与交流"难点解析

俗话说得好："巧妇难为无米之炊。"在"跨媒介阅读与交流"课上组织什么教学内容，这是摆在所有教师面前的第一个问题。内容的选择往往基于对概念的把握。"阅读与交流"是我们一直以来关注的重点，但对"跨媒介"应作何理解呢？在信息学中，媒介是用来承载和传播信息的物质，远如千里传书的鸿雁，肚藏尺素的鲤鱼；近如可以拉近距离的电视、网络等。相应的，在传统语文教学中，承载和传播信息最常见的是我们的教科书。但是，随着当下信息交流途径、方式的多元化，我们不能再固守原来的一方之井，而要意识到，凡是能够向学生传播信息的物质，都可以作为语文学习的媒介。理解"跨媒介"的"跨"是第二个问题。正是有了约定俗成的界限，才会相应产生"跨越""跨界"的"跨"。基于以上认识，我们可以把语文学习中的跨媒介大致分为两类：一是针对传统的语文学习媒介和学习方式而言，跨媒介就是要突破只是以教科书（纸质媒介）为核心的学习方式，打破在固定教室、封闭空间授课与听课的学习传统。二是针对语文学科的界限而言，跨媒介就是要打破学科界限，实现多学科的融合、共生。例如当下最热门的跨学科整合课程 STEAM，就是由科学（Science）、技术（Technology）、工程（Engineering）、艺术（Arts）和数学（Mathematics）构成的。当然，这不是简单地将科学、技术、工程、艺术、数学五门学科知识进行机械的叠加，而是要整合五科知识，把学生的多学科零碎知识转变成一种能探究世界的结构化知识，形成一种能多角度认知世界，并共同发挥作用的有机体。

于是，"跨媒介"在给我们的思想解开束缚的同时，也为我们教学内容的选择带来了挑战。学习媒介的变化和学科内容的宽泛，容易导致教学内容的"游离"。相比过去的单一的学习媒介，现在的学习媒介是可以集文字、音频、图片、动画、视频等于一体的超文本媒介，容易让师生产生千头万绪，分不清主次，不利于语文学习的开展。虽然学习载体的变化可以使我们

随时随地阅读、交流，却使我们面临信息选择的难题。在具体操作中，我们主要面临如下难题：

1. 教师观念的转变和专业素养的提升难度大

古人作战讲究"兵马未动，粮草先行"，想要打一场"跨媒介阅读与交流"的胜仗，教师首先需要做好两个层面的准备：一是思想，二是专业。褚树荣老师就教师在"跨媒介阅读与交流"中容易遇到的障碍提出了自己的见解，他认为学科中心主义会导致教师一门心思只教教材，唯语文学科独大，拿文本研读取代跨媒介学习。新版课程标准明确指出："语文课程是一门学习祖国语言文字运用的综合性、实践性课程。"如果只研读、学习语文教材，何来综合？如果只见语文之树木，不见其他学科之森林，何来综合？既是实践，那么，凡是能促进学生学习祖国语言文字运用的一切活动均可成为我们语文教学的组成部分。如果说我们能从文字这种语言媒介中掌握其特点和运用规律，进而形成言语经验，并发展成在具体语言情境中正确有效地运用语言文字进行交流沟通的能力，那么视频、广播、图画、音乐、网络等语言媒介，也同样有它们的特点和运用规律。过去，我们只关注到了文字这种语言媒介。如今，面对日新月异的变化，我们对于其他语言媒介不能视而不见，关注并积极参与当代文化传播与交流不能只是一纸空文，我们既要有寻求"跨媒介""跨学科"的主动性和积极性，也要有不断学习的韧性和毅力。

宁波效实中学刘佳妮老师设计实施的"自媒体——网络时代的大众扬声器"一课中，需要教师熟知传播学的相关知识和自媒体的应用形式；叶松华老师在"镜头——选择与拼接"一课中，就 1987 年版电视剧《红楼梦》中"林黛玉进贾府"这一情节设计了两项活动，一是贾母安排吃饭座位的影像镜头，二是比较文本内容和镜头呈现内容的区别，需要教师至少掌握电影镜头的入门知识；叶老师的"布光——光影的艺术"在引导学生分析《辛德勒的名单》和《这个杀手不太冷》两部电影中布光的特点和意图时，教师必须要有电影布光技法及作用的知识储备。[①]"跨媒介阅读与交流"带给教师的不仅仅是观念上的冲击和更新，更是时刻保持学习的意识和知识的开放性、丰富性。

2. 学生相关素养需要提升

"跨媒介阅读与交流"是一个全新的内容，学生在刚开始学习时会遇到一系列难题。首先，消除学生面临跨媒介阅读的陌生感。与运用语文教科书进行阅读相比较，跨媒介阅读容易让学生产生陌生感。学生在语文学习中，习惯于读教科书上的文章，完成教科书上安排的学习任务。在电脑上、手机上精读一篇文章，然后完成学习任务的形式，对于多数学生尤其是偏远地区的学生而言，都是新奇的、陌生的。这种感觉对于需要沉思的阅读来说是非

---

① 胡勤，张悦，蒋文杰.高中语文学习任务群教学设计：任务四　跨媒介阅读与交流［M］.杭州：浙江教育出版社，2017：20-59.

常不利的，学生易分心。跨媒介阅读刚引入语文教学中时，一定要消除阅读的陌生感。其次，语文教学中的跨媒介阅读任务，大多时候要求学生在课堂外完成，电脑、手机和互联网上有很多非学习的内容吸引着学生，在没有教师的督促下，学生接触电脑、手机，难免开小差，教师很难监控学习过程。最后，学生的媒介素养比较缺乏，面对庞杂的信息缺少筛选和整合的能力，对各种真伪难辨的信息缺少批判和理性的眼光。学生的这些困难需要教师的全面指导。

3. 易浮于表面，忽略了语文学科的本质

很多教师已经开始涉猎新的课程内容，采用全新的教学手段。但一提到跨媒介学习，就目迷五色，耳聆杂音，炫技成了教学的重心。五花八门的驱动性不强的活动充斥着语文课堂，"语言的温度和触觉麻木了，语文的灵动和感应迟钝了，人文的浸润和弥漫不见了，文化的渐染和熏陶淡化了，价值的导向和高标坍塌了"。[①]这样的课堂浮于表面，忽略了语文学科的本质。令人怀疑这样的课堂是否是语文课堂。正如有专家所指出的，"一个成功的、良性的跨媒介阅读活动，植根于一种思维模式的构建。如果仅仅是一种表面上的形态改变，难以改变学生的内在思维"[②]，跨媒介技术的背后应该是语言、文学的学习，是学生思维的发展，是语文学科的本质。

技术是工具和桥梁，但技术不应该是目的。"跨媒介阅读与交流"必定要借助于技术和载体，但有时候我们会忘记比技术更重要的东西。今天在语文教育里提出跨媒介阅读，是因为语言文字和其他媒体融合得更加紧密了，但无论跨出多远，语言依然是媒介的本质。跨媒介学习不能只局限于声、光、电的刺激，要追求深度学习、立体学习、综合学习，要借助技术让学生的思维向纵深处发展。同时，语文学科"工具性"与"人文性"的基本特点，并不会因为跨媒介技术的加入而改变。跨媒介技术的背后应该是语言、文学的学习，是学生思维的发展，是语文学科的本质。

4. 评价难度大

在评价中，我们往往更关注显性的表现和内容，而忽略隐性的素养。显性考查如媒介技术、成品制作、课件展现、文字成果等，都是评价学习成果的标准；而隐性考查如学生在"跨媒介阅读和交流"活动中呈现出的媒介素养等，却难以评价。同时，我们在评价中，往往更关注技术性的评价，而忽略了语文性。"跨媒介阅读与交流"是一种语文学习活动，在涉及"跨媒介交流"时，我们要评价学生在活动中呈现的媒介技术素养，如做海报、写自荐信和设计商标时，除了评价学生的文字处理能力外，还要评价自荐信有没有创意，设计的商标有没有艺术性等。但有时容易忽略在活动过程中评估学

---

① 褚树荣，宋怡慧，黄琇苓，等.主题五：跨媒介学习的技术背后是什么［J］.教学月刊·中学版（语文教学）.2017（10）：30–33.

② 吴仲铭.跨媒介阅读改变了什么［N］.中国教育报.2018–6–11（9）.

生的听、说、读、写等能力。要将语文性与技术性结合起来，这又是一个极大的难点。

（二）"跨媒介阅读与交流"难点的突破策略

要突破上述难点，需要在目标、内容、方式、载体、评价等方面进行系统思考，并采用相应的策略。

1. 以扩展思维维度与提升语言表达能力为学习目的

语言是打通不同媒介的桥梁，失去这个桥梁，就失去了这门课程最核心的灵魂。跨媒介阅读与交流主要探究语言文字在不同媒介中的实践，以及在实践中呈现的特征与规律，说到底还是一门以语言实践为核心的语文课程。因此在设定活动目标和内容时，不能忘记以扩展思维维度与提升语言表达能力为学习的最终目的。如学习"镜头语言"（影视媒介），可将教学的核心内容确定为镜头语言和文本语言的比照，以期从差异中提高阅读镜头语言的能力。在培养学生镜头语言能力的同时，也反观语言文字的特点和本质，通过镜头语言引导学生感知影视媒介所呈现的形象美和导演传达的思想、情感美，培养学生的语言审美鉴赏能力和利用语言表达自己情感、态度和观念的能力。又如学习"品鉴创意广告"（印刷媒介），旨在鉴赏平面广告，多角度领悟广告创意，评析广告作品，提升语文素养。最后让学生合作设计平面广告，符合语文活动的要求。再如网络媒介的实践与学习，并不是让学生学习和运用各种高级新媒体制作软件，而是用一些生活中常用的技术表达自己的思想和见解，倘若在具体活动中一味追求媒介的多样性与丰富性，无法做到与"文字"结缘，与"思考"同轨，与"实践"接壤，也就失去了"跨媒介阅读与交流"的核心价值。

2. 以媒介符号转换方法为学习内容

媒介就是载体，人类的所有物质文明和精神文明成果都需要载体来传播。研究媒介，也就是研究这些载体的传播特征和传播方式。不同载体拥有不同的传播符号、传播形态、传播场域、传播规律。在漫长的历史时期，语言文字一直是人类文明最重要的传播媒介，人们对语言文字本身的研究也十分深入。然而，语言文字只是现代社会所公认的"五大媒介"（书写媒介、印刷媒介、广播媒介、影视媒介、网络媒介）传播中的一部分，其他传播媒介有哪些特征？如何在语文课堂上，以语言实践活动为主线，实现语言文字与其他媒介的沟通互融？这都需要进一步研究。

在进行跨媒介学习时，学生需要对不同媒介的传播符号及其特征有基本的知识储备和辨析训练。这就需要在语文课堂上引入一些专业化的内容。例如影视，这是一种声画并茂的媒介，单从画面出发，我们就可以拆分出镜头、构图、布光、字幕等传播符号。光是"镜头"这一项，又可以划分为全景、远景、中景、近景、特写。镜头还有长短动静之分，有的长达几分钟，有的一晃而过；有的跟随人物活动而活动，有的则静止不动。不同镜头的拼接，就构成了影视作品的基本叙事符号。学生在研读影视作品时，必须对作为一种媒介符号的"镜头"的表达方式有基本的认知，会辨识不同的镜头，会对镜头拼接方式进行区分，会根据影视作品片段写出分镜头脚本。

在此基础上，学生要学习在不同媒介符号之间灵活转换。当然，作为语文课堂，重点是在语言文字和其他媒介符号之间"搭建"桥梁。"印刷媒介"中的"图文转换"就是很好的例子。给新闻图片撰写标题，为某则新闻事件选择配图；给广告图片设计文案，比较同一文案的不同图片设计方案的优劣等。都要求学生在理解语言文字表述的内涵、侧重点、针对性、情感倾向的基础上，也能够对图片的构图、色彩、风格、目标受众、表达诉求等进行分析鉴赏，从而寻找到图文之间最恰切的"契合点"。经典文本的影视化改编也是"跨媒介"的热点，例如《三国演义》中"煮酒论英雄"一节，在1994年版电视剧《三国演义》和2010年版电视剧《三国》中都有表现，可组织学生探究编导是如何将文字内容用不同的分镜头语言呈现的，再将其和原著比较，分析镜头语言所呈现的作品精神风貌、人物形象、主题意蕴有何不同。在此基础上，安排学生为《三国演义》中其他的精彩桥段撰写分镜头剧本，进行个性化的影视化创作。

3. 以呈现真实的语用环境为学习基础

真实的语用环境，就是现代生活所提供的真实的外界生活情境。呈现真实的语用环境，对学生进行言语实践，培养良好的语言品质至关重要。

众所周知，语言文字作为载体，很多时候呈现的是陌生化的、相对陈旧的语言环境。熟悉了钢筋水泥城市等工业文明物质成果的我们，还要去品味"草盛豆苗稀"的意趣；享受着社交软件日新月异、沟通便利的我们，还要去体会从前"车，马，邮件都慢"的滋味；追逐着"幸福圆满""人生赢家"生活模式的我们，还要去理解"飞鸟各投林，落了片白茫茫大地真干净"的哲思……这些"非真实的"语言环境构成了我们语文课程长期以来重要的，甚至唯一的学习内容。而当下的生活环境正冲击着我们的语文学习，大众媒介以图片、影视、广播等诸多形式迅速占领了生活的各个领域，也迫使我们参与由众多媒介搭建起来的现代生活，在多媒体互动中获取知识、交流信息、建构立场、培养审美。从这个意义上说，真实的当代生活呼唤更加开放的语文课堂，将真实的语用环境引入语文课堂，构建更为开阔的语文教学观。

因此，教师应该努力将真实的语用环境引入课堂，并积极引导学生参与课堂外真实的跨媒介言语实践。例如，当下热门的网络自媒体（微博、微信公众号），教师可组织学生研究微博知名博主和热门微信公众号的传播特点，推荐自己喜欢的网络自媒体，策划并建设属于自己的网络自媒体，在运营网络自媒体的过程中，总结经验，不断改进。很多教师自己开设微博和微信公众号，通过自媒体和学生沟通交流，也收到了很好的效果。

4. 以学生活动为核心的学习形式

随着时代的发展，跨媒介学习逐渐深入课堂中，越来越成为教师和学生所钟爱的学习形式，它要求教师关注"学生"这个学习主体的核心地位。正如《高中语文学习任务群教学设计》一书中所说，教师的活动设计必定要体现生本意识，坚守学生是活动的主体这个最基本的原则。因此，教师作为主导者设计和组织教学，可设计丰富的活动形式，构建学习共同体，帮助学生充分参与，引导学生在活动中创生。

如开设语文选修课"短片深情"时，从引导学生观看优秀短片到尝试脚本创作和多镜头拍摄剪辑，教师摒弃传统的"讲一讲、看一看"模式，力图留足时间、空间让学生充分参与，互相合作，帮助学生借用多种媒介尝试表达对生活的感悟与思考，诞生了《孤岛》《众生》等引人深思的好影片。

生活处处皆语文，媒介时时展风采。某班主任借助语文老师的"跨媒介阅读与交流"课程，让学生从建班之初的军训到运动会、戏剧节等活动，有意识地搜集了大量图片和视频等素材，开设了班级公众号，广受家长欢迎，好评如潮。各种媒介的综合运用，让学生在智能时代大显身手。被点燃了创造激情的学生尝试在高三之初，通过公众号推送了一期特别节目，节目中搜集了班级两年多以来的各类声音，别具一格的"加油"方式，在高三伊始这个特别的时间点达到了意料之外的效果，感人至深。

音频、动画、视频等媒介不同于传统的语言文字，丰富性、生动性、形象性对学生的选择、整合能力提出了更高要求。教师力图搭建学习共同体这个平台，正是在"跨媒介阅读与交流"的背景下呈现的必然趋势。教师既要适度指导又要适时抽身，给予学生自由选择的权利，才能让学生活动更充分，唯有如此，才是真正保障了"跨媒介阅读与交流"教学中以学生活动为核心组织课堂。

5. 以灵活多样的校本课程为学习载体

校本课程建设是以学校教育的直接实施者（教师）和受教育者（学生）为本位的课程开发、实施过程，既能利用各校的资源优势，体现办学宗旨，又能满足学生的需要。在"跨媒介阅读与交流"的实际操作中，学校可以安排专门的时间，结合学校和生活实际，以及教师的自身特长，以学生熟悉且真实的生活情境为依托，开发丰富多彩的校本课程，进一步将语文课程和多媒体的"跨界合作"推向深入。需要注意的是，校本课程的开发需在活动设计上考虑操作性和选择性；呈现方式上体现生动性和悦纳性；价值追求上注重普遍性和多元性。唯有这样，才能成为"跨媒介阅读与交流"的有效载体。例如，学生可以利用跨媒介阅读课堂上学习的光影知识，用相机展现校园一角，以表达自己的思想和情感；可以利用自媒体空间为学校运动会、艺术节等制作创意平面海报；可以申请班级微信公众号，用于推送班级同学的文章等。值得一提的是，微电影创作是现今学生最喜闻乐见的"跨媒介阅读与交流"的活动之一，不少学校都在推广，有的学校还开展了"微电影节"。这样的活动形式，不仅给学生提供了一个自我创造的机会，也让学生用自己的慧眼去捕捉平凡世界的精彩，艺术地表达自己对生活的独特体验。

6. 以多元化和参与度为评价标准

在多媒体时代长大的学生，都是运用各种媒介的"小达人"，但不同学生对媒介的熟悉度和认可度不尽相同。热衷于影视媒介的，也许对书写媒介兴趣不大；将网络媒介运用得风生水起的，也许对广播媒介十分陌生。要构建学习共同体，帮助不同的学生发挥特长、取长补短，这就要求我们在进行学习评价时，采取更加多元的个性化的评价标准和方式，不仅要对跨媒介专业知识的掌握与运用情况进行评价，也要针对学习共同体中不同成员的角色、任务分配、目标达成、协调合作进行评价。例如，在"广告——发现创意之美"[①]的课例中，就以"小组互评＋组内互评"的评价方式，对小组的专业知识掌握和小组成员的表现分别进行了评价，如表6-1和表6-2。

表6-1　小 组 互 评

组名	广告创意（10分）	广告美感（10分）	广告吸引力（10分）	汇报展示（10分）	小组成果总分（40分）
A					
B					
C					

表6-2　组 内 互 评

姓名	工作总量（10分）	工作质量（10分）	协作能力（10分）	小组成果总分（40分）	评析得分（10分）	总分（80分）
A						
B						
C						

可以看到，"跨媒介阅读与交流"的开放性和实践性，要求我们更加注重过程性评价，而非单纯的终结性评价。因此，学生在整个活动中的参与度也是一项非常重要的评价标准。在学习过程中，能否充分地参与小组活动，并对自己和学习共同体的学习行为进行监控、评价、反思，并及时做出调整、改进，都是重要的评价标准。一些隐性内容的考查评价的确比较困难，如共享能力，包容、谦让、团结、求真务实的精神，教师即使关注到了，也难以制定出十分公平的评价标准和细则。建议教师不妨放

---

① 胡勤，张悦，蒋文杰.高中语文学习任务群教学设计：任务四　跨媒介阅读与交流［M］.杭州：浙江教育出版社，2017：98-99.

手，引入更多元化的评价主体，让学生、家长、教育教学管理者都来参与评价，从而实现活动参与的多角度反馈。例如，在微信公众号的建设活动中，充分重视读者留言中的评价，不定期开展读者调查或者"给小编打分"的投票活动，让公众号读者也成为评价者，促进编者持续反思、不断改进。

（三）案例分享

视频阅读与表达交流融合教学案例

【教学目标】

1. 拓展阅读视野，了解时代人物，进行有效的素材积累。围绕人物，选取恰当的视角进行微话题写作。

2. 学习听演讲、访谈，获取、提取关键信息和有用信息，训练听和记录的能力。

3. 学习访谈技巧，设计组织开展班级微访谈活动。

【活动准备】

1. 视频资料：《开讲啦》中主题为"少年的世界——未来，我是谁"的一期。

2. 学案资料：演讲嘉宾歌手林志炫、导演王潮歌的人物背景资料、听讲记录表、写作单等。

3. 确定小组合作讨论召集人及访谈设计话题、学生主持人及学生嘉宾人选。

【课时安排】

3 课时。集中学习 1 课时，小组合作学习 1 课时，成果展示 1 课时。

【活动过程】

一、看与听

根据学案设计的内容任务，看视频资料《开讲啦》中走进上海中学的一期，主题为"少年的世界——未来，我是谁"，边听边记录。

1. 嘉宾演讲过程中的内容要点。

2. 自己最感兴趣或认为最有价值的一个问题。

二、想与写

1. 假想以青年代表的身份，向本期两位开讲嘉宾各提一个问题。

2. 根据视频阅读的内容，总结出两条关于公众演讲或访谈对话的经验或规律。

三、说与议

1. 分小组交流：分享自己记录的听讲要点。推荐个体发言，交流自己的学习心得。

2. 教师指导，师生互动：信息获取及处理的有效方式；提问的技巧等。

3. 学生进一步补充、完善自己的学案记录。

四、写与思

布置任务。

1. 核心话题词微写作。

2. 安排模拟访谈任务。

布置访谈场景。确定演讲话题：我的未来不是梦。

主持人：1 人。演讲分享：学生 3 人。其他学生为听众（自由提问者）。

五、实践运用及成果展示

1. 演讲分享"我的未来不是梦"。

2. 模拟访谈：主持人、三位演说者、听众互动对话交流。

3. 学生记录听讲过程中的得失并交流，提出改进建议。

4. 学案完成优秀者作品展示，录制相关活动视频并分享到本班语文学习 QQ 群。

六、拓展延伸

1. 视频资源：访谈类节目《朗读者》《杨澜访谈录》。

2. 时评阅读：《时代空心病与焦虑经济学》（北京大学心理健康教育与咨询中心副主任、总督导徐凯文，2016 年 11 月 5 日第九届新东方家庭教育高峰论坛上的主题演讲）。

【附】学案设计单

成都市树德中学视频阅读与表达交流融合系列选修课（一）
——少年的世界"未来我是谁"

【学习目标 1】

拓展阅读视野，了解时代人物，进行有效的素材积累。

【开讲嘉宾简介】

林志炫：1966 年 7 月 6 日生于台湾，华语男歌手、音乐制作人、DJ、"鸡尾酒唱法"发明人、"ONE take"音乐理念倡导者。演艺事业外，林志炫长期致力于公益事业，现任台湾癌症希望基金会董事。

林志炫的嗓音具有细腻真挚、高亢透亮的特质，他能够准确捕捉到歌曲中想要呈现的音乐本真，并通过自己的演唱，将其真实清晰地传达给听众。林志炫的歌是清凉、淡泊的，他也从不以绯闻炒作自己、从不以作秀宣传自己，只凭歌声打动观众，是纷扰的舞台中难得的、纯净的"天籁之音"。

王潮歌：毕业于中国传媒大学导演专业，曾执导过数十部舞台剧，被誉为中国当代最具创新意识的舞台剧导演。她是"印象系列"总导演、总编剧，北京奥运会开闭幕式导演。她与张艺谋、樊跃共同开创了中国实景演出之先河，成为业界知名的"印象铁三角"。《印象·刘三姐》《印象·丽江》《印象·西湖》《印象·普陀》等"印象"系列大型山水实景演出皆已成为当地文化创意产业的成功范本，同时，因其多元化的个人艺术风格与前沿创意倍受媒体、艺术界及高端商业品牌的青睐。她还被中国儿童少年基金会授予"关爱儿童成长爱心形象大使"身份。

【学习目标 2】

学习听演讲、访谈，获取、提取关键信息和有用信息，训练听和记录的能力。

【听讲笔记要点】

_____

_____

_____

_____

_____

【学习目标 3】

学习访谈技巧，设计组织开展班级微访谈活动。

1. 请记录在访谈过程中，你最感兴趣或认为最有价值的一个问题。

_____

2. 如果你是青年代表，请向本期的两位开讲嘉宾各提一个问题。

请问林志炫先生：_____

请问王潮歌女士：_____

_____

3. 根据视频阅读的内容，请总结出两条对你而言有价值的关于公众演讲或访谈对话的经验或规律。

（1）_____

（2）_____

4. 任选本期开讲嘉宾中的一位，自选一个角度，确定一个话题词，写一段话，不少于 300 字。

案例分析：本案例属于语文综合实践课程设计，链接多种媒介形式，兼顾了几个方面的语文学科核心素养的培养，着力培养学生广泛吸收信息、处理信息的能力，社会交往、人际沟通能力，思考辨别、理性表达的能力，为学生更好地适应未来奠定了基础。课程设置在高一上学期或下学期，课程资源选用了央视第一档青年公开课《开讲啦》的视频文件，结合高中语文选修教材"演讲辞"单元，辐射高中语文必修教材中"访谈"等学习内容。

在活动设计的策略上，考虑了几个结合：（1）个体学习和小组合作学习相结合。集体学习要体现个体的参与性与主动性；小组合作学习突出互动交流，协同合作完成访谈。（2）独立学习和教师指导学习相结合。独立学习侧重个体独立的学习能力，主要是获取信息的能力；教师指导学习信息收集与处理与开展访谈活动的有效方法。（3）课堂学习和成果展示学习相结合。课堂学习主要了解访谈的基本特征，获取访谈的有效信息；通过开讲嘉宾的人生经历，感受人物精神风貌，获得向上发展的精神力量。成果展示学习则是把课堂学习的知识具体转化为实践表达能力。

二、选修课的实施难点与突破策略

新版课程标准致力于提高学生的语文学科核心素养，使学生具有较强的语文应用能力和一定的审美能力、探究能力，形成良好的思想道德素质和科学文化素质，为终身学习和有个性的人的发展奠定基础。要实现课程标准的这一追求，必须开好选修课。但从现实情况看，语文选修课的开设现状不容乐观，必须突破相关难点，提高选修课教学效益，才能有效达成课程目标。

（一）选修课难点解析

在选修课教学实践中，如何实现课程价值，如何有序和有效开展课堂教学，面临诸多困惑和难点。主要表现为：选修课的课堂组织形式如何优化？文章篇幅长，课时不够怎么办？选修和必修有何区别？不同文体的选修课教学的差异如何？选修和高考有怎样的联系？选修课如何开发？归纳起来，这些困惑的背后，实际上反映了教师和学校对语文选修课的定位、开发、教学、评价等四大方面存有认识或操作上的偏差。

1. 选修课的定位不准

在课程改革之前，必修课的定位主要是追求考试分数的最大化。为此，语文教学严重偏离了国家课程设置的总目标，出现了唯分数论的功利化倾向，走入了消弭语文味甚至背离语文特质的语文教学困境。语文教学主要以应试训练和应试策略为内容，严重忽略学生语文素养的积淀和人格品质的培养。当然，部分教师和学校也在不断探索如何补充和丰富语文必修课程内容，诸如语文活动课和拓展阅读课等，为新课程实施积累了必要的实践经验。但是，没有以课程的形式系统开展，难以实现语文的课程价值。选修课程的开设，本应可以改变既往语文课程的困境，但是，由于人们对选修课的定位依然局限在应试这一唯一目的上，很难真正实现选修课的课程价值，当然也很难摆脱语文教学的教考分离的困境。所以，出现了把选修课上成必修课，或干脆放弃选修课，或只选择与考试密切相关的选修课内容进行教学等乱象。

2. 选修课的教学无序

首先，选修课开设面临教学时间不够的难题。以往必修课单篇教学的时间一般是 2～3 课时，如果选修课按照必修课模式教学，一篇几万字的课文就要花一周的时间。所以，在课程改革初期，各学科都焦急地请求学校多给本学科一些教学时间。但事实上，每天的教学时间是常数，不可能给每个学科更多的教学时间，而且，国家开展课程改革的根本目的是为学生减负，而不是加重学习负担。

其次，教学内容选择的随意性。一方面受教学时间的限制，另一方面由于对选修课的定位偏颇，在教学内容的确定上呈现出很强的随意性。不管是教学模块的选择，还是具体课文的确定，或者教学进度的安排，都是教师想上到哪里就上到哪里，没有计划性、系统性。虽然选修课的教学内容可体现选择性，但随意性不等于选择性，选择性应建立在有序的基础之上。

最后，教学组织形式单一。对于选修课的教学组织，目前国内主要有三种形式。一是"走班"制，即打破行政班级界限，组建教学班级，实行教学导师制的组织方式。其低效性表现为教师不熟悉学生，难以对学生予以具体的情感关怀，亦不便于管理。二是"不动"制，按既往的行政班级不动，照旧上课。其低效性表现为把选修课上成必修课，学生参与度低。三是"大课"制，即照搬大学讲座的形式。其低效性表现为师生缺少对话，学生的主体性不强。

3. 选修课开发不力

虽然部分学校也在尝试开发校本选修课，但是限于教师专业素养不足、学校支持不力、学生参与度不高、教学时间不够等多种因素，校本选修课基本上流于形式，或半途而废，或根本就不作为。

其实，校本选修课的开发和开设，对于学校发展和学科建设极为重要。从学科建设角度看，语文即生活，生活的外延即语文的外延。校本选修课的开发为语文课程的生活化提供了时空。学校可根据本校的地域文化、历史文化和学生的兴趣开设丰富多彩的语文选修课。校本选修课还可以将语文课堂学习和语文的研究性综合实践活动相结合，培养学生语文学习的探究能力。这样，不但能丰富语文学科的课程内容，还能全面培养学生语文学习的综合能力。从学校发展的角度看，校本选修课的开发为教师队伍建设提供了有效的研修平台，教师能否开设校本选修课，可以说是教师专业能力重要的检测指标，而教师专业水平的不断提升是学校可持续发展的关键。未来学校发展必然走向学考分离、教考分离，考试评价不再是检测学校教育质量的唯一手段，升学考试变成学生生涯规划的一部分，而学校教育则重在立德树人，培养学生的学科核心素养而非应试能力。因此，提供丰富的、选择性的、科学的校本选修课以适应不同学生的个性发展，必然是学校未来发展的核心竞争力。

4. 选修课的评价无效

评价机制对高中新课改起着重要的导向和监控作用，部分课程改革先行区尝试制定相应的选修课程评价方式，现行的评价方式主要有以下问题：第一，课程选择的地方化在很大程度上导致选修课程评价缺乏系统性；第二，选修课程的校本特点和地方教育行政主管部门的指导性难以很好地协调；第三，选修课程的评价形式化；第四，选修课程教学目标功利而单一，导致评价方式单一，与必修课的评价缺乏区分度；第五，评价过于关注结果，忽视被评价者在各阶段的实时状况和主体变化的成因。归结起来，问题的实质有二：其一，照搬必修课考试的评价方式，呈单一性；其二，评价办法不系统且无法实施，操作性不强。

（二）选修课难点的突破策略

针对上述选修课设置与教学的难点，为了更有效地贯彻课程标准精神，让语文学科核心素养培养更好地在选修课的教学实践中落地，选修课教学可采取如下突破策略：

1. 针对选修课定位的难点，可把选修课定位在教会学生读书上

必修课侧重文章的细读以及知识点和能力点的细化与运用；选修课则侧重专题探讨和个性化解读，引导学生拓展阅读，积淀语文素养，重在自主阅读与探究，读写并举。简而言之，可把选修课定位在引导学生多读书、爱读书、善读书上。由于必修课在实施过程中，受应试功利主义的桎梏，很难真正引导学生读书。而语文教学最难的不是教授学生语文知识，也不是训练学生读写运用能力，而是引导学生读书，特别是读整本书。新高考改革主张以语文学科核心素养作为命题立意要求，这表明在新高考背景下，拘泥于答题模式的教学，已经无法适应高考的改革趋势。必须引导学生多读书，积淀语文素养，以文化人，这样才能满足高考对语文教学实践的要求。而选修课少了必修课的框框套套，正适合引导学生多读书，以任务群的形式拓展阅读，按学情系统地阅读整本书。

2. 针对选修课教学的难点，可采取"三四式"教学范式

所谓"三四式"选修课教学范式，即三个结合型课堂组织形式和四种自主性学习方式。三个结合型课堂组织形式即"前课、正课、后课"相结合，"大课""小课"相结合，文本阅读和综合实践活动相结合，形成开放的选修课教学组织形式；四种自主性学习方式，即"探究性阅读""批注式阅读""比较式阅读""读书报告会"。二者均体现学生学习的自主性。

（1）"三个结合型"组织形式的创新和实践

上文论及当前选修课的三种组织形式，即"走班"制、"不动"制、"大课"制。虽然单独实施各有缺点，但综合起来亦各有长处，比如，"走班"可以激发学生的好奇心和表现欲；"不动"便于学生静心研读文本，且便于管理和沟通；"大课"易于点燃学生自由的思想火花，减少学生被管理的思维约束。

选修课三个结合型教学课堂组织形式扬长避短，而且将三种课堂组织形式与四种学习形式有机组合，其创新点具体表现为操作性、综合性和实效性。把一堂课分为"前课、正课、后课"，打破了传统的课堂时空观念，在"前课"以学案引导学生批注自学，在"正课"通过教师的个性化解读激发学生比较探究的兴趣，在"后课"通过读书报告会引导学生拓展阅读、写读书笔记。打破行政班级界限，将"大课"和"小课"相结合，在"大课"中比较探究，学生思想自由，思维活跃；在"小课"中批注阅读，学生能够深入文本语言内核，易于内化人物的精神魅力。除了文本阅读外，还可以开展主题式大型读写活动，将文本阅读与社会实践活动相结合，读写并举，在生活实践中学习语文，从而回归语文学习的本真。

所谓大型读写活动，即结合模块教学的文本阅读，利用相当长的时间，创设班级竞争机制，重点推介一种文体阅读，大主题套小专题，通过多种读写形式，创造契合中学生心理特点的读写交流平台。

大型读写活动的创新点是结合文本确定一个读写结合的模块教学主题，开设一次大型读写启动课，给学生创设一个展示读写能力的平台。

大型读写活动的作文效应尤为显著。中学生写作基本处于被动状态。为了激发学生主动写作的欲望，必须彻底打破传统单一的班级作文教学机制，引入读写结合、多元评价的作文教学。而选修课开放的课堂教学环境为这种作文机制的创设提供了可能，在选修课中结合文本阅读组织大型读写活动，能充分激发学生写作原动力。写作的原动力主要来自情感、感动和欣赏。

第一，情境创设滋养学生潜伏的情愫。浮华的写作凭借材料的拼凑与辞藻的堆砌，而真情的抒发凭借情感的蓄积与情绪的宣泄。大型读写活动能通过主题活动的形式，在全年级营造一种情感滋生和传递的氛围，特别是启动课上教师的激情参与，很容易激发学生青春的热情。情感的倾诉与聆听是生命存在的形式，写作其实是人的一种生命状态。人的情感通常被压抑，需要创设情境去激发。

第二，美文阅读唤醒学生心灵的感动。写作是感动的记忆碎片的重组，而感动的记忆碎片很大程度上依赖阅读的呼唤。传统作文课缺失美文阅读环节，就算在课堂阅读了范文，也带有鲜明的模仿与借鉴的功利性痕迹，这不但不利于引发学生写作的冲动，反而束缚学生的创造性，常规课堂的阅读教学，由于受知识和能力等阅读任务的驱使，往往把一篇美文章解析得支离破碎，导致学生对文章产生厌烦的情绪。而在大型读写活动中，对选修课文的个性化解读，解除了必修课阅读教学的束缚，实现了读者和作者的心灵对话，从而唤醒了学生丰富的情感。有学生在随笔中写道："我们穿梭于熙攘的欲望，我们奔突在旋转的街道，我们匍匐在堆砌的作业，我们在一次次考试的间隙匆忙小便或打着哈欠。我们不是放牧的马群，但我们似乎在感情的荒原上行走；我们什么也不需要，只需要一扇门，用文字拼凑的门，把所有的声音都关在外面，只听得见自己的心跳，在完全属于个人的楼阁里，亲近文字，涂抹心情，享受安静。"

第三，新颖的展示平台给予学生多元的欣赏。激励性评价可以充分调动学生的写作欲望。教师的激励性评语以及课堂佳作范读，虽然可以表达对学生的欣赏，但是欣赏的范围有限，而且欣赏的方式单调，难以汇聚成一种巨大的力量去冲开学生写作的瓶颈。而大型读写活动所创设的展示平台，范围涉及全班、全年级甚至全校，不断汇聚的欣赏眼光必然会激发学生不断写作的欲望。比如，电视散文展播的形式让学生耳目一新，评价方式集约了个人写作、小组互评、教师鉴赏、社会实践、课堂展示、全校公映等多个层级、多种方式。学生创作的热情高涨，写作俨然成了一种自觉表达、自我陶醉的盛大节日。

总之，在选修课中将文本阅读与写作体验相结合，以年级为单位组织主题式大型读写活动，读写并举，回归语文学习的本真，从而激发学生写作的原动力。

（2）"四种自主性"学习方式的内涵及运用

① 探究性阅读。在课堂教学中要想有效实施探究性阅读，重点是激发学生对文本的探究欲。为此，寻找解读文本的个性化突破口是关键，层层追问是有效路径。如"杜甫：'万方多难'中成就的'诗圣'"一课：

杜甫草堂门口的石碑上刻有杜甫的漂泊路线图，以此为解读文本的突破口，既符合文本的主旨"探寻诗人圣化历程"，又能激发学生的兴趣，还可以做到举重若轻，繁文简读。以主问题"杜甫的漂泊路线在述说什么？"把杜甫的经历串起来。首先，让学生探究杜甫在壮游时期的思想特点，得出观点：眼睛向上——圣君明主。然后，让学生探究杜甫在困守长安、安史之乱前后及漂泊西南时期的思想特点，得出观点：眼睛向下——平民苍生。最后提出一个问题，为什么杜甫走水路到湖南，且据传客死在一条船上，他最终想走向何方？从杜甫晚年诗作《小寒食舟中作》可以得知答案，赏析"春水船如天上坐，老年花似雾中看"。虽然，此时的杜甫已经年老体衰，老眼昏花，甚至走到生命的尽头，他看不见近在眼前的山花，却看到了远在天边的长安。"云白山青万余里，愁看直北是长安"，说明长安一直在他的心中，所以他昏花的眼睛依然注视长安。长安就代表京城，长安也代表圣君。再结合杜甫的另一首诗《奉赠韦左丞丈二十二韵》，其中"致君尧舜上，再使风俗淳"就是杜甫坚定不移的理想。原来，长安就是杜甫漂泊的最终归宿。其漂泊路线诉说着一位伟大诗人的圣化道路，对国家和民生的情感交织铸就了杜甫的诗圣情怀。

② 批注式阅读。批注式阅读的终极目标是"学生自能读书，不待老师讲"。它是在阅读过程中调动自身知识积累，结合自身生活体验深入文本内核，与文本对话的一种阅读方式。在实践中注意两点：其一，教师应为学生的批注式阅读提供范例。其二，教师应为学生的批注式阅读提供导向。避免被学生牵着走，导致对课文理解的零乱无序；避免学生间缺乏深化的平行交流；避免无意义的众说纷纭，将阅读教学课上成说话讨论课。

"正课"让学生根据自己的批注充分发言，教师在交流中起到组织和启发的作用，将学生的课本直接投影在屏幕上，将讲台让给学生，给学生时间和机会，让学生发言、交流、碰撞。具体来讲，可以让学生就原文的同一处勾画做多角度、多人次的发言，也可以让学生就原文的多处勾画和批注集中谈谈自己的看法。

③ 比较式阅读。比较式阅读，是指把内容或形式相近的或相对的两篇文章或一组文章放在一起对比阅读，通过比照和鉴别，达到开阔眼界、活跃思想的效果，使认识更加充分和深刻，在差异中把握文章特点，提高读者阅读鉴赏能力和分析问题能力的一种阅读方法。

④ 读书报告会。读书报告会是指在教师的定期指导下，学生预先在课外阅读书目，并提交一篇读书笔记，继而由教师择优在课堂上进行阅读心得交流的一种读书形式。其操作流程是：开列书目—定时阅读—记录心得—相互交流—小组推荐—教师审阅—创设情境—学生主持—课堂交流—教师点评。读书报告会的主要特点是：教师有效指导，学生定时阅读，心得及时反馈，读写有效结合。选修课可以采用读书报告会的形式，在教师授课的基础上，交流学生的读书心得，形成生生之间思维的再次碰撞。读书报告会的主要效用是：延伸有限的课堂阅读时空，硬化课外阅读作业的软性要求，拓展学生的心灵空间，积累丰富的语感经验。

（3）"三四式"选修课教学流程

教学流程依次为：根据学校学情选择教学模块—根据文本特点确定模块读写主题—根据模块主题开设启动课（"大课"）—根据班级学情开设"小课"—学生在"后课"完成读书笔记和综合实践活动—开设读书报告会—评选读写优秀作品，以年级为单位展示。

主线：大课（师生主题探究）—小课（小专题探究）—大课（学生读写成果展示）。

3. 针对选修课开发的难点，采取"三系"校本选修序列策略

校本选修课开发应遵循以下原则：其一，地域性。校本选修课可将当地文化纳入课程内容，这既体现了传承中华文化尤其是地域文化的课程标准要求，又反映了语文生活化的学科特点，还可以指导学生将语文选修课学习和语文研究性学习相结合，从而对当地文化进行综合实践考察和主题研究。其二，校本性。校本选修课可将学校历史文化纳入课程内容。学校历史文化既是生动的校史教育题材，也是语文学科立德树人的人文养料。学校历史又往往和国家民族的命运休戚相关，一部学校的历史就是国家民族历史的缩影。这符合当前加强革命传统题材教育的新版课程标准的要求。其三，趣味性。校本选修课的教学内容首先要满足学生的选课兴趣。学生的选课兴趣通常产生于对课外知识的好奇、对必修课学习的延展、对当下时代的关注、对青年求知心态的关怀等。那么，校本选修课的开发必然符合学生的兴趣，但又不能一味迎合。其四，前瞻性。校本选修课应有学科建设的使命担当。鉴于当前必修课的局限，以及校本选修课开发的不力，校本选修课的开设要站在学科建设的时代使命和未来发展需要的角度上，大胆地对语文学科的难点、痛点进行结构性改革。其五，系统性。校本选修课不能随意开设，应该根据本校学情进行系统规划。

为此，校本选修课的开发，可采取"三系"策略。当地文化系，以蜀文化为依托，开发以"文化源"（蜀地神话传说）、"文化根"（蜀地生活雅趣）、"文化韵"（蜀地文人墨客）为特色的本地文化系列课程；国学系，以中国传统文化"四书五经"为依托，开发"国学与我"的中华传统经典阅读系列课程；真写作系，以写作特长生高级研修班为依托，开发"真生活，新思维"中学原初写作系列课程。

4. 针对选修课评价的难点，采取多维多元评价策略

所谓多维多元评价，即打破必修课试卷检测的唯一手段，从不同维度、采用不同方式，对选修课的课堂教学和学业效果予以定性和定量、过程和结果相结合的评价。选修课程多维多元评价机制，实质是督查机制、激励机制，是高中语文选修课程健康发展、可持续发展的机制，旨在弥补必修课评价机制的单一性，充分调动学生主动学习语文的积极性，让学生真正享受学习语文的过程。

（1）多维评价课堂教学

教学内容应丰富而基础。要防止单纯地从教师的知识储备和喜好出发决定教学内容，既不能把选修课上成必修课的补习课和备考的辅导课，也不能生硬照搬大学里的选修课。但在实际操作中，许多教师根据个人专长或喜好大量"抄袭"大学选修课的内容，给高中生大量灌输专业名词或术语，在讲授内容上向"高精尖"方向靠拢。另外，由于国家只规定了选修课的教学范围，实际教学是以"选修模块"进行的，灵活性很强，教师和学生的自主选择权放大了，教师可以任意择取或抛弃选修内容，学生只能被动接受。这些做法显然欠妥，一方面，教学质量难以把握，学生的主体性也没有得到尊重；另一方面，专业性教学不是高中语文选修课的基本特点，选修课是对必修课内容的拓展与补充，并非空中楼阁式的课程，它同样承担着基础性教育的任务。因此，教师在选择教学内容时，应尽量追求在基础上丰富拓展的目标，根据学生的认知发展规律科学组织教学。

寻求与教学内容匹配的多样教学方法。新课程改革提倡"自主、合作、探究"的学习方式，主张"个性化发展"，许多教师将其奉为圭臬。因此，无论什么内容的课，但凡是选修，都要体现"自主、合作、探究"，殊不知很多课实际上呈现出"无目标的自主、热闹的合作、浅表的探究"等"虚伪的开放"的形式。选修课的开放性是必要的，但其应是建立在师生之间、生生之间的个体钻研、合作探究之上的，是规范有序的。根据不同选修课的教学目标和内容上的差异性，可引导学生采用不同的学习方式：侧重知识查阅和梳理的，如学习历史人物专题"杜甫：'万方多难'中成就的诗圣"，可指导学生利用学案去查找相关资料，完成学案《杜甫的长征》；侧重发挥想象和联想的，如学习"中国现当代作家作品专题研讨"，可指导学生读写结合尝试创作，进而组织实践活动：将学生原创的优秀散文作品拍成电视散文；侧重思辨或推理的，如学习校本选修课程"文化根——蜀文化"时，可指导学生选择自己感兴趣的话题，引入研究性学习的方式，以小专题的形式完成论文；侧重文化经典的欣赏与体悟的，如读《〈论语〉〈孟子〉选读》，可鼓励学生撰写学后感，组织开展读书报告会等。因此，选修课需要教师特别注意寻找与课程内容相匹配的多样教学方法，不可单一化。

注重工具性和人文性的统一。选修模块里的人文性特征比必修更为鲜明，但实践中却常有教师一味拓展，偏离预设的教学目标，甚至脱离学生实际大谈人文思想，频繁使用"生命关怀""悲悯大爱""精神家园"等词进行"泛人文教育"。这样的教学显然有失偏颇，教师应该认识到高中语文选修课程虽有浓郁的人文性特征，但它与必修课程一样，都以培养学生学科核心素养为目标，承担着"基础性"的知识与能力的教育任务。因此，在选修模块教学自主性和创新性空间较大的情况下，更应强调工具性和人文性的有机统一。

（2）多元评价学业效果

新版课程标准强调，要突破一味追求刻板的传统评价模式，但现有的评价方式多属参考性质，缺乏指导力度。因此，对选修课的评价需要有一个客观的操作办法，一个正向的评价体系，让教师和学生明确评价在师生的进一步发展中的重要作用，教师认真教，学生认真学，教学时间本不充裕的选修课的质量才有保障。

评价原则：多元化、差异性、激励性。

● 多元化。① 评价主体多元化：包括教师、学生、学校、家长、社会、教育行政主管部门等；② 评价客体多元化：包括教师的教学目标、课程设计、教学手段、课程开发、指导形式等，及学生的学习态度、学习方法、学习参与度、学习能力、学习成果等；③ 评价方法多元化：包括课堂观察、平时作业情况、问卷调查、论文报告、实践活动、成长档案记录、考试成绩等，也可以采取教师评价、家长评价、学生自评和学习小组互评相结合的形式。同时，在表现性（形成性）评价中可以重点关注关键要素，选择最具有代表性的事实进行评价，避免因关注的要素太多而导致评价烦琐及重点不突出。

● 差异性。选修课的评价在注重基础的同时，更多地着眼于差异性和多样性，评价要注意各类选修课本身的特点和要求，要"因课制宜"，突出不同系列的个性。选修课是最具地域特色和校本特点的课程，目的在于拓宽学生视野，发展学生个性特征，提高学生的综合能力和语文素养，因此，其评价应指向每个教师和学生的不同特征与优势。以"中国现当代作家作品专题研讨"为例，针对教师的不同优势，可打破传统的教学模式，采用前课、正课、后课结合，大课小课结合，走班教学与行政班教学结合，课堂教学与综合实践活动结合的新模式。每位教师深入研究一篇传记，以大课或走班教学形式作专题教学，其他内容则由本班教师以行政班的小课形式教学，既能体现教师个性特色，又使不同的学生有各自的收获。

● 激励性。基于学生素质和能力的差异性，应在选修课学习中鼓励学生发挥或挖掘各自的个性特长。实施评价时，要确保对学生产生积极正向的激励作用，激发学生的学习兴趣，使其深入作品、沉静思考。同时，评价的结果还要给学生提供建设性意见，激励学生大胆尝试、敢于质疑且勇于表达个人观点，综合提高学生的审美情趣、知识水平和研究性学习能力等。

评价方式：基于评价原则的多样性，评价方式也应多元化：定量与定性评价相结合，外部与内部评价相结合，终结性与形成性评价相结合，阶段性与持续性学习能力跟踪评价相结合。

● 定量评价与定性评价结合。一方面可根据量化考评数值给出"很好、较好、一般、较差、差"的定量评价。另一方面主要通过描述性的定性评价弥补定量评价的模糊性和信息不完备等缺陷，可采用问卷、听评课、课堂观察、作业情况、小组分工合作等途径实现。

● 外部评价与内部评价结合。在教学过程中，师生互为外部评价主体。针对教师而言，外部评价还包括研修室、学校领导、教育同行及教育行政主管部门等；针对学生而言，外部评价还包括同学、家长、社会等。内部评价可以缓解外部评价的矛盾抵触以及评价方案不成熟所导致的负面效应，并且能调动教学参与者的积极性和自我完善的内驱力。

● 终结性评价与形成性评价相结合。强调学习的动态生成是选修课程评价的一大原则，重视过程也是提高语文选修课教学质量的关键。通过选修课程的学习，师生既要"拿得出"（师生均有教学成果，如学案、读书报告、论文等），又要"学得好"（学生学业水平测试优异），还要"有文气"（语文素养获得提升），师生共同参与选修课程的开发和学习，提高课程质量。

● 阶段性学习能力与持续性学习能力跟踪评价相结合。学生通过在高中阶段对选修课程的学习，习得了技能，获得了成果，这些成果既有显性的，又有隐性的。显性成果表现为课程研修的成绩（多样化的成绩），这是阶段性的，但我们还应关注成果的隐性部分，即兴趣的培养、思路的拓宽、知识的增加、方法的掌握、探究的体验、意志力的锻炼、合作的快乐、成功的喜悦、性格的改变等，它们在很大程度上会影响学生将来的持续学习能力，为学生实现可持续发展奠定基础。

（三）案例分享

杜甫："万方多难"中成就的"诗圣"
——一个人的长征

一、教学目标

1. 通过学案自读冯至《杜甫传》原著或选文。

2. 通过学案梳理杜甫经典诗句。

3. 通过学案理清杜甫的漂泊路线并熟悉杜甫的主要经历。

4. 探究杜甫思想的转变及其原因，感受杜甫悲壮的人格美。

5. 探究杜甫为什么被称为"诗圣"，杜甫的漂泊图反映的胸臆何在。

二、教学重点

杜甫的漂泊路线图所蕴含的意义，杜甫的思想感情及其转变。

三、教学难点

将杜甫的人生经历与杜甫的代表诗作相结合。

四、学案设计

（一）你认为这篇传记中需要掌握的字词

牌坊（fāng）　整饬（chì）　麻痹（bì）　哀悼（dào）　被褥（rù）
掺（chān）杂　羁绊（bàn）　给（jǐ）予（yǔ）　剽（piāo）窃
泾（jīng）渭分明　信手拈（niān）来　烦琐（suǒ）　疏浚（jùn）
猖獗 jué（獗）　kē（窠）臼　民生凋 bì（敝）　口蜜腹 jiàn（剑）
lì（励）精图治　穷兵 dú（黩）武　色彩斑 lán（斓）

（二）杜甫主要人生经历梳理

1. 读书与壮游（公元 712—745 年）

杜甫年龄：　1　岁—　34　岁。

游历地区：20 岁漫游吴越，5 年之后归洛阳应举，不第。再漫游齐赵。在洛阳遇李白，又遇高适，三人同游梁、宋（今开封、商丘）。

代表诗作：

《望岳》

岱宗夫如何？齐鲁青未了。
造化钟神秀，阴阳割昏晓。
荡胸生层云，决眦入归鸟。
会当凌绝顶，一览众山小。

《画鹰》

素练风霜起，苍鹰画作殊。
㧐身思狡兔，侧目似愁胡。
绦镟光堪摘，轩楹势可呼。
何当击凡鸟，毛血洒平芜。

从这两首诗中，可以看出这时期杜甫的思想、情怀是：壮志凌云豪情万丈，俯瞰天下仗剑远游，对未来生活充满希望，初定理想，积极进取。

2. 困守长安十年（公元 746—755 年）

杜甫年龄：　35　岁—　44　岁。

所在地区：　长安　。

代表诗作：

《奉赠韦左丞丈二十二韵》
纨绔不饿死，儒冠多误身。
……
致君尧舜上，再使风俗淳。
此意竟萧条，行歌非隐沦。

《自京赴奉先县咏怀五百字》
……
盖棺事则已，此志常觊豁。
穷年忧黎元，叹息肠内热。
……

骑驴十三载，旅食京华春。 顾惟蝼蚁辈，但自求其穴。
朝扣富儿门，暮随肥马尘。 ……
残杯与冷炙，到处潜悲辛。 朱门酒肉臭，路有冻死骨。
…… 荣枯咫尺异，惆怅难再述。
……

从这两首诗中，可以看出这时期杜甫的思想、情怀是：

他经历十年长安困苦生活后对朝廷政治、社会现实的认识达到了新的高度：忠君、渴望为官、建功立业，却又对求官之路深感失望，壮志难酬，无奈、孤独、无助；对于百姓生活的关注与同情，让杜甫开始关注民生。

补充该时期诗歌：

> 《兵车行》《丽人行》

3. 陷贼和为官（公元 756—759 年）

杜甫年龄：__45__岁—__48__岁。

游历地区：鄜州——长安——凤翔。

代表诗作：

《春望》 《月夜忆舍弟》

国破山河在，城春草木深。 戍鼓断人行，边秋一雁声。
感时花溅泪，恨别鸟惊心。 露从今夜白，月是故乡明。
烽火连三月，家书抵万金。 有弟皆分散，无家问死生。
白头搔更短，浑欲不胜簪。 寄书长不达，况乃未休兵。

从这两首诗中，可以看出这时期杜甫的思想、情怀是：

对战乱的厌烦，对百姓疾苦的同情，对亲人的思念，对国家命运的深切悲叹。

补充该时期诗歌：

> 《羌村三首》《三吏》(《新安吏》《潼关吏》《石壕吏》)《三别》(《新婚别》《垂老别》《无家别》)《天末怀李白》《哀江头》

4. 漂泊西南（公元 760—770 年）

杜甫年龄：__49__岁—__59__岁。

游历地区：秦州——成都——梓州——夔州——湘江。

代表诗作：

《蜀相》 《登高》

丞相祠堂何处寻？锦官城外柏森森。 风急天高猿啸哀，渚清沙白鸟飞回。
映阶碧草自春色，隔叶黄鹂空好音。 无边落木萧萧下，不尽长江滚滚来。
三顾频烦天下计，两朝开济老臣心。 万里悲秋常作客，百年多病独登台。
出师未捷身先死，长使英雄泪满襟。 艰难苦恨繁霜鬓，潦倒新停浊酒杯。

《客至》　　　　　　　　　　　《登岳阳楼》

舍南舍北皆春水，但见群鸥日日来。　　　昔闻洞庭水，今上岳阳楼。

花径不曾缘客扫，蓬门今始为君开。　　　吴楚东南坼，乾坤日夜浮。

盘飧市远无兼味，樽酒家贫只旧醅。　　　亲朋无一字，老病有孤舟。

肯与邻翁相对饮，隔篱呼取尽余杯。　　　戎马关山北，凭轩涕泗流。

从这四首诗中，可以看出这时期杜甫的思想、情怀是：

诗歌带有丰富的政治色彩和浓郁的时代气息：忧国忧民，对以诸葛亮为代表的忠臣、名臣的崇敬；对自身命运的感慨和对世事的感怀；隐居心境的恬淡；对亲人的思念。

补充该时期诗歌：

> 《春夜喜雨》《茅屋为秋风所破歌》《闻官军收河南河北》《秋兴》《旅夜书怀》《江汉》《江南逢李龟年》《小寒食舟中作》

（三）杜甫名句搜集

（四）教师推荐思考题

1. 杜甫为什么被称为"诗圣"？

2. 杜甫的诗为什么被称为"诗史"？

3. 杜甫的漂泊路线在述说什么？

4. 杜甫是"凡人"还是"圣人"？

（五）阅读本文及杜甫相关资料后，你有什么思考或疑惑？

案例分析：这是一份有思想、有深度的教学设计。其一，突破口找得好。从一张地图切入，即沿着杜甫的漂泊路线，去探寻诗人的圣化过程，既形象直观，又能体现传记特色。其二，把诗人的典型经历和主要诗歌结合起来探讨，学生既有阅读兴趣，又有探究的深度。其三，设计的问题环环相扣，具有递进性，用问题带领学生逐步深入，最后由对杜甫的探究回到自身的思考，得出"人人皆可为尧舜"的观点。其四，学生思维碰撞激烈，生生之间、师生之间展开了激烈的辩论，最后出现了争抢话筒发言的热烈场面。

本次课由学生熟悉的内容引入新课，以诗句对答、趣味抢答的方式吸引学生，让学生愿意跟随教师走近杜甫。教师带领学生走进文本，解决了选修课丢开教材一味拓展的问题。教师的个性解读能引导学生深入思考，鼓励学生有创意地表达，符合新课程改革的要求。教师抓住了传主和作传人"诗人"的特点，结合杜甫的诗作来探讨杜甫的人生，学生有很大的收获。另外，结合杜甫忧国忧民的爱国情怀，引导学生思考个人的成长之路，在"圣人还是凡人"的讨论中，教师适时引导，对学生人生观、价值观的建立有积极的影响，是一堂内容充实且展示了教师个人魅力的课。

思考与讨论：

1. 上述案例是如何运用新版课程标准突破难点的？
2. 上述突破难点的思路与方法对你的启示是什么？

后　记

　　语文课程作为传承、弘扬与发展中华文化的重要载体，肩负着落实国家大政和延续民族命脉的重任。众所周知，语文课程的设计与实施距离理想的母语课程还相差甚远，需要不断改革。新版课程标准在语文课程建设和语文教育改革的道路上又向前迈了一步，其设计理念和改革要旨，体现了语文课程的未来图景和具有远见的理想追求。但是，要完全落实课程标准的这些精神与学科核心素养的培育要求，还需要在实践中克服诸多认识障碍与改革难题。本书就是针对教师们可能面临的问题与难题，在认识和实践两个层面上进行了较为系统的分析和阐释，并提供了大量的操作案例，力求为教师们提供多层次多角度的思想启发与行动参考。

　　本书的绪言阐释了核心素养导向的课堂变化与新教学观，明确了语文课堂改变什么，该以怎样的理念来引领改变等，为教师们创造性地落实课程标准，培育学生的核心素养奠定了理论基础，这部分内容由李松林教授撰写。第一章明确了新版课程标准有哪些新的变化，这是重构高中语文课堂的前提，由张伟教授撰写。第二章主要对语文课程目标进行解析和设计，是从目标角度对前文内容进行细化，为教师们提供了目标分析与设计的具体参考，由游俊松、胡丹、陆洁、谢李丽、罗晓晖老师撰写。第三、四章是对各学习任务群的目标、任务、教学策略与评价的具体分析，并分享了具有改革引领价值的操作案例，主要解决各学习任务群学什么、怎么学、学到什么程度以及如何评价等问题，为课程实施提供了更加具体的方法，这两章由程一凡、赵清芳、袁学民、李奇、邓京、张琳、董庆蓉、张治、徐芙莉、张期梦、张军、周莹、黄波、李挚、邓彦玲、王子鹏、文波、代华、谭洪先、陈龙俊、肖敏、李林姝老师撰写。第五章则在前四章的基础上，探讨核心素养导向的教学方式创新问题，由易晓、王华美、章松、孙阳菊、杨君、彭建、段增勇、郑桂华、吴欣歆、王宁、张伟、陈岚等完成。第六章主要针对多数老师面临的实施难题探讨解决办法，为某些学习任务群的引导与评价提供攻坚思路、策略与案例，本章的第一部分由袁学民老师撰写，第二部分由黄明勇老师撰写。全书由刘敏、段增勇、张伟策划、审稿、统稿，成都市武侯区教育科学研究院的何静老师和成都石室白马中学的陈岚老师参与了统稿、审稿和部分内容的修改工作。

　　本书是无数优秀教师和专家的结晶，书中引用的大量案例是教师们的实践探索与反思，书中的某些观点借鉴了同行的思考。四川师范大学领导、科研处、教科院、文学院，四川省教育科学研究院、成都市教育科学研究院、成都市锦江区教师进修学校、成都市石室中学、成都市锦江区嘉祥外国语学校、成都市树德中学、四川师范大学附属中学等对本书的编写给予了极大支持。在此，为这本书付出心血的所有老师、专家、领导和单位表示衷心感谢！

改革探索仍在进行，书中的某些观点和案例尚需继续完善，错谬之处，敬请专家和同行指正。